U0331147

C. S. Lewis.

古 今 之 争
THE QUARREL BETWEEN
THE ANCIENTS
AND MODERNS

【英】C.S. 路易斯 著　邓军海 译

华东师范大学出版社 | 上海

华东师范大学出版社六点分社　策划

目　录

第二编 道德论集

编选说明

C. S. 路易斯论古今之争的文字,俯拾即是。甚至可以说,不知"古今之争"为何物,就很难理解路易斯;当然,不知古今之争为何物,是否能够读懂西方现代文学大师,如陀思妥耶夫斯基,如卡夫卡,也早已在存疑之列。

这一方面说明古今之争有多重要,另一方面也说明在路易斯著作中间就此编个选本会有多困难,不只注定会挂一漏万,而且极有可能遗漏核心文献。好在终生都在整理出版路易斯遗著的瓦尔特·胡珀(Walter Hooper)先生,编辑出版一部特别有分量的路易斯文集《被告席上的上帝:神学暨伦理学文集》。该文集中绝大多数文字,都与古今之变有关。拙译编选的文章该书为底本,以古今之争及伦理学为主题,删去一些与古今之争关系不大的文字,再从别的文集选译 11 篇文章,定名为《古今之争》。为方便读者诸君查考,也为了给正文作注提供方便(书中注明文章出处时,仅用汉译书名),兹附本文集所据底本的全部信息如下:

1.《申辩集》(C. S. Lewis,*Rehabilitations and other Essays*,Oxford University Press,1939);

2.《末日之夜》(C. S. Lewis,*The World's Last Night And Other Essays*,Walter Hooper,ed.,London:Harcourt Brace,1960);

3.《文学论文选》(C. S. Lewis,*Selected Literary Essays*,Walter Hooper,ed.,London:Cambridge University Press,1969);

4.《被告席上的上帝》(C. S. Lewis,*God in the Dock*:*Essays on Theology and Ethics*,Walter Hooper,ed.,Grand Rapids:Eerdmans,1970);

5.《切今之事》(C. S. Lewis,*Present Concerns*,Walter Hooper,ed.,London:Fount Paperbacks,1986);

6.《基督教沉思》(*Christian Reflections*，Walter Hooper，ed.，Grand Rapids：Eerdmans，1995)。

至于将这47篇文章分为"古今之变"与"道德论集"两编，也只是大致分类，仅可说明这两组文章重点各异，并不是说二者泾渭分明。

因译者水平有限，欢迎读者来函指正。拙译路易斯专用电邮：*cslewis2014@163.com*

第一编　古今之变

1 论时代分期^①

(1954)

De Descriptione Temporum

坐在一个新设教席上说话，我发觉自己刚摆脱一个窘境，又只能陷入另一窘境。虽无伟大先行者令我黯然失色；但另一方面，我却必须设法（如戏曲界人士所说）"创造角色"（to create the part）。这担子不轻。要是担不起，大学当局最终不只后悔选择了我——这个失误，说到底，尚可留

---

① 选自瓦尔特·胡珀主编的路易斯《文学论文集》。此文原是路易斯 56 岁生日那天，也即 1954 年 11 月 29 日，在剑桥大学所做的就职讲座。此文 1955 年由剑桥大学首次出版，后来重印于《应稿成篇集》(*They Asked for a Paper*, 1962)。1955 年 4 月，路易斯在 BBC 上播出了题为《大分界》(The Great Divide) 的稿子，即是此文略加修改后的版本。

给时间这位伟大治疗师——甚至会后悔设立这个教席，那就麻烦大了。正因为此，我才想，最好迎难而上，在这场讲演中竭尽全力，只清楚解释我从事工作的路径；只就诸位给我的委任状，讲讲自己的理解。

在委任状里，最吸引我的是"中世纪暨文艺复兴"这一合成语。藉此提法，我想，大学也就正式认可了，我此生看到的一场历史观变迁。这场变迁，塞茨内齐（Seznec）教授有个温和总结："随着中世纪和文艺复兴愈来愈为人所知，二者之间的传统对立，变得越来越不明显了。"①一些学者可能会走得更远，不过我相信，现在很少有学者反对他。

---

① 【原注】J. Seznec, *La Survivance des dieux antiques*（London, 1940）trans. B. F. Sessions（Kingsport, Tennessee, 1953），P. 3.【译注】学人刘小枫在《阿威罗伊的柏拉图》一文中说，"中世纪"一词，本系文艺复兴时期的发明。换言之，中世纪与文艺复兴之间的对立，是文艺复兴时期制造出来的：

"中世纪"（medium aevum）这个我们耳熟未必能详的历史分期名称，原义是指从西罗马帝国灭亡（476 年）到土耳其攻陷东罗马帝国国都君士坦丁堡（1453 年）之间的近一千年历史，两头两尾的标志就显得是蛮族洗劫了文明。……文艺复兴时期的古典主义文士发明"中世纪"这个语词不仅固定有所指，而且带价值判断；既然"中世纪"这个名称被用来标识古希腊-罗马古典文明时期与当时（十六世纪）复兴古典文化之间的时段，便等于古典文化的丧失——西方史家大都承认，直到公元 751 年卡洛林王朝建立，各日耳曼王国才开始逐渐尝试与 5 世纪灭亡的罗马帝国建立文明制度上的传承关系。（刘小枫《古典学与古今之争》，华夏出版社，2016，第 56—57 页）

要是我们有时候没意识到,那不是因为我们没经历这场变迁,而是因为变迁是积渐所至,不知不觉。要是我们让它突然跟巅峰时刻的老观点当面对质,变迁就再清楚不过。重读 J. M. 伯登(J. M. Berdan)的《都铎王朝早期诗歌》(*Early Tudor Poetry*)①第一章,就是个好试验。在许多方面,这仍是一本有用的书;不过现在,读这一章,很难不哑然失笑。前二十九页(里面错误多多),其阴郁令人窒息,全是粗野、迷信及残酷对待儿童。第二十九页,来了一句:"哥白尼的学说是这片黑暗中的第一道裂口。"仿佛天文学上的一条新假设,就会自然而然制止一个男人,让他不再痛打女儿。如今再也没有学者,可以这样去写了。不过老的图景还残存在较愚钝的同僚(the weaker brethren)中间,画面也要毛糙得多。即便剑桥没有(但愿如此),在诸位刚刚将我拉出来的那片西部黑暗之中,②也定然是有。去年夏天,我有幸给一位年青绅士做主考官,他这样形容托马斯·怀亚特:③"他是从中世纪黑暗汹涌的大洋

---

①　【原注】New York,1920.

②　指作者刚刚离开的牛津。

③　托马斯·怀亚特(1503—1542),英国诗人。他第一个将法国和意大利诗歌形式引入英文诗歌。

里,挣扎上岸的第一人。"①这话很有意思,因为它表明,一个陈腐意象会怎样抹杀一个人的亲身体验。教学大纲要他去研习的中世纪文本,事实上,差不多都在将他带入规整式园林(formal garden)。② 其中,任何激情都被修剪得像仪仗队,任何行为问题都被纳入一套复杂而又僵死的道德神学。

由"中世纪暨文艺复兴"这个提法,我推断,大学当局在鼓励我自己的信念,即这两个时代之间的壁垒是被过分夸大了,即便这个夸大算不上人文主义者之宣传的一个虚构。③ 至少至少,我们的历史观念里的任何弹性空间,我随

---

① 【原注】在 Comparetti 的《维吉尔在中世纪》(*Vergil in the Middle Ages*), E. F. M. Benecke 译,London,1895)一书第 241 页,其中一段很有意思,将中世纪跟"更正常的历史时期"做对比。

② 西方园林有两大派,一派是形式齐整的法式园林,人称 formal garden;一类是追随自然的英式园林,人称 natural garden。

③ 据陆扬先生《中世纪文艺复兴美学》(《西方美学通史》卷二):

文艺复兴一语首出瓦萨里 1550 年出版的《最著名画家、雕塑家和建筑家传》,作者在序言中说,艺术产生于埃及,繁荣于希腊罗马。唯罗马帝国在蛮族攻下灭亡后,古代杰出的艺术家及其作品,也随之被湮埋在昔日名城的废墟之下。基督教诞生后,古代的雕塑和绘画在肃清异教神的过程中,更是几被扫荡殆尽。但是从十三世纪开始,艺术开始复活了。上述文字中的"再生"(renascita),是为"文艺复兴"一语的原型所在。……瓦萨里和彼特拉克相似,两人都不喜欢中世纪,而以自己的时代复兴了古代文化而自豪。后人将中世纪笼而统一称为黑暗世纪,根源正在于彼特拉克和瓦萨里这一先一后的两位人文主义者。(上海文艺出版社,1999,第359—360 页)

时准备欢迎。在我们所谓"时代"（period）之间的一切分界线，都应接受持续修正。要是我们能将它们统统丢弃该有多好！恰如一位伟大的剑桥历史学者所说："跟日期（dates）不同，时代不是事实。它们是我们就过去事件所形成的回顾性概念（retrospective conceptions），有利于集中讨论，却常常让历史思考走火入魔。"①我们在生活中所遭遇的实际的时间进程（严格说，我们也只能在这里遭遇），并无分界线，或许有个例外，即"白天跟白天之间那些幸好还有的壁垒"，即我们的睡眠。变化从未完成，变化也永无止息。没有事情会一了百了，它或许总会卷土重来（生活的这一方面，理查德森有细致描绘，②虽然有些冗长）。没有什么事物是全新的；它总是在某种程度上得到预见或预备。一种密不透风的无形无状的持续变化，是我们的生活样态。可不幸的是，身为历史学者，我们无法抛开时代这一概念。③

---

① 【原注】G. M. Trevelyan, *English Social History*（London, 1944），P. 92.

② 指英国小说家塞缪尔·理查德森（Samuel Richardson，1689—1761）。

③ M. H. 艾布拉姆斯、G. G. 哈珀姆 主编《文学术语词典》（北京大学出版社，2014）"Renaissance"辞条：

许多人都尝试用简短的表述给"文艺复兴"下定义，就像（转下页注）

伍尔芙夫人的《海浪》的技巧,①我们不能用于文学史。数量庞大的具体事件,倘若不将它们置于某种结构,我们就无法将其拢在一块;更不用说,我们无法安排一学期的学业或排个课表了。于是我们又被赶回到"时代"。一切分期,都会在某种程度上歪曲史料;我们的最大指望,也就是选择那些个歪曲史料程度最小的分期。可是由于我们必须分期断代,所以,弱化任何一个传统分期的重点,终究意味着,强化别的某个分期的重点。这正是我要讨论的话题。倘若我们不将大界碑树立在中世纪与文艺复兴之间,该树立在哪里呢?问这个问题时,我百分之百意识到,在我们所研究的现实中,并无大界碑。在历史中,没有跟地

(接上页注)几百年来在许多欧洲国家的思想、文化生活的复杂特征中潜藏着某种单一的本质。例如,文艺复兴被描述为从黑暗时代的灰烬中诞生的现代世界;被描述为发现世界和人类;被描述为在生活、思想、宗教和艺术中出现无拘无束的个人主义的时代。最近一些历史学家发现,类似特征也可在中世纪不同的风土人情中找到,而且许多长期以来一直被认为是中世纪的因素在文艺复兴时期依然可见。因此,这些历史学家否认文艺复兴曾经存在过。这种怀疑观点提醒人们,历史是一个延续的过程,"历史时期"不是历史赋予的,而是历史学家创造的。尽管如此,将时间连续体划分成拥有各自名称的片断,还是为讨论历史带来了必不可少的方便。

　　① 伍尔芙(Virginia Woolf,亦译吴尔夫,1882—1941),英国小说家,因抛弃传统小说结构,运用"意识流"手法,而对现代文学影响深远。《海浪》是她最具代表性的意识流作品。

理上的海岸线或分水岭相应的东西。尽管如此,要是我还觉得自己的问题值得一问,那决不是因为我自诩,自己的答案具有超出方法论的价值,抑或具有很大的方法论价值。我最不期望看到的是,跟别的答案相比,我自己的答案不会受到持续攻击或迅速修订。不过我相信,就解释我如何看待诸位交待给我的工作而言,跟任何别的方式一样,讨论也是个好途径。讨论结束时,我至少会将牌摊上桌面,诸位也就知根知底了。

我的题目的含义,现在已经变得清清楚楚。它袭用的是伊西多尔①的一个章节的标题。② 在那一章里,伊西多尔致力于将他所知道的历史,分成若干时期,或者分成他所说的若干 *aetates*。我也要做同样的事。我们既然不将分界放在中世纪与文艺复兴之间,那我就得考虑某些别的分期的对立主张,无论这些分期是已有人做出,还是会有人做出。不过先得作个提醒。我丝毫没有效法汤因比教授或斯

---

① 圣伊西多尔(St. Isidore of Seville,约 560—636),西班牙塞维利亚的基督徒神学家,中世纪百科全书式学者,大主教,最后一位拉丁教父。其著作,以《语源学》(*Etymologiae*)一书最为著名。1598 年,被封为圣徒。

② 【原注】*Etymologiarum*,ed. W. A Lindsay,2 vols.(Oxford,1911),V. xxxix.

宾格勒的意思。① 对于任何可被称作"历史哲学"的东西，我都极端怀疑。② 对于未来，我一无所知，甚至都不知道我们是否会有什么未来。我不知道，过去的历史是必然还是偶然。我不知道，人类悲喜剧现在是刚上演第一幕还是已经演到第五幕；不知道我们当前的混乱无序，是婴儿的懵懂还是老年的昏聩。我只在考虑，该如何安排或排列这些事实——相比于历史全体，数量少得可笑③——从过去传留

---

① 汤因比（Arnold Joseph Toynbee，1889—1975），英国历史学家，历史哲学家，十卷本《历史研究》之作者；斯宾格勒（Oswald Spengler，1880—1936），德国历史学家，《西方的没落》（*Der Untergang des Abendlandes*）之作者。路易斯提及此二人，原因或许有二：其一，两人是当时影响最大的历史哲学家；其二，两人分别代表着历史悲观主义和乐观主义。

② 路易斯在《现代人及其思想范畴》一文中说："我严格区分名曰历史的那门尊贵学科和那名曰历史主义的致命的伪哲学。"（本书第201页）

③ 忽视这一点，往往会导致很可笑的结果。张光直先生曾在《古代中国考古学》中敬告我们："通过……对整个旧石器时代考古学遗存的描述，可能会给人以如下的印象：整个旧石器时代，人类的文化是原始的，构成其物质文化的主要内容是凿石器。这样的印象是再糟糕不过了。仅有石器遗存来代表我们祖先的物质文化是考古保存上的偶然事件，因为，我们知道，无论是从少数保存至今的非石器时代文化遗存（诸如西欧的洞穴艺术）来进行考古研究，还是从现代渔猎民族的情况来推断，我们旧石器时代的祖先对环境有着充分的了解，也富于能使他们与环境中的对手进行竞争的机智，也有超出其原始生活的宇宙论和宗教信仰。"（印群译，辽宁教育出版社，2002，第56页）

在我们手上(常常是出于偶然)的事实。① 我不像是个身处森林的植物学家,倒像一位妇人,剪了几朵花要在客厅安插。在某种程度上,最伟大的历史学家也是这样。我们无法进入过去这座真实丛林;这正是"过去"一词的部分含义。

我们自然而然想到的第一个分期,是古代(Antiquity)和黑暗时代(the Dark Ages)②——帝国衰亡,蛮夷入侵,欧洲基督化。这当然是一场巨大而又多重的变迁,历史思考不可能会发生革命,来否认这一事实。切莫以为我打算贬低这一分期。然而我必须指出,就以吉本为例吧,③自从吉

---

① 【原编者注】在《历史主义》(Historicism)一文中,路易斯详细讨论了"人靠自己的天生能力,能够发现历史进程中的内在意义"这一信念。文见 Walter Hooper 主编的路易斯文集《基督教沉思》(*Christian Reflections*, London, 1967),第 100—113 页。

② 《不列颠百科全书》第 5 卷"黑暗时代"(Dark Ages)辞条:

西欧历史的中世纪早期。具体地说,这一术语指 476—800 年西方没有罗马(或神圣罗马)帝国皇帝的时代,或者更通常地指约 500—1000 年战乱频仍和实际上没有城市生活的时代。历史学家现在很少使用此词,因为它含有主观的价值判断在内。虽然有时使用此词是由于对那一时期的情况知道得太少,表示不了解的意味,但它一般含有贬义,即指一个文化愚昧和野蛮的时期。(第 146 页)

③ 吉本(Edward Gibbon, 1737—1794),英国历史学家,《罗马帝国衰亡史》之作者。这部名著作为启蒙运动的产物,它将基督教的降临描写为帝国衰亡的关键因素,而不是描写为恩典和真理的一场胜利。

本时代以来,发生了三样事情,使得这场变迁对于我们不再像对于他那样显得是个灾难。

1. 古代学问的部分失表及其在文艺复兴时的恢复,于他而言,都是独一无二的事件。这样一种死而复生,史上无与伦比。可是,我们此生却见证了古代学问的第二次死亡。曾一度为一切受教育者所掌握的某些东西,在我们的时代,萎缩成少数专家的技术造诣。要是我们说,这算不上完全死亡,就会有人反驳说,在黑暗时代也没有完全的死亡。甚至有人会争辩说,作为黑暗时代文化的语言载体而存活下来的拉丁语,保存了法学和修辞学的拉丁语,使得古典遗产的某些部分在那些年代生活中的地位,相对于我们自己生活中专家的那些学术研究所能声称的地位,更活生生,更完整。至于这两场死亡的范围和速度,倘若你要找一个尽管父亲读得懂维吉尔而自己却读不懂的人,①在 20 世纪找起来,要比在 15 世纪容易。

2. 对于吉本,从维吉尔到《贝奥武甫》或《希尔布兰德

①　维吉尔(Virgil,公元前 70—前 19),古罗马民族史诗《埃涅阿斯纪》之作者。

之歌》的文学变迁,①要是他读过这些书的话,要比在我们眼中更为巨大。我们现在可以看得很清楚,这些蛮族诗歌,跟《荒原》或琼斯先生的《咒逐》(*Anathemata*)相比,②实在算不上新异(a novelty)。毋宁说,它们是最早的古典诗歌精神的无意识回归。荷马的听众和《希尔布兰德之歌》的听众,一旦他们懂得对方的语言和格律,就会发现,对方的诗歌完全可解。可不是什么新东西,来到这个世界。

3. 欧洲的基督化,对我们所有的祖先来说,无论他们身为基督徒表示欢迎,还是身为人文主义的不信者,像吉本那般为之扼腕,都是个独一无二的不可逆转的事件。不过,我们倒已经见证了相反过程。我们时代欧洲的非基督化(un-christening),当然还不彻底;黑暗时代的基督化(chris-

① 《贝奥武甫》(*Beowulf*),英雄史诗。古英语文学的最高成就,是最早用欧洲地方语言写成的史诗,据信写成于700—750年之间。《希尔布兰德之歌》(*Hildebrandslied*,英文作 *Song of Hildebrand*),古高地德语头韵诗体的英雄歌谣,主题是父子二人为荣誉而进行决斗的宿命论故事,公元800年左右最初见诸文字。

② 《荒原》(*The Waste Land*),英国著名诗人、批评家艾略特(T. S. Eliot,1888—1965)的代表作,出版于1922年。大卫·琼斯(David Jones,1895—1974),画家,英国第一代现代派诗人,艾略特对其文学成就推崇备至;其代表作《咒逐》(*The Anathemata*),诗人奥登(W. H. Auden)认为是20世纪最好的英文长诗。

tening），也不彻底。不过大略说来，我们倒可以说，对于祖先，全部历史分为两个时代，前基督时代和基督时代，而且只分两个；而对于我们，它则变成三个：前基督时代，基督时代，还有或许名至实归的后基督时代（the post-Christian）。这必定会产生巨大差异。无论是基督化还是非基督化，我这里都不是从神学视点考虑。我只是将它们想作一场文化变迁。① 这样想的时候，在我眼中，第二场变迁要比第一场剧烈得多。基督徒和异教徒，跟一位后基督徒相比，彼此共通之处颇多。② 崇拜不同神灵的那些人之间的裂隙，不像敬神者跟不敬神者之间的裂隙那样大。异教时代和基督时代，鲍桑尼亚③均会唤作"*δρώμενον*"（礼义）时代，④亦即称

----

① 【原注】这两个进程，"在永恒的相下"看（要是我们能这样看的话），不一定就比以文化史家眼中的样子更重要。一个时代里基督教生命（也即幡然悔悟的生命）的分量，既然与"基督教文明"截然不同，也就不是有死之人评断的事。【译注】斯宾诺莎在《伦理学》一书里提出，我们应该"在永恒的相下"（sub specie aeternitatis）看事情。

② 路易斯在《现代人及其思想范畴》一文开头就指出，古代异教徒具有的三个素质，现代人没有：1. 信超自然；2. 罪感；3. 相信这个世界一度比现在好。（见本书第 198 页）

③ 鲍桑尼亚（Pausanias，中译名多得举不胜举），古希腊地理学家、历史学家和考古学家，大约活动于二世纪。

④ 【原注】*De Descriptione Graec*. II, xxxvii. 【译注】希腊语 *δρώμενον*，其转写是 dromenon，字面义为"所为之事"（the thing （转下页注）

情而立文的时代。① 献祭,竞技,凯旋,弥撒,比武,假面演出,
露天庆典,颂诗。还有其中的仪式或象征性装扮,绶带,桂冠,
王冠,冠冕,法官的长袍,骑士的马刺,传令官的垂旌,甲胄,神
甫的法衣,修士的僧袍——因为每个头衔、行当或场合,都有
其明显标志。即便我们转离这里,去探测人们的思想气质,我
仿佛也看到了同样的东西。应该说,赖尔教授跟托马斯•布

(接上页注)done)或"践履"(the action)。作为学术关键词,尤其是谈起希
腊秘仪(the Greek Mysteries),此词一般都指"仪式"(rites),跟言辞
(words)和心像(images)相对。英国著名古典学家简•艾伦•哈里森
(Jane Ellen Harrison,1850—1928)在《古代艺术与仪式》一书中说:

仪式当然涉及摹仿,但是并非源于摹仿。仪式旨在重构一种情境,而
非再现一个事物。仪式确实是一种模式化的活动,不是真正的实践活动,
但是,仪式并非与实践活动毫不相干,它是实际的实践活动的再现或预
期,因此希腊人将仪式称为 dromenon,即"所为之事",尽管并不是十分准
确,但也名副其实。(刘宗迪译,三联书店,2008,第13页)

希腊语将仪式称为 dromenon,意谓"所为之事",这个字眼意味深长。
它表明,希腊人已经认识到,要举行一种仪式,你必须做一些事情,也就是
说,你必须不止是在内心里想象,而且还要用动作把它表现出来,或者,用
心理学的术语讲,当你体验到一种刺激,不应仅仅是被动地体验,还要对
它有所反应。当然,希腊语中的这个词,dromenon,并非心理分析的结果,
而是源于希腊人的切身体会。在古希腊,仪式是实际的作为,是模仿性的
舞蹈,或者别的诸如此类的活动。(第18—19页)

① 译文"发乎情止乎礼"之原文为"the externalized and enacted ide-
a",路易斯用此短语来解释希腊语 δρώμενον。汉语直译,当为"外化并表
演心念",非但不成话,而且会遗漏掉与古代礼乐制度的语义勾连。故而
根据《礼记•三年问》"三年之丧,何也? 曰:称情而立文,因以饰群,别亲
疏贵贱之节,而弗可损益也。故曰:无易之道也",意译。

朗之间的距离,①比大贵格利(Gregory the Great)跟维吉尔之间的距离,②要大出很多吧。应该说,塞涅卡跟约翰逊博士,③相比于伯顿④跟弗洛伊德,也亲近得多吧。

诸位已经明白我的思考线路;而且,我也绝无将悬念留在最后的意思。即便我已经试图修正我们对从"古代"到"黑暗时代"的转换的看法,那也只是因为我相信,我们已经

---

① 吉尔伯特·赖尔(Gilbert Ryle,1900—1976),英国哲学家,分析哲学日常语言学派的代表人物之一,1945—1967 年间在牛津大学抹大拉学院任教(跟路易斯在同一学院),代表作《心的概念》。

托马斯·布朗(Thomas Browne,1605—1682),英国医生,作家,以其"诗性"散文而闻名。代表作《医生的宗教》之中译文,见布朗《瓮葬》(缪哲译,光明日报出版社,2000)一书。

② 大贵格利(Gregory the Great),即贵格利一世(St. Gregory I,亦译格列高利一世,约 540—604),罗马教会的主教(590—604 年在位),拉丁教父,天主教会第 64 任教宗。他首倡炼狱(Purgatory)观念,中世纪的教会时代也是从他算起。(参卢龙光主编《基督教圣经与神学词典》)

维吉尔(Virgil,前 70—前 19),古罗马诗人,史诗《埃涅阿斯纪》(*Aeneid*)之作者。

③ 塞涅卡(Lucius Annaeus Seneca,约公元前 3 年—公元 65 年)古罗马哲学家,亦被誉为"西班牙历史上第一位伟大思想家"。

约翰逊博士(Samuel Johnson,1709—1784),英国诗人、评论家、传记作者、散文家和词典编纂者。在整个英国文学范围内,莎士比亚之后,约翰逊也许最著名,也最经常被人引用。

④ 伯顿(Robert Burton,1577—1640),英国学者,作家,《忧郁的解剖》(*The Anatomy of Melancholy*,1621)之作者。金城出版社 2012 年刊出该书之中译本,译者冯环。

见证了一场更为深远的变革。

　　接下来的一条分界线，尽管是新近才划的，划在了黑暗时代(the Dark Ages)和中世纪(the Middle Ages)①中间。我们将这条线，划在了12世纪早期的某个地方。在宗教领域，这条界线跟前一条显然无法争雄；前一条的民心归向，它也无法自诩拥有。不过，它还是在别的方面弥补了这些不足。从古代到黑暗时代的转变，毕竟主要在于若干失落。但也不尽然。黑暗时代，并不像我们通常会想的那样，止步不前。他们看到了 *codex* 也即订装书籍，对书卷或 *volumen* 的胜利——这项技术革新，就知识史而言，其重要堪与印刷术比肩。一切严谨的学问，都仰仗于它。如果说——我这样说不一定对——他们也发明了马镫的话，就作战技术而论，他们做了跟发明坦克同样重要的事情。不过总体上，这是个倒退的年代：房屋更简陋，排水系统更糟，浴室更少，道路更崎岖不平，更少安全感（我们在《贝奥武甫》中留意到，人们想着老剑比新剑更好使）。而在中世纪，各方面都涌现出了显著进步。重新发现了亚里士多德的文本。阿

---

　　①　在英语中，Middle Ages 通常是指"黑暗时代"(Dark Ages)接下来的五个世纪。

尔伯特①和托马斯·阿奎那②对这些文本的迅速吸收，打开了一个新的思想世界。在建筑领域，对技术难题的新的解决，产生了新的审美效果。在文学上，那押尾韵有音步的韵文（rhymed and syllabic verse）取代了旧的押头韵多辅音的格律诗（the old alliterative and assonantal metres），成了后来数个世纪欧洲诗歌的主要载体。③与此同时，诗人们探

---

① 阿尔伯特（Albertus Magnus，约 1193—约 1280），中世纪经院哲学家和神学家，被尊称为"大阿尔伯特"（Albert the Great），是托马斯·阿奎那的老师。他将亚里士多德的作品引进拉丁文世界，是经院哲学的主要领导者。1931 年封圣，被尊为"教会博士"。（参卢龙光主编《基督教圣经与神学词典》）

② 阿奎那（Thomas Aquinas，约 1225—1274），中世纪意大利神学家和经院哲学家，道明会修士。他撰著极丰，所著《神学大全》（*Summa Theologiae*）建立了完整的神学体系，至今仍是罗马天主教会中的标准权威著作，对天主教神学思想影响颇深。纪念他的宗教节日为 3 月 7 日。（参卢龙光主编《基督教圣经与神学词典》）

③ 王佐良《英国诗史》："英国诗史一般分为三个大的时期：一、古英语时期，从 5 世纪到 12 世纪；二、中古英语时期，从 12 世纪到 15 世纪；三、近代英语时期，从 15 世纪到今天。……古英语与中古英语各有不同的诗风和诗律，近代英语诗兼取二者之长而又有所侧重……"（译林出版社，2008，第 1 页）路易斯这里说的是，从古英语诗歌向中古英语诗歌的转变。关于古英语诗歌的诗律，王佐良先生说：

它一行分成两半，各有两个重拍，重拍的词以同一辅音或元音开始，因而形成头韵，而行与行之间并无脚韵。这就是为什么这一诗体称为头韵体。举一原文的例：

Wons'ali we'r we'ardode hw'ile

行中有撇处是重音所在，辅音 w 四度出现，形成头韵。这种连（转下页注）

究一个全新的情感领域。对这场变革,我一点都不低估。前不久,我就被指责夸大了它。① 不过"大"和"小"是相对而言。要是不知道还有一场更大的,我仍会认为这场文学变迁是最大的。我并不认为,吟游诗人和克雷蒂安②及其他人的诗歌,跟 20 世纪的诗作一样新异。一个受《罗兰之歌》③哺育的人,或许会对《朗斯洛》④感到迷惑。他会纳闷,

---

(接上页注)续的重拍产生一种粗厉的声音,一位英国历史学家曾经形象地说,这种节奏犹如古日耳曼武士"在酣战中一下一下的刀砍"。此外,古英语中多成串的辅音,也增加了诗歌的突兀紧凑效果。如现代英语仍用的 strength 一词就是从古英语中流传下来的,其中"七个辅音几乎把一个元音绞死了"。(同前,第 3—4 页)

至于中古英语诗歌的诗律,王佐良先生说:"中古英语受了法国诗的重大影响,其诗体以音节组成而有韵脚,其代表作是乔叟的《坎特伯雷故事集》"。(同前,第 11 页)

① 大概是指路易斯的《爱的寓言》(*The Allegory of Love*,1936)一书。比如在第一章"宫廷之爱"(Courtly Love),讨论 1100 年左右吟游诗人(Troubadours)和克雷蒂安(Chrétien de Troyes)的新的爱情诗,路易斯称"宫廷之爱"这一题材的出现是一场"革命"。与此相比,"文艺复兴只是文学表面的涟漪"。(牛津大学出版社,第 4 页)

② 克雷蒂安(Chrétien de Troyes,活动时期 1165—1180),法国诗人,以描写亚瑟王故事的 5 首诗歌而闻名。他的作品发表以后,其他法国诗人争相摹仿,并在其后几个世纪被广为翻译和改写。但丁称赞他使法兰西成为主要的叙事诗之国。(参《不列颠百科全书》第 4 卷 190 页)

③ 《罗兰之歌》(*Chanson de Roland*),法兰西史诗,成书于 1100 年左右。

④ 《朗斯洛,或坐刑车的骑士》(*Lancelot, le Chevalier de la Charrette*),克雷蒂安描写亚瑟王故事的叙事诗之一,约成书于 1180 年。路易斯在《爱的寓言》中,称此诗为"法兰西宫廷之爱传统之花"(the flower of the courtly tradition in France)。(牛津大学出版社,第 23 页)

作者为什么花那么多时间在温情上面,(相比之下)行动却写得那样少。不过,他知道这是作者有意为之。在一个重要的意义上,他知道诗在"写什么"。即便是误解了诗人意图,他至少还理解诗中文字。我之所以认为,就文学而论,从黑暗时代到中世纪的变迁跟我们自己时代发生的变迁不能等量齐观,原因就在于此。当然在宗教领域,那更是没法比了。

可能还有第三条界线有待考虑。我们可以在 17 世纪末期的某个地方划条线,那时,哥白尼学说被普遍接受,笛卡尔哲学居主宰地位,(在英国)成立了皇家学会。说实在的,如果我们考虑的是思想史(取这个词的狭义),我相信,我会在这儿划上界线。不过,要是我们思考的是一般意义上的文化史,那就是另一码事了。当然,科学从那时起就开始大踏步前进了。后来几乎(我心目中)所有更大范围的变迁,都可以追溯到这个前进上面。虽然其果效,是被延迟了。在相当长的一段时间里,科学仍像一头幼狮,它的耍闹让主人私底下喜悦;它还没有尝到人血的滋味。整个 18 世纪,公众心灵的主调仍旧是伦理的、修辞的、法律的,而不是科学的。因而约翰逊才能真诚地说:"对于外部自然的知识,以及这个知识所需要或囊括的科学,并非人类心灵的大事或常务。"①个中缘由不难想见。科学尚未成为人的要务,因为人还没变成科学的要务。它主要研究的是无生之物;它所产生的技术副产品,也为数不多。当瓦特造出他的蒸汽机,当达尔文嘲弄人的先祖,当弗洛伊德开始嘲弄人的灵魂,当经济学家开始嘲弄人的一切,这时,那只狮子确实出笼了。它在我们中间的自由出现,将会成为每个人日常生活中最重要的一个因素。不过那时还没呢;在 17 世纪就更不是了。

正是通过这些考虑,我才最终认为,在西方历史上,当前跟比如说简·奥斯汀②及司各特③的时代之间的分际,是最大的一个。当然,这种事情的断代,必定很模糊,很不确定。没人能够指出哪一年或哪个十年,这个变化就毫无争议地开始了。再说了,它大概还没登峰造极。然而就在

---

① 【原注】"Life of Milton", in *Lives of the English Poets*, vol. I, ed. George Birkbeck Hill (Oxford, 1905), p. 99.

② 简·奥斯汀(Jane Austen, 1775—1817),英国女作家,路易斯终生喜欢的作家之一。

③ 司各特(Sir Walter Scott, 1771—1832),苏格兰小说家、诗人、历史学家、传记作者,常被认为是历史小说的首创者和最伟大的实践者。

我们与"威弗利小说"①之间的某个地方,就在我们跟《劝导》②之间的某个地方,就有一条裂谷。当然,刚一得出这个结论,我就自问,这该不是一种透视幻象(illusion of perspective)吧?我触手可及的电线杆跟下一根电线杆之间的距离,看上去大于其余电线杆之间距离的总和。我的结论,不会也是同类错误吧?我们无法像丈量电线杆一样,丈量时代。我只能列出根据,经过深思熟虑,发觉自己被迫重申自己的结论。

1.先说我认为最弱的一条根据吧,也即我们时代跟司各特的时代,在政治秩序上的变迁。在这方面,我所提出的分界线,会有激烈争议。或许跟古代与黑暗时代之政治变迁相比,这个变迁要小。但还是很巨大;而且我想,它已拓展到所有国家,我们所谓的民主国家和独裁国家都是。我若想讽刺当前的政治秩序,我会借用《笨拙周刊》③在第一

---

①　蒋卫中《威弗利小说》一文说:"威弗利小说是英国十九世纪著名小说家瓦尔特·司各特所创作的小说的总称。司各特于1814年隐名发表长篇小说《威弗利》(Waverley),受到热烈欢迎。以后,他使用'威弗利作者'的化名,连续发表了二十七部小说,其中著名的有《清教徒》、《艾凡赫》、《密德洛西恩的监狱》等等。直到1827年,他才宣布自己是这些小说的作者。"(文见《译林》杂志1985年第2期)

②　《劝导》(Persuasion),是简·奥斯汀的最后一部小说,出版于作者逝世以后。

③　《笨拙周刊》(Punches),英国著名的幽默杂志。

次德国战争中发明的名称:广告政府(*Govertisement*)。这是一个合成词,意思是"打广告的政府"(government by advertisement)。不过我没有嘲讽的意图;我力求客观。变化是这样的。就我所能想见的以前所有时代,统治者的主要目标就是,让其臣民平安度日,防止或平定大规模叛乱,劝导人们安居乐业。① 例外只是很稀少很短暂的过渡时期。而且总体上,臣民跟他们意见一致。他们甚至祈祷(用那些听起来怪乎乎的陈旧词汇),能"一生敬虔诚实","在平安与宁静中度日"。而如今,唤起群情激奋差不多成了政治力量的正常机能。我们生活在一个"呼吁"、"运动"及"竞选"的时代。我们的统治者已经变得像个校长,总是要求"积极"(keenness)。你已经留意到,我称他们为"统治者"(ruler),就有点泥古不化。"领袖"(leader)才是那个现代词汇。我在别处提过,②这是词汇表上一个意义深远的变化。我们

---

① 关于这一政治目标,中国古代的经典表述,多之又多。如《老子·第80章》:"甘其食,美其服,安其居,乐其俗。邻国相望,鸡犬之声相闻,民至老死,不相往来。"

② 【原注】"New Learning and New Ignorance", *English Literature in the Sixteen Century*, *excluding Drama*, The Oxford History of English Literature, vol. III (Oxford,1954),p. 50.

对他们的要求变了,恰如他们对我们的要求也变了。因为对一个统治者,你要求他正义,不腐化,勤勉,或许还有仁厚;对一个领袖,你则要求他有干劲,进取,(我想)还有人们所谓的"魅力"或"个性"。①

在政治方面,我所提议的这条分界的资格证明,虽然不可小觑,但很难令人信服。

2. 在艺术领域,我想,这条分界线冠压任何一个可能对手。我并不认为,任何前代就曾出产过在本代就新得令人震惊令人迷惑的作品,就像立体主义、达达主义、超现实主义、毕加索在我们时代所做的那样。② 而且我深信,我自

---

① 路易斯在《主观论之毒害》一文的最后一段说,古人相信善是客观的,相信有"天理",故而,他们就会"要求统治者具备更稀有也更有益的品质——德性(virtue),知识(knowledge)、勤勉(diligence)及才干(skill)"。现代人秉持价值主观论,以为"善就是发明之物",于是就会要求统治有诸如"远见"(vision)、"活力"(dynamism)及"创造性"(creativity)之类的品质。(文见本书第二编第2章)

② 现代艺术之令人困惑,臭名昭著。格式塔心理学家鲁道夫·阿恩海姆曾说:"艺术已经变得不可理解。也许没有什么比这一事实更能区别今天的艺术与过去任何地方、任何时代的艺术了。艺术历来被认为是解释世界的一种工具。但今天,艺术显然已置身于人类所创造的最为令人迷惑的产品之列。现在,需要解释的正是艺术本身。"(《走向艺术心理学》,丁宁 等译,黄河文艺出版社,1990,第7页)丹尼尔·贝尔也有大意相同的话:

现代主义渗入了各种艺术。不过,从具体例子来看,它似(转下页注)

己最为钟爱的艺术,也即诗歌,也是如此。这个问题常被争得热火朝天,只是这个热火,我想,是由一个疑心(也并不总是捕风捉影)所激发的。他们疑心,断定现代诗之新异是前所未有的那些人,意欲因此辱没现代诗。然而,再没什么比作出任何价值判断,无论是有利的还是不利的,更远离我的目标了。而且,一旦我们不评高论低,只集中注意于历史事实,那么我就看不出还有谁会怀疑,现代诗不仅比任何别的"新诗"都新异得多,而且以一种新的方式在新着,几乎在一个新的维度上新着。说一切新诗都一度跟我们的新诗一样地难,那是假话;说总有新诗跟我们的新诗一样难,则是搪塞。一些早期诗歌是难懂,但不是这个难懂法。亚历山大体难懂,①因为它预设

(接上页注)乎没有单纯的、统一的原则。它包括马拉美的新句法,立体主义的形体错位,维吉尼亚·伍尔芙和乔伊斯的意识流,以及贝尔格的无调主义。其中每一种在它初次问世时都是"难以理解"的。事实上,正如不少学者表明的那样,开头费解是现代主义的标志。它故作晦涩,采用陌生的形式,自觉地开展试验,并存心使观众不安——也就是使他们震惊,慌乱,甚至要像引导人皈依宗教那样改造他们。显然,这种费解的性质是强烈吸引初学者的根源,因为运用高深莫测的知识有如古代占星家和炼金术士念动咒语时的特别仪式,强化了那种凌驾于俗鄙与懵懂之上的统摄威力。(《资本主义文化矛盾》,赵一凡等译,三联书店,第93页)

①　亚历山大体(alexandrines,亦译亚历山大诗行),因12世纪末法语长诗《亚历山大的故事》之诗行形式而得名。

了一个有学问的读者;随着你变得博学,你就会找到谜题的答案。要是你并不了解隐喻语,吟游诗就费解;倘若你了解,也就不费解了。而且——这才是真正关键——一切写亚历山大体的文人,一切吟游诗人,都会一致同意答案。我相信,但恩①的朦胧玄象,也是如此;其中每一个都有个正解,但恩也能解给你听。当然,你或许会误解华兹华斯《抒情歌谣集》②的"旨归";但是每个人都理解他在说什么。而新近有本专题论文集,讨论的是艾略特先生的《一只处理鸡蛋》。③ 集子所显示的事态,我看不到跟上述情形有丁点相似。这里我们发现有七位毕生专攻诗歌研究的成年人(其中两位是剑桥学者),他们在讨论三十多年前发表的一首很短很短的诗;关于该诗题旨,他们中间没有一丁点的一致意见,无论是什么样的题旨。我一点都不关心,判断这事

---

① 约翰·但恩(John Donne,1572—1631,又译邓恩),17 世纪英国玄学派诗人。

② 华兹华斯(William Wordsworth,1770—1850),英国诗人。《抒情歌谣集》(*Lyrical Ballads*,1798),是华兹华斯跟友人柯勒律治合写的诗集。华兹华斯为之所写序言,甚为著名。

③ 【原注】"Cooking Egg", *Essays in Criticism*, vol. III, (July 1953),pp.345—357.【译注】该诗全文见《荒原:艾略特文集·诗歌》(上海译文出版社,2012)第 53—56 页。

态是好是坏。① 我只断定，这是一桩新事。在整个西方历史上，从荷马开始——我几乎可以说从《吉尔伽美什史诗》②开始——诗歌发展中，就没有堪与此比肩的转向或突变。③ 从这一点来讲，我所提议的分界线就没有对手值得一怕。

3. 其三，有一场我在前文不得不提起的巨大宗教变迁：非基督化（un-christening）。当然，在简·奥斯汀的时代，在很久以前，就有大量的怀疑论者，恰如现今有大量的基督徒。可是，预设变了。在她的时代，一定种类或程度的宗教信仰和实践，是常规；如今，尽管我乐于相信，种类上和程度上都有增益，但它们是例外。④ 我已经论证了，这一变迁，超过了欧洲皈依基督教时所经历的变迁。实在

---

① 【原注】在音乐领域，有着这样一些乐曲，对演奏家的天分要求，要高于对作曲家的天分要求。为什么将来就不会出现一个写诗艺术低于读诗艺术的时期？ 到那时，敌对读解当然也就无所谓"对"与"错"，而只是"演奏"是否出色了。

② 吉尔伽美什（Gilgamesh），美索不达米亚古代最著名的英雄。《吉尔伽美什史诗》（*Epic of Gilgamesh*），目前已知最古老的英雄史诗。早在四千多年前就已在苏美尔人（Sumerian）中间流传，在古巴比伦王国时期（公元前19世纪—公元前16世纪）形诸文字。

③ 关于路易斯对现代诗歌的看法，详参拙译路易斯《文艺评论的实验》（华东师范大学出版社，2015）第十章。

④ 关于"预设"变化，详参本书第一编第11章《古今之变》一文。

是难以苟同一些先知们,他们无论是在报刊上还是在布道坛上都在警告说,我们"正在堕入异教信仰"。倘若我们真是这样,那才是妙事一桩。要是能看到未来哪位首相,会在议会大厅宰杀一头硕大的白色公牛,那会令人欣慰。①但我们看不到了。即便这类无稽预言不是随便说说而是想说些什么的话,潜藏在其背后的也是个错误观念,即历史进程容许掉头:欧洲可以经由"进去的那扇门",走出基督教,发觉自己又回到原地。事情不是这样。后基督徒,不是异教徒;你还可以想,结过婚的女人藉离婚就重获了童身呢! 后基督徒,跟基督教的过去切断联系,因而跟异教过去双重割离。

4. 最后,我要打出王牌了。在简·奥斯汀和我们之间,而不是在她与莎士比亚、乔叟、阿尔弗烈德②、维吉尔、荷马或埃及法老之间,诞生了机器。这就将我们一下子抬

---

① 《被告席上的上帝》第一编第 21 章"有神论是否重要":"因为我根本就不认为,我们还有可能看到国会开幕时,会在上议院宰杀带花环的白色公牛,或者看到内阁大臣在海德公园留下三明治,是为了给树神献祭。"

② 阿尔弗烈德(Alfred,849—899),别称阿尔弗烈德大王。英格兰西南部萨克逊人的韦塞克斯王国国王(871—899)。他使英格兰免于落入丹麦人之手,并促进了学术和文化的发展。

到了远远高于方才所考虑的一个变迁领域。因为这个变迁,堪与我们划分史前的那场巨大变迁比肩。这跟从石器到铜器,或跟从游牧经济到农耕经济,在同一个层次上。它改变了人在自然界的地位。这个主题已经被讴歌得令我们心烦,故而,关于其经济及社会后果,我这里不再说什么,尽管它们无法估量。① 我们更关心的是其心理影响。对于前代会称之为"恒久"(permanence)的东西,我们则用高度抒情的"停滞"(stagnation)一词,其弦外之音则是浊臭逼人及乌烟瘴气,这事是怎么来的?"原始"(primitive)一词,为何会立即令我们想起笨拙、低效、野蛮?当先人们说起原始教堂或制度的原始纯朴时,他们一点也没有这个意思。(值得注意的是,约翰逊博士编纂的词典里,赋予"原始"一词的唯一的贬义就是:"拘泥形式;故作庄重;模仿所臆想的古代庄

---

① 美国著名文化史家雅克·巴尔赞在《从黎明到衰落:西方文化生活五百年,1500年至今》一书中曾提及火车对人的影响:"起初,机器只影响管理使用它们的人和工厂里的男女工人。但到了1830年,一种类型不同的机器问世,改变了所有人的生活和思想。今天,人们对这件大事几乎已经完全忘却了,但它代表了人类自从游牧部落择地定居,开始种植粮食,豢养牲畜以来所经历的最完全的变化。实际上,它恰恰是那种定居生活的反面。以蒸汽为动力的火车头和铁路将人类连根拔起,使之重新得以浪迹天涯。"(林华译,中信出版社,2013,第582页)

严。")为什么广告中的"最新"就成了"最好"的代名词？姑且承认，这些语义发展，有几分归因于19世纪对自发进步的信念；而自发进步的信念，又有几分归因于达尔文的生物进化论，或有几分归因于有别于且早于生物进化论的宇宙进化之神话（myth of universal evolutionism）。对这神话的两部伟大的想象表达——济慈的《海披里安》①和瓦格纳的《指环》，②由于跟进化论截然有别，因而是前达尔文的。这两者都有份，但我还是要提出，将这一舆论风气牢牢印入人类心灵之中的，则是一个新的原型意象：老机器被新的更好的机器所超越。因为在机器世界，新的确实常常更好，原始的确实笨拙。而且我们所有人心中潜存的这一意象，在未受教育者的心中，差不多毫无挑战地处于主宰地位。因为，对于他们，结婚生子之后，生活的界标就是技术进步了。从老式脚踏车到摩托车再到小汽车；从留声机到收音机，再从

---

　　①　《海披里安》(Hyperion)，济慈(John Keats，1795—1821)的一部无韵体史诗，创作于1818年。后来他又写了其修订本，即《海披里安之陨落》(The Fall of Hyperion)，但两部诗均未写完。在希腊神话中，海披里安是十二提坦之一，也即天神乌拉诺斯和地神盖亚的子女之一。

　　②　指瓦格纳的著名歌剧《尼伯龙根的指环》。

收音机到电视;从炉灶到电炉;这都是他们朝圣之旅的一些步骤。① 然而,无论是出于这一原因还是出于一些别的原因,确定的是,在我们的语言上留下这些烙印的这个生活路向,就是使得我们最为尖锐地有别于先人的那个东西。倘若我们能回到先人们的世界,我们最感到不适的是,竟没有这个东西。反过来,要是他们能够探访我们,那么我们的这些假定,譬如万事万物都是临时的很快就会被超越,譬如生活要务就是获得我们从未拥有过的商品而不是保护和爱惜已经拥有的,最令他们震惊,迷惑。

因而,我就自己所选择的时代分界线可声明如下:在第一点上,它有充分根据;在第二和第三点上,它雄辩地压过别的论点;而在第四点上,显而易见,它毫无争议地压过它们。我的结论是,它确实是西方历史上最为巨大的变迁。

无论如何,这一信念决定了我担任此教席的整个工作路径。我可不是提前给自己打圆场,以备我日后讲起《吉尔伽美什史诗》或"威弗利小说"时,有个借口。就我的学力而言,"中世纪与文艺复兴"已经是个太大的领域。不过你看

---

① 对这种进步论的驳斥,参本书第一编第13章"两场讲演"。

到,这一指定领域在我眼中,如何必定首先显得像是个样
本,代表的是某样远为广大的东西。这样东西,《伊利亚特》
作成时就已发端,滑铁卢战役①打响时差不多仍未遭损害。
当然,在这个漫长的历史时期,其间有形形色色的差异。在
我要钻研的领域和别的领域之间,差异是触手可及;在我选
择的这个领域中间,也有重要差异。然而尽管如此,站在今
天这个遥远距离来看这整件东西,从其希腊开端或前希腊
开端一直到前天,②它则显示了一种同质性——这种同质
性必定重要,或许比其内在多样性更重要。我为什么跟诸
位谈起我的特定领域时,不能不时时提起那些既不始于中
世纪也非终于文艺复兴的事情,原因就在于此。如此说来,
我将被迫给诸位呈现大量的只能形容为旧欧洲文化或旧西
方文化的东西。要是你在给一批火星听众,做一场关于沃
里克郡的讲座(不要见怪:火星人或许是蛮可爱的生灵),你
的全部资料,或许要老老实实从沃里克郡搜集:不过,你讲

---

① 滑铁卢战役(1815 年 6 月 18 日),拿破仑遭遇彻底失败的最后一
场战役。

② 这里,路易斯用"前天"(the day before yesterday)一词,显然用其
隐喻义。

给他们的大多数东西，其实不是沃里克郡的知识，而是"普通地球居民"的知识。

尽管迟疑不决，我还是要成为西方旧文化的代言人，这个前景令我惶恐。或许也吓着了诸位。因此行将结束，我对诸位做个保证，也做个断言。

先作保证吧。我想，诸位无需惧怕研究一个死去的时代。无论研究多久，也无论多同情，都不会证明你沉溺于怀旧或为过去所束缚。个体生活中，恰如心理学家教导我们，奴役我们的不是你记得的过去，而是你忘记了的过去。我想对于社会，道理也一样。研究过去，确实让我们从当前解放出来，从我们自己的"市场假象"中解放出来。① 不过，它也让我们从过去解放出来。我想，没有哪拨人比历

---

① "市场假象"，典出培根《新工具》第一卷第43节。培根认为，过去的哲学或科学之所以毫无结果，是因为人的心灵困扰于四类"假象"："族类假象"、"洞穴假象"、"市场假象"和"剧场假象"。这就是培根著名的"四假象说"。关于"市场的假象"，培根的解释是：

另有一类假象是由人们相互间的交接和联系所形成，我称之为市场的假象，取人们在市场中有往来交接之意。人们是靠谈话来联系的；而所利用的文字则是依照一般俗人的了解。因此，选用文字之失当害意就惊人地障碍着理解力。有学问的人们在某些事物中所惯用以防护自己的定义或注解也丝毫不能把事情纠正。而文字仍公然强制和统辖着理解力，弄得一切混乱，并把人们爸引到无数空洞的争论和无谓的幻想上去。（许宝骙译，商务印书馆，1984）

史学家更不受过去的束缚了。不懂历史的人,通常为相当晚近的过去所奴役而不自知。但丁读维吉尔。① 而别的一些中世纪作者,则引申出维吉尔是个大魔法师的传说。② 使得他们如此的,是更晚近的过去,是前几个世纪所发展出来的心灵品质。但丁则自由得多;他对过去也更了解。倘若像这些中世纪人误读了古典时期,或者甚至像浪漫主义者误读中世纪,③你也迅速且深深误读了西方旧文化,那么你不会自由多少。这样的误读,已经开始。在尚有可能遏制之时,就遏制其发展,确实是一所大学的正事。

现在作断言吧。这听上去狂妄,但我希望,其实并非如

---

　　① 在《神曲》中,维吉尔是但丁的导师。

　　② 【原注】欲知他们是谁,请参:Comparetti, *Virgilio nel Medio Evo*, ed. G. Pasquali (Firenze, 1943), P. xxii. 这条索引,归功于 G. C. Hardie 先生。

　　③ 【原注】以我为例吧,这号误读或许还能产生具有想象价值(imaginative value)的结果。要是浪漫派没扭曲中世纪,我们就不会有《圣亚尼节前夕》(*Eve of St. Agnes*)。欣赏想象的过去,并清醒认识到它不同于真实的过去,两者可以并行不悖。可是,要是我们只要前者,那来大学干什么?(这个问题需要细说,不是我这里三言两语所能打发的)【译注】《圣亚尼节前夕》(*Eve of St. Agnes*),英国浪漫派诗人济慈的一首长诗。关于"欣赏想象的过去,并清醒认识到它不同于真实的过去,两者可以并行不悖",可参见拙译路易斯《文艺评论的实验》第 10 章第 9—12 段。

此。我已经说过,将诸位从旧西方分割出来的那场巨大变迁,
是积渐所至,甚至现在尚未完成。鸿沟虽然巨大,但两边的土
著仍可以会面;会面处就是这间屋子。在大变迁的时代,这颇
为正常。亨利·莫尔①跟笛卡尔的通讯,就是个有趣的例子;
人们还以为这俩人在不同的世纪写作呢。这时就有了摩擦
(rub)。我自己与其说属于诸位的秩序,远不如说属于西方旧
秩序(Older Western order)。我要断言的是,尽管一方面这
使得我不能胜任我的工作,可在另一方面则使得我能胜任。
不能胜任处,显而易见。你不会想望着一个尼安德特人来讲
尼安德特人;②更不想望一头恐龙来讲恐龙。可是,这就是全
部故事么? 要是一头活恐龙蹒跚着硕大身躯,进入实验室,我
们四散而逃之时,难道不会掉过头来看一下? 终于知道它其
实是如何移动,长什么样,什么气味,发出怎样的声音,这可是
天赐良机! 要是那个尼安德特人还能讲,那么,尽管他的演说
术很不高明,但是,难道我们不是差不多能够保准,从他这里

---

① 【原注】*A Collection Of several Philosophical Writings* (Cambridge,1662).【译注】亨利·莫尔(Henry More,1614—1687),英国诗
人,宗教哲学家,可能是剑桥柏拉图主义思想家中最著名的一位。

② 尼安德特人(Neanderthal),早期形态的智人,更新世晚期即 10
万—3.5 万年前,居住在欧洲许多地区和地中海沿岸。

了解到的关于他的某些东西,现代最优秀的人类学家永远也告诉不了我们? 他告诉我们的东西,自己兴许都不知道是他告诉的。有一件事我倒知道:我会很乐于听一个古雅典人,即便是个愚蠢的雅典人,来谈雅典悲剧。有很多东西,我寻找是白费力气,他则打骨子里都知道。随时随处,都会有些偶然机会向我们显示,现代学术多年以来一直都在错误轨道上,尽管他并不自知。女士们先生们,我站在诸位面前,有点像那位雅典人的地位。我当作本土文本来读的东西,诸位必定当作外族人的。你也看到,我为何说这一断言其实并不狂妄;谁会因为能说一口流利母语或熟识回家的路而骄傲呢? 我坚信,为了正确读解西方旧文学,你必须悬搁你从阅读现代文学而获得的绝大部分反应,必须抛开阅读现代文学养成的绝大多数习惯。由于这是一位本土人的判断,我因而断言,即便为我的信念所作辩护软弱无力,我的信念这一事实则是一条史料(historical datum),你应给予足够重视。就在令我做不了一个批评家的那个方面,作为一个标本,我或许还有些用处。我甚至还想斗胆再进一步。既然不只为自己而且为所有其他旧西方人代言,我会说,还能用到标本的时候就用你的标本吧。不会再有更多的恐龙了。

2 高雅与通俗[①]

（1939）

High and Low Brows

快点，快点。把《皮哥儿传》扔到梳妆台底下去，把《蓝登传》扔到厕所去，把《无罪的奸情》夹在《劝善全书》里面。——把《安卫士爵士传》塞在沙发底下，把

---

① 本文原载于路易斯的论文集《申辩集》（1939年初版），故而暂将写作年代定为1939。在该书序言中，路易斯曾这样说明本文主旨："对于自己的心爱，人很少主动颂赞，除非它受到抨击。本书前六篇文章，在不同程度上都是因此而发，书也因此而得名。……第五篇可以说，是为许多大众图书（popular books）申辩，这些图书，我相信，既增强了我乐享严肃文学的能力，也增强了我乐享'现实生活'的能力；不过它更是针对现代教育中的某些危险倾向，替无功利的文学享受所作的辩护。我担心，黑板及'毕业证书'构成了一道墙，不久就会将这一切怡人景观挡在外面。"

《奥维德》塞在靠枕后面,对了,把这本《有情人》放在你的衣服口袋里。——对,对,把这本夏朋夫人的作品搁在看得见的地方,把《福迪士的布道文》打开放在桌子上。①

——谢立丹

亚里士多德常常从他所谓的"小引"(Isagoge)着手,开始论证。所谓小引,就是一组例证,假如我理解得没错,不是(像穆勒归纳法那样)去证明一条普遍原理,只是引我们睁眼去看。下面几个例子,就打算构成这么一个小引:

1. 几年前,有位女士,我试图指导她的学业。她提出一个普适的文学理论,我发觉自己难以接受。我就用自己的方式反驳她。我问,这理论是否涵盖《彼得兔》。沉默了几分钟,她反问我,将这样一个例子引入严肃的文学讨论,我是否以为就有用处? 我回答说,《彼得兔》是一本书,尚不至于滥得登不了"文学"的大

---

① 语出英国作家谢立丹(Sheridan)之喜剧《情敌》(*The Rivals*)第一幕第二场,拙译采杨周翰先生之译文。

雅之堂。这位女士,诚实而又博学(这里提及她,我也是满怀敬意),也没打算称《彼得兔》为"滥"书。"无足轻重"(trivial),是她最后敲定的词汇。不过她还是颇为确定,那个"文学"学说,无需适用于《彼得兔》。

2. 我听说有一家小学图书馆规定,将馆藏图书分为两类:好书(Good Books)和书(Books)。学生每借一本书,就允许借两本好书。读一本好书,值得表扬;读一本书,则只是尚可容忍。不过,那些制定规章制度的人,倒也手下留情,没将"滥"(bad)字,贴在跟"好"书形成对比的那些书上。

3. 我听说一所大学院的院长,①称许安东尼·霍普②的小说,以热情宣告作结:"那些书是我所读过的最好的'滥'书。"你在这里看到,确实用了"滥"字,但其用法却承认,在"滥"这一类里面,尚有好、较好与最好之分。

---

① 【原注】我后来得知,是我误解了他。不过,鉴于我的"小引",不是证据,而只是图示,所以我想,留下这个例子,并无不诚之嫌。

② 安东尼·霍普(Anthony Hope,1863—1933),英国小说家,剧作家,颇为多产,曾以探险故事名噪一时,如今几不为人所知。

4. 我常听说——谁又没听说过呢——普通百姓（a plain man）说起自己钟爱的某部故事的喜人之处，狂热之情溢于言表，说到最后，则低声下气："当然我知道，那不是真正的文学。"

我相信，这四个事例已经让你明白，我想要讨论的是什么了。四个事例当中，我们都看到两类图书之分。一类上面，附有某种声望；一类上面，则贴有耻辱标签。尽管如此，人们还是不大愿意将此区分，径自等同于好坏之分或较好与较坏之分。提出这一区分的那些人，更喜欢为低贱的那类图书，加上大众、普通、商业、便宜、垃圾之类名头；至于高贵的那类，名头则是文学、经典、严肃或艺术。在我们这个时代，则援引"通俗"（*Lowbrow*）与"高雅"（*Highbrow*）这对令人作呕的形容词，用作两类图书的名称，而且还有望横扫其全部竞争者。

你还会注意到，我所举的第一个、第三个及第四个事例，其中有个暗含的意思：通俗读物跟高雅读物是不同种类，以至于它们就有自家的好与坏，有自家特有的奴德（servile virtue）与奴恶（servile vice），因而就要用特别的标准来评判它们，就纯文学（literature *simpliciter*）说的那些话对它们不适用。

可是依我看，在这一流行分类中，混淆了美好（merit）的程度和种类。假如通俗图书确实是一另类读物，那么，我就看不出，它怎么会比高雅图书低上一等。除非你跟某人参与同一竞技，否则，你不可能被打败；（就像切斯特顿观察到的那样）除非你二人朝同一方向奔跑，否则你不会被超越。当前，这一区分的方便之处当然是，让我们得了鄙视特定作者特定读者之满足，又不让我们承受说明他们何以糟糕之辛劳。我还发现这一区分的另一方便，纵容人们享受通俗艺术，却既不感恩又不羞愧。"我们去看一部烂片吧"，这话说不出口；"我们去看一部通俗影片"，这话就欢快了。看来这区分，整个就是为了让我们得到这两大方便。

下文里，我会提出两点疑问：（1）通俗图书（或者像那所小学那样，径直称作"书"），真的就是滥书一类？（2）假如不是，这一区分是否还有别的用场？

一旦着手第一点疑问，我们就会注意到，即便所有的通俗图书——我将称之为 A 类——事实上都是滥书，即便如此，通俗与高雅之分——或 A 类与 B 类之分——都不会与好书与滥书之分相吻合。原因很明显,B 类也包含着滥书。《高布达克》(*Gorboduc*),格拉夫(Glover)的《莱奥尼达斯》(*Leonidas*),代尔(Dyer)的《金羊毛》(*Fleece*),加布里埃尔·哈维(Gabriel Harvey)的六韵步诗,约翰逊的《艾琳》(*Irene*),丁尼生的悲剧以及骚塞的史诗——说良心话,这一切都足够经典,足够严肃,足够文学。它们要是进入学校图书馆,必定会被归入"好书"一类,而不会归入"书"。不过难以否认,它们中间有些写得很滥。事实上,一旦由此视角看问题,我们就会清楚,A 类也并非全都是滥书。单单写得不好,就将其归入 A 类,会犯错。即便 A 类里面,全是滥书,那也必定是特别种类的滥——A 类的滥。

可是,它们都滥么? 鉴于我从未读过安东尼·霍普的小说,我就不能选择它们来作分析,尽管第三个事例请我这么做;不过,以莱特·哈格德①为例或许也可以,因为他的书定然就在 A 类,而且依我看,其中一些还写得蛮好——要让那位院长来说,就是"好的'滥'书"(good "bad"

---

① 哈格德(Sir Henry Rider Haggard,1856—1925),英国小说家,其最为著名的作品是《所罗门王的宝藏》(1885),百花洲文艺出版社 2015 年出版《不可违抗的她》(*She*)之中译本,译者陈小颖。

books)。在他的书里,我挑《不可违抗的她》。要是我自问,为什么乐此不疲地去读《不可违抗的她》,我就会发觉,应该如此去做的理由是多之又多。首先,这部故事做了一项可贵探索;在开头几章,其核心主题就吸引我们跨过巨大的时空距离。我们在结束章节会看到的东西,在开头章节,可以说通过望远镜的错误的一端,就看到了。就引人入胜而论,这是一种巧妙手法——在《乌托邦》一开篇,《被缚的普罗米修斯》第二幕,《奥德赛》的头几卷,你也可以看到同类技巧。其次,这是一部追寻故事(a quest story),这就会吸引人。追寻对象,结合了两大引人之处——将"青春之泉"(fountain of youth)主题与"异国公主"(princesse lointaine)主题合二为一。最后,收场或结局,一直是追寻故事的难题。这个难题,以一种别开生面的手法加以克服。这个手法,在作者看来,怎么说都说得通。故事行文里,细节最是令人信服。意在和蔼,那人物就和蔼可亲;意在阴险,那人物就阴险毒辣。《不可违抗的她》的杰出之处,跟任何杰作一样,都是牢牢基于想象的基本法则(the fundmental laws of imagination)。不过其中瑕瑜互见。因为以下两点,我们不能将之纳入令人颇为满意的浪漫传奇。一个瑕疵就是文风之单调。我的意思，当然不是说它不合乎某些定法（*a priori rules*），而是指笔触之倦怠或无力。因为对于打算呈现的情感、思想或形象，作者总是满足于一种大致不差。于是，语焉不详及陈词滥调，就散布各处。另一个瑕疵则是，借"她"之口说给我们的那些智慧，浅薄而又愚蠢。对此故事而言，避世幽居的"她"应该成为一名哲人（a sage），这不仅入情入理，而且是本质所系。然而，哈葛德本人却没有足够的智慧，供她援用。一个有但丁之深度的诗人，能为她提供真正的警语；有莎士比亚之才气的诗人，不劳亲自指点，就会让我们信服她的智慧。

假如我的分析没错，《不可违抗的她》就不是滥书中的好标本意义上的那种"好的'滥'书"；它只是有好有坏，跟许多别的图书一样，在某方面好，在某方面不好。兴致勃勃读此书的那些人，乐享着真正的文学美好（literary merit），是它跟《奥德赛》或《伊阿宋的生与死》①共有的美好。当然，这并不是一部上好的书，但由于瑕不掩瑜（正如比我聪明的读者已经证明的那样），比方说吧，就比《莱奥尼达斯》（*Leonidas*）

---

① 《伊阿宋的生与死》（*The Life and Death of Jason*），是威廉·莫里斯发表于 1867 年的诗作。

或《冥王史诗》①要好。换句话说,这本 A 类图书,要比一些 B 类图书要好。它的好,经得住多方检验。作者表现了更好的技巧,读者也得到了更多的快乐;它更切合我们的想象力的恒常本性(the permanent nature of our imagination);它让读过它的那些人更丰富。正因为此,将 A 类 B 类之分等同于好坏之分或较好较坏之分的企图,无疑会破产。

因而对于这两类图书,我们必须四下寻找别的可能界定。这时,我立即想到的是第一个事例中的那位女士,她以"无足轻重"为名将《彼得兔》排除在外。或许,A 类包含的是无足轻重之作,而 B 类则是严肃、有分量或重大之作。我想,使用 AB 二元对立的那些人,虽然心里常有这样的想法,但却很难确定,他们用以表达此想法的那些词的准确含义。明摆着的是,这对立不单是滑稽(comic)与严肃(serious)之对立。因为这样的话,我们的教区杂志就会被列入 B 类,而《愤世嫉俗》②则列入 A 类。无疑有人会分辩说,莫

---

① 《冥王史诗》(*Epic of Hades*,1877),作者路易斯·莫里斯爵士(Sir Lewis Morris,1833—1907)。

② 《愤世嫉俗》(*Le Misanthrope*,亦译《厌世者》),莫里哀的喜剧,1666 年上演。

里哀的这部戏,虽滑稽却重大,因为它多方位触及生命,因为它探究人性之奥赜。这就为重述这一区分提供了基础:B类图书在上述意义上"重大",而A类图书只触及我们之皮毛,只关系到我们意识里高度专门的领域。可是,这会让《不可儿戏》①沦为A类。而且目前尚不清楚,已经列入A类的图书就肤浅。那些图书,经常得到的指控是"滥情"(sentimental)。这一指控,细看一下,常常是暗暗承认,它们诉诸很基本很普遍的情感;这些情感,就是伟大悲剧所关之情。即便是瑞恰慈博士的《布西的歌谣》(*Boosey Ballad*)②,不但属于A类,而且确实低劣,但其主题,彼特拉克或许都不会鄙夷。说实话,我看得越久就越是深信,重与轻(weighty and frivolous)、厚与薄(solid and slight)、深与浅(deep and shallow),正好打破了A类与B类之区隔。完美至极之物中,不知有多少都是率意而为! 厚重与轻盈(weighty and frivolous),是文学之种类;在每一种里面,我们都会找到好的A类和滥的A类,好的B类和滥的B类。

---

　　① 《不可儿戏》(*The Importance of Being Earnest*,亦译《认真为上》),王尔德的风俗喜剧。

　　② 【原注】参见瑞恰慈的《文学批评原理》第24章。

这一分际，不是我们所要寻找的。

在凡夫们中间，我发现这一分际经常基于风格。当普通百姓(the plain man)坦承自己所喜欢的图书不是"真正文学"，你要是追问，他经常会解释说，那些书"没有风格"或"风格如何等情"。当这位普通百姓被逮住，被弄成一个不情不愿又稀里糊涂的大学生，对那些自己有阅读义务却无阅读享受的伟大作品，则常常会夸赞其风格卓绝。他错过了戏剧中的笑点，对悲剧无动于衷，对抒情诗的言外之意没有反应，发觉浪漫传奇中的事件兴味索然；这些东西对他而言如此乏味，传统却赋予它们价值，他对此茫然无措。于是他将此事交托给自己几乎一无所知的东西，交托给一个名为"风格"的神秘实体；这个神秘实体之于他，就相当于隐秘力量(occult forces)之于老辈科学家——是一种"傻人避难所"(*asylum ignorantiae*)。他这样做，是因为他对风格有个极端错误的理解。他以为风格并不是炼字炼句(linguistic means)，作家藉以制造自己所心仪的效果；而是以为风格就是一种增饰(extra)，是添在读物上的一种文绉绉(uncovenanted pedantry)，来满足跟寻常的想象之乐没什么关系的某种特定的"文学"趣味或"批评"趣味。对他而言，一种画蛇添足之举,却因约定俗成,就令其挤入高端行列——就像信封人名后面的"亲启"二字。必须承认,雅士们有时候谈起风格,也给他们的弱势同胞这样误解风格提供了一些由头;不过我想,他们绝大多数头脑清醒之时都会承认,凡夫们对"风格"一词的这一用法并不存在。当我们说《不可违抗的她》之中的乡村描写有风格缺陷时,我们的意思是说其描写有缺陷,而不是说(像这些傻人所想的那样)其描写都好,只是缺少一丝抽象出来的"文学的"非关描写的优雅(some abstractly "literary" and undescriptively grace),这种优雅是可以再加上去的。我们称此缺陷为"风格"(stylistic)缺陷,是因为这毛病不在于作者的构思,而在于他语言马虎或迟钝。选一个更好的形容词,远方山峦在地平线就更显得巍然耸立;打个恰切比方,整个景象就会永远印入内在之眼①,现在却在连篇废话中模糊不清;一种更雄浑的

---

① Inner eye,直译当为"内心之眼",参照美学史上著名的"内在感官"(inner sense)说,意译为"内在之眼"。18世纪英国学者夏夫兹博里(The Earle of Shaftesbury,1671—1713)最早提出审美的"内在感官"、"内在眼睛",也即后来的所谓"第六感官"说。他在《论特征》中说:"我们一睁开眼睛去看一个形象或一张开耳朵去听声音,我们就马上见出美,认出秀雅与和谐。我们一看到一些行为,觉察到一些情感,我们的内在(转下页注)

诗韵(a nobler rhythm)，就会给我们以空间感和动感，而不像现在，只供我们去推想。合上《不可违抗的她》，打开《日升之处》①的任何一页，你就会立即明白风格在一段描写中意味着什么。从无哪类图书，没在风格上费心，就会"独到地好"。在一些书里，有些事情作者叙说得不好或说得不到位，却足以激发意趣(interesting)，让我们不顾作者之败笔而继续阅读。尽管他自己的工作只完成一半，我们还是满足于替他完成剩下的一半。这号书，就有风格缺陷。它们可不只是来自 A 类。司各特、狄更斯、拜伦、斯宾塞、阿兰②以及阿普列乌斯，③都有风格缺陷，却通常都放在 B 类。圣

（接上页注）眼睛也就马上辨认出美好的，形状完善的和可欣美的。"（朱光潜译，见《西方美学家论美和美感》，商务印书馆，1980，第 95 页）夏氏门生哈奇生（F. Hutcheson，1694—1747）发展了这一学说，将其系统化。他认为外在感官只能接受简单观念，得到较弱的快感；内在感官却可以接受"美、整齐、和谐的东西所产生的复杂观念"，得到"远较强大的快感"："就音乐来说，一个优美的乐曲所产生的快感远超过任何一个单音所产生的快感，尽管那个单音也很和婉、完满和洋溢。"（同前，第 99 页）

　　①　《日升之处》(Eothen)，英伦贵族 A. W. 金雷克(A. W. Kinglake)所著的近东游记，此书对丘吉尔的语言影响颇大。

　　②　里尔的阿兰(Alanus，亦作 Alain de Lille，约 1125—1203)，法国神学家，诗人。博学多才，有"万能博士"之誉。

　　③　阿普列乌斯(Apuleius，约 124—170 以后)，柏拉图派哲学家、修辞学家及作家，因《变形记》(Metamorphoses)一书而闻名。

保罗,即便一些篇章美得惊人,在我看来还是写得不好,却很难归于 A 类。我还发现,但恩、查普曼、梅瑞狄斯、①圣茨伯里②等人的风格里有些障碍,阻止我们去乐享他们不得不给予我们的东西;而莱特·哈葛德笔下的东西,我则发觉可以尽情乐享。读者是否都同意我选的这些例子,在此并不重要;重要的是认识到,在 B 类图书中也会发现风格缺陷(跟发现其微不足道一样)。故而,无法将风格弄成这两类图书二元对立的基础。

运用该区分的另一常见路数是,往往将"大众"(popular)作为 A 类图书之最佳形容。大伙以为,"大众"艺术只是旨在"娱乐"(entertainment),而"真正的"或"严肃的"艺术则旨在专门提供"艺术的"、"审美的"甚至"精神的"满足。这个观点之所以引人,是因为它给其持有者一个根据,据以坚持说大众文学有其自身的好与坏,遵循自身的规律,与"真正的文学"(Literature proper)泾渭分明。大众小说,只是旨在让读者消磨时间;大众喜剧,满足于引读者发笑,然后忘掉;大众悲剧,

---

　　① 梅瑞狄斯(George Meredith,1828—1909),英国维多利亚时代小说家、诗人。

　　② 圣茨伯里(Saintsbury,1845—1933),英国作家,文学史家。

只想使我们"好好流一下泪",自有其卑微、独立、合法席位。我观察到,在我所认识的最雅的雅士中间,有很多人都花大气力谈论大众艺术之"俗"(vulgarity),因而他们肯定对大众艺术了若指掌;而且,除非他们乐享过大众艺术,否则他们不会获得这种知识。既然如此,我就必须假定,他们会欢迎这样一种理论:保证他们畅饮大众艺术之泉,又不失身份。然而,在这种区分里面,有个恼人难题。我们用不着去查就知道,小学图书馆里的那些"好书",包括司各特和狄更斯的小说。而这些小说,在它们自己的那个年代,都是大众"娱乐",都是畅销书。当代一些雅士或许会反驳说,永远不该容许它们进入 B 类。我虽不同意,但也就姑且认可吧。甚至让我们姑且认可,司各特的诗也应禁止进入 B 类,还有一度是 A 类如今是 B 类的拜伦。可是,菲尔丁、马罗礼以及莎士比亚那一伙怎么办?骑士传奇怎么办?在庞培城墙上信笔涂抹的奥维德怎么办?还有莫里哀怎么办?他将一名老妇引为自己作品之知音,她总在观众发笑之处发笑——那些观众正是他要取悦的呀!在别的艺术中,莫扎特的歌剧怎么办?说本为大众市场而作的一部作品,有时鬼使神差还歪打正着,这样说不足以服人。因为这样的事太过频繁,不能称之为鬼使神差了。绝大多数时代留下来的作品,大体而言,要么具有某些宗教魅力或民族魅力,要么就是娱乐大众的商业之作。我说"大体而言",是因为"纯"艺术,并不总是朝生暮死;其中有一点,很小的一点点,留存下来了。而如今充斥B类的文学,绝大部分都是出自这样一些作家之手:他们要么虔敬地写作,为的是教导同胞;要么商业地写作,靠着"公众要啥就给啥"来挣生活。

　　这就引出一个很有意思的结论:一个时代的B类,往往正是另一时代的A类。那些艰新运动(the difficult new movements)的支持者们,时常警告我们说,不要学父辈的样,用石头砸死先知;不喜欢庞德或乔伊斯的那些人,也受到警告:"这样你也会讨厌华兹华斯和雪莱,要是你生活在他们的时代。"这警告或许有用,不过显然,应当由另一警告来作补足:"注意你是如何蔑视今日之畅销书!对于23世纪的知识界,它们或会成为经典。"

　　假如在后代眼中,我们这个时代不是艾略特和奥登的时代,而是巴肯①和伍德豪斯②的时代,(还发生了一些更

---

　　①　巴肯(Buchan,1875—1940)苏格兰作家和政府官员,曾任加拿大总督(1935—1940年),因写惊险小说而闻名。

　　②　伍德豪斯(P. G. Wodehouse,1881—1975),英国幽默小说家。

稀奇古怪的事），那时巴肯和伍德豪斯就会跻身 B 类，孩子们会因为读过他们而得高分。莎士比亚和司各特，一度是 A 类，如今是 B 类。要是能够发现时光流逝会给一本书带来什么，我们就应该会弄清，A 类 B 类之分的真实本性所在了；而且明显的是，时间给一本书带来的，恰恰是让此问题难于追索。的确，时间还有别的作用。它会让一本书广为人知，或给它涂上厚厚一层光泽，就是我们如今在维吉尔或马罗礼的作品中所乐享的那个光泽。可是这两者，没有一个会构成 B 类之基础，因为 B 类也包括当代之作。我们要找的那种品质，一些书一度拥有，原本不拥有的那些书时间也会授予；艰深（difficulty），看上去就是那种品质。假如"文学"、"好书"或经典的真实标准，原来就是艰深，那就有意思了。这就好比，一出喜剧，只要每个人都会看到其中笑点，就只是商业艺术（commercial art）；当你需要解说员来为你解释笑点，它就立即成了审美的或精神的艺术。我想，这就比已经讨论过的那些假设，更接近 AB 两类图书区分之根据了。

图书的浅易与艰深之分，倒是有些道理；而且有能力乐享这两类图书，当然比限于浅易类要好。一个人此前只品味浅易图书,如今学着品味艰深类,我们说他趣味提高了,或许就没错。因为,在别的保持不变的情况下,扩大就是提高。不过,有两种意义上的提高,其间差别巨大。在一种意义上,提高即趣味范围扩大,而此趣味在原先的范围内已经臻于完美;在另一种意义上,提高则意味着由坏到好的纠正或反转。浅易图书跟滥书之间,也差别巨大。没有哪本书因其浅易而滥,或因其艰深而好。一本书是滥书,或许就是因为艰深。假如浅易与艰深,就是 A 类与 B 类图书之分背后的真正对立所在,那么,A 类 B 类之分就被广泛滥用,而且,有些人会从正确前提"假如力所能及(不用抛弃浅易图书),最好前进到艰深图书",得出错误结论,说艰深图书更好,说你只能通过抛弃浅易图书才能进至艰深图书。这一错误的心理原因,我们很快就能看到。

　　跟难易之分紧密紧密相连的是,将"俗"(vulgarity)作为 A 类图书之标准。要回应这一说法,只需追问一下,将"俗"字用于碧翠克斯·波特①、约翰·巴肯、乔治·伯明翰(George Birmingham)、P. G. 伍德豪斯、"萨默维尔和罗斯"

---

　　① 碧翠克斯·波特(Beatrix Potter,1866—1943),英国儿童文学家,《彼得兔》是其代表作。

(Somerville and Ross)以及成打的 A 类作家,这词可能会是什么意思。然而,"俗"这个词如此难于界定,在当代又是无处不在,以至于我们或许应该对之细加端详。在我看来,它主要有两个意涵。在第一个含义里,它是个纯否定用语,指的是"不雅"、"不够精微、雅致或玲珑"。这个意义上的"俗"(跟"俗语"对参),或许就是臻于完美:无需文雅或精微之时,缺少文雅或精微,算不得瑕疵。因而这行诗:

二十丽姝,请来吻我。①

在其语境中,既好又"俗",因为它表达的爱情,既未得到提升,也不加拣择。这正是那首歌所要的。同一行诗,要是有人将其放在郎世乐口中,让他在劫了刑场之后说给桂妮薇;②

① 原文是:Then come kiss me, sweet and twenty. 语出莎士比亚《第十二夜》第二幕第三场的小丑之歌,歌词大意催促年轻女子(处子)把握时日,及时行乐,不要为守贞的俗例而浪费青春。拙译袭用了坊间流布甚广的译文:"迁延蹉跎,来日无多,二十丽姝,请来吻我,衰草枯杨,青春易过。"
② 郎世乐(Launcelot,亦译兰斯洛特),阿瑟王传奇里圆桌骑士的第一勇士;桂妮薇(Guinevere),阿瑟王的王妃,郎世乐的情人。郎世乐与桂妮薇的恋情为阿瑟王所知后,阿瑟王宣布将桂妮薇处以火刑。外逃的郎世乐劫了刑场,救出桂妮薇。

或将其放在宙斯口中,让他在一阵金雨中现身之时说给达娜
厄——那就是荒唐透顶。由此视点来看,我们或会承认,A类
文学都"俗",而且"俗"得无可厚非。对于粗暴简单的情感,它就
应该给以粗暴简单之待遇;对易于辨认之现实的那些熟知方
面,其刻画之直截了当,不费心思,就不是缺点,除非它意在别
处。倘若它是要求雅致的随笔(essays),却并不雅致,那就是该
受诟病的"俗";可是优秀的A类作家的全部艺术,就在于不用
如此。不过,"俗"还有第二个含义。它可以用来去指,本质之
坏,说到头也即道德之坏:卑鄙(the base),低劣(the mean),下
流(the ignoble)。这些语词本身虽都有些含混,但有个例子,可
让此事明白。就恶"俗"而言,我所知道的范例,出现在查普曼
的《伊利亚特》译本里。荷马这样说城墙上的那些老人们:

> 特洛亚的领袖们就是这样坐在望楼上,
>
> 他们望见海伦来到望楼上面,
>
> 便彼此轻声说出有翼飞翔的话语:①

---

① 原文为希腊文。语出《伊利亚特》卷三第153—155行,拙译采罗
念生及王焕生二先生之译文。

查普曼则译为：

> 当他们领略了美的力量，在那王后身上
>
> 来到望楼，即便这些冷淡的贵族
>
> 这些聪慧却几近枯萎之人，发觉自己
>
> 两眼放光，他们禁不住（轻声细语）说：①

我的意思当然不是，查普曼给原文强加的这种年老色迷的暗示，本身就俗，必然就俗；即便就此题材，还是有人会写出好的诗行，无论是悲剧的还是喜剧的。可是，让它渗入这里的每一处，浑然不觉它与荷马所要说的之间的鸿沟，就证明了一颗粗鄙心灵，证明了对人类感情世界之高下尊卑（the whole hierarchy of human feelings）的野兽般的无知。这不只是在要求雅致之处，缺了雅致（尽管当然还真是这样）；这是在卑贱正要篡夺高贵

---

① 此处英文原文为：When they saw the power / Of beauty, in the queen, ascend, even those *cold-spirited* peers, / Those wise and almost withered man, found *this heat* in their years / That they were forced (though whispering) to say, &c.

之位时，却在无意中向卑贱示好，为其开道，这是"下流欲望，泥地打滚"。① 这里我们免不了要用卑贱和高贵之类语词，因为"俗"，往深处说，其实就是道德谴责用语。它跟通俗与经典之分，没有关系。"俗"指的是低贱心灵（low hearts），而不是凡夫俗子（low brows）。

至此，关于将文学分为经典与大众、"好书"与"书"、"文学的"与"商业的"、"高雅"与"通俗"，我们痛下决心，力图找出此类二分的切实含义，却都无功而返。这类区分，事实上是基于混淆价值层级（degrees of merit）与种类层级（degrees of kind）。我们所画的文学地图，看上去就像一份皇榜——人名排成竖列，再画一道横线，线上是考中的，线下是落榜的。我们理应画一系列的竖线，代表作品的不同种类；再画很多很多条横线，跟竖线交叉，代表着每类作品各自的优劣层级。这样，"纯历险故事"（Simple Adventure Story）就自成一列，《奥德赛》在其顶巅，埃德加·华莱士②

---

① 原文为：a downward appetite to mix with mud. 语出英国桂冠诗人德莱顿（John Dryden，1631—1700）的长诗《古今寓言》（*Fables Ancient and Modern*，1700 年）第 344 行。

② 埃德加·华莱士（Edgar Wallace，1875—1932），英国小说家，戏剧家和记者，是一个极受欢迎的侦探和悬念故事作家。

在其底端。至于莱特·哈葛德、R. L. 斯蒂文森、司各特、威廉·莫里斯,则置于跟"历险故事"交叉的横线以上,其高度由我们来确定。"心理小说"(Psychological Story)是另外一列,有其自身之顶巅(托尔斯泰或别人)和底端。心中有了这幅画面,我们就该避免犯浑,不应给学童说:"你不应读《所罗门王的宝藏》这类垃圾读物。读一下梅瑞狄斯吧!"①这样的劝告,会将他赶向两个截然不同的方向。你是叫他立即横向移动,从这一类移向另一类;又纵向移动,从不太好的移向更好的。不过,你还在做着某种坏事。你正在给他的心灵注入这样一个观念(以后往往抹除不掉):他在那些不太好的图书里已经享有的快乐,跟他指望着在"真正的文学"里得到的任何东西,性质差别极大——后者是他"在校"要读的,关乎分数,关乎毕业,关乎自豪(conceit),关乎自我提升。

我相信,这一误解极有可能扩张,而且终有一日不再局限于学童。有许多环境,助长其扩张。直至特别晚近的时间,读母语写作的想象文学(imaginative literature),才被认

①　梅瑞狄斯(George Meredith,1828—1909),英国维多利亚时代小说家、诗人。

为可圈可点。过去的伟大作家，为同时代成年人之闲暇消遣而写作；关心文学的人，无需鞭策，也没指望着由于坐下吃了为他准备的饭而得到操行分数。学童小小年纪，学校就教他们去读拉丁文诗歌和希腊文诗歌；至于发现英语诗人，其偶然与自然而然，跟他们今日发现本土电影如出一辙。我那一代人的绝大多数，也但愿你这一代的许多人，都以此方式误打误撞闯入文学。我们那代人，个个在穿伊顿公服的年纪，就跟一些伟大诗人暧过昧。假如我们断言，我们从一开始就爱的绝大多数图书都是好书，对我们的早年所爱依然无怨无悔，你是否会认为我们太不谦虚？假如你这样认为，这个事实恰好证明了现代境遇之怪异；对于我们，宣称我们一直爱着济慈，就跟宣称我们一直喜欢腊肉和咸蛋一样，谈不上骄傲。

许多变化正在发生。大学的英文学科，毕业证书以及教育梯级（the Educational Ladder），都有增无减。这虽都是美好事物，或许却会导致意想不到的后果。我预计，一种新型读者和批评家，会越来越多。对于他们，文学从一开始就是一项成就（accomplishment），而不是一样乐趣（delight）；他们一直感到，在习得趣味（the acquired taste）之下,总有什么东西在牵扯拖拽,他们得抵抗,却在抵抗中感受到那东西之美好。说一些书不好或不太好,不会令他们满意;他们会专门分类,分出"通俗"艺术("lowbrow" art),供他们诋毁、嘲笑、隔离,(生病或疲倦时)偶尔也供他们乐享。他们确信,大众的必定总是不好的;于是他们认定,人类趣味天生乖谬,因而不仅需要提升和发展,而且需要矫正。对于他们,一个好批评家,套用神学家的话来说,本质上是经过"二次降生"的批评家,他洗心更面,从自己的原有趣味中得到重生。对于天机自发的入目会心(spontaneous delight in excellence),他们因为毫无经验,也就毫无概念。他们的"良好"趣味,是通过眉头汗水获得的;获此趣味,经常(而且合法地)跟爬上社会梯级及经济梯级挂钩,因而他们对此趣味总是战战兢兢。由于瞧不起大众图书,所以任何假内行和邋遢鬼装模作样来到他们面前,他们都会逆来顺受,忍受其蠢笨,忍受其难堪;既然一切文学都一样费劲,费劲程度不亚于一种习得趣味,所以他们就看不到文学之差异。一个真正爱文学的人,则会令他们恼怒。他们称那人是外行(*dilettante*),因为那人不会去劳神费力解决晚近的诗歌谜团(the latest poetical puzzle)。付出巨大代价才在帕纳塞斯山①获得自由，因而他们就受不了，那些天生自由之人的从容自若。

救治此病，不在于移除教育梯级，也不在于取消英文学科和毕业考试。倘若认识到危险，通过教育，通过批评，你就会在每一个点上防范危险。那些陷于我所描写之困局的人，假如愿意，自己就可以防范。稍加留心，很快就会发现任何"通俗"图书真正好在哪里坏在哪里，这也能向我们显示，并不"通俗"的图书中间那些同样种类的好与坏。一点点耐心，一点点人性，足矣。是新近习得之虚荣和思维之懒惰，才让成百上千的图书，一些无可救药地滥，一些精妙绝伦地好，面临着被囚禁于评论家从不光顾之门类以内的危险。一个人读了一本好书，不应因它既简单又通俗而引以为耻；对于一本滥书，也不应因它既简单又通俗而网开一面。他应该有能力说（其中人名可换，以切合自己的判断）："我读巴肯和艾略特，理由是一样的，因为我认为他们写得好；我不读埃德加·华莱士和艾兹拉·庞德，理由也是一样，因为我认为他们写得滥。"我期望取消"高雅"与"通俗"之分，一点都不是为了保

---

① 帕纳塞斯山（Parnassus），位于希腊中部，特尔斐以北。在古希腊，此山是神山，与太阳和缪斯有关，是诗歌之象征。

护滥书。那个区分本身，才保护了滥书。恰如它让杰出的 A
类图书与应得之夸赞无缘，它也教导自己的受害者去容忍
糟糕的 A 类图书。感冒了，瑞恰慈博士为何去读一本滥书
（a bad book）？① 难道不是因为病中的他，需要一本浅易的
书，却又将一切浅易图书都打包看不起，不做进一步的区分？
这是拥有一个贱民阶层，通常会有的后果。奴隶制，当它压
制了品格高尚的奴隶，就会纵容恶奴对自由仆从（free serv-
ant）决不让步。最最鄙视娼妓所从来之阶层的那伙人，并不
必然就是戒绝嫖娼的那些人。而且说实话，对大众艺术之鄙
薄严厉至极、对自己赞许的艺术不求快乐的那些人，偶尔泄
露出来的阅读消遣，往往令我震惊。②

---

① 【原注】参见《实用批评》（1929）第 257 页。在此语境中，提及这样
一种值得效法的坦率承认，提及这样一位差不多是未来文学理论的必要起点
的文学理论家，我感到歉疚。然而这一点还是很重要，而且"我更爱真理"。

② 【原注】全面展开本文所提出的这个话题，要求考虑到这样一种历
史理论：是我们这个时代的一些怪异之处，的确导致了少数人和多数人史无
前例的分裂，给大众趣味强加了矫正需要。我的观点是，这个境况虽然存
在，但高雅与低俗之分，只是为之推波助澜的事物之一。假如人们对好书的
喜爱从未减损，那么同样真实的是，有能力写作好书的那些人为人们提供愉
悦时也很少不煞费苦心，或者说很少如此随意地轻薄他们。如今有些知识
人（其中一些是社会主义者），非得咬牙切齿或愤世嫉俗，否则就无法说起他
们的文化下属（cwltural inferiors）。认定所有这一切都是单方面的错误，对
于探讨这一纠纷或任何纠纷而言，都是致命的；恰如在一切纠纷之中，按照
神意（jure divino），和解的任务当然属于双方中更讲道理的一方。

3 "百合花一旦腐朽"①

(1955)

"Lilies that Fester"

《二十世纪》的"剑桥大学号"(1955)上,约翰·艾伦先生追问,②为什么有那么多人"费那么大的周折向我们证明,他们压根就不是知识人,因而肯定不是文化人"。我自信知道答案。有两样类似的事,或许有助于让这答案进入读者脑海。

---

① 选自路易斯文集《末日之夜》,首刊于 1955 年 4 月的《二十世纪》(*The Twentieth Century*)杂志。

② 约翰·艾伦(John Allen),《二十世纪》杂志"剑桥大学号"上,仅仅介绍其为一名学生。

我们都认识一些人，若有人在社交场合用"refinement"（文雅）一词来赞许他们，他们会惊恐。有时候，为了表现不喜欢这一用法，他们就故意将该词拼作 refanement。其言外之意就是，该词很可能在装风雅的俗人口中，最为常用。我想，无论赞同与否，我们都能理解这一惊恐。惊恐的他感到，我们称之为"文雅"的那种心灵品质及行为品质，在孜孜以求又津津乐道文雅的那些人中间，最不可能出现。而具有这一品质的那些人，可不是因为他们遵从了什么"文雅"观（any idea of refinement），就从不趾高气扬，随地吐痰，你争我抢，自鸣得意，直呼人名，自吹自擂或顶撞他人。这些做派，不可能出现在他们身上。即便出现，构成文雅的那些训练和感受力，也会将其作为可厌之事加以摒弃，用不着参考任何堂皇举止（ideal of conduct）；就像我们会丢弃一颗臭蛋，用不着参考它对肠胃的可能影响一样。"文雅"，事实上是我们从外部（from without）给特定举止所命之名。从内部看（from within），它并不表现为文雅；说实在的，它压根就没显现出来，压根没成为一个意识对象。文雅在哪里喊得最响，哪里就最稀缺。

引入另一样类似的事，我万般的不情愿。不过它太过显眼,无法避而不谈。"宗教"(*religion*)一词,在新约圣经或奥秘派著述(the writings of mystics)中,极为罕见。原因很简单。我们以集合名词"宗教"统称的那些态度和实践,其自身几乎根本不关心宗教。虔信(to be religious),就是将自己的心志集中于上帝,集中于作为上帝子民的邻人。因而根据定义,一个虔信的人(a religious man)或正在变得虔信的人,并不思索宗教,他没这时间。宗教,是我们(或他后来在某个时候)从外部为其行为所加的称谓。

当然啦,鄙夷"文雅"及"宗教"二词的那些人,或许是出于不良动机;他们或许期望着给我们留下,自己有良好教养或圣洁的印象。这号人索性将围绕"文雅"或"宗教"的谈论,视为鄙俗(vulgarity)或世俗(worldliness)之症候,避之唯恐不及,以逃脱患有此病之嫌疑。不过还有一些人,他们真诚且(我相信)正确地认为,这号言谈不只是此病之症候,而且是此病之病因。这号言谈对所谈之物有害,很有可能在其存活之地将其糟践,在其尚未降生之时将其扼杀。

而"文化"(culture)一词,好像也属于这类危险而又尴尬的词汇。不管该词还有何意,它一定涵盖了对文学及其他艺术的深切而真实的乐享(deep and genuine enjoyment)。(我用"乐享"一词,可没打算去问艺术经验中快感之角色这类烦人问题。我指的是享受,而不是开心;就像我们谈起一个人"乐享"健康或田产一样。)这么说来,在这个世界上如果我还有什么事情能拿得准的话,我就敢保,当一个人在此意义上乐享《唐璜》[①]或《奥瑞斯提亚》,[②]那么就一点都不在意"文化"。文化?风马牛不相及!恰如胖人或聪明人,意味着比大多数人更胖或更聪明;"文化人"(cultured)必定意味着,比大多数人更有文化。所以,此词立即将心灵带向比较、归类及社会生活。可这一切,跟石像进城时吹响的号角,[③]跟克吕泰墨涅斯特拉哭喊"现在你修正了自己的意见"[④],有何相干? E. M. 福斯特先生的小说《霍华德庄园》,对一个正在听交响乐的女孩,做了精彩刻画。[⑤]

---

① 《唐璜》(*Don Giovanni*),莫扎特的歌剧,1787 年上演。

② 《奥瑞斯提亚》(*Oresteia*),埃斯库罗斯唯一传世的悲剧三部曲,包括《阿伽门农》、《奠酒人》和《报仇神》。

③ 莫扎特的乐剧《唐璜》中的一幕。

④ 语出埃斯库罗斯悲剧《阿伽门农》第 1475 行。此时,阿伽门农的妻子克吕泰墨涅斯特拉杀死丈夫,正与歌队对质。拙译采用王焕生先生之译文。

⑤ E. M. 福斯特(E. M. Forster),英国小说家,《霍华德庄园》(*Howard's End*)是其成名作,苏福忠先生有中译本行世。小说中的这个女孩,名叫海伦。这段描写,见该书第五章。

她并不思索"文化",也不思索"音乐",甚至不思索"这部乐曲"。她透过这部乐曲,看整个世界。① "文化",跟"宗教"一词一样,是从外部为一些活动所赋之名;而这些活动本身,对"文化"压根不感兴趣,一旦感了兴趣就遭祸害。②

我的意思并不是,永远不要从外部(from the outside)来谈论事物。可是,当事物极其珍贵且极其脆弱,我们谈论时就必须倍加小心,或许还是谈得越少越好。念念不忘所谓"文化",(尤其是)将其视为某种令人羡慕的东西,某种功

---

① 路易斯指的,应当是《霍华德庄园》里的这段文字。当时,海伦刚刚听完贝多芬的第五交响曲:"海伦在人们的鼓掌中从空隙中挤出来了。她想要单独待着。这支乐曲已经把她生涯中发生过的或会发生的一切统统告诉了她。她像读一份可触知的声明那样把这乐曲读了一遍,对它深信不疑。乐曲的一个个音符在她听来就是这个意思或是那个意思,它们不会有别的意思,生活不会有别的意思。她从音乐厅挤出来,缓缓地走下一侧的楼梯,呼吸了几口秋天的空气,然后溜达着向家走去。"(苏福忠译,上海译文出版社,2016,第36页)

② 值得注意的是,在《霍华德庄园》第五章,描写了一个乐盲,是一位眼热"文化"的年轻小伙:"如果他能像这样侃侃而谈,那他就会把这个世界攥在手里。哦,掌握文化! 哦,准确无误地叫出外国人的名字! 哦,知识渊博,不管一个女士谈起什么话题都能从从容容地讨论下去! 然而,这是一个人多年积累的呀。如果只在午餐时有一个小时,在晚上有零散的几个小时,那么他如何能赶上那些悠闲自在的女人们呢? 她们从小就开始读书,有童子功呢。他的脑子里也许装满了人名,他也许甚至听说过莫奈和德彪西;但是,麻烦在于他不能把他们穿插在一句话里,他不能让他们'显山露水',他不能全然忘掉他那把被偷走的雨伞。"(同前,第41—42页)

德无量的东西,甚或会带来声望的东西,依我看,正好危及
"乐享"——我们可正是因为这些"乐享"才珍视文化的呀!
假如以文化事业为由,鼓励别人或自己去听去看去读伟大
艺术,我们唤来的恰好就是,乐享艺术之前必须加以悬搁的
那些东西。我们在唤醒自我提升的欲望,卓尔不群的欲望,
反驳(某群人)并同意(另一群人)的欲望;还有成打闹闹攘
攘的激情(busy passions),且不管这些激情本身是好是坏,
就其与艺术之关系而论,简直就是一种令人聋盲、令艺术瘫
痪的分神。

说到这里,或许有人会反驳说,他们用"文化"一词,并不
是指这些"乐享"本身,而是指相互作用相互辉映的一些经验
所养成的那种心性(the whole habit of mind),一经养成便永
久葆有。一些人还指望着,将善感而又丰富的社交生活(the
sensitive and enriching social life)纳入文化之中;因为他们
想,在养成这一心性的那些人当中,就会涌现这种社交生活。
然而这类重新诠释,给我留下的仍是同样的难题。我蛮可以
想象,一生就这样乐享,会将一个人带向这一心性;不过有个
条件,即他走向艺术,不带此等目的。读诗以求心灵提升的
那些人,靠着读诗将永远无法提升心灵。因为真正的乐享,

必须自发,情不自已,不会瞄准遥远目标。缪斯女神,不会屈从买卖婚姻(marriage of convenience)。那种值得向往的心性,即便它终究会来,也必定是作为副产品而来,不求而得。将它作为目标的想法,倒让人想起歌德说给艾克曼的那种令人瞠目的自信(shattering confidence):"我年轻时的所有情事中,我瞄上的对象,都令自己高尚。"对此,我揣测,我们绝大多数人都会答复说,即便我们相信一场恋爱能够使一个年轻人高尚,我们也敢保,抱此目的来谈恋爱,会以失望而告终。因为当然啦,那压根就不是恋爱。

个人层面,就说这么多。不过,为"文化人"群体所作的这一声称,却提出了一个难缠问题。到底有什么证据表明,"文化"就在有文化的那些人中间,营造了一种善感而又丰富的社交生活? 倘若我们用"善感"一词,是指"对现实的或想象的冒犯的敏感",倒能找到一个由头。很久以前,贺拉斯就注意到"吟游诗人难以取悦"。① 文艺复兴时期的人文

---

① 原文为:"*bards are a touchy lot.*"语出贺拉斯《书信集》第二部第二首第102行。李永毅译注《贺拉斯诗选》载有此诗,相关诗行为:"为了安抚易怒的诗人们,我受尽了折磨,写诗时屈膝迎合大众,如今我已经终结了激情,恢复了理性,我将坦然堵上对朗诵者敞开的耳朵。"

主义者的生平与著作,以及我们这个世纪地位最高的文学期刊上面的书信,都表明了批评家和学者也同样敏感。不过,这个意义上的"善感",跟"丰富"合不拢。相互争竞相互憎恨的唯我主义(competitive and resentful egoisms),只能使社交生活陷于贫瘠。丰富了社交生活的那种善感,必定是防止一个人伤害别人的那种,而不是令他动不动就感到自己受了伤的那种。我的亲身经历从未表明,那种善感与"文化"之间有什么因果关联。倒是在没文化的那些人中间,我往往会找到它。至于在文化人中间,时而找得到,时而找不到。

我们就诚实点吧。既然以文化人之一员自许,我就不想让家丑外扬。即便不能这样自许,至少也住在他们中间,我也就不应诋毁我的这些朋友。不过,现在既然是在自己人中间,关起门说话,咱们就还是直话直说的好。对于我们这个阶层,真正的叛徒不是在阶层内部说其缺点的人,而是为我们的团体自大煽风点火的人。① 我欣然承认,我们中间有为数不少的男人和女人,其谦逊、礼节、公正、争论中的

---

① 《孝经·谏诤》:"士有诤友,则身不离于令名。"

耐心以及想要弄清对方观点的意愿,都无可挑剔。认识他们,很荣幸。可我们也必须承认,跟任何别的群体一样,恃强凌弱的、偏执的、怯懦的、暗箭伤人的、爱出风头的、无精打采的、没出息的以及烦起人来没完没了的,在我们中间也是在在多有。将任何辩论都会变为争吵的那种傻粗,[1]在我们中间,一点也不比粗通文墨者中间少见;受不得一点委屈,像野猫一般抓狂的那种无休无止的自卑情结("严厉打击"却不"顽强承受"),[2]在我们中间,差不多跟在小女生中间一样常见。

你若对此存疑,那就请做个试验。在吹嘘"文化"有调节、净化、解放及文明功效的那些人中间,任意挑出一个人来,问他别的诗人、别的学者或别的批评家怎么样,不是整体地问,而是一个一个指名道姓地问。十有八九,他为总体所声称的那些东西,在单个人身上都会予以否认。当然,他

---

①　将 loutishness 一词译为"傻粗",灵感来自沪上大儒金纲先生偶语:关心时事,讨论政治,却常常干"化友为敌"这个活儿的,有三种可能:1.忌妒;2.傻粗;3.卧底。除此之外,兄弟我想不出别的因果之链。

②　典出骚塞(Robert Southey)《致科特尔》(To A. S. Cottle)一诗第13行:stern to inflict and stubborn to endure. 暂未找到该诗中译文,故而草率直译。

也会提出在极少有的情况下，就像他自己那样，"文化"具有所吹嘘的那些结果。有时候我们怀疑，他能想到的只是一个人。从他的评论中，能得出的最为自然的结论是，对我们这个阶层能说的最为保险的赞语，就是约翰逊博士说爱尔兰人的那句话："他们是一个'正正派派'的民族——他们之间从来不讲对方好话。"①

于是（在最好的情况下），能让人们相互之间和蔼可亲、信守承诺、善解人意并融融泄泄的那些品质，"文化"是否促生其中一个，都极端可疑。当奥维德说文化"令我们温文尔雅"②，他是在恭维一位蛮邦国王。然而，即便"文化"做到了这一切，我们也不能为此而拥抱文化。因为这就是有意识地或自觉地将一些事物当作外在目的的手段来用，而这些事物，却正因这一有意识的或自觉的运用，失去其达成这些目的的能力。"文化"的许多现代鼓吹者，在我看来，就符合"厚颜无耻"（impudent）一词之本义；他们

---

① 见鲍斯威尔《约翰逊传》（罗珞珈译，中国社会科学出版社，2004）第 234 页。

② 原文为："softened our manners."典出奥维德的《黑海零简》（*Epistulae ex Ponto*）卷二第 9 篇第 47—48 行。

寡廉鲜耻，在人应当害羞之时不会害羞。那些至为珍贵至为脆弱的事物，他们待之以拍卖商的那种粗暴；对于我们最苦心孤诣最稍纵即逝的体验，他们谈起来，就像是在为我们兜售胡佛吸尘器。其实所有这一切，都在《二十世纪》上艾伦先生的用语"文化信仰"(the faith in culture)中，得到了总结。一个"文化信仰"，跟一个"宗教信仰"(a faith in religion)一样的糟糕；两个表述都隐含着，转身离开文化和宗教所指称的那些事物。"文化"，作为指称某些极为珍贵的活动的集合名词，是个可用之词；然而将"文化"实体化，令其自本自根(set up on one's own)，将其弄成一个信仰、一项事业、一个标识、一个"平台"，就不可忍受了。因为这些活动，对那信仰或事业，没有一个会付出一毛钱的关心。这就好像重返早期闪族宗教，其中命名(names)本身就被当作权柄(powers)。

再进一步说吧。艾伦先生发牢骚说，虽尚可忍受一些"文化"贩子(*culture*-mongers)的腔调却不再满足于听而不闻(creeping out of earshot)，那我们就跟低俗又低俗者厮混或假装厮混，就假装我们共享着他们的快乐。正是在这里(仍见页 127)，好多暗示掠过我的脑际。我不知道什

么是AFN，①我也不喜欢地下室，现代威士忌既不合乎我的
购买力，不合我的口味，也不合乎我的肠胃。不过我想，我
知道他心中所想的那种事情，而且我想，我还能解释说明。
一如既往，我会从类比着手。假定你在一群非常年轻毫无
遮拦的自命不凡者中间，度过一个夜晚。他们假装对一坛
上佳的波尔图葡萄酒，具有细致入微的品鉴力（a discrimi-
nating enjoyment），尽管认识他们的人都心知肚明，他们即
便以前喝过波尔图葡萄酒，那酒也是来自一家杂货商。然
后假定，回家路上，你踅入一家寒碜的小茶馆，在那里听到
围着毛围巾的一位老妇对另一位老妇说，还咂吧着嘴："这
茶真香，亲，就是香。你对我真好。"此时此刻，你难道不会
感到，这与山间清风好有一比？因为在这里，终究有些实实
在在的东西。这里有一颗心灵，还真的在意它表示在意的
那东西。这里会有快乐，有着不颓不废的体验，天机自发，
从源头而来。一条活狗，也胜于一头死狮。同理，在刚刚结
束的某类雪利酒会上，其中"文化"曾有如泉涌，却没有一个

---

① 艾伦提到的 AFN，或许是指美国陆军部 1942 年为在欧洲作战的
美军士兵所设立的 American Forces Network（美军广播）。对英国听众而
言，该电台是听美国流行音乐的唯一渠道。

字或一个眼神表露出,对任何艺术任何人或任何自然对象的一种真正乐享;而在公交车上,一位正在阅读《奇幻与科幻》①的中学生,却让我心头一热。他入了迷,全然不顾身边世界。因为在这里,我也会感到,自己遇见了某种真实的、活生生的、造不了假的东西;这才是真正的文学体验,天机自发,欲罢不能,一无所求。对那个男孩,我会心存期待。对任何书籍都十分在意的那些人,终有一日,可能会在意好书。欣赏官能(the organs of appreciation),存在于他们身上。他们不软弱无力(impotent)。即便这个男孩永远不会像喜欢科幻小说那样喜欢任何事物,但是:

> 这些才是孩子的
>
> 所爱,从中他至少可获得一种
>
> 宝贵的收获——能够忘记自我。②

---

① 《奇幻与科幻》(*Fantasy and Science Fiction*),美国杂志,创刊于1949年。起初是季刊,1952年改为月刊。路易斯曾在上面发表过两部短篇科幻小说。

② 语出华兹华斯《序曲》(*The Prelude*,1805)卷五第345—346行,拙译采丁宏为先生之译文。

我仍会宁要活狗,不要死狮;或许甚至宁要野狗,也不要温顺的狮子狗或北京狗。

我本不该费这么多口舌,来回答艾伦先生的问题(我俩也是闲操心),要不是我认为此讨论会引出某种更有成果的问题的话。现在,我就试着引申一下。福斯特先生①有些着急了,因为他对神权政体心存忧惧。假如他现在料想着会看到,现代英国会建立一个神权政体,那么我相信,他的料想真个是荒诞不经。但我还是想澄清一下,即便我认为此事极不可能,我对此事的感觉也会跟他一模一样。我完全赞同"权力导致腐败"这一箴言(他借自一名基督徒),②但我还要走得更远。权力越是高调,就越扰民,越无人性,越多压迫。神权政体是所有可能的政府建制里面,最差的一种。一切政治权力,充其量,只是"必要之恶"(a necessary evil);不过,当其合法依据(sanctions)最低调

① 在本文开篇所说的《二十世纪》"剑桥大学号"(1955)上,福斯特(E. M. Forster)加了一段按语。

② 阿克顿勋爵(Lord Acton,1834—1902)的著名箴言 All power tends to corrupt and absolute power corrupts absolutely,通译为"权力产生腐败,绝对权力导致绝对腐败",但更准确一些的译法或许是:"权力产生腐败,绝对权力绝对导致腐败。"

最平常之时，当它宣称自己只不过有用只不过方便、严格限定自身于有限事务（limited objectives）之时，它才为恶最少。以超验（transcendental）或精神（spiritual）自命的任何事物，甚至还有以强烈道德情怀自命的任何事物，都充满危险，都会理直气壮地干涉我们的私人生活。就让鞋匠干好自己修鞋的活好了。因此依我看，文艺复兴时期的君权神授说败坏了君主政体；卢梭的"人民公意"，败坏了民主政体；种族神话败坏了民族国家。而神权政体，我承认甚至坚持认为，则是最为败坏的。不过话说回来，我并不认为，我们会有此威胁。而我所想到的真正威胁我们的那种东西，其不堪之处只不过略逊一筹，而且其不堪差不多是同一路数。我会称之为文人政体（Charientocracy）：统治阶层不是圣贤，而是聪明人士，优雅人士，朗布依埃府，①智囊（the Wits），文明人（the Polite），"灵魂"们，②"使

---

① 朗布依埃府（Hôtel de Rambouillet），17 世纪法国巴黎的一家文学沙龙，主人是朗布依埃夫人（Madame de Rambouillet）。

② The Souls，是 1885—1920 年间的一个规模不大、联系松散却声名卓著的英国社交团体，成员包括当时许多杰出政治家和知识分子。格拉斯通内阁在 1886 年提出爱尔兰自治法案后，英国社交圈被政治论争搞得四分五裂，创立该团体是为了寻求一个不被政治斗争搅扰的清净之所。

徒"们，①善感人士，"文化"人士，人格完整者，或者最近所加的什么名头。我这就解释一下，它到底如何可能。

古老的社会阶层，已分崩离析。这有两个后果。一方面，如亚里士多德所见，由于绝大多数人并不喜欢跟其他所有人只是平等，因而我们就发现，各色人等都为自己建立各色群体，其中他们可以感到比大众高出一头，成为小小的未经受命的自封贵族。"文化人"（the Cultured），也渐渐构成这么一个团体。注意，他们往往将社会术语"俗"（vulgar），用在跟他们意见不一的那些人身上。再请注意，艾伦先生谈到的就是该群体的叛徒或逃兵。他们并不否认自己是"知识人"（intellectual），只否认自己是"知识分子"（intellectuals）；他们并不遮掩一种品质，只是反对被纳入一个阶层。另一方面，无可避免，会出现一个真实的新统治阶层，也就是曾被称作"管理阶层"（the Managerial Class）的东西。

---

① 指剑桥大学的学生秘密团体"剑桥使徒社"（Cambridge Apostles）。"使徒社"成立于 1820 年，因耶稣有十二门徒而得名。剑桥大学每届的入会名额，因此也只有 12 个。这是一个典型的精英会社，其会员有著名诗人（如丁尼生）、物理学家（如詹姆斯·麦克斯韦）、数学家（如格弗雷·哈代）、哲学家（怀特海、罗素、摩尔、维特根斯坦）、经济学家（凯恩斯）以及难以计数的古典学者。E. M. 福斯特 1901 年加入该会社。

"文化人"这一未经受命的自封贵族,跟掌握实权的管理阶层,这两个团体一合流,就会给我们带来文人政体。

两个团体,已经在合流了。因为教育,愈发成为进入管理阶层的渠道。从某种意义上讲,教育当然是极为合适的进入渠道;我们也不想让我们的统治者,就是一群傻瓜。不过,教育渐渐具有了新的含义。跟以往的教育相比(或许耶稣会士的教育除外),现今的教育对学生,打算去做而且也能做到的事情是多之又多。

首先,现今之学生,在教师手下,防卫能力要小得多。越来越多的学生,来自生意人的公寓或工人的平房,那里很少有书或根本就没有书。他几乎从未独处。小小年纪,教育机器就捕获了他,安排他的整个生活,以至于跟无人监管的孤独或闲暇彻底绝缘。那种无人推荐无人检查甚至还遭人禁止的阅读,那种闲散,还有幸运一代藉以发现文学发现自然乃至发现自己的那些"悠长的遐想",①凡此种种,都成

---

①　语出美国诗人郎费罗(Henry Wadsworth Longfellow, 1807—1882)的长诗《逝去的青春》(My Lost Youth)。该诗共有十节,每节结尾都是这两句:"孩子的愿望是风的愿望,青春的遐想是悠长的遐想。"(A boy's will is the wind's will, / And the thoughts of youth are long, long thoughts.)拙译采杨德豫先生之译文。

了过往风物。要是特拉赫恩①或华兹华斯生在今日,他就在 12 岁之前,得到"治疗"。简言之,对于不以教课为满足、还要打造人物(create a character)的那些教师而言,现代学生是理想的病人,是无助的橡皮泥。即便偶然间(因为天性还是天性),他获得了一份抵抗力,他们还是知道该怎么对付他。这一点,我稍后再谈。

其次,教学的性质已经改变。在某种意义上,是变好了:它对教师的要求多了很多,作为补偿,也使得他的工作更加有趣。它已经变得更无微不至更无孔不入(more intimate and penetrating),更深入人心(more inward)。不满足于确保学生已经读过并记住文本,它雄心勃勃,要教他欣赏(appreciation)。跟乍听上去如此合理的一个目标去争辩,仿佛有些唐突。然而,其中有个危险。如今,人人嘲笑老式试卷,嘲笑它只考关于文本的外围问题(context questions)。人们问:"这号东西,对学童有啥好处?"可是,要求试卷给学生带来好处,无异于要求体温计温暖房间。会给

---

① 特拉赫恩(Thomas Traherne,1637—1674),英国诗人,神学家。其著作《一百沉思》(*Centuries of Meditations*),直至 1908 年才付梓出版。书名中的 century 一词,并非世纪之意,而是 100 之意。

学生带来好处的,是试卷所假定的文本阅读;出试卷,就是
要看看,他是否读过。正因为试卷并不强求学童去欣赏,或
故作欣赏状,所以考试也就给他自由,让他私下里自发从事
自己力所能及的欣赏,权当一种永远不会赚来学分的课外
活动。那是他自己跟维吉尔或莎士比亚之间的私事。十有
八九,可能什么事都不会发生。可是,一旦欣赏真的出现
(而且保准有时会出现),这欣赏就真实不虚(genuine);切
合学童的年纪和性格;不是拔苗助长,而是其本来土壤和天
气下的健康成长。然而,当我们用"实用批评"①练习,取代
原来的干巴巴的试卷,这时就有了一种新情况。学童不会
得到高分(这意味着他终究进不了管理阶层),除非他所产
生的那种兴发感动,所用的那种分析方法,正好投教师之所
好。这就意味着,最好情况下,他会被训练得少年老成,能
预计那些兴发感动或那种分析方法不合时宜;最差情况下,
这则意味着,他会被训练得精于模仿正统的兴发感动(这并
不难)。因为所有学童,差不多都是模仿高手。靠着模仿,

---

① 英国文学批评家瑞恰慈(I. A. Richards,1893—1979),1929 年出
版《实用批评》(*Practical Criticism*)一书。瑞恰慈是英美新批评的奠基
人,该书也是新批评的奠基之作。

你还没教完一学期，班里个个学生都精通了"令人瞠目结舌的那种劳什子"。① 而在那些古老的粗疏岁月（the crude old days），他们知道对于事实问题的正确答案，是"所授之业"（what "went down"），而且是唯一的"所授之业"；因而也就只有两条路做出答案：好好学习或考试作弊。

学生们不得不做出的那些兴发感动（responses），即便只是个别老师的兴发感动，情况也不至于太过糟糕。然而我们已经过了那个阶段。在某个地方（我尚未查明），必定有这一种"文化"贩子中央局（*culture*-mongers' central bureau），时时监视着异端分子。至少有人给学校老师们递送小活页，每页上印着五六首诗，不仅告诉老师必须培养学生喜欢哪些诗，而且告诉了喜欢的确切根据。（真真是无事生非！我们都知道，马卡斯特或波伊尔会如何处置这些活页。②）

因而，说在这个新生体制之下唯有教育才会让你进入

---

① 原文为：the sort of stuff that goes down with Prickly Pop-eye. 出处未知。

② 理查德德·马卡斯特（Richard Mulcaster，约1530—1611），英国教育家，在诗人斯宾塞的学习生涯里扮演过重要角色的一位校长；詹姆斯·波伊尔（James Boyer，1736—1814），伦敦基督慈幼学校校长，诗人柯勒律治、散文作家查尔斯·兰姆都曾是其学生。

统治阶层,其意思可不只是,得不到特定知识或达不到一定
的智力水平,你会被拒之门外。这倒足够合理。然而,它可
能即将意味着,或许已经意味着,某种更大的事情。它意味
着,你无法进入统治阶层,假如你没有成为一种特别的人,
或者说假如你没有使得老师们相信你就是一种特别的人,
能对正确的作者做出正确的兴发感动。事实上,只能借着
成为"文化人"(该词的现代义),你才能进入统治阶层。必
须将这一境况,跟以往经常出现的境况分别开来。几乎所
有的统治阶层,或迟或早,以或重或轻的力度,从事"文化",
支持艺术。不过,此事之发生,是他们的地位的结果,是其
职位所享的奢靡或特权之一。我们如今所面临的境况,几
乎恰好相反。进入统治阶层,将会是"文化"之酬报。于是,
我们抵达文官政体门前。

　　这事不只是可能发生,而且已被纳入规划,已经公布。
J. W. 桑德斯先生的名文〈诗歌在管理时代〉(《批评论丛》第
四卷第 3 期,1954 年 7 月)①,已经做了全部部署。在那篇
文章里,他面对的事实是,现代诗人差不多只有彼此阅读

---

　　①　《批评论丛》(*Essays in Criticism*),F. W. Bateson(1901—1978)于
1951 年创办的一家文学批评杂志。

了。他在寻找补救措施。他自然没有提出，诗人们应当对此有所作为。因为被我们时代一切"文化"视为基本常识的是，无论何时艺术家跟受众之间失去接触，错必定都在受众一方（我从未遇见哪部伟大艺术作品，证明了这一重要学说）。桑德斯先生想到的补救措施就是，应该为我们的诗人，招募一群受众；我相信，这是尼禄①最终享有的特权。他还告诉我们，如何做到这一点。藉助教育，我们得到自己的"同伙"（co-ordinators）；考试成功，就是步入统治阶层的路径。因而，我们所要做的一切，就不只是作诗，而且还要开设"诗歌的批评解读方面的课程"，这才是我们的教育体系的主心骨。换句话说，实用批评或诸如此类的东西，无疑主要用于现代诗歌，却要成为必修科目，过不了就将你排除在管理阶层之外。于是乎，我们的诗人们就得到了他们的应征读者（conscript readers）。每一个男孩和女孩，一出生，就面临一场抉择："要么去读我们这些'文化人'所推许的诗人，说我们就这些诗人所说的那种话，要么就做个普罗大众。"而这也就表明（重拾前面的那个话头），那些具有自家

---

① 尼禄（Nero），古罗马暴君。

趣味并不完全是橡皮泥的少数学生,文人政体会如何对付。他们得不着高分。你早早将他们踢下教育阶梯后,他们就消失在普罗大众之中。

除了为当下诗人提供一群应征受众之外,另一个利好就是,你可以确保,文人王朝几乎会永远统治下去。因为,你踢下阶梯的那些异见分子(deviationists),其中当然包括了一切麻烦型的人。这些人,要是在更早的年代,则往往会开创新学派发起新运动。要是他们的那个时代,也有一个响当当的文人政体,能够对付少年乔叟,少年但恩,少年华兹华斯和柯勒律治,那么,我们过去所知的那种文学史,就会走向终结。文人,当了那么长时间的野生动物,将会变成驯养动物。

既然已经解释了,我为何认为文人政体有其可能,那就必须下个结论,解释我为什么认为它并不可欲。

就一个统治阶层而言,"文化"是一个糟糕的资质证明(qualification),因为它不能证明人有统治资质。我们确实需要统治者具有的那些资质——仁慈,清廉,变通(practical intelligence),勤政(hard work)等等——在文化人身上,跟在其他任何人身上一样稀缺。

作为一种糟糕的资质证明，"文化"跟天意（sanctity）如出一辙。二者都难于判定，却易于伪装。当然啦，并非每位文官都是文化伪君子（a cultural hypocrite），也并非每位神政者都是答尔丢夫。不过两套体系，都鼓励伪善，使得对他们宣称珍视的那些品质的无功利追求，更加困难。

它们所鼓励的恶，可不只是伪善。在"文化"中，恰如在"敬虔"（piety）中，有一些情形，即便罪责不大，为害也是不小。在敬虔中，我们有"乡愿"（Goody-goody）；听话的后生，既不叛离又未高出自家的日常敬虔和体面。他的中规中矩，博得了双亲、邻里及自个良心之称许。他不知道自己失丧了什么，他圆满自足。而"文化"中，我们有顺应的后生。对于他们，诗歌一直就是某种"有待"加以"评价"的东西。这方面的成功训练，给他快乐，也让他进入统治阶层。他不知道，自己错失了什么，也不知道，诗歌还有什么别的用场。他也圆满自足。

这两类人，都很是可怜；不过有时候，也会变得极其龌龊。二者或许都会表现出属灵骄傲，不过各有各的表现形式。因为前者之成功，凭的是默从和压抑，后者则凭的是争竞中的持续胜利。前者之骄傲，心照不宣，春风满面，仪态端庄,我们或可借用艾伦先生的"自以为是"(smug)一词加以形容(尤其是让此词带一点古义)。至于另一个的形容词,我想,会是"妄自尊大"(swaggering)。在我的经验中,它往往表露无遗,言语刻薄,急于伤人,贪婪地要人服从,憎恶并猜忌不同意见。乡愿,行事缩手缩脚,说话唯唯诺诺,跟猫一样乖(有时也抓狂);"文化人"头衔下的相应成员,则像发怒的火鸡一样咯咯乱叫。跟地地道道的伪君子相比,二者或许更难救治。一个伪君子,(可以想见)也许会悔改;或者说,也许会被揭穿,从而对人无害。可是,对于没有行骗企图的那些人,有谁能让他们悔改,又有谁能够揭穿?谁不知道,他们不是真实物事(the real thing),因为他们并不知道还曾有真实物事(a real thing)。

我对神权政体和文人政体的反对意见,在此差不多合二为一。"百合花一旦腐朽就比野草还可恨。"①统治者的调门越高,其统治就越有可能扰民,越有可能无事生非;他们以之为名实施统治的那些物事,就越被辱没。至尊之物,在我们天性中的立足之地最不稳定。将天意或文化弄成终

---

① 原文为:Lilies that fester smell far worse than weeds. 语出莎士比亚《十四行诗集》第 94 首最末一行。

南捷径，你是在帮着将它们赶出世界。让我们的老爷们饶过这两者，给我们留点地盘，让天机自发的、上不了市的、全然私密的能够继续存活。

依我看，当艾伦先生说起"退出文化信仰"，他是失算了。我不想撤退，我想进攻；或者假如你喜欢这个词的话，想造反。写作此文，意在唤起他人造反。就我目之所及，基督徒与那些所谓的"人文主义者"（这很不幸，因为该词长期以来都承负着一个有用的、全然不同的意涵）①之间的不同，在此无关紧要。我希望，这不是在混淆概念。我也相信，我所关心的这些事，许多无神论者和不可知论者也会关心。拙文，即为他们而作。我要对他们说："文化信仰"会将那一切都置于死地，除非我们先将它置于死地。此事刻不容缓。

---

① 路易斯说"人文主义者"一词所承负的那个"有用的、全然不同的意涵"（useful and wholly different meaning），可能是指该词之本义。在文艺复兴时期，"人文主义者"指的是致力于古希腊古罗马语言与文化研究的学者。从 19 世纪开始，跟很多"主义"（-ism）一样，人文主义（humanism）演变成了对人性的乐观信念。关于这种人文主义，以色列青年史学家尤瓦尔·赫拉利在《未来简史》第 7 章有出色说明。

4　善工与善行^①

（1959）

Good Work and Good works

　　现代基督教界，熟悉复数形式的 good works（善行）这一表述，而不再熟悉 good work（善工）。善行，主要是指教区里的施舍或"帮助"。这些善行，跟一个人的"工作"（work）相去甚远。善行，不必就是善工；无论是谁，只要去集市看看那些为义卖所造物品，即可窥见一二。这，有违我们的榜样。当年，一贫穷人家婚娶，酒席上没了酒。我们的

---

　　①　选自路易斯文集《末日之夜》，首刊于美国杂志《天主教艺术季刊》（*The Catholic Art Quarterly*）第 23 卷（1959）圣诞节专号。该杂志于 1959 年更名为《善工》（*Good Work*），本文即为此而作。

主,为其备足。这是善行,同时也是善工;因为那酒,真是美酒。无顾我们"工作"或职业之善,也不合乎圣贤教诲。使徒保罗就说,每个人不但要行,而且要结"善"果。①

在我们中间,善工的观念也不是销声匿了迹,尽管我担心,虔信之人已经没了这个独有标记。在木工、鞋匠和水手中间,我找到了它。试图让水手对一艘新客轮留下深刻印象,说她是水面船只中最大最贵的,一点用都没有。水手们看的是他们所谓的她的"线条"(lines):他们预计她在狂风大浪中有何作为。艺术家们也谈善工,不过谈得越来越少。他们开始喜欢上"意味"、"重大"、"当代"或"大胆"之类词汇。依我看,这不是好兆。

全面工业化的社会,从一开始就几乎排除了"善工"的观念。芸芸大众,则沦为此情势的牺牲品。"内建报废"(Built-in obsolescence),成为一项经济必需。制造一件物品,除非它一两年内就会散架,因而不得不换,否则,你就不会有足够的营业额。而一百年前,人结婚时就会给自己打一驾马车(倘若他足够富裕),承望着用整整一辈子。如今,

---

①　《以弗所书》四章28节:从前偷窃的,不要再偷。总要劳力,亲手做正经事,就可有余,分给那缺少的人。

他买车子,盘算着两年之内卖掉。现在,"工"不必"善"。

对穿衣人而言,拉链相对于纽扣就有此优势:拉链尚且好用时,就会给他节约一点点时间,省一点点麻烦。对生产商而言,拉链则有着多得多的结结实实的利好;拉链,用不了很长时间。劣工(bad work),巴不得呢!

对此情势,我们一定得避免采用一种滔滔不绝的道德观点。这可不是原罪或犯罪的后果。它偷袭了我们,既是意料之外,也非有意为之。我们心中的堕败的商业主义(commercialism),既是其后果,也是其前因。所以依我看,单纯的道德努力,治愈不了它。

起初,人造东西,是为了使用(use),或为了玩乐(delight),或(更为经常的是)二者兼有。蛮族猎人为自己制作石器或骨器,会尽其所能,因为假使刀钝或刃脆,就捕杀不了猎物。他的女人制作陶器打水,也会尽其所能,因为她不得不用。过不了多久(假如还得过些时间的话),他们就装饰这些器物;他们就跟道格培里一样,想要"凡事都体体面面的"。①

────────

① 道格培里,是莎士比亚戏剧《无事生非》中的警吏。路易斯所用典故,见该剧第四幕第二场末尾。拙译援用朱生豪先生之译文,略有改动。

劳动时,我敢保,他们会唱歌,吹口哨,至少会哼曲。或许还会讲故事。

或迟或早,会有个变迁潜入此情境,就像伊甸园的蛇一样不起眼,起初也有那蛇曾有的天真。每个家庭,都不再制作自家所需的一切。出现了专门家。陶匠为全村烧盆罐,铁匠为大伙打刀枪,吟游诗人(既是诗人又是音乐家),为大家唱歌讲故事。在荷马史诗里,铁匠之神跛脚,诗人则是盲人,这具有重大意义。说不定,事情就是这么开始的。那些残疾人,既然做不了猎人或武士,就分派他们为猎人和武士提供必需品和消遣。

该变迁之所以重大,原因就在于人们这时造东西(盆盆罐罐、刀剑以及诗作),都不是为自家使用或自娱自乐,而是为了别人使用或娱乐。当然啦,以或此或彼的方式,他们一定会得到酬劳。该变迁也是必然的,除非社会及艺术,打算保持这样一种质朴:不是天堂般的质朴,而是脆弱的、粗笨的、贫瘠的质朴。该变迁仍保持健康,靠的是两样事实。其一,这些专门家做工,会尽其所能。他们跟那些使用者,抬头不见低头见。要是你的盆罐烧得差,全村妇女都会戳你脊背;要是你的刀剑铸得差,情况好的话,武士们回来会揍你,情况糟的话,他们就回不来了,因为敌人会杀掉他们,你们村会被焚毁,你自己会沦为奴隶甚至性命难保。其二,因为专门家尽其所能在干的活,无可争议地值得一干,他们干活因而就会有乐趣。我们切莫理想化。尽都是乐趣,没这事。铁匠,会劳累过度。至于吟游诗人,本来盼着有人来听某部美妙新作,而村人则坚持要再听一遍上次吟唱的诗歌(或跟它一模一样的新作),他会感到沮丧。不过总体而言,这些专门家过着一种合乎人性的生活;他们有用武之地,受到了相当的尊敬,还有大显身手之乐。

因篇幅所限,当然也是因知识所限,我无法追溯人类由此状况到我们今日生活状况的全部过程。不过我想,还是能够分析出此变迁的本质所在。诚然,人类已经离开原始境况,其中人人都为自己制作物件;诚然,人类因而进入另一种境况,其中许多人为他人干活(他人亦将酬劳)。即便如此,职业还是分了两种。对于其中一种,一个人真个能说:"我干的活,值得一干。即便无人酬劳,仍值得一干。不过,鉴于我并无生计来源,有衣食住行之需,所以我的活必须得到酬劳。"至于第二种职业,人们干活的唯一目标就是挣钱;这些活,没必要干,不应该干,不会有人干,除非付钱。

或许我们得感谢上帝,这第一种职业,现在仍有许多。庄稼人,警察,医生,艺术家,教师,牧师,等等等等,都在干着本身就值得一干的活计;还有那么多人,即便没有酬劳,还愿意干这些活,也干了;要是家处荒郊野外,这些活,家里都得以一种业余的方式,尝试为自家干。这种职业,当然不一定宜人。照顾麻风病人,就是其中一例。

另一个极端,两样例证堪称代表。我不一定在道德上,将二者等量齐观;但就我们当前的分类而言,二者却是一类。其一就是妓女的工作。其工作独有的恐怖之处——假如你认为我们不应该称之为工作,那就请再思一二——也即使得它比淫乱恐怖很多的地方,就在于它是别无目的唯钱是图之行为的极端事例。在那个方向,除了性交易,别无其他;非但没有婚姻,非但没有爱,而且也没有性欲。我的另一个例证是这样的。经常看见广告牌,贴着招贴,就是要吸引成千上万的人朝这边看;你们公司应该租用它,为产品做广告。想一想,它跟"制造好物件"有多大距离?先得有木工做这块板;这东西本身,没用。印刷工和造纸工,辛辛苦苦做招贴;这东西一文不值,直至有人租用那块广告空间。对于租用者,那块空间也是一文不值,直至他在上面贴上另一张招贴;这招贴对于他,仍是一文不值,除非这招贴说服别人买他的货。这些货品,很有可能就是丑陋、无用甚至有害的奢侈品,没人会买,除非这广告靠着挑逗的或势利的咒语,在人身上造出一种人造欲望。这一过程的每个阶段,所做工作的唯一价值就在于,能弄来钱。

在一个以买卖为主轴的社会里,这好像就是其必然结果。在一个理性的世界(a rational world),人制造物品,因为人有物品需求;而在现实世界,却得制造需求,为的是人因制造物品而带来收入。我们在早期社会发现的对商业的那种不信任或鄙薄,为何不应仓促认为就是自命不凡,原因就在于此。商业越是重要,就会有越多的人注定去从事——甚至还学着喜欢从事——我们所说的第二种职业。不论酬报的工作,快乐的工作,还有善的工作(good work),成了幸运之少数的特权。争相寻找消费者,主宰了国际情势。

就我平生所见,在英国,钱被(非常合适地)汇集起来为丢了工作的人购买衣衫。他们丢了的工作,正是服装加工。

容易预见,这种状况难以为继;而不幸的是,它最有可能因其内在矛盾而销声匿迹。这种销声匿迹法儿,将会导致无尽苦难。我们只有找到某个法子主动结束它,它才可能会无痛死亡。不用说,我并无实施方案;即便我有,我们的老爷们——政府和商业背后的大佬们——也并不理会。当前唯一的希望征象,就是美俄之间的"太空竞赛"。由于我们已经将自己弄到这步田地,其中的主要问题不是为人们提供他们需要或喜欢的物品,而是只管让人们制造物品(制造什么都不打紧),所以,除了让列强(great powers)制造那些它们随之扔出舱外的昂贵物品之外,要想更好驾驭它们还真不容易。这保证了资本运转,工厂生产,对太空伤害也不大——或者说,在相当长的一段时间内。然而,这一舒解只是局部的,暂时的。对我们绝大多数人而言,实际任务主要不是去给那些大佬提建议,如何结束我们的要命的经济——我们无人可给,给了他们也不听——而是去考虑,我们如何生活其中,却尽可能少受伤害,少堕落。

体认到它是要命的、疯狂的,甚至也算得上一样事。恰如基督徒之优越,并不在于比他人更少堕落,也不在于比他人更少注定住在一个堕落世界,而是在于他知道,他就是堕落了的世界里一个堕落了的人。同理,假如我们时时刻刻谨记,善工是什么,它何以如今对大多数人变得不再可能,我们才会做得更好。或许我们不得不挣生活,参与生产一些质量差劲的产品,甚至生产一些即便质量过关也不值得生产的产品——广告已经开发了它们的"市场"或对它们的需要。然而在巴比伦的河边——或者说在生产线旁——我们仍要告诉自己:"耶路撒冷啊,我若忘记你,情愿我的右手忘记技巧。"①(它会忘记的。)②

当然啦,我们会密切留意,伺机逃脱。假如有什么"事业选择"(千人当中,总有一人有此好事吧),对那好的职业,我们就要像猎犬一样穷追不舍,跟橡皮糖一样粘住不放。要是得着机会,我们将努力靠着干好一些值得一干的活来维持生计,这些活即便不用维持生计也值得一干。禁绝我们的贪婪,或许势在必行。赚大钱的,通常都是抓狂职业(the insane jobs),往往还出力最少。

另外,还有一件事更加暧昧不明(subtler)。我们必须高度警惕,谨防我们的心灵染上当下境况所滋生的恶习。

---

① 《诗篇》一三七章1—5节:我们曾在巴比伦的河边坐下,一追想锡安就哭了。我们把琴挂在那里的柳树上,因为在那里,掳掠我们的要我们唱歌;抢夺我们的要我们作乐,说:"给我们唱一首锡安歌吧!"我们怎能在外邦唱耶和华的歌呢?耶路撒冷啊,我若忘记你,情愿我的右手忘记技巧。

② 括号里原文只有二字:It will.译者实在难以把握,这里只是权且译出。

这种恶习,依我看,已深深败坏了我们的艺术家。

直至晚近——直至上世纪末——人们都认为艺术家的活计,理所当然就是娱乐公众,教导公众。① 当然,有着形形色色的公众;街头卖唱和圣乐演唱,听众就不同(尽管我想,很多人二者都喜欢)。一个艺术家,或可以引领他的公众,去欣赏比他们起初想要的更为高雅的东西。但他做到这一点,只有靠着从一开始即便并不只是娱乐,也娱乐他们;即便不是全部明白易懂,也大体明白易懂。所有这一切,都变了。在美学圈最高层,听不到艺术家对我们的义务,谈的尽是我们对艺术家的义务。他一点不欠我们;我们则欠他一个"认可",即便他对我们的趣味、兴趣或习惯,没给一毛钱的注意。要是我们没给他一个"认可",我们的名号就成了扶不上墙的烂泥。在这家店内,消费者总是错的。

不过这一变迁,只是我们对一切工作的态度变迁的一部分。由于"提供就业机会"变得越来越重要,越来越比制作人们需要或喜欢的物品重要,于是就有了一个趋势,将个个行业都看作是,主要为从业者本人而存在的东西。铁匠

---

① "寓教于乐",是古典诗学之通见,无论中西。

工作,不是因为武士会去打仗;武士存在并打仗,则是为了让铁匠忙活。吟游诗人之存在,不是为了愉悦部落;部落之存在,则是为了欣赏吟游诗人。

在工业领域,这一态度变迁的背后,既有疯狂(insanity),也有一些有口皆碑的动机(highly creditable motives)。慈善事业的一项实实在在的进步,阻止我们谈"人口过剩",驱动我们谈论"失业问题"。但其危险是,这会引导我们忘记,就业本身不是目的。我们要人就业,只是作为养活他们的手段——同时相信要养活他们,即便是让他们制作烂东西,也强于什么都不做(是对是错,谁知道呢)。

尽管我们有义务使饥者得饱,但我怀疑,我们是否还有义务去"欣赏"野心。对艺术的这一态度,就要了"善工"(good work)的命。许多现代小说、诗歌及绘画,我们被胁迫着去欣赏,却不是"善工",因为它们根本就不是"工"(work)。它们只是溅溢之感性或反思的大杂烩。① 当一个

---

① 原文为:They are mere puddles of spilled sensibility or reflection. 路易斯在此化用英国哲学家、意象派诗人休姆(T. E. Hulme, 1883—1917)的名句:"浪漫主义就是溅溢出来的宗教(spilt religion),这是我所能给它下的最好的定义。"(刘若端译,见戴维·洛奇主编《20世纪文学评论》上卷,上海译文出版社,1987,第173—174页)

艺术家,干着严格意义上艺术家的活,他当然就会将其受众现有的趣味、兴趣及能力纳入考虑。这一切,跟语言、大理石或颜料一样,也是他的素材(raw material);需加以运用、驯化、提升,不容无视,更不容践踏。对它们傲慢漠视,算不得天才,更算不得诚实;那是懒惰,是无能。你还没学会你的活计。所以,就艺术而论,真正对得起上苍的工作(honest-to-God work),如今大多见于通俗艺术(low-brow art),如电影,如侦探故事,如童话。这些作品,往往结构谨严;木材是晾干的,榫卯严丝合缝,承重都经过精确计算;成功运用手艺和劳动,来做意想之事。切莫误解我。那些高雅作品,当然或许展现了更雅致的感性,更深刻的思想。不过,大杂烩不是作品,无论倒进去的是多么贵重的酒水、油料或药品。

艺术里的"杰作"(Great works)以及慈善事业中的"善行"(good works),最好都是"善工"(Good Work)。就让唱诗班好好唱诗,或者就干脆别唱。否则,我们只是强化了众人的这一信念:生意世界,以这么高的效率干了这么多其实永远没必要干的活,却是真实的、成熟的和实践的世界;而全部的"文化"及全部的"宗教"(两个吓人的词),本质上是边缘的、业余的其至相当娘娘腔的活动。

5　论虚空 [①]

De Futilitate

约我为诸君讲演时，亨利·蒂泽德爵士就提示我，在座诸位很多人心中可能都出现了虚空问题（the problem of futility）。上一场战争结束时人们心中所怀的希望，均以失望而告终；况且人们也拿不准，这场战争的结局说不定也同样令人失望。这就足以引发虚空问题。假如我记得没错，他还暗示我，虚空之感甚至走得更深。支撑着远祖以及基

---

① 首刊于瓦尔特·胡珀所编路易斯文集《基督教沉思》，拙译底本即是该书。本文原是"二战"期间，路易斯应亨利·蒂泽德（Henry Tizard）爵士之约，在牛津大学抹大拉学院所作的演说。

督徒祖先的末世盼望（the eschatological hopes），支撑着革命者乃至上一世纪自由人士的世俗盼望（secular hopes），都成了昨日黄花。于是就留下了一个真空。很多人都会追问：这纷乱扰攘的一生到底图个什么？抑或说，它是否真有所图？

给诸君讲这问题，在某种意义上，我可是这世界上最差的人选。不知是因为童年很不幸福，还是因为生性有点古怪，我对虚空之念真是太过熟悉，以至于不会像讲这一论题的好讲演者那般，对此感到触目惊心。战争初期，有位劳工，跟另一位受过教育的人和我自己，三人在民兵团值班做宵夜巡逻。他由我俩的谈话发觉，我俩可没指望着这场战争会让战争永远结束，或者说得大一点，没指望着人类苦难会永远消除。我永远忘不了，他惊呆了，在月光下站了足足有一分钟，渐渐明白了这匪夷所思的观点，最终打破寂静："这么说，留这血腥世界有什么好？"让我震惊的——因为我跟这位工人一样震惊——是这一事实，即那一担忧对他竟然是全新的。我纳闷，一个人都四十开外了，还从没心下怀疑过，这血腥的世界有什么好？这种安全感，我无法想象。一个人要是经过长期思考，最终形成一个看法，说存在（existence)不是一场空,这人我就能理解。可是,竟然有人将存在视为理所当然,这才敲打了我,而且至今还敲打着我。如果在座诸位谁惧怕虚空,只是基于一时一地之事实,譬如这场战争,譬如差不多同样晦暗的和平前景,那么,我就必须请你耐着点性子,容我说说我们极有可能还不得不面对更深沉更极端的虚空。这一虚空,如果毕竟存在,那才叫病入膏肓。

流行进化论(popular Evolutionism),向大众掩盖了这一宇宙虚空(cosmic futility)。既然讲给受过科学训练的人听,就不需要我再啰嗦着说,流行的进化论这东西跟生物学家所理解的进化(Evolution)颇不相同。生物进化,是一个关于生物如何变化的理论。一些变化,依照人的尺度,使得一些有机体"更好"——更会适应,更强大,更有意识。但多数变化并非如此。恰如 J. B. S. 霍尔丹教授所说,[①]在进化过程中,变异(exception)及退化(degeneration)才是定律。流行进化论对此视而不见,因为对它而言,"进化"只意味着"改进"(improvement)。流行进化论可不局限于有机体,还

---

① 霍尔丹(J. B. S. Haldane,1895—1964),英国著名遗传学家、科普作家。

被应用于道德品质、制度、艺术、智力等等。于是在流行思想中就留下了这样一个观念：虽不知为何，但改进就是一条宇宙法则（a cosmic law）。这一观念，根本得不到科学支持。即便是有机体，也没有改进的一般趋势。说人类的心智能力及道德能力，自从人成为人就有了提高，纯是无稽之谈。至于宇宙整体，当然更没有什么趋势，朝着我们所谓"好"的方向前进。相反，即便进化就是大众自以为的那样，那也只不过是画面前景里一个不起眼的细节（以天文学和物理学为尺度）。巨大背景上，则充斥着颇为不同的原理：熵，①退化，解体（disorganization）。万物都在提示，在宇宙历史上，有机生命将会成为一个极为短暂且无足轻重的插曲。我们经常听到一些人，为自己的个人困境而自我宽慰："百年之后，还是这样。"关于我们的人类困境，你也可以这样自我宽慰。无论我们做什么，亿万年后，一切还是这样。有机生命，只是宇宙历史上的一道闪电。最终，有机生命将

---

① 熵（entropy），热力学术语，指物质系统不能用于作功的能量。由于功是由系统之"有序"获得，所以熵之大小也就是系统无序之度量。熵这个概念所揭示的道理是，如果没有外力影响，事物永远朝更混乱的状态发展。

归于无。

切莫误会，我一点都没有试图提出，这一终极虚空（this long-term futility）就给了我们理由，让我们在人类生活尚且延续之日，不再努力让它比此前少些痛苦多些公正。船在下沉这一事实并不构成理由，让我们在她尚且航行之时就任其沦为一座水上地狱。说实话，保持船只井井有条，一丝不苟，直至她下沉的那一刻，这想法里面是有某种讽刺意味（a certain fine irony）。然而，即便这宇宙无耻又愚蠢，我们也没有何不效法它的理由。教养良好的人一直认为，断头台和绞刑架，才是严装以待、不失风范之地。① 这至少就是我对虚空的宇宙图景的第一反应。从一开始，我就不是在提议，应当让这一图景多多少少改变一下我们的实践。但是，必须让它来改变一下我们的思想和感受。

在我看来，关于这一虚空，你有且只有三条路可走。首先，你只能"认命"（take it）。你可以变成一个始终如一的悲观主义者，就像写《自由人的崇拜》的罗素那样，

---

① 可与拙译路易斯《荣耀之重》第二章第4段对参。

将你的一生建立在他所谓的"彻底不抱希望的坚实地基上"。① 你的养料,将会是威塞克斯小说,②《西罗普郡少年》③以及卢克莱修;④你或许会设法成为一个果敢决绝、令人刮目相看的人。其次,你可以否定科学家所描画的宇宙图景。想去否认,法门多多。你可以成为一个西方唯心论

---

① 语出罗素 1903 年发表的名文《自由人的崇拜》(A Free Man's Worship)。罗素身为坚定的无神论者,就索性接受科学世界观所提供的这一"宇宙虚空"或"终极虚空":(与上帝创世相比)按照科学教我们相信的解释,概而言之,这个世界更无目的,更无意义。在这个世界中,我们的理想和追求今后必须寻找归宿,无论归宿是在何处。这是因为,人是某种动机的产物,而这种动机又不能预见自身所要达到的目的;人的起源,人的生长,人的希望和恐惧,人的爱心与信仰都不过产生于原子偶然的排列组合;火一样的热情,英雄主义,深邃的思想和强烈的情感不能使生命免于行将就木;今昔的一切努力,所有的信仰,所有的灵感,所有如日中天的人类天才都注定要随着太阳系的彻底毁灭而消亡,进而言之,博纳了人类所有成就的圣殿也必将无可避免地埋葬在毁灭后的宇宙尘埃之下。所有这些即便不是无可争议,但也近乎确定无疑,以致任何想否定它的哲学都难以有立足的希望。只有采用由上述真理组成的脚手架,只有立于彻底不抱幻想的坚实地基上,人类才可能为灵魂日后的归宿安全地构筑大厦。(见戴玉庆译《罗素自选文集》,商务印书馆,2016,第 10—11 页)

② 威塞克斯小说(Wessex novels),指哈代的以威塞克斯为背景的系列乡土小说。

③ 《西罗普郡少年》(The Shopshire Lad,1896),英国古典学者豪思曼(A. E. Housman,1859—1936,亦译霍思曼)的诗集,其中主要描写人生的悲剧感。

④ 卢克莱修(Lucretius,约前 98—前 53),罗马诗人,唯物主义哲学家,《物性论》之作者。

者或东方泛神论者。无论是哪种情况，万不得已时，你就会坚持认为物质宇宙并不十分真实（real）。那只是我们的感官和思想范畴生产出来的一种幻象（mirage）；至于实存（reality），须在别处寻找。或许你还可以像犹太教徒、伊斯兰教徒或基督徒那样，说尽管自然本身还是真实的，但还是有别的实存；引入这些实存，你就大大改变了宇宙图景，它就不再是一幅虚空图景了。其三，你蛮可以接受这幅科学的宇宙图景，针对此虚空努力做点什么。我的意思是，与其批评宇宙，还不如批评我们自己对宇宙的感受，努力揭示我们的虚空感没道理、不得体或不相干。我估摸着，在诸位眼中，这第三条路，至少一开始显得最有希望。我们这就探一下这条路。

　　我想，针对自己的宇宙虚空感，我们能够提出的最具摧毁力量的批评，莫过于说："虚空"（futility）的反义词是有用（utility）。一台机器或一个计划，当它不再服务于当初的设计目标时，就无用（futile）了。因此，当我们说宇宙是"虚空"，其实是将"手段与目的"的思维模式强加给宇宙，仿佛它就是制造出来的或为着某种目标制造出来的一样东西。说它"虚空"，我们只是表达了自己天真的惊讶（naive surprise)，惊讶地发现基础实存(basic reality)并不拥有人工造物的特征——人造物品都服务于人的目标。要求宇宙应该具备此特征，一下子就显得荒唐可笑了。这就好比抱怨一棵树是"虚空"，只因我们想爬树，枝杈碰巧没长在我们心想的地方；甚至就好比，我们抱怨一颗石头，只因它恰好不能吃。

这一观点，乍一看，具有常识(common sense)所具有的一切振奋人心之处。我当然相信，任何哲学，要是不将这一观点纳入其中，至少作为其成分之一，那么该哲学就不大可能是真的。然而，就其本身而言(taken by itself)，该观点原来还是太过简单。

要是推演此观点，寻绎其逻辑结论，我们就会得出如下结果。陈述这些事实的恰当方式，不是说宇宙是"虚空"，而是说宇宙出产一种能制造工具的动物，名叫人。长期制造工具的习惯，使他养成另一习惯——习惯根据手段与目的进行思考。该习惯根深蒂固，以至于不制造工具的时候，甚至也会继续运用这一思维模式——将其(可以说)"投射"在整个实存上面。于是就引发了这类荒诞实践：要求宇宙应该是"好"的，或抱怨宇宙之"坏"。但这类思考，仅仅属人

(*merely* human)。关于宇宙,它们没有告诉我们任何东西,它们仅仅是关于人的一项事实——跟他的肤色或肺的形状一样的事实。

这样说虽然挺吸引人。可问题是,我们能走多远。我们能否将人类思想仅仅属人(*merely* human)这一观点,贯穿始终？我们是否始终敢说,人类思想只是关于智人(*homo sapiens*)的一项动物学事实,仅仅说明他以特定方式思考,一点都没反映(尽管无疑源于)非人的或宇宙的实存(non-human or universal reality)？一旦这样追问,我们就会得到回报。这时我们追问的是,关于人类思想的某种观点是否为真。而要加以考察的这个观点恰好就是,人类思想都不是真的,并不反映实存。这个观点本身,就是一种思想。换句话说,我们正在追问的是:"并无思想为真这一思想,是否为真?"如果回答"是",我们就自相矛盾。因为假如一切思想都不是真的,那么这一思想也不是。

因而,全盘怀疑人类思想,是绝无可能的事。我们不能接受全盘怀疑论的原因就是,只有靠着偷偷搞个例外,将我们正在思考的那个思想排除在外,它才能够成立。这就好比有人告诫新来者"不要相信这间办公室里的任何人",他总是指望着你这时相信他。无论什么情况,我们所能做的充其量只是,判定人类思想的某些类型仅仅属人(merely human)或主观(subjective),而别的类型则不是。无论这一类有多么小,也必须认定总有某类思想,不是仅仅关乎人类大脑运作方式的事实(as mere facts about the way human brains work),而是真正的洞见,是实存在人类意识中的反映。

有一个流行区分,区分了所谓的科学思考(scientific thought)和其他思考。人们普遍相信,科学思考让我们接触到实存,道德思考或形而上思考则没有。根据这一观点,当我们说宇宙是一个时空连续体,我们是在言说实存的某些方面;至于说宇宙是"虚空",或说人的工资应当足够养家糊口,我们都只是在描述自己的主观感受。美国人所谓"科学幻想"(scientifictional)的那类现代小说——也就是写居住在别的星球或海洋深处的未知物种的那些小说——所刻画的那些造物,为什么全然缺乏我们的道德准则,却接受我们的科学标准,原因就在于此。其言外之意当然就是,由于科学思考是客观的,因而对于一切能够推理的造物,都是一样的;而道德思考,像人的个人口味一样,只是一件主观物事,因而物种之间各不相同就在预料之中了。

然而,科学思考与非科学思考这一区分,恐怕承受不住我们试图加于其上的重负。科学思考的套路是:从实验到假说,接着验证,再形成新假说。实验,意味着特别安排的感官经验。验证,涉及推理。"如果存在 X,那么,在具备条件 Y 的情况下,我们应该具有经验 Z。"因而,我们创造条件 Y,结果出现了 Z。于是我们就推断,X 存在。这下清楚的是,在这个过程中,唯一向我们保证了自己身外任何实存的那个部分,恰好就是"如果 X,那么 Z"或"因为 Z,所以 X"这一推理。这个过程的其余部分,也即假说和实验,凭着自身无法给我们任何保证。假说,诸位知道,是个心灵建构——就像他们所说的那样,是"我们头脑以内的"某种东西。而实验,则是我们自己意识的一种状态(a state of our own consciousness)。可以说,它就是一组仪表读数,或者就是你加热试管里的液体所看到的颜色。这也就是说,它是一种视觉状态(a state of visual sensation)。实验所用仪器,也只是依赖推理之力,才让我们相信它存在于我们自己心外:据推理,它是我们视觉之前因(the cause)。我一点都没有提示说,这是一个糟糕推理。我不是主观唯心论者(subjective idealist)，我满心相信，区分梦里的实验和实验室里的实验，完全正确。我只是想指出，物质世界或外部世界是推断出来的世界(an inferred world)，因而，与其说特定实验将我们带出推理的死胡同(the magic circle of inference)，从而跟实存有了某种直接接触，还远不如说这些实验本身只有作为那个大的推理过程中的部分才提供证据。物理科学，跟形而上学和数学一样，也依赖于逻辑的有效性(the validity of Logic)。假如流行思想感到，"科学"因为得到实验证明，就不同于其他种类的知识，那么流行思想就搞错了。实验证明(experimental verification)可不是一种新的保证，进来填补纯逻辑之缺陷。因而，我们应该抛弃科学思考和非科学思考之分。正确的区分，则在逻辑思考和非逻辑思考之间。我说的是，适合于我们当前目标的区分：这个目标就是探讨，是否有一类思考具有客观价值，并非仅仅是关于大脑皮层如何工作的一个事实。为此目标，我们不能在科学与其他的逻辑思维(other logical exercises of thought)之间划界，因为，假如不相信逻辑，那么科学必定随之一道垮台。

　　因而推论就是，无论何种知识，都依赖于推理的有效性

(the validity of inference)。因为原则上讲,假如我们说"因为 A 是 B,所以 C 必然是 D"时,我们所具有的确定感是一种幻觉,假如它只显示了我们的大脑皮层在工作,而没有揭示外在于我们的实存的真实样貌,那么,任何知识我们都无法获得。之所以说"原则上讲",乃是因为,心思涣散或过度疲劳当然也致使我们常常做出错误推理;这时做出的错误推理,还感觉像是有效推理。不过,进一步的推理,往往能够纠正这些错误推理。推理错误并不要紧。要紧的是,推理本身,即便远离差错,是否只是一种主观现象(a merely subjective phenomenon)。

且让我稍作回顾。一开始我们在追问:我们的虚空感,是否可以当作宇宙在人类大脑产生的一种主观的不相干的结果(a merely subjective and irrelevant result)而加以打发。这一问题,我推迟回答,直至我们试图解答一个更大的问题。我进而追问,人类思考一般而论,是否可以当作跟真实宇宙无关的主观之事而加以打发。我现在断言,对于这个更大的问题,我已找到答案。答案就是,至少有一种思考——逻辑思考(logical thought)——不能看作是主观的(subjective),不能看作跟真实宇宙无关(irrelevant to the real universe)。因为除非思考是有效的,否则,我们没有理由相信真实宇宙。只有通过推理,我们才得到关于宇宙的知识。原以为与我们的思考并不相关的那个对象,恰好依赖于我们的思考的相关性(relevance)。一个宇宙,其唯一要求就是要我们信以为真,而这端赖推理的有效性(the validity of inference)。所以绝不能一开始就告诉我们,推理是无效的。那样的话就太有些荒诞不经。我的结论就是,逻辑因而是一种真实洞见,洞见到真实事物缘何必定存在(the way in which real things have to exist)。换言之,思维之法则(the laws of thought)也是事物之法则(the laws of things),是最遥远之时空里的事物之法则。①

在我看来,承认这一点完全不可避免,而且有着极为重要的结果。

首先,它排除了对思维(thinking)的唯物主义解释。我们被迫承认,身处人间的天文学家跟数光年以外的物质之间,具有我们称之为"真实"(truth)的那种特别关系。然而,

---

① 这是路易斯最为深刻的哲学思辨之一。关于此,详参路易斯的纯哲学著作《神迹:一个预备研究》(*Miracles:A Preliminary Study*)前六章,尤其是第三章。

假如我们试图让该关系，存在于星体上的物质和天文学家大脑里的物质之间，那么，该关系就毫无意义。无疑，大脑跟星体或许有形形色色的关系：空间关系，时间关系，数量关系。可是，说关于另外一点物质，这点物质说对了，这在我看来就是胡说八道。可以想见，这就无异于说，宇宙中的每个原子都会思考别的原子，而且还会正确思考。可是即便如此，任何两个原子之间的关系，必定就很不同于两者之间的物理关系。说思维不是物质的，我可不是提出，关于思维总有些神秘。某种意义上，思维是世间最简单明白之物（the simplest thing）。我们终日都在思考。跟我们对物质的知识相比，我们对思维要熟悉得多。思维是我们的起点，是简单、无间、直接的予料（the simple，intimate，immediate *datum*）；①物质则是推论出来的，是神秘（the mystery）。

　　其次，理解了逻辑必然有效，就意味着即刻明白：我们都熟悉的这件事，此思（this thought）、此心（this mind），事实上不可能跟宇宙本性异质（alien）。或者反过来说，宇宙

----

　　①　予料（datum），哲学术语，意指手头之事的某个不可否认的证据。拉丁文 datum 的字面义为"所予之物"故而哲学界通译为"予料"。详细解释见 459 页脚注。

之本性（the nature of the universe）不可能真的跟理性
（Reason）异质。我们发现，我们的逻辑所遵循的法则，物质
也总是遵循。当逻辑说某样事物必定如此，自然（Nature）
也一直同意。没人可以假定，这只能归因于巧合（happy
coincidence）。有一大批人认为，这归因于自然生产出心灵
（mind）这一事实。可是，既然认定自然本身没有心灵
（mindless），那么这一解释就等于啥都没说。作为一连串
无心之事（mindless events）的结果，是一码事；作为一种设
想（a kind of plan），或作为对这些无心之事所以发生的那
些法则的真实说明，则是另一码事。墨西哥湾流（the Gulf
Stream）产生出形形色色的结果，比如，爱尔兰的海洋气候。
但墨西哥湾流地图，却不是它产生的结果。逻辑，我们发觉
它在自己心中活动。但如果它其实是无心之自然的一个结
果（a result of mindless nature），那么，这个结果也就会跟墨
西哥湾流地图一样不可能。思考时逻辑迫使我们遵守的那
些法则，原本就是时空中任何必然发生的事件所遵循的法
则。谁认为这只是一个通常的结果（ordinary result）或可
能的结果（probable result），谁就没有真正明白。因为这就
好比在说，白菜，除了是植物学法则之结果而外，还给我们

上了一堂植物学课；或就好比在说，我掸出烟斗里的烟灰，烟灰自个排成一行文字："我是从烟斗里掸出来的灰。"假如不能以这种方式解释知识的有效性，假如有史以来不可能总是贯穿着巧合，那么，我们确实就应该在别处寻找真正的解释了。

这另一条解释，我想从尽可能广阔的角度（the broadest possible terms）来加以表述；但愿你不会想着我要勉为其难，试图证明更多的东西，或证明更确切的东西。或许，最安全的表述是：我们必须放弃谈论"人类理性"（human reason）。假如思考仅仅属人，假如它仅仅是一个特定物种的一个特征，那么，它就解释不了我们的知识。只要思考严格合乎理性（strictly rational），那么它必定不是我们的，而是宇宙的（cosmic）或超宇宙的（super-cosmic），虽然这听上去怪怪的。它必定不是关在我们头颅里的事情，而是已经在头颅"之外"了——在宇宙中，或在宇宙背后；要么跟物质之自然（material Nature）一样客观，要么比她还客观。除非我们的一切知识都是幻象（illusion），否则我们必须坚持认为，在思考中，我们就不是正在将合理性（rationality）读入一个非理性的宇宙，而是正在对浸透了宇宙的一种合理性做出应答。你可以通过形形色色的途径,来发展这一主张:要么发展为一种唯心论形而上学,要么发展为一种神学,一种有神论的、泛神论的或二元论的神学。今天晚上,我不打算去追踪这些可能的发展路向,更不打算去捍卫我自己所接受的那一个。我只是打算考虑,这一观念,即便袭取的最为一般的形式(in its most general form),会给虚空问题投下何等光亮。

乍一看,它投下的光亮很少很少。宇宙整体,就像我们已经观察到的那样,在任何意义上都没有表现出"善好",尽管有一些确实特别善好的细节——草莓,大海,日出,鸟鸣。可是这些善好(good),以量而论,太少也太小。跟茫茫空间相比,跟不适合人类栖居的物质的庞大体量相比,我们倒可以认为这些善好,是侥幸之偶然(lucky accidents)。我们或许因而下结论说,尽管终极实存是逻辑的(logical),但它一点都不在乎价值(value),或者说,无论如何都不在乎我们所承认的价值。因而,我们仍以虚空来指控终极实存(ultimate reality)。可是指控它,无论是什么指控,都有一个真正的难题。一项指控,总是蕴涵着一杆标尺。你说一个人是个糟糕的高尔夫球手,因为你知道柏忌分数。① 你说一个孩子算错了，因为你知道正确答案。
你说一个人残酷无情或游手好闲，因为你心中有杆仁慈或
勤勉的标尺。做出指控之时，你就不得不接受此标尺，承认
其有效。假如一开始就怀疑此标尺，你就自动怀疑了你的
指控的说服力。假如关于语法，你是个怀疑主义者，那么关
于你对语法的诅咒，你同样也必须是个怀疑主义者。假如
没有什么正确，那么作为推论，当然也就没有什么错误。这
就是我会称作英雄悲观主义（Heroic Pessimism）的东西所
要面对的意外障碍。我所谓的英雄悲观主义，指的就是你
从史文朋②、哈代以及雪莱的《被缚的普罗米修斯》中得来
的那种悲观主义。这种悲观主义，豪斯曼（Housman）一语
道尽：“什么样的畜生和流氓创造了世界。”③切莫以为，我
对这种诗歌没有同感。相反，有段时间，我曾经卖力地写这
种诗，而且单说数量，我还成功了。我写了一大堆。④　不

---

① 柏忌分数（Bogey），高尔夫球专门术语。

② 史文朋（Algernon Charles Swinburne, 1837—1909，亦译斯温伯
尔尼），英国诗人，文学评论家。

③ 原文是“Whatever brute and blackguard made the world”，语出豪
斯曼的《最后的诗》（*Last Poems*）第 9 首。

④ 指路易斯诗集《被缚的精灵》（*Spirits in Bondage*, 1919）中的许
多诗作。这是路易斯出版的第一本书，当时署名用的是笔名。

过,这里有个圈套。假如是畜生或流氓创造了这个世界,那么,他也创造了我们的心灵。假如他创造了我们的心灵,他也创造了我们心中的那杆标尺,我们藉以评断他为畜生或流氓。这样一个源于畜生或流氓的标尺,我们如何能够相信?假如我们摒斥他,那么,我们也应当摒斥他的所有作品;而他的作品之一恰好就是,我们藉以摒斥他的那杆道德标尺。假如我们接受此标尺,那么,我们的言下之意其实就是,他并不是畜生或流氓;假如我们摒斥此标尺,那么,我们也就抛弃了可以拿来给他定罪的唯一器具。英雄的反神论(heroic anti-theism),因而有个核心矛盾。即便是为了给宇宙定罪,你也必须在一个方面信靠宇宙。

我们的价值意识(sense of values)之遭遇,事实上,正是我们的逻辑之遭遇。假如价值,只是纯属人的价值感(a purely human sense of value),只是特定物种的生物副产品,跟实存不相关,那么,一旦认识到这一点,我们就无法继续以价值为依据,对事物本性展开我们所谓的严肃批评。我们为实现自己的价值观所作的努力,再也谈不上重要。一个人,假如他真的相信他对后代利益的关心,只不过是自己的非理性的主观趣味(irrational subjective taste),跟他喜欢煎饼或讨厌猪肉罐头在一个层次,那么,他就再也无法为后代利益作出牺牲。我深知,很多人的哲学虽包含着价值主观论,他们事实上却不时为正义事业和自由事业付出巨大努力。不过,这是因为他们忘记了自己的哲学。当他们真的着手工作,他们就认为正义真的是善——客观的义不容辞,不管是否有人喜欢;他们记起自己的相反的哲学信念,只是在回到讲堂的时候。我们感到宇宙之虚空,我们感到有义务让我们力所能及的部分不那么虚空——这两种感觉都蕴涵着一个信念:事实上宇宙根本不是虚空,价值的根基在于我们之外的实存(reality),浸透了宇宙的那个理性(the Reason)也是道德的(moral)。

当然,宇宙之价值(Its value)跟我们的价值大相径庭,这也不是没有可能。而且在某种意义上,必定如此。我所接受的那种对宇宙的解释,所呈现出来的宇宙之价值,在很多令人痛心的方面与我们的价值不同。然而还是有些严格限度,限制了我们承认此不同的范围。

让我们重新回到逻辑问题上来。我已经努力表明,假如你说逻辑推理原则上讲是无效的,那么你就陷入自相矛盾。另一方面,我们经常做出错误推理,这是再明显不过的事情:由于对相关事实之无知,由于心思涣散,由于所用符号系统之缺陷(语言符号或别的符号),由于无意识的愿望或恐惧的隐秘影响。这就促使我们,将对推理本身的坚定信念,跟对思想家心中的每一具体推理的健全怀疑,结合在一起。恰如我说过的那样,(严格说来)并无人类理性(*human* reason)这类东西,但是确实有人类思考(human thought)。换句话说,确实有着形形色色的人类特有的理性概念(conception of Reason)无法达到完全合乎理性(failures of complete rationality),因为它们起因于一颗既一厢情愿又懒散的人类心灵在利用着一个疲惫的人类大脑。体认到这一点,跟怀疑理性本身,是天壤之别。因为在一种情况下,我们应该说,实存(reality)跟理性相矛盾;而我们现在只说,总体理性(total Reason)——宇宙理性或超宇宙理性——纠正人类理性之缺憾。纠正,跟单纯的矛盾不同。当你的错误推理得到纠正,你就"明白了错误";正确推理于是就将你的思考原有的合理之处,融进自身。你不是进入一个全新世界;你只是将已少量拥有的东西变得更多,将夹杂着许多杂质的东西变得更纯。说理性是客观的(Reason is objective),就等于说,我们的一切错误推理,原则上都能为更多理性(more Reason)所纠正。我们不得不加上"原则上",当然是因为,为我们提供关于整个宇宙的绝对真理所必须的推理,过于复杂,人的心灵难以悉数掌握,甚至难保注意力集中。不过,这是人类官能(human instrument)之缺陷,不是理性之缺陷。一个算式,对于儿童的可怜的注意力而言,或许太长太复杂,但是,它跟儿童能算出来的简单算式,可不是截然不同的两码事。

在我看来,我们的价值意识(sense of values)与宇宙或超宇宙的理性所承认的价值,二者之关系极有可能就类似于,我们的逻辑努力跟逻辑本身的关系。我承认,可以想象得到有人会说,终极理性(ultimate Reason)根本不承认任何价值;不过这一理论,恰如我力图表明的那样,跟我们不断为自己的价值增添分量相龃龉。由于事实上任何人都想继续这样做,因而这一理论其实就不是一个生活选项(a live option)。然而,即便我们将某一价值意识归因于终极理性,我也不会就此认为,我们就能假定它全然不同于我们自己的价值意识。假如它就是截然不同,那么,我们自己的价值意识就不得不是仅仅属人的(merely human)了;由此会得出的结果,就跟我们承认至高心灵根本不承认任何价值所得出的结果，是一样的。说某心灵（a mind）所具有的某种价值意识，全然不同于我们唯一能够想见的那些价值，这的确就等于说，那颗心灵具有我们对之一无所知的东西：关于它，这也就几乎等于啥都没说。同样，假定我们的价值意识只是幻象，假定教育、理智（rationality）和启蒙（enlightenment）没有任何趋向将此幻象移出人的心灵，这也特别奇怪。既然论证到了这一地步，其实也就没有任何诱因，让人去从事这些确实无望的事。否认宇宙心灵（cosmic mind）或超宇宙心灵（super-cosmic mind）具有一种价值意识，乍一看是有理有据（the *prima facie* case）。然而，一旦明白我们还不得不将该否定归因于理性，该否定其实也就垮掉了。当我们被迫承认，理性不能仅仅属人（merely human），也就不再有任何强制诱因令我们说，美德纯粹属人（virtue is purely human）。假如智慧原来就是某种客观（objective）又外在（external）的东西，那么，善好（goodness）原来也是这样，这至少也在情理之中。不过这时同样合乎情理的是，让坚信善好的客观有效性跟大规模怀疑我们的特定道德判断，结合起来。说这些道德判断都需要修正，确实都等于说，虽然它们在一些地方错了，但是它们并不只是关于我们自身的主观事实——因为假如这样，那么启蒙就不是在修正它们，而是将它们尽数废弃。

　　诚然，是有一个耀眼的根据，据以否认在宇宙中有什么道德目的（moral purpose）在运行：那就是在对生命的一切无谓的残酷、明显的冷漠或敌对里面，宇宙所展现的实际事态（the actual course of events）。不过，恰如我所坚持的那样，这恰好是我们不能采用的根据。除非我们断定这一无谓和残酷是真正的恶，否则，我们当然无法以显示了浪费和残酷为由，谴责宇宙。除非我们将自己的善恶标尺原则上当作有效的（无论我们的特定运用多么容易出错），否则，我们称浪费和残酷为恶，就不会有任何意义。除非我们将自己的标尺当作不仅仅是我们自己的，而是我们正在应答的一项客观原则，否则，我们无法认为这杆标尺有效。一言以蔽之，除非我们容许终极实存（ultimate reality）就是道德的，否则我们无法对其作出道德谴责。我们越是严肃对待自己的虚空指控（charge of futility），我们就越是委身于这一言外之意：实存，说到头毕竟不是虚空。善良的无神论者，给表面上无情而又愚蠢的宇宙所抛来的轻蔑，其实是一种无意识的敬意，献给宇宙之内或宇宙之后的某样东西，这样东西他认为无比珍贵，具有无限权威。因为，假如仁慈和公义其实只是他的一己私念（private whims），没有任何客观的非关个人的根基，而且假如他意识到这一点，那么，他就无法继续愤激下去。他以漠视仁慈和公义为由控告天国本身（heaven itself），这一事实就意味着，在他心灵的某个层面，他知道仁慈和公义仍被供奉在某个更高的天国。

我无法也永远不会说服自己，说至高心灵（the supreme mind）讨厌这类轻蔑。跟佩利（Paley）的有神论相比，①雪莱的无神论中有某些东西，更为圣洁（holier）。这就是《约伯记》的教训。对于不公的苦难，这部诗没作任何解释，因为这不是此诗的关键所在。关键在于，一个人接受了我们平素的善恶标尺，并以此来强烈抨击神的公义，却得到了神的肯定（divine approval）；而那几个正统而又虔敬的人，企图捍卫神的公义，对这一标尺支支吾吾，从而受到谴责。显然，从我们对公义的残缺领会（imperfect apprehension of justice）前进到绝对公义（the absolute justice），不是

---

① 威廉·佩利（William Paley，1743—1805），英国牧师，以《自然神学》（*Natural Theology*，1802）一书对上帝存在所作的目的论证明而闻名。

通过将我们的残缺领会抛在一边,而是通过继续大胆运用它们。恰如学生学好数学,靠的不是扔掉乘法表,而是通过让它发挥出全部价值。

当然,将此事留在《约伯记》停下来的地方,没人会感到满意。可是,今晚我也就只能走这么远了。既然把握住了这一真相,即正是在我们对实存的谴责的核心,带有对同一实存的一种无意识的拥戴(an unconscious act of allegiance),拥戴它为我们的道德标尺的源泉,那么接下来,我们当然不得不追问,宇宙中的这一终极道德(ultimate morality)如何跟宇宙中的实际事态相调和。这其实跟我们在科学里碰见的问题,是一个种类。初次观察,现象纷乱复杂,仿佛全是异常,全是无章可循;但是在确信实存合乎逻辑之后,我们继续形成假说并验证假说,从而表明表面的无章可循其实根本不是没有规律。科学史,就是这一进程的历史。藉着与此相应的进程,我们承认实存说到底必定是道德的,我们试图解释恶,这就是神学史。现在,我并不打算进入神学探讨。诸位若有人想着继续探讨,我就冒昧提个建议。我想,为了节省时间,他可以仅仅关注两个体系:印度教和基督教。我相信,对于成人心灵而言,这是两个严肃选项（serious options）。唯物论，是小孩的哲学。像斯多葛学派和儒学之类的纯道德体系，则是贵族的哲学。伊斯兰教只是基督教的异端（a Christian heresy），佛教是印度教的异端（a Hindu heresy）：两者都是简化，都低于被简化者。至于古老的异教（old Pagan religions），我想我们能说，无论它们就价值说了什么，这些东西都要么存留在印度教中，要么存留在基督教中，要么存留在二者之中；而且只存留在那里：这两个体系仍然活着，一直传承至当前，又没有抛弃过去。

不过这一切，都是进一步考虑的事。今晚我的目标只是，推翻这一流行信念：实存跟我们的心灵全然异质。我对这一观点的反驳，只在于以这种形式重述它："我们的心灵跟实存全然异质。"这样一表述，就显出其自相矛盾来。因为，假如我们的心灵跟实存全然异质，那么，我们的所有思考，包括这一思考在内，就都毫无价值。于是，我们必须承认实存有逻辑（grant logic to the reality）；假如我们打算持有什么道德标尺，那么，我们也必须承认它也有道德标尺。关于美的标尺，其实也没有什么理由让我们不应这样做。我们对美丽景观的反应，没有理由不是我们对其实就在那里的某样东西的应答(response),无论我们人的应答多么迟钝多么偏颇。说宇宙全无心灵全无价值(wholly mindless and valueless)这一观点,一涉及逻辑这一点,就必须加以抛弃。此后,那就不知道在多少个别的点上,它会遭遇失败;也不知道对于我们的 19 世纪哲学的逆转,最终必定会有多么巨大。

6 大迷思之葬礼①

The Funeral of a Great Myth

总有一些错误，人类屡犯屡改，屡改屡犯，以至于如今实在是没了再犯的借口。其中之一就是，每个世代对前代之不公：譬如人文主义者（即便是托马斯·莫尔爵士这样杰出的人文主义者②）对中世纪哲学的那种无知的轻蔑，譬如浪漫主义者（即便是济慈这样杰出的浪漫主义者）对18世

---

① 本文首刊于瓦尔特·胡珀所编路易斯文集《基督教沉思》，写作年代未知。就文意而论，本文堪称《神学是诗?》(Is Theology Poetry，1944)一文之姊妹篇，二者想必年代相差不远。拙译路易斯《荣耀之重》收录后文。

② 托马斯·莫尔(Sir Thomas More，1478—1535)，《乌托邦》之作者。

纪诗歌的那种无知的轻蔑。每一次,这种"反动"及憎恨,都不得不接受惩罚,不得不收回成命;这类把戏,真是浪费。我们能否免于这种浪费,这至少值得一试。难道我们反驳前人时,就不应该既公正又知敬?

这就是本文无论如何都要尝试去做的一件事。我不但要为 19 世纪和 20 世纪初的那场大迷思(the great Myth)送葬,还要为它唱赞歌。我要宣读的,是篇祭文。

我所谓的"大迷思",是指我们正要考察的那段时期里的那幅实存图景(picture of reality)。它是由真正科学家的某些更惊人也(可以说)更畅销的理论所得出的想象结论,而不是其逻辑结论。我听说,该迷思被称为"威尔斯教"(Wellsianity)。这名称好就好在,它公平对待了一位富于想象的伟大作家(a great imaginative writer)的毕生贡献。①不过,这名称并不令人满意。我们将会看到,关于该迷思占据主宰地位的日期,它给了一个错误暗示;它还暗示,该迷思仅仅影响了"普通"心灵("middle-brow" mind)。而事实上,恰如暗藏在威尔斯作品背后那样,该迷思也暗藏在布瑞

---

① 指著名科幻小说家 H. G. 威尔斯(H. G. Wells,亦译韦尔斯,1866—1946)。

吉斯的《美之约书》①背后。它所主宰的心灵,其差距之大,由亚历山大教授②和华特·迪斯尼③就可见一斑。在政治学、社会学以及伦理学领域,几乎每一篇现代文章都隐含着这一迷思。

我之所以称其为"迷思",如前所说,因为它是人们含混称为"现代科学"的那个东西的想象产物(imaginative result),而不是其逻辑结论(logical result)。严格说来,我承认并无"现代科学"(modern science)这号东西,有的只是种种科学(particular sciences);它们都处于急剧变化之中,时不时还相互龃龉。该迷思所用的,只是挑拣出来的科学理论——出于想象及情感需要,先挑挑拣拣,再修修补补。民

---

① 《美之约书》(*The Testament of Beauty*,1929,亦译《美的证言》),是英国桂冠诗人罗伯特·布瑞吉斯(Robert Bridges)献给英国国王的诗集。

② 萨缪尔·亚历山大(Samuel Alexander,1859—1938),英国哲学家。路易斯在1947年1月4日写给 Ruth Pitter 的信中,曾分析亚历山大的两卷本名著《空间,时间和神》(*Space,Time and Deity*,1920)里的思想苗头:他所说"神",指的是"自然未来要成就的"。于他而言,神曾是无机时代的有机体,曾是志留纪的哺乳类,曾是猿猴中间的人,如则是超人。(By "Deity" he means "whatever Nature is going to do next." Deity *was* an organism in the pre-organic period,and *was* mammals in the saurian period,and *was* man among the apes and now is the super man.)

③ 华特·迪斯尼(Walt Disney,1901—1966,亦译沃尔特·迪斯尼),是美国著名动画大师,举世闻名的迪斯尼公司创始人。

间想象（folk imagination）天生就有一种嗜欲，追求令人侧目的统一（an impressive unity），鼓动的就是这种事。因而，它处理予料（data），[1]就有着极大的自由度——随心所欲地挑拣，忽略，删减，添加。

该迷思的核心观念，就是其信徒所谓的"进化"、"发展"或"层创"（Emergence）[2]，恰如阿多尼斯神话的核心观念就是死亡与重生。我可没有说，从业的生物学家所持的进化论（the doctrine of Evolution）就是迷思。后来的生物学家或许会揭示，进化论可不像50年前人们所期许的那样，是一个令人满意的假说。但它不至于成为一场迷思。它是一个名副其实的科学假说。我们必须明确区分，作为一种生物学理论的进化论与流行进化论或发展论。后者肯定是迷思。在刻画该迷思（这是我的主要任务）并致悼词之前，我们最好先弄清其迷思特征。

首先，我们拥有年代学证据。倘若流行进化论（popular Evolutionism）过去并不是一场迷思（它还想着自己现在也不是），而是科学理论给公众心灵带来的无可厚非的知性结论（the intellectually legitimate result），那么，它就应该兴

---

[1] 予料（data），哲学术语，详见459页脚注。
[2] 层创进化论的核心概念，详见368页注[1]。

起于该理论广为人知之后。最初应该只是极少数人知晓该理论，接着所有科学家都加以采纳，接着扩散至普通教育阶层，接着影响诗歌及艺术，最后才渗透到大众。可事实上，我们的发现却颇为不同。关于该迷思，最清楚亦最精致的诗体表述，早于《物种起源》的出版年份（1859），更是远远早于《物种起源》确立其科学正统地位。可以确定，在1859年以前的科学界，就有了该理论的一些迹象乃至胚芽。假如那些神话诗人（mythopoeic poets）终究受了这些胚芽的感染，那么他们必定是在特别晚近的时间才特别容易受此感染。然而差不多就在科学家发话之前，当然更在他们清楚说出之前，想象就已经使它呼之欲出了。

在英语世界，该迷思最为精致的表述，不是出自布瑞吉斯①，不是出自萧伯纳，不是出自威尔斯，也不是出自奥拉夫·斯塔普雷顿，②而是这段文字：

---

① 布瑞吉斯（Bridges，1844—1930），《美之约书》（*The Testament of Beauty*）之作者。

② 奥拉夫·斯塔普雷顿（Olaf Stapledon，1886—1950），英国作家，哲学家，其著作包括他所谓的"哲学类奇幻小说"（"fantastic fiction of a philosophic kind"）。他认定宗教或对不朽的信念毫无用处，从而提出一种"演进的上帝"（god-in-development）。

　　　　　因为天和地比之一度为首的

　　　　　混沌和空无的黑暗要美丽,美丽得多,

　　　　　因为我们在坚实美丽的形式和体态上,

　　　　　在意志上,在自由的举动,交友,

　　　　　和无数其他更纯粹的生命之标识上,

　　　　　显得胜过天和地;故而我们后边

　　　　　紧随着一个新起的完美,一个在美上

　　　　　更为强烈的神,由我们生下,在我们

　　　　　光荣地经过那个古老的黑暗时,

　　　　　注定要超过我们。①

　　《海披里安》中海神的这段劝导,差不多早了《物种起源》四十年。至于在大陆,我们则有《尼伯龙根的指环》。既然我不只是要埋葬这个逝去的时代,而且还要颂赞,那我就绝不会加入现今贬抑瓦格纳的那一伙。据我所知,他或许是个相当糟糕的人,或许还是个相当糟糕的音乐家(尽管我

------

　　① 语出济慈《海披里安》(*Hyperion*:*A Fragment*[1820],亦译《海璧朗》)卷二第 206—215 行,见朱维基译《济慈诗选》(上海译文出版社,1983)第 270 页。

永远不会相信）。但作为神话诗人（mythopoeic poet），他无
与伦比。进化迷思（the Evolutionary Myth）的悲剧，在他笔
下的沃坦身上，得到了再高贵不过的表现；进化迷思的迷人
之处，在齐格弗里德身上，其不可抗拒也登峰造极。① 由
1854 年他写给奥古斯特·罗克尔（August Rockel）的信中
就可以看到，他相当明白自己正在写什么："整部戏的进展
就表明，必须体认并服从实存（the Real）之变化、分化、多样
化及日新不已。沃坦情愿自己垮台，就升至悲剧顶巅。从
人类历史中，我们也不得不学着这样——情愿顺从必然，并
使之成为现实。"

　　假如真像萧伯纳自以为的那样，他的剧作《千岁人》
（*Back to Methuselah*）真是先知之作，真是开辟新迷思之统治
的先锋之作，那么，其喜剧主调及情感的不温不火就令人费解
了。剧本写得妙趣横生，因而也就不会开启新纪元。萧伯纳
处理该迷思之得心应手，就表明该迷思得到全面消化，已变得
成熟老到。萧伯纳是这一迷思学（mythology）的卢奇安②或

　　① 　齐格弗里德，瓦格纳歌剧《尼伯龙根的指环》中的英雄；沃坦，其
中的主神。
　　② 　卢奇安（Lucian，120—180，亦译琉善），古希腊作家。

斯诺里①，要找它的埃斯库罗斯或《老埃达》，你还必须返回济慈和瓦格纳。

　　流行进化论是一场迷思，这就是第一个证据。制造此迷思时，想象跑到了科学证据的前头。"苍茫乾坤的先知之魂"②已经孕育了该迷思：假如科学满足不了这一想象需要，科学也就不会如此流行。虽有一定限度，每个世代大概都得到了自己所渴望的科学。

　　其次，我们还有内部证据。流行进化论或发展论，其内容不同于真正生物学家所说的进化（Evolution）。对于生物学家，进化是个假说。比起当前市面上其他任何假说，它涵盖了更多事实，所以就要接受它，除非或直至某个新的提法，能够涵盖的事实比它还多，假设成分又更少。至少我想，这就是生物学家要说的话。说实话，沃森教授没想这么远。对他而言，进化"之所以为动物学家所接受，不是因为已观察到出现进化，也不是因为逻辑连贯的证据证明真有

―――――――――

　　①　斯诺里（Snorri，1178—1241），冰岛史学家和诗人，中世纪冰岛文学的重要人物，著有《新埃达》或《散文埃达》。
　　②　原文是：the prophetic soul of the big world. 语出莎士比亚《十四行诗集》第 107 首，拙译参辜正坤先生之译文。

进化一事，而是因为仅有的另一选项，创世论显然不可信"
（沃森，引自《十九世纪》1943 年 4 月号《科学与 B. B. C》一
文）①。这也就是说，相信进化的唯一根据，竟然不是经验
的（empirical），而是形而上学的（metaphysical）——竟然是
发觉"创世说"并不可信的一位业余形而上学家的教条。不
过我并不认为，进化论已经真的如此不堪。比起沃森教授，
绝大多数生物学家对于进化虽然有着更为强劲的信念，但
进化肯定是个假说（hypothesis）。而在那个迷思里，进化可
没有一点假说的意思；那是根本事实；或者更严格地说，在
迷思层面压根就没有事实与假说之分。于是就有了更为重
要的分歧。

在科学中，进化是一个关于"变化"的理论（a theory a-
bout *changes*）；在迷思中，进化则成了一桩关于"改进"的事
实（a fact about *improvements*）。因而，J. B. S. 霍尔丹教授
这样的真正科学家才不遗余力地指出，流行的进化观念偏
执地强调那些使得生物（依照人类标准）变得"更好"或更有
趣的变化。他接着说："我们因而就情愿将进步当作进化定

---

①　D. M. S. 沃森（1886—1973），1921—1951 年任英国伦敦大学学院
（University College，London）动物学和比较解剖学教授。

律。可实际上,进步只是例外;在进化过程中,每有一例进步,就有十例退步。"①而那个迷思,索性就将这十例退步直接删除。在大众心目中,"进化"一词就唤起了一幅事物"向前并向上"运动的画面,别无其他。大概已经有人预言过,事情必定如此。就在科学发话之前,神话想象(the mythical imagination)已经知道,它自己想要的是何种"进化"。它想要济慈及瓦格纳的那种进化:诸神取代了提坦,②年青、欢快、无忧无虑而又热情的齐格弗里德取代了操碎了心、顾虑重重又恪守协约的沃坦。假如科学所提供的例证,满足了这一需求,他们就急忙采纳;假如科学所提供的例证,挫败这一需求,他们就索性无视。

再说一遍,对科学家而言,进化只是个生物学理论。它关注的是这个星球上的有机生命,并试图解释该领域的某些变化。它从不作宇宙论断(cosmic statement),不作形而上论断,也不作末世论断(eschatological statement)。既然我们有着自己可以信赖的心灵,既然有机生

---

① 【原注】《达尔文主义在今日》(Darwinism Today),见《论可能世界》(*Possible Worlds*),第28页。

② 指希腊神话中奥林波斯诸神推翻提坦神的故事。

命已经存在,它就努力解释,比方说,某个曾有翅膀的物种怎么后来失去翅膀。它用环境的负面影响所引起的小变异,来解释这一现象。就其本质而论,它并不解释生命起源,不解释变异的起源,也不讨论理性的起源及其有效性。它或许也可以告诉你,理性如今在其中运作的大脑如何诞生,但那已经是另一个问题了。它更不会告诉你,宇宙整体如何兴起,是什么,或向哪里去。那个迷思则不知道这些缄默。它先将原本是演化论(a theory of change)的东西改变为一种进步论(a theory of improvement),进而又将此进步论弄成一种宇宙论(a *cosmic* theory)。不只地球生物,而且万物都"向前并向上"运动。本能"进化"出理性,情结进化出美德,叫春声响进化出诗歌,野蛮进化出文明,无机物进化出有机生命,乱成一锅粥或有似交通阻塞的恒星进化出太阳系。反过来,现今我们所知的理性、美德、艺术以及文明,只是遥远未来那些好得更多的事物的原始胚胎——那事物或许就是神祇(Deity itself)。因为在这个迷思里,"进化"(按照该迷思的理解)就是一切存在物的公式。生存意味着,从地位"几乎为零"向地位"近乎无限"开进。在由此迷思喂养长大的那些人的心目中，没有什么比混沌应会转变为秩序、死亡应会转变为生命、无知应会转变为知识更自然、更正常、更能说得通。至此，我们得到全面盛开的迷思。这可是人能想象得出的最为动人最令人满意的一部世界大戏。

一切序幕之中（这里别忘了《莱茵的黄金》）①，这出戏的序幕最为肃穆（austere）。无尽虚空，物质永无止息地盲目运动，以带来它所不知道的东西。接着，由于百万分之一又百万分之一的几率——多好的悲剧反讽啊——在某一时空点上，万事俱备，冒出一个小酵母来，我们称之为有机生命。起初，凡事仿佛都跟我们的戏剧的幼小主角作对；恰如在童话故事开头，凡事仿佛都跟小儿子或受虐待的继女作对。然而不知怎地，生命无往而不胜。受尽无数磨难（沃尔松格家族的哀伤不能与之相提并论），②越过几乎不可逾越的障碍，生命扩张、繁殖、修炼，从变形虫进化出爬行动物，

---

①　《莱茵的黄金》，瓦格纳的歌剧《尼伯龙根的指环》的前奏曲。

②　沃尔松格家族的哀伤（the Sorrows of the Volsungs），典出《沃尔松松格萨迦》（*Volsunga Saga*）及德国民间史诗《尼伯龙根之歌》（*Nibelungenlied*）。

再进化出哺乳动物。生命（这时迎来了第一个高潮），"青春
盎然，恣意妄为"。① 这是巨兽时代：恐龙在地面觅食，相互
吞噬，最终灭绝。接下来又重复了那古老而又难以抗拒的
小儿子主题及丑小鸭主题。恰如在强壮的巨兽中间，曾闪
现弱小的生命之火，这一次，又是出于百万分之一又百万分
之一的几率，又出现了一个小小的赤身裸体、战战兢兢、缩
手缩脚的两足动物，东躲西藏，还不会直立行走，前路茫茫。
在该迷思中，他的名字叫作"人"；而在别的戏剧中，他就会
是少年贝奥武甫，起初人们认为他是私生子；就会是毛头小
伙大卫，武器只是甩石的机弦，迎战全副武装的歌利亚；②
或者就是巨人捕手杰克，③甚至就是"小拇指"④。他兴旺
发达了。他杀死强敌。他成了穴居人（Cave Man），群居，
取火，围着敌人尸骨喃喃自语猜猜咆哮。基本上就是野兽，
却不知怎地有了能力，发明艺术、陶器、语言、武器、烹饪以

---

① 原文是：wantons as in her prime. 语出弥尔顿《失乐园》卷五第
295 行，拙译用刘捷先生之译文。

② 典出《撒母尔记上》大卫击杀非利士大将歌利亚的故事。

③ 典出英国童话故事《巨人捕手杰克》（*Jack the Giant-Killer*）。

④ 小拇指（Hop-o'-my-Thumb），典出法国童话故事《小拇指》。小
拇指是七兄弟中的老小，解救哥哥们逃离食人妖的魔掌。

至任何东西(在另一部故事里他名叫鲁滨逊·克鲁索)。他揪着尖叫的配偶的头发(我实在不明白为什么)。因妒火中烧将孩子们撕成碎片,直到有一天,有个孩子长大成人,又转过来把他撕成碎片。他照自己的形象创造了恐怖的诸神,匍匐在他们面前。

但这些都只是成长中的痛苦。在下一幕,他成为真正的人(true Man)。他学会了驾驭自然。科学登场,驱散了婴儿期的迷信。他越来越成为自己命运的主宰。匆匆穿过这一历史时期(其中向上向前运动的走向,虽然有点模糊,但是依照我们正在使用的时间标尺来度量,那算不上什么),跟着我们的英雄步入未来。且看他在这出神秘大戏的最后一幕,尽管不是最后一场。① 一个半神种族(a race of demigods)如今统治着这一星球(在有些版本里,统治着银河系)。优生学已经保证,只有半神才准予出生;精神分析已经保证,无人再会失去或弄脏自身之神性(divinity);经济学已经保证,半神们所需的一切,都将在他们手中。人已经登上王位。人已经变成上帝。一切都是无限

---

① 在一出戏里,一幕(act)可以有多场(scene)。

光明。现在，留心创神天才的最后一笔。因为大戏至此结束，就有点矫揉造作，甚至有点俗气。要是我们只看到这里，这故事就不波澜壮阔。所以在最好的版本里，最后一场则呼啦啦似大厦倾。阿瑟王死了，齐格弗里德死了，罗兰死在了龙塞斯瓦关口。暮色悄悄笼罩了诸神。这段时间，我们已经忘记了莫德雷德，①忘记了哈根，②忘记了加尼隆。③ 这段时间，自然这一古老敌人，看上去只是被征服，却在不断朽坏，不声不响，无休无止，非人力所能及。太阳将会冷却——一切恒星都会冷却——整个宇宙终将耗尽。生命（各种形式的生命）都将被逐出无尽空间里的每寸土地，没有希望重返。一切终将归于无有。"宇宙黑暗笼罩一切。"④真是忠实于伊丽莎白时代的悲剧样式，英雄缓慢攀至光辉顶巅，突然急转直下。我们离开剧场时，

---

① 莫德雷德(Mordred)，英国民族史诗《阿瑟王传奇》中的人物，阿瑟王的侄子，圆桌骑士，背叛并杀死阿瑟王。

② 哈根(Hagen)，德国民族史诗《尼伯龙根之歌》中的人物，杀死了齐格弗里德。

③ 加尼隆(Ganilon)，法国民族史诗《罗兰之歌》中的奸臣，串通阿拉伯王在龙塞斯瓦关口击败并杀死罗兰。

④ 原文为：Universal darkness covers all. 语出蒲伯（Alexander Pope，1688—1744）的讽刺长诗《愚人志》(*The Dunciad*)最后一行。

"激情全消融,回家乐天伦".① 而且它确实比伊丽莎白时代悲剧高出好多,因为它具有一个更完备的结局。它不是将我们带向一部故事之结局,而是带向全部故事之结局:"我看到了世界末日。"②

长大成人时,我就信了这一迷思。那时我就感受到——至今仍能感受到——其臻于极致的波澜壮阔(grandeur)。再不要说我们处在一个缺乏想象的世代了!古希腊人和北欧人,都没有创造出比这更精彩的故事。时至今日,在某些心境下,我差不多总会发现自己打心底期望这不是迷思,而是真理。可是,它怎会成为真理?

使它绝无可能成为真理的,不是这出大戏的这一场或那一场缺了一些证据,而是贯穿整部戏的致命的自相矛盾。若非大量吸收真正的科学,该迷思甚至都无法登场。真正的科学一刻都不能得到吸收,除非理性推理是有效的:因为每门科学都宣称,它从事实观察出发,从事一系列推理。只

---

① 原文为:in calm of mind, all passion spent. 语出弥尔顿的诗体悲剧《斗士参孙》最后一行,拙译用金发燊先生之译文。

② 原文是德文:enden sah' ich die Welt. 意为:I saw the world ending. 语出瓦格纳《尼伯龙根的指环》最初版本的最后一行。

有藉助这些推理，你才能得到你的星云、原生质、恐龙、亚人（sub-men）和穴人（cave-men）。除非你一开始就相信，即便是最遥远时空里的实存，也严格服从逻辑法则（the laws of logic），否则，你没有任何根据相信任何天文学、任何生物学、任何古生物学、任何考古学。要抵达真正科学家所持立场——这立场后来被迷思取代——你必须实打实地视理性为绝对（treat reason as an absolute）。可与此同时，迷思却请我相信，理性只是副产品（by-product），只是一个盲目进程在其漫无目的的生成变化中某个阶段的副产品，无法预见，偶然得之。迷思的内容因而就釜底抽薪，一下子将我可能相信此迷思为真的唯一理由给打消了。假如我自己的心灵只是非理性活动的一个副产品——假如我清楚得不能再清楚的推理，只是像我这样的造物在特定情况下注定会有的一种感觉——这时当我的心灵给我讲述进化，我怎能信它？他们确实说："我会证明，你所谓的证明，只是心灵习惯的结果；而心灵习惯，只是遗传的结果；遗传，只是生物化学之结果；生物化学，物理学之结果。"这就相当于说："我会证明，一切证明都是非理性的。"说得再简洁点："我会证明，根本没有证明。"一些受过科学教育的人，任凭你怎么努力去教,他都看不到这里的难题;这个事实就确证了我们的这一疑虑——这时我们或许触及了他们思维方式里的某个痼疾。而瞧见此难题的人,则必须将养育了我们绝大多数人的这个宇宙论,当作迷思加以摒斥。我不怀疑,其中嵌有许多真实的殊相(true particulars);但总体而论,它讲不通。无论宇宙的真实样貌到底为何,都不会是那个样子。

迄今为止,我说起这一迷思,好像它之所以要被埋葬,只因我相信它的统治已经结束;在某种意义上,我眼中最有活力的当代思潮,都远离了它。在普通百姓的心目中,物理学(最不容易沦为迷思的学科)①正在取代生物学,成为科学之典型。美国的"人文主义者",已对生成哲学(the whole philosophy of Becoming)形成有力挑战。神学之复兴,不可小觑。流行进化论在其中找到天然副本的那些浪漫诗歌及音乐,正在成为昨日黄花。不过,一场迷思不可能一日之内

---

①　路易斯在《无教条的宗教?》(Religion without Dogma?)一文中曾说,科学不同,对宗教之态度也不同:

数学家、天文学家和物理学家,经常是心怀宗教,甚至神秘(mystical);生物学家就不那么经常了;经济学家和心理学家则的确很少这样。仿佛是,他们的研究对象越接近人本身,其反宗教倾向就越强硬。(文见路易斯的神学暨伦理学文集 God in the Dock 第一编第 16 章)

死亡。可以想见，这一迷思虽被赶出文化界，却将长期掌控大众；甚至可以说，即便被大众抛弃，也将萦绕我们的语言数个世纪。谁愿意抨击，谁就必须记着鄙视它。它的流行，有许多深层原因。

　　该迷思的基本观点——弱小或混乱的事物，会自力更生，变得强大或有序——乍一看，或许特别怪异。我们从没见过，一堆碎石自己变成一座房子。可是这个怪异观念，却因尽人皆知的仿佛就是的两个例证，投了想象之所好。人人都看到，个体生命做到了这一点。橡子变成橡树，孑孓长成蚊蚋，蛋孵成鸡，而每一个人都曾是胚胎。第二个例证，在机器时代的民众心目中，分量极重。任何人都看到，在机器制造史上，真个发生了进化。我们都记得，当初的机车，比现在的小，也没有力量。这两个显见例证，就足以令想象信服，相信宇宙进化就是这世界上再自然不过的事情。这时，理性确实无法苟同想象。这两个显见例证，其实根本就算不上进化之例证。橡树是长自橡子，可是橡子却是从一棵橡树上掉落下来的。每个人都起始于卵子与精子之结合，可是，卵子和精子却来自两个发育成熟的人。现今的高速车头（express engine）是"火蒸机"的后代,①但"火蒸机"可不是源于某种更低级更小儿科的东西,而是源自不知比它成熟比它高级多少的某种东西——也即人的心灵,还有一个天才人物。现代艺术或许由蛮族艺术"发展"而来。可是第一幅画本身,却不是"进化"而来:它来自某样比自身无比伟大的东西,也即那人的心灵。此人因第一次看到,可以将平面上的印记弄得看上去像个动物或人,从而以令人目眩的天才,超出了在他身后的任何艺术家。假如追溯任何现存文明的开端,我们都会发现这些开端都既粗糙又野蛮,这或许没错;但是当你再去细看,通常就会发现,这些开端本身都来自某一更早文明的一些碎片。换言之,进化的这些显见例证或类似现象,虽深深印入民间想象,但其产生影响,靠的是将我们的注意力锁定在半截进程上。四下观看,我们看到的则是一个双重进程——完美之物"掉落"一颗不完美的种子,这种子反过来又臻于完美。仅仅注意该循环里记录在案的东西或该循环里的向上运动,我们仿佛就看见"进化"。我一点都不否认,这个星球上的有机生命或许有过"进化"。但是,假如我们打算通

---

① 火蒸机(Rocket),最先出现的蒸汽火车,详见 238 页注①。

过与我们所知的自然作类比来寻求指导，那么我们就有理由假定，这一进化过程只是一个大格局（a long pattern）的另一半，至于这个星球上生命的粗糙开端（crude beginning）本身，则是由一个完全的生命"掉落"下来的。这一类比，或许错误。或许，自然一度不是这样。或许，宇宙整体，跟落入我们观察的那些部分，大不相同。就算是如此吧，就算曾经有个死寂的宇宙，不知怎地还让自己有了生命，就算曾经有个绝对原初的野蛮状态，它抓住自己的肩带将自己提进文明——即便如此，我们也应该认识到这事不会再度发生，应该认识到要我们去相信的那个世界跟我们所经验的这个世界截然不同。换句话说，这一迷思的一切振振有词之处，都消失殆尽。之所以说消失殆尽，只是因为我们已经想到，它还会继续在想象面前振振有词。而弄出这一迷思的正是想象：从理性思考里，想象只拿取那些它发觉方便的东西。

该迷思的另一个力量来源，就是它具有心理学家所谓的"两面同值"（ambivalence）。它同时满足了心灵的两种相反倾向：诋毁倾向（the tendency to denigration）及恭维倾向（the tendency to flattery）。在此迷思中，每样事物都正在成为别的事物：每样事物在或早或迟的发展阶段都是别的事物——靠后的阶段总是更好的阶段。这就意味着，假如你感觉自己就像门肯①，你就可以"拆穿"（debunk）一切可敬之物，只要指出它们"无非"（merely）是不光彩之物的巧妙罗织（elaboration）。爱情"无非"是色欲的一种巧妙罗织，美德无非是本能的一种巧妙罗织，如此等等。另一方面，它也意味着，假如你感觉自己就是人们所说的"理想主义者"，你就可以认为一切下流之事（你自己身上的或你的党派里的或你的国家里的），"无非"是一切美好事物之雏形：罪恶只是美德之雏形，利己主义只是利他主义之雏形，多受一些教育，一切都会变好。

　　这一迷思也会抚慰我们孩提时代的老伤。用不着走弗洛伊德那么远②，我们蛮可以承认，每个人跟父亲及启蒙老师都有嫌隙。将我们养大成人，无论抚养得多么好，都免不了不愉快。因而，抛弃来自他们的老观念"得体"，转而支持新观念"进化"或"层创"，会多么愉快：感觉自己出身于他们中间，就像花朵生长自大地；如今则超越他们，就像济慈笔下的诸神超越了提坦。你于是就找到了一种宇宙论借口，

---

① 门肯（Henry Louis Mencken，1880—1956），美国作家，记者。
② 暗讽弗洛伊德所谓的"弑父情结"或俄狄浦斯情结。

藉以将父亲看作是老糊涂,将他要求我们感恩或尊敬,看作是一种不堪忍受的絮絮叨叨。"走开,老傻瓜,知道怎么铸造诺通剑的是我们。"①

这一迷思,也讨想给我们兜售物品的那些人之喜欢。在过去,一个人结婚时,就会打一辆家用马车,指望着能用一辈子。这种心思,很难对上现代工厂主的胃口。而流行进化论,正好对胃口。没有什么东西应该经久耐用。他们想让你拥有新车,新收音机,每年新出的每样新东西。新款,必定总是超过旧款。女士会喜欢最新时尚。因为这是进化,这是发展,这是宇宙自身正在走的路;而"销售阻力"就是罪,是冒犯了"生命冲动"(*elan vital*)这一圣灵(Holy Ghost)的罪。

最后,离开这一迷思,现代政治就绝无可能。它出现于革命时代(the Revolutionary period)。若非那个时代的政治理想,它永远不会深入人心。这就解释了,为什么这一迷思只关注霍尔丹所说的一例"进步",无视他所说的十例"退化"。假如将那十例退化记在心头,你就不可能看不到,社

---

① 典出《尼伯龙根的指环》第三部。

会中的任何变化,其破坏现有的自由和便利的可能性,至少跟增加新的自由和便利的可能性一样大;不可能看不到,倒退的危险至少跟前进的机会一样大;一个审慎的社会,在保护已有之物方面所花心力,必须至少跟花在改进方面的心力一样多。明白了这些大实话,无论对现代的政治左派还是右派,都是致命一击。该迷思却掩盖了这一知识。那些大党坚持这一迷思,有利可图。因而我们必须料到,在被逐出教育界之后,它还会长期活在流行出版物中(包括那些貌似漫画的出版物)。在俄罗斯,该迷思已被筑进国家宗教,还会存活数百年。因为:

> 它有好些伟大同盟,
>
> 它的盟友是宣传,党派声音,
>
> 胡说八道,还有愚顽之人心。①

　　不过,我可不想就此打住。这一迷思的盟友,虽然都声名欠佳,可是假如认为它再就别无盟友,那我们就大错特错

---

　　①　此段文字,路易斯戏仿华兹华斯的十四行诗"To Toussaint L'Ouverture"(1802)之结尾。

了。恰如我已经试图表明的那样，它还有一些杰出盟友。它迎合了我们身上一些无邪而又永久的需求，这些需求同样让"巨人捕手杰克"深入人心。想象所渴望的东西，它几乎悉数给予——反讽，英雄主义，浩渺（vastness），多样统一，还有悲剧结局。它迎合了我的每个部分，除了理性。我们中间感到该迷思已是死物一个的那些人，之所以万万不可犯错，试图以错误方式去"拆穿"它，原因就在于此。万万不可幻想，我们正在拯救现代世界脱离某种可憎而又干瘪的东西，脱离某种会饿死灵魂的东西。真相恰恰相反。我们的痛苦义务就是，将世界从一种魅惑（an enchantment）中唤醒。比起他们所设想的，真实宇宙大概在很多方面都更无诗意，肯定没那么有条不紊没那么统一。人在其中的角色，也少些英雄气。真正悬于人头顶的危险，或许就是一点都没有真正的悲剧庄严（true tragic dignity）。只有在万不得已之时，只有在一切小小诗意都被悉数放弃，在想象严格附从理智之后，我们才能够为打算从他们身上拿走的东西，提供些许补偿。这也就是我们为什么同时必须尊敬此迷思的原因。它（在一些层面）是一派胡言，但是，假如有人感受不到它的魅力以及所带来的激动，他就是个呆子。拿我自己来说,虽然我已不再相信,但我还要一直乐享它,就像乐享别的神话一样。我会把我的穴人,存放在我存放巴尔德尔、海伦和阿尔戈英雄的地方,就在那里时不时拜访一下他。

7　历史主义 [①]

（1950）

Historicism

他没有翅膀，必定是在梦里飞翔。

——柯勒律治

　　我将这样一种信念唤作"历史主义"：人藉着运用其自然禀赋（natural power），就能发现历史进程的一种内在意义（an inner meaning）。我之所以说"藉着运用其自然禀赋"，因为我并不打算论及这样一些人，他们自诩靠着神启

[①]　选自瓦尔特·胡珀所编路易斯文集《基督教沉思》，首刊于《月刊》（*The Months*）卷四（1950年10月）。

(divine revelation)就知晓整个历史的意义或某特定历史事件的意义。我所说的历史主义者请我接受他关于历史的内在意义的解说，理由就是他的学问和天分。假如他请我接受该解说的理由，只是该解说是在一次异象中显现给他的，那就成另一码事了。我对此无话可说。他的声称（其证据具有神圣及神迹的性质），不是我所能评断的。这并不意味着我正在划界，区分受默示的著述家和无默示的著述家（inspired and uninspired writers），并自个将其付诸应用。我不是要区分谁得了默示谁未得默示，而是要区分谁有此声称谁无此声称。对于前一区分，眼下我并不关心。

之所以说"内在意义"，因为我可不是将发现无论何种历史"意义"的那些人，都归为历史主义者。在我的术语表里，在诸多历史事件中找到因果联系，就是史学家的事，而不是历史主义者的事。一名史学家（historian），无需成为一个历史主义者（Historicist），也可以从已知事件，推断出未知事件。他甚至可以从过去的事件，推断未来的事件；预测或许是蠢事一桩，但它不是历史主义。他可以在想象地重建过去的意义上去"解释"过去，让我们（尽可能）感到，一个 12 世纪的农奴或一位罗马骑士，会是什么样子，到底"意味着"什么。这一切之所以就是史学家的份内事,是因为在这些活动中,其结论跟前提一样,都是历史的(historical)。而历史主义者的标志则是,他试图从历史的前提(historical premises),得出超出历史的结论:形而上学结论,神学结论或(容我造个词)反神学结论。史学家和历史主义者,或许都会说某事"必然"发生。不过,出自真正史学家之口的"必然",只诉诸一种"认知根据"(ratio cognoscendi):由于 A 发生了,此前"必定"发生了 B;如果私生子威廉来到英国,①他"必然"漂洋过海。而出于历史主义者之口的"必然",则有着颇为不同的含义。它或许是说,事情结果之所以如此,乃是因为事情的背后有某种终极的、超验的必然性。当卡莱尔说历史就是一部"启示录",他就是个历史主义者;当诺瓦利斯称历史为"一部福音",他是历史主义者;当黑格尔在历史中看到绝对精神渐进的自我显现,他是历史主义者。当一名村妇说,她那邪恶公父中风瘫痪就是"对他的审判",她就是个历史主义者。当进化论不再只是生物学领域的一个理论,而是成为解释总体历史进程的一项原则,它就是历

---

① 私生子威廉(William the Bastard),第一位诺曼血统的英格兰国王威廉的"诨名",亦称"征服者威廉"。

史主义的一种形式。济慈的《海披里安》，是一部历史主义史诗，其中海神之劝导：

> 因为美丽是第一权力也该第一，
>
> 那是永恒的规律。①

就是你能指望找到的历史主义的最佳标本。

本文意在指出，历史主义是一个幻象（illusion），而历史主义者在最好情况下也是在浪费时间。但愿我已经说清，批评历史主义者之时，我一点都没批评史学家。理论上讲，史学家跟历史主义者是同一个人，也不是没有可能。可事实上，这两个角色，很少合在一起。成为历史主义者的，通常都是神学家、哲学家及政治家。

历史主义存在于多个层面。最低级的历史主义，就是我方才提到的那种：认为我们的灾祸（通常都是邻人的灾

---

① 原文为：'Tis the eternal law / That first in beauty should be first in might. 语出济慈《海披里安》（*Hyperion：A Fragment*［1820］，亦译《海壁朗》）卷二第 228—229 行，见朱维基译《济慈诗选》（上海译文出版社，1983）第 271 页。

祸)都是"审判"（judgements），审判在这里的意思是神的咒诅或天谴。有时候，这种历史主义企图诉诸旧约的权威来寻求支持。一些人说起话来，仿佛希伯来先知的独特标记就是用这种方式解说历史。对此，我有两点答复。其一，圣经是作为神所默示的书，来我面前的。我不准备跟先知较短论长。可是假如真有人认为，正因上帝喜欢向某些受拣选的人，将某些灾祸显明为"审判"，所以他就有资格以相同方式概括并解读一切灾祸——那我就要指出，这推不出来。当然啦，除非这人自称是个先知；这时，我就必须将他的声称交给更有能力的裁判了。其二，我们必须坚持，对历史的这号解说不是古犹太教的特征，既非其独特之处，亦非其可贵之处。相反，这恰恰是它跟流行的异教信仰的共同之处。将祸灾归咎于触犯神，进而找出触犯者并惩罚触犯者，在这世界上是再自然不过的事情，因而也是世界通用的办法。《伊利亚特》卷一里的瘟疫，还有《俄狄浦斯王》开篇的瘟疫，就是马上能想到的例子。圣经的独特之处及可贵之处就在于，神让这种天真的自发的历史主义所领受的，是一连串的断然回绝；这些回绝，就体现在犹太人的整个历史进程中，在《约伯记》里，在《以赛亚书》里"受苦的仆人"身上（《以赛亚书》第 53 章),在我们的主就西罗亚灾难所作回答中(《路加福音》十三章 4 节),在生来瞎眼的人身上(《约翰福音》九章 13 节)。即便这种历史主义活了下来,那也是虽有基督教它还是活了下来。它以朦胧的形式,定能存活下来。一些总体上当得起史学家之名的人受了蒙骗,写起东西来,仿佛一切胜与败不知怎地都是善恶报应(deserve to do so)。我们必须警惕"历史的审判"(the judgement of history)这类短语的情感意味。它可能诱使我们,陷入一切庸俗错误中最庸俗的错误:将大丈夫世代斥为娼妓的历史,奉为女神,拜偶像。这会令我们沉沦,低于基督教,甚至低于最好的异教。维京人和斯多葛派,也不至于蠢到如此地步。

不过,更精巧更文雅(cultivated)的历史主义,如今仍在声称,他们的观点跟基督教才是意气相投。恰如保罗·亨利神父(Fr Paul Henri)最近在牛津大学的德内克讲座(Deneke lecture)上指出的那样,如今司空见惯的是,说犹太教和基督教思想跟异教思想和泛神论思想的区别恰恰就在于它们为历史所赋予的意义。人们说,对泛神论者而言,时间里的一切都只是幻象(illusion);历史就是一场梦,而拯救在于醒觉。他们说,对于希腊人,历史变动不居,或充其量是个循环；意义不能在变化（Becoming）里寻找，而要在存有（Being）里寻找。另一方面，就基督教而言，历史则是一部故事，有着明确情节，围绕着创世、堕落、救赎和审判展开。它的确是神启之集大成，是包含了其他一切神启的神启。

我们并不否认，对基督徒而言，历史在某种意义上必定就是这样。至于在何种意义上，我后面再做解释。目前我则认为，通常以犹太教或基督教思想为一方，以异教或泛神论思想为另一方，所作的对比多多少少是一种错觉。很明显，历史主义在现代世界，在黑格尔那里有其泛神论祖先，在马克思那里有其唯物论后裔。跟在我们手中相比，历史主义在敌方手中目前已被证明是一种强大武器。即便打算推荐基督教历史主义作为护教武器，推荐理由也最好就是"即便他是敌人，也应该向他学习"①，而不是基于任何想当然的内在气脉相通。回望过去，我们就会发现，这一对比适用于希腊人与基督徒，却不适用于基督徒与别的种种异教。比如说，跟荷马史诗不同，北欧神话里的神祇扎根于历史进

---

① 原文为拉丁文：*fas est et ab hoste doceri*. 语出奥维德《变形记》卷四第428行，拙译用杨周翰先生之译文。

程之中。活在诸神黄昏的阴影之下,他们惦记的就是时间。奥丁,差不多就是一位焦虑之神;就此而言,瓦格纳笔下的沃坦出奇地忠于《埃达》原本。在北欧神学里,宇宙历史既不是一个循环(a cycle),也不是一条河流(a flux);那是一部不可逆转的悲剧史诗(tragic epic),朝着死亡迈进,直至预示着末日之战的号角吹响。即便我们以可能受了基督教影响为由,将北欧泛神论排除在外,我们对罗马人又该当何说? 很明显,他们看待历史,不是像希腊人那样不动心(in-difference),那样只怀有科学的或逸闻的兴趣。他们看上去,就像一个历史主义的民族。我曾在别处指出,维吉尔之前的罗马史诗大概都是诗体编年史;①其主题也总是一个——罗马之诞生。维吉尔所做的事情就是,靠着他的象征构架(symbolical structure),给了这一恒久主题一个新的统一(a new unity)。尽管袭取的是神话形式,《埃涅阿斯纪》呈现的却恰恰是一种历史解读(a reading of history),试图表明尤比特的命令在安排着些什么。所有事情,都与作为个人英雄的埃涅阿斯无关,只与作为罗马始皇的埃涅阿

---

① 那一章名为"维吉尔与二级史诗之题材",见《失乐园序》(牛津,1942)第 32 页往后。拙译该书,华东师范大学出版社即出。

斯有关。这一点，也差不多只有这一点，才使得他逃出特洛伊城、跟狄多相爱、下到冥府以及打败图尔努斯有了意义（significance）。"建成罗马民族是何等的艰难啊"①——对于维吉尔，整部历史就是一次大分娩。正是由此异教源头，有一种历史主义下传给但丁。《论世界帝国》（De Monarchia）的历史主义，尽管娴熟地接入犹太教基督教框架，当然也是真诚地，但总体上却秉承了罗马人和维吉尔。圣奥古斯丁，确实也可以正确地形容为一名基督教历史主义者。但人们总是记不起来，他成为一名基督教历史主义者，是为了拒斥异教历史主义。《上帝之城》要应对的是这样一些人，他们将罗马之覆亡追溯至被黜众神之愤怒。我可没暗示说这事跟圣奥古斯丁不相宜，也没暗示说他的历史主义只是"对人不对事"（argumentum ad hominem）。不过，将他身上敌方事实上已经给他选好的一块地盘，看作是独属基督教的领地，则实属荒唐。

因而，一些人在基督教与历史主义之间所看到的紧密关联，在我看来，很大程度上都是幻象。从上文的考察来

---

① 语出维吉尔《埃涅阿斯纪》卷一第 33 行，拙译用杨周翰先生之译文。

看,找不到支持这一观点的显见证据。我们这就盘查这一观点本身。

基于基督教的前提(on Christian premises),表面上似乎就是历史主义立场的是这一点:由于一切事物,其发生要么由于上帝的意志,要么至少由于上帝的准许,因而推论就是,时间的全部内容(the total content of time),依其本性,都是上帝的智慧、公义及仁慈的显现。在这个方向上,我可以跟卡莱尔、诺瓦利斯或其他人走得一样远。历史,在此意义上,就是永远的福音,就是上帝之手写就的一部故事。假如由于一次神迹,时间的全部内容在我面前一览无余;假如藉着另一次神迹,我的心灵能够悉数把握这无尽事件;假如由于第三次神迹,上帝喜悦对这一切加以评说,因而我也就能理解这一切——那么说实话,历史主义者自诩在做的那些事情,我也能做。我能读出其意义(the meaning),能看出其模式(the pattern)。是啊,假如天塌了,我们也就能逮着云雀。① 然而,问题并不是在从未赐予我们的条件下我们能做什么,甚至也不是在祖国曾许诺(我记得有这样的

---

① 化用英国谚语"天塌正好抓云雀"。

事)给我们的条件下我们能做什么,而是在如今的真实条件下我们能做什么。说历史就是上帝之手写就的一部故事,我不会与之争辩。可是,我们有文本么?(假如尘世从未见过一本圣经,却去讨论圣经是神的默示,这工作会无聊透顶。)

我们必须提醒自己,"历史"一词具有多重意涵。它或是指时间的全部内容:过去,现在,未来。或仅仅是指,过去的内容,但却是过去的全部内容,是如其本然的包罗万象的过去。其三,它或是指由现存证据所发现的那些过去。其四,它或是指由史学家辛勤发掘的过去,这发掘工作堪称"筚路蓝缕",因为公众从未听说过这些从事实际发掘的史学开拓者。其五,它或是指大史学家整理已发现的事实,所整理出来的那个部分或那个版本。(这或许是最通行的含义:"历史"通常是指你读吉本、蒙森或三一学院院长时所读到的东西。)①其六,他或是指受过普通教育的人的心目中,

---

① 吉本(Edward Gibbon,1737—1794),英国史学家,《罗马帝国衰亡史》之作者;蒙森(Theodor Mommsen,1817—1903),德国史学家,《罗马史》之作者;三一学院院长指英国史学家特里威廉(George Macaulay Trevelyan,1876—1962),1940—1951年任剑桥大学三一学院院长,《英国史》(1926)及《英国社会史》(1944)之作者。

朦胧飘荡的关于过去的模模糊糊的复合画面。

当人们说,"历史"是一部启示或具有一种意义时,他们所用"历史"一词是这六种意涵中的哪一种? 他们恐怕事实上经常就是在第六种意涵里思考历史;既然如此,他们谈论启示或意义,就肯定极端令人难以置信。因为第六义的"历史",是影子大地(the land of shadows),是"原始人"、"文艺复兴"或"古希腊罗马"之类魅影的大本营。无怪乎长期盯着它看的那些人,会看到模式(patterns)。在焰火中,我们瞧见了画面。对象越是漂浮不定,就越能刺激我们的神话机能或"融合"机能(mythopoeic or "esemplastic" faculties)。裸眼观月,月有颜容;用望远镜,颜容消失。同理,从(第六义的)"历史"觉察到的意义或模式,当我们转向更高意涵中的任何一个,就会消失。对于我们任何人而言,在学得最少的时期,那些意义或模式就越清晰。至于区分过"历史"一词不同意涵的那些人,没有哪个会继续认为,(第六义的)历史就是一部福音或一个神启。那只是一种视觉效果(an effect of perspective)。

另一方面,我们承认,(第一义的)历史就是出自上帝之手的一部故事。很不幸,我们没有弄到这部书。于是乎,躬行的历史主义者(practising historicist)的声称,能否站得住脚,就端看他是否成功表明,中间某个意义上的历史——第一义够不着,第六义对他无用——足够接近第一义的历史,从而共享其启示性质。

我们这就退而求其次,看第二义的历史:过去的全部内容,是如其本然的包罗万象的过去。这能救得了历史主义者,假如我们有理由相信两样事情:其一,对未来的可怕省略,并没有遮蔽这部故事的要点或意义;其二,直至目前,我们确实掌握了历史(第二义的)。然而,我们能够相信其中哪个?

假如直至历史主义者写作的那一刻,时间的内容碰巧包含了他为了得出总体历史意义(the significance of total history)所需要的一切,那么,这肯定是世界上最为幸运的事情之一了。我们坐车,背对着车头。对已经到了行程的哪一阶段,我们毫无概念。我们是在第一幕,还是第五幕?我们当前的疾病,是幼稚病,还是衰老病? 的确,假如历史是个循环,我们或许还可以由所见到的碎片,斗胆猜测一下历史的意义。可是接着就有人告诉我们,历史主义者恰恰是并不认为历史只是循环的那些人。对他们而言,历史就是一部故事,有开头,有正义,有结尾。而故事之为故事,恰恰就是只有读完全部,才有可能理解的那种东西。即便有些故事(拙劣故事),其最后的章节无关紧要,因而其意味不是包含在整体之中,但你至少还是无法说出任何给定的故事是否属于这一类,除非你至少从头到尾通读一遍。后来重读时,你才可以略而不读结尾章节里的败笔。我如今就一直略而不读《战争与和平》的最后一卷。可是,我们读历史还没读到结局。结局那里或许没有败笔。假如历史就是上帝之手写就的一部故事,结局里更不可能有败笔;假如历史不是上帝之手写就,我们又如何能够认为,自己已经看到了"关键"? 无疑,即便是现在,我们也能就这部故事说些什么。我们可以说,这是一部扣人心弦的故事,或一部热闹的故事(crowded story),或一部有着幽默人物的故事。然而,有一件事我们一定不能说:它的意义何在,或它的整体模式是什么。

虽然我否定,但我们就姑且假定,从残缺文本中还是有可能看到整体意味(significance)。这时,仍有待追问,我们是否有此残缺文本。我们是否掌握迄今为止的时间的全部内容,如其本然,包罗万象? 显然,答案是否定的。过去,根据定义,不是当前。我正在力图申明的这一点,往往被一句有口无心的坦白偷偷打发:"当然啦,我们毕竟不是无所不知。"因而我常常感到绝望,绝望于是否能让这一点深入人心。问题并不在于,不可能无所不知;而是在于,(至少就数量而论)所知近于一无所知。在自己的生活中,我们每个人都发现,时间中的每一刻都是满满当当的。每一秒,你都在受感觉、情感和思考的轰炸。这些感觉、情感和思考,因为数众多而无法悉数留意,必须索性置之不理的十有八九。生活时间的每一秒,所包含的内容都无可胜记。过去时间的每一秒,跟每个人都活过的那一秒一样。过去(我投历史主义者之所好,假定我们只需要考虑人类过去)究其实,就是数以百万又百万的这等时刻所构成的洪流:其总数超乎想象,其中任何一个时刻都复杂得无法整体把握。到目前为止,这一纷纭挥霍的现实(this teeming reality)的绝大部分,都甫一出现就淡出人类意识之外。关于自己过去二十四小时里的生活,在这一刻,我们没人能够给出一个完整说明。我们已经忘记;即便我们记得,我们也没有时间。新的时刻又加在我们头上。时钟每响一下,在世界上的每一块无人区,"历史"的难以想象的丰富及多样都从这个世界上消逝，跌入彻底遗忘(total oblivion)。在"过去的实况"①里的绝大多数经验，都被主体本人实时遗忘。他记住的那一点点(而且还记不准)，会交流给别人的又只有一点点，即便是他最最亲近的人；关于交流给别人的这一点点，付诸记载的又只有一点点；记载的这一点点，又只有一点点传诸后世。"过去的事情传到我耳朵里已经只象一丝微风了。"②一旦我们认识到"过去的实况"意味着什么，我们就必须坦然承认，(第二义的)历史的绝大部分——以至于全部——我们都一无所知，而且仍将一无所知。即便我们全然知晓，也是全然无法驾驭。知晓拿破仑的生活里一分钟的方方面面，总得用上你自己生活里整整一分钟吧。这个时间，你花

---

① 原文是"*the past as it really was*"，语出德国史学家兰克(Leopold von Ranke，1795—1886)的著名断言：史家的任务"不是论断过去，只是显示过去的实况"(not to judge the past，but merely to show how it really was)。

② 原文为拉丁文：*Ad nos vix tenuis famae pelabitur aura.* 意为"A mere breath of their fame reaches us."语出维吉尔《埃涅阿斯纪》卷七第646行，更长一点的引文是：各位司艺女神，现在你们该把赫里康的大门打开了，启发我去歌唱：哪些国王发愤要参加战斗，跟随各位国王涌向战场的都有哪些队伍，当年意大利肥沃的土地上的花朵都是些什么人，有哪些武器可以代表意大利的炽热的精神。你们是神，你们记得，你们能够讲出来，至于我，过去的事情传到我耳朵里已经只象一丝微风了。(杨周翰译，人民文学出版社，1984，第187—188页)

不起。

这些相当明显的反思,或许难不倒历史主义者。因为他会回答说:"当然啦,我承认我们不知道而且无法知道(其实,是不想知道)一切鸡毛蒜皮子事。这号事充斥着过去,一如充斥着现在:吻,蹙眉,挠痒痒,吸鼻子,打嗝,咳嗽。可是,我们知道那些重要事实。"对于史学家而言,这是个响当当的答复;不过对于历史主义者,我清楚不是这样。你会留意到,我们已经远远离开了第一义的历史——上帝之手写就的整个故事。一开始,我们就不得不放弃这部故事里那些仍在未来的部分。如今则好像是,我们甚至都没有得到我们称之为"过去"的那些部分的文本。我们只有一些节选;而这些节选,就数量而论,跟原始文本比起来,就跟一个词和大英博物馆的所有藏书比起来差不多。这就要我们相信,从这等规模的节选出发,人(在没有得到神启的情况下)就能得出原始文本的原意、构思或意图。这要变得可信,除非可以表明,这些节选在质的方面,弥补了量的不足。假如能弥补此不足,那么其质量就不得不出奇地好。

"过去那些重要部分都留下来了。"假如一位史学家这么说(我并不肯定绝大多数史学家会这么说),他用"重要"

一词指的是，跟他所从事的特定研究的相关性。因而，假如他是个经济史学家，经济事实对他就重要；假如他是个军事史学家，重要的就是军事事实。而且他不会开始他的研究，除非他有理由认为，存在着相关证据。对他而言，"重要"事实通常都留下来了，因为他从事研究，端赖有可能会拥有他所谓的重要事实。有时候他会发觉自己打错了算盘。他承认失败，然后尝试新的课题。所有这一切，都是水到渠成。而历史主义者，却处于不同立场。当他说"重要事实全都留下来了"，他用"重要"一词必定是指（假如他为此还会说点什么的话），显示了历史的内在意义的东西。对一位黑格尔式的历史主义者而言，过去的那些重要部分，就是绝对精神在其中渐次自我显现的那些部分；对一位基督教历史主义者而言，就是显现了神意的那部分。

　　在这一断言中，我看到了两个困难。其一是逻辑的。倘若历史真如历史主义者所言，就是绝对精神的自我显现，就是上帝之手写就的一部故事，就是囊括了其他一切启示的启示，那么可以确定，他必须走到历史本身那里，让历史教他什么才是重要的。他事先如何知晓，哪一类事件就级别高于其他种类事件，就是绝对精神的自我显现？假如他并不知晓,他又如何能够保证,它就是想方设法(多么顺呐!)得到记载的那类事件?

要是我们稍想一下,过去的一个事实藉以抵达后代或没能抵达后代的那个过程,第二个困难就显而易见了。史前陶罐留下来了,因为陶器虽易碎,但却难以毁灭;史前诗歌消失了,因为语词没有付诸书写,就会随风而去。这下是否就有理由得出结论说,史前并无诗歌,或者照历史主义者的标准,诗歌没有陶器重要?这下是否就发现了一条规律,重要手稿都留了下来,而不重要的都消失了?当你翻开一个老抽屉(比如说,你父亲的房子塌了),你难道没觉着奇怪,无足轻重的文件倒是留了下来,而人人都认为值得保存的文件却消失不见?我想,真正的史学家都愿意承认,他赖以工作的过去之遗存,更像是一个老抽屉,而不像是某长篇巨著的点睛之笔(intelligent epitome)。存留或消逝的绝大多数东西,都是因偶然机缘而存留或消逝;换句话说,这一结果的那些原因,跟史学家或历史主义者的兴趣没有丁点关系。命令这些机缘,让存留下来的一直恰好就是历史主义者所需要的,这对于上帝无疑是可能的。不过我可没看到证据,表明祂这样做了;我记得,祂没应许自己会这么做。

史学家所说的"文献"（the "literary" source），无疑记载了作者当初出于某种理由认为重要的东西。可是这一点也用处不大，除非那些作者跟上帝持有同一标尺。这仿佛不大可能。那些作者的标尺，彼此不一，也跟我们的不一样。他们经常告诉我们的，是我们并不很想知道的东西；而我们认为是本质所系的东西，他们则略而不谈。个中原由，不难瞧见。他们的重要标尺，根据其历史情境可以得到解释。我们的标尺，毫无疑问也可以。历史重要性之标尺，本身就镶嵌在历史之中。这样说来，我们藉助哪个标尺来判定，高调的黑格尔的意义上的"重要"事实是否已经存留下来？撇开基督信仰不谈，我们是否敢保证，我们认为意义重大的历史事件，就是跟假如上帝向我们展现全部文本、意在让我们评头论足时所发现的意义重大，恰好重合？成吉思汗为什么就应当比他的受害者的忍耐和绝望重要？我们认为举足轻重的人物，如伟大学者、军人及政治家，难道不会证明原来其主要的重要性就在于，引发我们从未听说过的一些个体身上的灵魂状态（state of souls）？我的意思，当然不是说我们所称的伟大人物本身就不是基督为之而死的不朽灵魂；我只是说，在历史情节的整体之中，他们或许是小人物。

假如从未通看整部戏，只听说过已经上演的几幕的零星片断，那么，时不时将穿金戴银的跑龙套的当作主人公，也就不足为奇了。

　　根据我们手头这份偶然的小小的遗存就去扮演历史主义者，在我看来就是浪费时间。对于历史哲学这门学科，我们有死之人都缺乏必要的予料（necessary data）。不是说历史主义企图总是浪费时间，它或许还会为虎作伥。它鼓励墨索里尼说，"历史令他如鲠在喉"，而事实上让他如鲠在喉的是欲望。胡言乱语什么高等种族或内在辩证，或许会被用来放开残酷及贪婪的手脚，平抚其良心。如今有哪位骗子或叛徒，在招募走狗或为自己壮胆时不会打包票说，他的规划不可避免，"注定实现"，就在世界已经前进的方向上？

　　在闲谈中，当我就此论题力图为自己辩解时，时常遭遇这一反问："史学家也不知道全部，那么你会不会反对他们努力理解所知之事的尝试？"然而这在我看来，没问到点子上。我已经解释了，在什么意义上，史学家应该尝试去理解过去。他们可以从已知事件推断未知事件，可以重构，甚至可以预测（假如他们坚持如此的话）。关于历史，他们事实上可以给我讲说任何事情，只要他们喜欢，除了历史的元历史意义（metahistorical meaning）。理由明白得不能再明白。在一些探索里，残缺不全的证据值得一用。我们或许得不出确定性（certainty），但我们还能得出或然性（probability）；有半叶面包片，总是强于没面包。可是在另一些探索里面，证据残缺不全，就等于没有证据。对于一个笑话，其余都听了但就是没听最后六个字，这就使得你在评断其"包袱"时，跟一字未听的人处于同一境地。在我看来，史学家所从事的探索是第一种，而历史主义者所从事的是第二种。不过，且让我们做一个更切近的类比。

设想有一部失传的希腊剧本，流传下来的残篇只有六行。当然啦，这些残片留存在语法著作里，语法学家引用它们，来演示罕见的音变（inflexion）。这也就是说，它们遗留下来，不是因为关乎戏之为戏的重要，而是因为某些人出于某种理由认为它们重要。即便其中一行就具有戏剧的重要性，那也是幸运巧合，而我们也全然不知会是哪一行。恰如我从未谴责古典学者，说他们除了弄出残篇的文本，再啥也没干；我也没有谴责史学家，说他们只是个年表编者。就让古典学者修补残篇，从中得出他所能得出的关于希腊语言、格律或宗教的任何结论。不过，切莫让他来给我们谈这部戏作为戏剧的意味深长（significance）。对此目标，他眼前证据的价值，就等于零。

残缺文本的例子，也可以换个法子运用一下。姑且假定有一部损毁的手稿，其中只有少数篇章尚可辨识。这些我们仍旧能读的部分，对于极有可能一以贯之以至于遍布全体的那些特征而言，如拼写或书法，或许就是大致不差的证据。基于这些证据，一个古文字学家，犯不着斗胆，就可以推断抄写员的性格和国别。一个文学批评家，要正确推断整部文本的意图，机会就要少很多了。这是因为古文字学家应对的是，循环出现或重复出现的东西；而文学批评家应对的则是，独一无二且始终就独一无二的东西。尽管不是很有可能，但还是有可能，所有那些被撕的、被涂的或遗失的页面，出于另一位抄写员之手；假如不会这样，那么，说他在我们无法查对的那些篇章里改换自己的书写习惯，就更没可能了。而这个世界上，还没有什么东西来阻止（页面底端）尚可辨识的这一行：

十兄弟中，厄里米安最为高贵。

在如今遗失的下一页,接着类似这样的句子:

> 人们如此相信;因而
>
> 众人所信大都捕风捉影。

这就给人们会问的一个问题,提供了答案:历史前提只应得出历史结论,我自己的这一准则,是否蕴涵着一个推论,说科学前提只应得出科学结论? 假如我们将怀特海、金斯①、艾丁顿的思考,称作"科学主义"(跟"科学"脱然有别),我是否还会像指责历史主义者那样,指责科学主义者? 既然目前我还能看见自己的路,我倾向于回答"否"。科学家和史学家,在我看来,就相当于我的比方里面的古文字学家和文学批评家。科学家研究的,是实存里面重复自身的那些因素。史学家研究的,则是其中独一无二的。两者拥有的都是残缺手稿,不过,残缺的害处决不一样。重力的一个样本,或书法的一个样本,跟我们所看到的恰恰相反,二者是一样好。可是,一桩历史事件或一行诗,不仅跟别的不

----

① 金斯爵士(James H. Jeans,1877—1946),英国物理学家,科普作家。

一样,而且在其实际语境中的意义也不同于在别的语境。正是由于这些差异,才产生了整体的独一无二性。为什么在我看来,跟一位成了历史主义者的史学家相比,一个成了科学主义者的科学家处于一个更有利的位置。从我们所掌握的宇宙物理知识得出"上帝是一位数学家"的结论,或许不是特别明智;然而在我眼中,比起从历史知识里得出祂的"审判"之类的什么结论,却要明智得多。"不可细究玄妙的事和上帝的奥秘",《效法基督》的作者如是说。① 他甚至建议我们,"不要为圣人们的功绩争辩"。

但愿我不会遭到误解,我这里可不是全盘否定在历史中得到神启的一切路径。在一些伟大事件中(体现在信经中的那些事件),我们拥有我所相信的圣言(divine comment),这些圣言将我们需要知道且能够知道的深远意义,说得一清二楚。至于别的事件,我们绝大多数人无论如何都无由得知,我们就没有这样的言语。同样重要的是,切记我们都有一个虽有限却直接的路径,通向第一义的历史。

---

① 原文是拉丁文,语出托马斯·肯培的灵修著作《效法基督》卷三第 58 章,拙译采用黄培永先生之译本(金陵协和神学院文字工作委员会,1993)。

我们都被容许，说实话是被迫，去一句一句读历史，每一句都被标明是"现在"。我当然不是指通常所谓的"当代史"，那是报纸的内容。在一切历史当中，那可能最为虚幻，不是出于上帝之手的一部故事，而是出于外事办、煽动家以及记者之手。我指的是，我们每一位在自身经验中，每时每刻都在遭遇的真实历史或元初历史（the real or primary history）。它虽然极有限，但却是上帝写就一手文本，纯粹，没被编辑，未遭删改。我们相信，那些寻找的人就能寻见圣言，足供他们理解文本，只要他们需要；因而上帝在每一刻都"显现在历史中"，也即显现在麦克唐纳所说的"神圣当下"（the holy present）之中。除却当下，在哪里能遭遇永恒？即便我抨击历史主义，那也不是因为我对元初的历史（primary history）、对每一经验中这一直接来自上帝的真实启示，心无敬意。毋宁说，正因我太尊敬这一真实的源历史（the real original history），以至于对此事无法视而不见：那本属于它的荣誉，却抛洒给了那些碎片，碎片的拷贝，碎片的拷贝的拷贝，或对拷贝的拷贝的浮泛记忆。在"历史"的名目下，很不幸，这些东西还与它混为一谈。

8 空荡荡的宇宙①

(1952)

The Empty Universe

我相信,这本书是扭转哲学发端以来的思维动向的首

① 选自拙译路易斯文集《切今之事》,译文有较大改动。本文原是为 D. E. Harding 的《天尊地卑》(*The Hierarchy of Heaven and Earth: A New Diagram of Man in the Universe*, London, Faber and Faber, 1952)一书所作序言。在拙译《切今之事》中,译者曾概括本文内容如下:现代以来,哲学一步步清空宇宙。先是主观论取代客观论,把古代的泛灵论的世界,还原为物理世界。认为古人宇宙论所谓神灵、天道、美等等,只不过是主体心灵之投射。接下来,则是语言分析哲学像主观论清空宇宙一样,清空主观论里的主体心灵,认为所谓灵魂、自我、意识等等,只不过是语言之误用。于是我们就居住于一个空荡荡的宇宙之中。可我们是谁? 分明就是无何有之人游荡于无何有之乡。这就是现代拆穿家最后给我们奉上的一幅宇宙图景。当此之时,不是要复古,而是要检省现代,检省现代发端之时我们犯了什么错误。

次尝试。

　　人藉以认识宇宙的过程,从一种观点来看极其繁复,从另一观点看则很是明了。我们可以看到一个单向进程。一开始,宇宙仿佛充满意志(will)、灵气(intelligence)、生命(life)及诸多积极品质(positive qualities)。每一棵树都是一个宁芙①,每颗星球都是一个神灵。人自身与众神相类(akin to)。知识之增进逐渐清空了这一多彩而亲切之宇宙(this rich and genial universe)。首先清空其神灵,接着清空其颜色、气味、声音及味道,最终原本所想的牢靠本身也不再牢靠(solidity)。这些东西既然从世界中拿了出来,就改头换面放在主体一方:归结为我们的感受、思想、想象或情感。于是,主体酒足饭饱,有些飘飘然,其代价则是客体。②

---

　　①　宁芙(Nymph),希腊神话中居于山林水泽的仙女。

　　②　原文是 The Subject becomes gorged, inflamed, at the expence of the Object. 路易斯用很是形象的语言,描述主观论取代客观论。拙译有意保留其修辞。

　　现代哲学中主体之极度膨胀,可于唯心主义大盛于形而上学领域略见一斑。英国哲学史家安东尼・肯尼曾说:

　　在 19 世纪上半叶,最重要的哲学家均是不同类别的唯心主义者。在这个时期,伴随着费希特、谢林和黑格尔携手共建一种作为绝对意识发展史的宇宙理论,德国超验唯心主义达到了高潮。不过,即使批评绝对唯心主义最烈的哲学家们,也忠诚于另一种不同形式的唯心主义,(转下页注)

但是,事情还没有到此为止。曾经用以清空世界的方法,也用来清空我们自己。掌握这一法门的大师们,不久就宣布,当我们把"灵魂"(souls)、"自我"(selves)或"心灵"(minds)归于人类机体时,我们也犯了跟把树神归于树同样的错误。泛灵论①显然根深蒂固。将其他事物人格化的我们,最终却发现,自己也只不过是拟人产物(personifications)。人的确与众神相类:也就是说,他跟他们一样虚幻。正如树神是个"幽灵"(ghost),只是一个缩略符号(abbreviated symbol),象征的是我们自己所知的关于树的所有事实,我们却愚蠢地误认为是事实之外及之上的神秘实体;同样,人的"心灵"或"意识",也是一个缩略符号,象征的是有关其行为的某些可以证实的事实,但我们却将符号错当作事物。正

(接上页注)这就是声称存在就是被感知的贝克莱经验论唯心主义。(《牛津西方哲学史》第四卷,梁展译,吉林出版集团,2014,第 191 页)

① 《不列颠百科全书》解释"泛灵论"(Animism,亦译万物有灵论)说,它是一种信仰,相信存在着涉及并干预人事的无数精灵。大多数部落或原始人群都有这种信仰。E. B. 泰勒爵士的《原始文化》(1871)第一个对泛灵论信仰作了认真考察,从而使得此词不胫而走。(见第 1 卷349 页)

罗伯特·C. 所罗门《哲学导论》第 9 版(陈高华译,世界图书出版公司,2012)解释"泛灵论":"这一观点认为事物(或者万物)都是有生命的,也认为整个宇宙是一个巨大的有机体。"(第 538 页)

如我们已经破除将树人格化（personifying trees）的那个坏
习惯，我们现在也必须破除将人人格化（personifying men）
的坏习惯：在政治领域，一项变革已经落实。我们可以将客
体所遗失的那些东西改头换面放进去的那种主观论，从来
就没有。没有"意识"（consciousness）可供容纳遗失的神
灵、色彩和概念，即便作为意象或私人经验被容纳。"意识"
不是"可以这样去用的那类名词"。①

---

①　路易斯所勾勒的"客观论——主观论——逻辑实证主义"的这一
哲学进程，可于"美的本质"问题略见一斑。

朱狄先生在《当代西方美学》（人民出版社，1984）一书中指出，关于美
的本质问题，争论核心并不在于审美判断的普遍有效性，而是客观与主观
之争："真正的分水岭倒是可以简化为美究竟在物或是在心，这才是争论
的焦点。"（第171页）从客观论转向主观论，恰好是古今之别："关于美
的本质问题，在古代西方是客观论占优势，在当代西方是主观论占优势。"
（《当代西方美学》，第143页）

客观论诸说中，以"美在和谐"最为普遍，最为持久。美在和谐，被塔
塔尔凯维奇称为"伟大理论"（the Great Theory），从公元前5世纪到公元
17世纪，这一理论盛行了22个世纪。与这一理论相比，后来提出的种种
关于美的理论，都极为短命。（〔波〕塔塔尔凯维奇：《西方六大美学观念
史》，刘文潭译，上海译文出版社，2006，第130页）

到了现代，主观论抬头，美学主流将美的本质界定为人的快感（pleas-
ure），认为我们所谓的美，其实是快感之投射（projection）。比如休谟（Da-
vid Hume）说："快乐和痛苦不但是美和丑的必然伴随物，而且还构成它们
的本质。"（〔英〕休谟：《人性论》，关文运译，商务印书馆，1997，第334页）
更为简洁的则是美国哲学家桑塔耶纳（George Santayana）对美的定义：
"美是客观化了的快感。"（〔美〕乔治·桑塔耶纳：《美感》，缪灵（转下页注）

因为我们被教导说，我们所犯错误是语言错误。此前所有神学、形而上学以及心理学，都是糟糕语法的副产品。于是，马克斯·米勒的公式"神话乃语言之疾"①卷土重来，其范围之广却非他所能梦见。我们甚至都不是在想象这些物事，我们只是稀里糊涂地谈论。人类迄今最热衷于答案为何的所有问题，原来没有答案（unanswerable）。这不是因为答案像"天机"②一样深隐，而是因为它们是无理取闹的问题，就跟问"从伦敦桥到圣诞节有多远"一模一样。当我们爱一个女人或一个朋友之时，我们自以为在爱的对象，

（接上页注）珠译，中国社会科学出版社，1982，第 35 页）

至于维特根斯坦领军的分析哲学，则认为以往哲学追问"美是什么"，纯粹是语言误用。我们所谓的"美"，究其实只不过是个感叹词："如果我不说'这是优美的'，只说'啊！'，并露出微笑，或者只摸摸我的肚子，这又有什么两样呢？"（〔英〕维特根斯坦：《美学讲演》，蒋孔阳主编：《20 世纪西方美学名著选》下卷，复旦大学出版社，1987，第 83 页）

① 【原注】 Friedrich Max Müller, *The Science of Language* (1864), Second Series, Lecture viii on "Metaphor". 【译注】马克斯·米勒（Friedrich Max Müller，又译缪勒，1823—1900），德国的东方学家和语言学家。路易斯所引米勒原话为"Mythology is a disease of language"，译文系译者妄译。

② 【原注】 Geoffrey Chaucer, *Canterbury Tales*, The Miller's Prologue, line 3164.【译注】原文是"goddes privetee"，典出乔叟《坎特伯雷故事》里的《磨坊主的故事》。其中书生尼古拉蒙骗木匠，以"天机"为托词："不要问缘故，因为你问了，我也不能泄露天机。"（方重译《坎特伯雷故事集》，人民文学出版社，2004，第 58 页）

甚至都比不上饿得发晕的水手自以为在水天相接处看到的帆船幻影。它更像是一个双关语(pun)或一个披着语言外衣的诡辩。① 这就好比一个人,上了"我自己"和"我的眼镜"二者之间语言相似性的当,早晨离开卧室之前,竟然开始四处寻找他的自我,好装进口袋,以备白日之需。即使我们因朋友没有古老意义上的"自我"而悲叹,我们的举止也与此人大同小异:他因在妆镜台上抑或台下怎么也不能找到他的"自我",从而流下苦涩眼泪。②

---

① 【原注】sophism disguised as language.【译注】原文是拉丁文:*sophisma per figuram dictionis*。原注解释其意:sophism disguised as language。

② 这一段,路易斯用戏剧笔调描写的是 20 世纪英美分析哲学的套路。分析哲学的诞生标志是"语言学转向",分析哲学家也常常自诩"语言学转向"是一场哲学革命。哲学领域里的语言学转向,是说往昔哲学家为之争论不休的形而上学问题,都是伪问题,都是因为不了解语言用法而犯的一种糊涂。所以,全部哲学问题,其实都可还原为语言分析。这种对形而上学的敌意,在 1930 年代的逻辑实证主义那里登峰造极,其中影响最大的人物则是维特根斯坦。

比如关于聚讼纷纭的"心灵"或"自我"问题,维特根斯坦会说,"我"根本不是一种指称性表述,"自我"是哲学家出于对反身代词的误解而说出的废话。笛卡尔说,他可以怀疑自己是否拥有身体,但他不会怀疑自己的存在。而在维特根斯坦看来,笛卡尔的这一"我思故我在"的论证,其实是上了语言的当。因为当我们说"我的身体"时,并不表示有一个"我"存在,是身体的主人。"我的身体"这一表述,不是表示身体是我之所有,而是我之所是;恰如"罗马城"这一表述,不是罗马所拥有的城市,而是罗马所是的城市。哲学家围绕"自我"所做的一切争论,都是因为糊涂,(转下页注)

我们所得的结果,因而就匪夷所思地相当于零(un-commonly like zero)。当我们把世界几乎还原为无有(nothing)的时候,我们还以此幻觉欺骗自己,说它所遗失的全部品质都将作为"在我们自己心灵中的事物"(things in our own mind)而悉数保全(尽管有些捉襟见肘)。我们明显没有所需的那种心灵。主体像客体一样空洞(The Subject is as empty as the Object)。几乎在所有事情上,几乎所有人都犯过语言错误。大体而言,这就是曾经发生过的唯一的事。

尔今,这一结论所带来的麻烦,可不只是我们情感上难以接受。可不是在任何时间或任何人群中,它都不受欢迎。这种哲学,跟别的哲学一样,自有其快意之处。我揣测,它会跟御人之术意气相投。与古老的"自由言论"(liberal-talk)有千丝万缕联系的是这一观念:正如统治者内心(in-side the ruler)有个世界,臣民内心(inside the subject)也有

(接上页注)被"我的身体"与"我的眼镜"这两个表述所共有的"我的"一词所欺骗。详参《牛津西方哲学史》第四卷(梁展译,吉林出版集团,2014)第241页前后;或可参赵敦华《现代西方哲学新编》(北京大学出版社,2001)第三章"分析哲学的诞生"。

个世界,这一世界对他而言是所有世界的中心,其中包含着无尽的苦与乐。然而现在,他当然没了"内心"(inside),除了你把他解剖之后所发现的那种。要是我不得不把一个人活活烧死,我想,我会发觉这一教义让我心安理得。就我们绝大多数人而言,真正的困难可能是一种身心交瘁(a physical difficulty):我们发现,不可能让我们的心灵(our minds)扭曲成该哲学所要求的那种形状,哪怕仅仅只是十秒钟。说句公道话,休谟作为该哲学的祖师爷,也警告我们不要做此尝试。他倒推荐去玩双陆棋①;他坦然承认,在适量娱乐之后,再返回到思辨,就会发现它"冷酷、牵强、可笑"。② 而且很明显,假如我们确实必须接受虚无主义(ni-

---

① 双陆棋是一种供两人对弈的版图游戏,棋子的移动以掷骰子的点数决定,首位把所有棋子移离棋盘的玩者就获得胜利。游戏在世界多个地方演变出多个版本,但保留一些共通的基本元素。(参维基中文百科)

② 【原注】休谟《人性论》第一卷第四章第七节。【译注】休谟因其怀疑论而名垂青史。他在《人性论》中说,因为怀疑,

我准备抛弃一切信仰和推理,甚至无法把任何意见看作比其他意见较为可靠或更为可能一些。我在什么地方? 我是什么样的人? 我由什么原因获得我的存在,我将来会返回到什么状态? 我应追求谁的恩惠,惧怕谁的愤怒? ……

这些疑问使他感到四周漆黑一团,甚至影响到肢体及生理官能。他身心交瘁。这时他发现,不去继续怀疑,只管去生活,反倒拨除了阴云:

最幸运的是,理性虽然不能驱散这些疑云,可是自然本身(转下页注)

hilism），那么我们将不得不如此生活：恰如我们患糖尿病，就必须摄取胰岛素。但是，人们更愿意不患糖尿病，不需要胰岛素。假如除了那种只有借助重复使用（而且剂量递升）一定剂量的双陆棋而得到支持的哲学之外，还有别的哲学选项，那么我想，绝大部分人都会乐于听闻。

诚然（或者说有人告诉我）也有一种遵照此哲学却无需双陆棋的生活方式，但它并不是人们愿意尝试的。我曾听说，在一些恍惚状态下，这种虚无主义教义就变得着实可靠：恰如瑞恰慈博士会说的那样，给它附加上一些"信仰感受"（belief feelings）。① 承受者曾有过，在无何有之乡作为

（接上页注）却足以达到目的，把我的哲学抑郁症和昏迷治愈了，或者是通过松散这种心灵倾向，或者是通过某种事务和我的感官的生动印象，消灭了所有这些幻想。我就餐，我玩双六，我谈话，并和我的朋友谈笑；在经过三四个钟头的娱乐之后，我再返回来看这一类思辨时，就觉得这些思辨那样冷酷、牵强、可笑，因而发现自己无心再继续这类思辨了。（关文运译《人性论》，商务印书馆，第 300 页）

① 【原注】I. A. Richards, *Principles of Literary Criticism*（1924），chapter XXXV.【译注】瑞恰慈在《文学批评原理》（杨自伍译，百花洲文艺出版社，1997）中，区分了语言的两种用法，一为科学用法，一为感情用法：

可以为了一个表述所引起的或真或假的指称而运用表述。这就是语言的科学用法。但是也可以为了表述触发的指称所产生的感情的态度方面的影响而运用表述。这就是语言的感情用法。（第 243 页）

与此相应，他把信仰分为两种：一为科学信仰，一为感情信仰。科学信仰是"因为如此，所以如此"的信仰，是可以证实的相信。至（转下页注）

无何有之人的体验。① 那些从此种境地中回来的承受者，说它极不称心。

　　试图阻止这一进程——即带领我们走出有生命的宇宙，其中人遭遇神灵，步入终极空无（final void），其中无何

————————

（接上页注）于感情信仰，只不过是一种情缘相信，是一种信仰感受，是一种"恍若神奇的经验"。这种感受，一定剂量的酒精或大麻都能够制造，文学作品也能提供：

　　举例来说，读毕《阿多尼斯》之后，我们就沉浸在一种强烈的感情态度中，它给人的感觉犹如信仰，这时我们很容易认为自己是在相信不朽或长存，或是相信某种能够表述的东西……（第254页）

瑞恰慈之所以区分两种信仰，是因为他认为，好多神经病症都来自不能区分"确定的事实"和"可接受的信仰"。在他看来，传统信仰与现代科学本是离则双美合则两伤：

　　知识和信仰的混合是一种变态，这两种活动都因此而蒙受降格的损失。（第257页）

顽固的实证主义者企图以科学信仰灭感情信仰，而虔诚宗教信徒则企图以感情信仰灭科学，故而导致心理紊乱或变态。

　　欲求心理正常，就是让科学信仰和感情信仰并行不悖。藉路易斯的话来说，一则相信宇宙本是"空荡荡的宇宙"；一则又保留一些"恍惚状态"，在宇宙中乐哉悠哉。

　　① 原文为 The patient has the experience of being nobody in a world of nobodies and nothings。意为清空宇宙和主体之后，我们自身就成了 nobody，我们所处身的世界则成了 a world of nobodies and nothings。《庄子·逍遥游》云："今子有大树，患其无用，何不树之于无何有之乡，广莫之野。"成玄英疏："无何有，犹无有也。莫，无也。谓宽旷无人之处，不问何物，悉皆无有，故曰无何有之乡也。"拙译藉此语译 nobody 为"无何有之人"，译 a world of nobodies and nothings 为"无何有之乡"。

有之人发现他弄错了无何有之事①——并不新鲜。那一进程中的每一步，都饱含争议。曾经打响许多保卫战。现在依然在打。但这都只是阻止此动向，而不是反转。哈丁先生(Mr. Harding)著作之重要，就在于此。假如它"成功"，那么，我们就会看到反转之开端：并非此立场，亦非彼立场，而是努力重启整个问题的一种思考。我们确信，只有这种思考才于事有补。那种使我们滑向虚无主义的致命滑坡，必定出现在开端处。

当然没有可能重返"衰败"之前的那种泛灵论(Animism)。也没人以为，前哲学时期的人类信念能够或应当得到恢复，就像它们未受批判之前那样。问题在于，第一批思想家藉批判以修正(而且是正确修正)它们时，是否有过轻率或不必要的妥协。他们的本意，当然不是将我们带向实际导致的那一荒唐后果。这类错误，在争论中或冥思苦想中，当然是屡见不鲜。一开始，我们的看法包含许多真

①　原文为 almost-nobody discovers his mistakes about almost-nothing。路易斯此语颇带反讽。意思是说，既然人已成为 almost-nobody，世界已经成为 almost-nothing，人却能竟然发现自己在有些事情上弄错了，真是奇怪。

理,尽管表述模糊或略有夸张。而后有人提出反对,于是我们就收回了它。然而数小时后,我们发觉自己把洗澡水连同小孩一起倒掉,发觉起初的看法一定包含某些真理,正因为缺少这些真理现在才陷入荒谬。这里也是如此。在清空树神和诸神(必须承认祂们其实并不可信)时,我们好像扔掉了整个宇宙,包括我们自身。我们必须返回去,从头再来;这次更有机会成功,因为我们现在当然可以运用一切特定真理(all particular truths)和一切方法改进(all improvements of method),而在那个毁灭性的思维进程中,我们可能会把它们当作副产品全部扔掉。

说我自己就知道,哈丁先生现在这样的尝试能否奏效,这有些装腔作势。极有可能不行。我们不能指望首次向月球发射火箭,或者第二十一次,就能成功着陆。但这是个开端。即便它最终只是某个体系的远祖,该体系将还我们一个住着可靠行动者与观察者的可靠宇宙,此书也实在是大功一件。

这本书也给了我令人激动及令人满意的经验,而这种经验,在一些理论著作中,看起来都部分地独立于我们最终的同意与不同意。只要我们记起,当我们从某理论体系的低级倡导者转向其大师(great doctors)，即便是我们所反对的理论，这时在我们身上发生了什么，就很容易解析出这种经验。当我从普通的存在主义者转向萨特先生①本人，从加尔文主义转向《基督教要义》(*Institutio*)，从"超验主义"转向爱默生②，从有关"文艺复兴柏拉图主义"的论著转向费奇诺③，我曾有此经历。我们可以仍不同意(我打心底不同意上述作者)，但是现在，我们第一次看到，为什么曾经有人确实同意。我们呼吸到了新鲜空气，在新的国度自由行走。这国度你可能无法居住，但你现在知道，为什么本国人还爱着它。你因而对所有理论体系另眼相看，因为你曾经深入(inside)这一国度。由此看来，哲学与艺术作品有着某些共同品质。我说的一点都不是，哲学观点能得到表达或不能得到表达的文学技巧。我说的是艺术本身，由思想的均衡布局和思想归类所产生的奇特的统一效果：一种愉悦，

---

① 萨特(Jean-Paul Sartre,1905—1980)，法国哲学家、剧作家、小说家，法国存在主义的首倡者。

② 爱默生(Ralph Waldo Emerson,1803—1882)，美国散文作家、思想家、诗人、演说家，美国19世纪新英格兰超验主义文学运动的领袖。

③ 费奇诺(Marsilio Ficino,又译菲奇诺,1433—1499)，哲学家、神学家和语言学家。他对柏拉图和其他古典希腊作家作品的翻译和注释，促成了佛罗伦萨柏拉图哲学的复兴，影响欧洲思想达两个世纪之久。

很像黑塞笔下的玻璃球（出自同名著作）能给我们的愉悦，假如它真的存在的话。① 我为这类新经验而感谢哈丁先生。②

---

① 【原注】Hermann Hesse 的 *Das Glasperlenspiel*（1943），由 R. Wiston 及 C. Wiston 译为英文，题为 *The Glass Bead Game*（伦敦，1970）。【译注】赫尔曼·黑塞（Hermann Hesse, 1877—1962），德国作家。其小说 *Das Glasperlenspiel*（1943）有张佩芬之中译本《玻璃球游戏》（上海译文出版社，2007）。

② 即便不同意作者，也可以欣赏作品，这一观点也见诸苏珊·桑塔格笔下。她在《反对阐释》（程巍译，上海译文出版社，2011）中论及纳粹德国的一流导演里芬斯塔尔时说：

把莱尼·里芬斯塔尔的《意志的胜利》和《奥林匹亚》称为杰作，并不是在以美学的宽容来掩盖纳粹的宣传。其中存在着纳粹宣传，但也存在着我们难以割舍的东西。这是因为，里芬斯塔尔这两部影片（在纳粹艺术家的作品中别具一格）展现了灵气、优美和感性的复杂动态，超越了宣传甚至报道的范畴。我们发现自己——当然，不太舒服地——看见了"希特勒"，而不是希特勒；看见了"一九三六年奥林匹克运动会"，而不是一九三六年奥林匹克运动会。通过作为电影制片人的里芬斯塔尔的天才，"内容"已——我们即便假设这违背了她的意图——开始扮演起纯粹形式的角色。（第27页）

9 现代人及其思想范畴[①]

(1946)

Modern Man and his
Categories of Thought

　　尽管我们应当一如既往效法基督和祂的圣徒，但由于历史条件变化，我们不得不做出调整。我们不再用亚兰文传道，而施洗者约翰用；也不再有主来叫我们坐进宴席，祂亲自伺候。我们不得不做的最为困难的调整，在于如何面对不信者。[②]

---

　　① 选自拙译路易斯文集《切今之事》。此文原是应史蒂芬·尼尔主教(Bishop Stephen Neill，1899—1984)之请，为普世教会协会之研究部而写。仅存打印稿，写于 1946 年 10 月。本文从属灵角度讨论古今之变，可与〈论时代的分期〉一文对参，故而重刊于此，略有改动。

　　② 原文为 nor to recline at table because the Lord reclined。典出《路加福音》十二章 35—37 节："你们腰里要束上带，灯也要点（转下页注）

最早的传教士，即使徒们，向三类人布道：犹太人；犹太化的外邦人，它有个专名 *metuentes*（畏神者）；异教徒（Pagans）。在这三类人中，他们能指望上一些素质（predisposition），而在我们的受众身上，这些素质却指望不上。这三类人都信超自然（the supernatural）。即便是伊壁鸠鲁学派，他们也信，尽管他们认为众神毫不作为。这三类人都意识到罪（sin），且惧怕神的审判（divine judgement）。伊壁鸠鲁主义，正因它许诺把人从这种恐惧中解放出来，才得以风行——只有声称能治四处泛滥的疾病，新药才会大获成功。神秘宗教（mystery religions）则提供了净化（purification）和解脱（release）。在这三类人中，绝大多数都相信，这个世界曾经一度比现在好。关于堕落（Fall）的犹太教义，斯多葛学派的"黄金时代"（Golden Age），以及众多异教敬拜英雄、祖先、古代立法者，从这个层面上讲，大同小异。

我们必须努力使之归信的这个世界，这些素质一个都没有。在过去的一百年里，公众心灵（public mind）发生裂

（接上页注）着。自己好像仆人等候主人从婚姻的筵席上回来。他来到叩门，就立刻给他开门。主人来了，看见仆人警醒，那仆人就有福了。我实在告诉你们：主人必叫他们坐席，自己束上带，进前伺候他们。"

变。在我看来，有这么几个前因，导致此裂变。

1. 教育程度最高阶层的一场教育革命。以前，这一教育让整个欧洲奠基于古人（the Ancients）。如果说，饱学之士或是柏拉图主义者，或是亚里士多德主义者，那么，普通贵族则要么是个维吉尔，要么至少是个贺拉斯。如此一来，在基督徒及怀疑者中间，渗透着异教信仰（Paganism）的优秀成分。即便那些不大虔敬的人，也对"敬"（*pietas*）有着某种同情理解。对于受过这种训练的人来说，相信在古书中仍能找到宝贵真理，就是自然而然的了。对于他们，尊重传统乃自然而然。很不同于现代工业文明的那些价值，常常呈现于他们的心灵。即便是基督信仰遭到拒斥的地方，也仍然有一个标准，可藉以评判当代理想。移除这一教育的后果就是，心灵被孤立，拘于它自己的时代。从时间角度看，心灵已患病，患的是依空间角度就叫作固陋（provincialism）的病。对于现代人来说，圣保罗的写作年代如此古远这一事实，就是极有说服力的证据，否证他说过重要真理。论敌的这种策略，简单易行，任何兵书中都能找到。在进攻某一军团之前，要是你能做到，就先切断其侧翼。

2. 女性解放。（我当然并不是说，这本身是件坏事；我只是在考虑，它事实上导致的一个后果。)社会生活中的一个决定因素就是，一般说来（亦有数不清的个人例外），男人喜欢男人，胜过女人喜欢女人。因此，女人越是自由，清一色的男人聚会就越少。绝大多数男人，一经自由，往往就回到同性人群；绝大多数女人，一经自由，回到同性人群的频次相对较少。现代社会生活，比起以往，越来越是两性杂处。这或许会有很多好结果，但也有一个坏结果。显而易见，它大大减少了年轻人中围绕抽象观念的严肃论辩。年青雄鸟在年青雌鸟面前，必然（大自然执意要求）展示其羽毛。任何两性杂处群体，于是就成为机敏、玩笑、嘲谑、奇闻的展示场。真是应有尽有，只是没了关于终极问题的持久而又激烈的讨论，也没了这种讨论得以产生的净友。① 于是，学生人数众多，形而上学低能。现在讨论的唯一严肃问题，都是那些仿佛具有"实践"意义（"practical" importance）的问题（即心理和社会问题）。因为这些问题，满足了女性的讲求实际和喜欢具体。毫无疑问，这是她的荣耀，也是她对人类共同智慧（common wisdom）的特有贡献。但是，男

---

　　① 原文为 serious masculine friendships。直译实在别扭，不得已，意译为"净友"。

性心灵（masculine mind）的特有荣耀则是，为了真理而无功利地关心真理，关心宇宙与形而上学。这一荣耀受到伤害。于是，就像前一变迁让我们自绝于过去（cut us off from the past），这一变迁则让我们自绝于永恒（cut us off from the eternal）。我们更加孤立，被迫局于当下和日常。

3. 发展论或历史主义（Developmentalism or Historicism）。（我严格区分名曰历史的那门尊贵学科和那名曰历史主义的致命的伪哲学。）这主要发源于达尔文主义。达尔文主义，作为一种生物学理论，我并不认为基督徒有与之争论的必要。但是我所说的达尔文主义，是引申出来的进化观念，已经远远越出生物学领域。事实上，它已被采纳为关于实存的核心原理（as the key principle of reality）。对现代人来说，想必自然而然的是：有序宇宙当出自混沌，生命应来自无生之物，理性来自本能，文明来自野蛮，德性来自兽性。在他的心灵中，这一观念得到很多错误类比的支持：橡树来自橡子，人来自精子，现代汽船来自原始小船。至于其互补真相（the supplementary truth），他干脆就置若罔闻：任何橡子都落自橡树，任何精子都来自人，第一只船作为天才之作，是由比它本身复杂很多的东西造出来的。现代心灵将"无中可以生有"①这一原理接受为宇宙准则,而没有注意到我们直接观察到的那部分宇宙,讲述的则是一个相当不同的故事。这种发展论(Developmentalism),在人类历史领域,就成了历史主义(Historicism)。它相信,随意拣择几个我们知道的可怜的历史事实,就包含着对于实存(reality)的几近神秘的启示;我们的首要义务就是,把握这一"趋势"(Worden),它走哪里我们就跟哪里。我们会看到,这一观点与所有宗教都不兼容。它倒是与某种类型的泛神论气味相投。它与基督教完全对立,因为它既否认创世(creation),又否认堕落(the Fall)。基督教说,至善(the Best)创造善(the good),善因罪而败坏(corrupted by sin)。而发展论则说,善的标准本身恰恰变动不居。

4. 姑且称为"普罗主义"(Proletarianism)。它体现为多种形式,一端是严格的马克思主义,另一端是含义模糊的"民主"。强烈的反教权(anti-clericalism),从一开始,就是大陆普罗主义的一个特征。据说(我想人们说得没错),这一元素在英式普罗主义中,少见一些。但是,统合所有形式

---

① 原文为 Almost nothing may be expected to turn into almost everything。这里全用意译。

的普罗主义的一个事实就是,所有国家(甚至那些"右翼"政权)的无产者,多年来一直受到持续不断的恭维。其自然而然的结果就是:他们的自满程度,超过记录在案的任何贵族。他们深信,无论这世界有何过错,那也不是他们的错。对于任何罪恶,难辞其咎的必然是他人。于是,一旦讨论上帝之存在,他们无论如何也不会认为祂是他们的法官。相反,他们是祂的法官。假如祂提出有理有据的辩护,他们将会考虑,或许还会判祂无罪。他们没有任何恐惧、愧疚或敬畏之感。从一开始,他们就想着上帝对他们的义务,而不是他们对祂的义务。即便上帝对他们有义务,也非关救赎,而只是关乎世俗:社会安定,制止战争,更高生活水平。评判"宗教",全看它对这些目标是否有所贡献。这就牵涉到了下一问题。

5. 讲求实际(Practicality)。人变得像非理性的动物一样"实际"。在给普通受众作演讲时,我再三发现,基本不可能让他们理解,我之所以推崇基督教,是因为我认为其断言客观地真(true)。他们对真理还是谬误的问题,根本不感兴趣。他们只想知道,基督教是否能"抚慰人心"(comforting),是否会"激动人心"(inspiring),是否对社会有用。〔在英国,我们在此则遇到特殊困难,因为普通说法"信"(believe in)有两个含义。(1)因为"真"而接受(to accept as true);(2)赞同(to approve of),比如,"我信自由贸易"。于是,当一个英国人说他"信"基督教或他"不信"基督教时,他可能根本不在想真理(truth)。颇为经常的是,他只是在告诉我们,他是否赞同作为社会机构的教会。]与这种非人的讲求实际(unhaman Practicality)紧密相连的是,对教条(dogma)的冷漠与蔑视。流行观点是无意识的调和论调(syncretistic),人们广泛相信:"所有宗教其实都是一回事。"①

6. 对理性的怀疑(scepticism about Reason)。讲求实际,再加上一些道听途说的弗洛伊德或爱因斯坦,就造就了一种一概而论且又相当从容的信念,即推理(reasoning)证明不了什么,所有思考都受制于非理性过程(irrational process)。在跟一位知识人(an intelligent man)论辩时(他并非知识界[Intelligentsia]之一员),我不止一次指出他所采取的立场,再逻辑推演一下,就导致否定思考的有效性。

---

① 关于人不再关心真理,只讲求实际,亦可参看本书《人兔之间》(Man or Rabbit)一文。

他理解了我的意思，也同意我，但他并不认为这对其原初立场构成反对。他镇定自若地接受这一结论：我们的所有思考都无效（invalid）。

依我看，这就是现代精神气候（metal climate）的主要特征，现代传道人（evangelist）不得不在其中工作。有个法子，或许对此是个了断。我时常纳闷，我们让人归信基督，是不是先要让他们重新归信异教。倘若他们是斯多葛派，是奥尔弗斯教徒，是密特拉教徒①，或者（最好）是崇拜地母的农人，我们的任务可能就会轻松一些。我之所以并认为当代异教（神智学、灵智学等等）②是一个全面变坏的征兆，原因就在这里。

―――――――――――

① 奥尔弗斯教（Orphism，亦译奥菲士教），古希腊神秘宗教，宣扬个人有必要经过多次轮回藉助禁欲主义和道德净化来摒除本性中的恶。密特拉教（Mithraism），奉祀密特拉神，罗马帝国后期军人广为信仰的宗教。公元 1—3 世纪期间，是基督教的主要竞争对手。

② 神智学（Theosophy），研究奥秘现象的一种宗教哲学，起源于古代世界，却触发了 19—20 世纪的一些宗教思想。Theosophy 一词源于希腊词 theo（神）和 sophia（智）。神智学思辨无不根据一种奥秘修行论前提，即：只有通过直接体验才能认识上帝。

灵智学（Anthroposophy），相信人类智能可以通达灵界的一种哲学。提出这种哲学的奥地利哲学家、科学家和艺术家斯坦纳（Rodulf Steiner）称之为"精神科学"。他认为存在着灵界，纯粹思维可以理解灵界，因此他试图培养不依靠感觉的灵性感知力。他在 1912 年创立灵智学会，其总部现设于瑞士多尔纳赫。

在当前处境中，当然也有一些好的因素。或许比从前有更多的社会良心（social conscience）。尽管贞节（chastity in conduct）可能少了，但是我想，比起那个更节制更得体的时代，现代年轻人可能更少色情更少淫思。（这仅仅是个印象，可能错误。）我还想，尽管我们孤立无援，尽管我们差不多成了唯一一批人，还念念不忘已被埋葬（但还没死）的追求客观真理的欲望，但这一事实，既是困难的根源，也是力量的根源。[①] 在结束本文之前，我必须说明，由于我个人的天分局限，迫使我经常主要用理智方法（intellectual approach）。但我经常看到，运用一种更动情（emotional）、更"灵动"（pneumatic）的方法，也在现代受众身上产生神奇效果。既然神赐下这一禀赋，"愚拙的道理"[②]就仍旧孔武有

---

　　① 虽然几经努力，拙译还是有些晦涩。为防止误解，兹附本句之原文：I also think that the very fact of our isolation, the fact that we are coming to be almost the only people who appeal to the buried（but not dead）human appetite for the objective truth, may be a source of strength as well as difficulty.

　　② 【原注】《哥林多前书》一章 21 节。【译注】原文为：Where God gives the gift, the "foolishness of preaching" is still mighty. 为帮助理解，兹附《哥林多前书》一章 18—25 节：

　　因为十字架的道理，在那灭亡的人为愚拙。在那些得救的人来说，福音却为神的大能。就如经上所记：

（转下页注）

力。但最好是两者兼有：一个在前期做理智上的炮火猛攻，一个则紧随其后直接进攻内心。

（接上页注）
　　　　我要灭绝智慧人的智慧，
　　　　废弃聪明人的聪明。

　　智慧人在哪里？文士在哪里？这世上的辩士在哪里？神岂不是叫这世上的智慧变成愚拙吗？世人凭自己的智慧，既不认识神，神就乐意用人所当作愚拙的道理拯救那些信的人，这就是神的智慧了。犹太人是要神迹，希腊人是求智慧；我们却是传钉十字架的基督。在犹太人为绊脚石，在外邦人为愚拙，但在那蒙召的，无论是犹太人、希腊人，基督总为神的能力，神的智慧。因神的愚拙总比人智慧，神的软弱总比人强壮。

10　现代人的心灵习惯①

（1945）

　　（1）我发现，未受良好教育的（uneducated）英国人对历史，几乎全然怀疑。我满以为，他不信福音书，是因为其中包含神迹；可是他之不信，其实是因为福音书所谈之事发生在两千年以前。要是他听说过亚克兴海战，②他也同样不信。对

---

　　①　节选自 *God in the Dock* 第一编第 10 章第 13—17 段。原文名为〈基督教护教学〉（Christian Apologetics，1945），节选段落的总名当然为拙译所加。

　　②　亚克兴海战（Battle of Actium），是公元前 31 年，屋大维与安东尼争权夺利的最后一场战争。屋大维在亚克兴海角击败安东尼与埃及艳后克里奥帕特拉（二人于公元前 37 年结婚）。战争结果就是，屋大维大权在握，罗马由共和国转变为帝国。

那些受过我们这种教育的人来说，他的心灵状态很难捉摸（realize）。对于我们，当代（the Present）常常显得像是一个巨大连续进程的一部分。在他心目中，当代几乎占据了整个视野。当代之外，离开当代，则是无足轻重的被唤作"古代"（The Old Days）的东西——一个小小的宇宙丛林，其中游荡着响马、伊丽莎白女王、重甲骑士之类的人。而在古代之外，（奇怪之极）来了一幅"原始人"（Primitive Man）画面。原始人属于"科学"，而非"史学"，因而感觉比古代更为真实。换句话说，史前（the Pre-historic）比历史（the Historic）更受信任。

（2）他对古代文本有一种不信任（在他的知识状况下，很是顺理成章）。于是，时常有人告诉我："这些文献写于印刷术之前，不是么？你也没得到原本，是吧！因而实际情形就是，某人写了某事，另有某人传抄，又有某人抄了那抄本，如此不已。这样，等到了我们手上，那就跟原本面目全非了。"这一反驳很难对付，因为，经文校勘学（textual criticism）的全部学问，一下子教不了。可就在这一点上，他们的真正宗教（即信仰"科学"）帮了我的忙。向他们保证说，有门"科学"名曰"经文校勘学"，并保证说大部分人都接受了其结果（不只对于《新约》而且对于一般的古代文本），他们就接受了，不再反对。（我几乎无需指出，切莫用"文本"〔text〕一词，因为对你的听众而言，它只是指"一段经文"〔a scriptual quotation〕。）

（3）几乎全无罪感。我们的境遇因而很不同于使徒们。使徒们向异教徒（更不用说"畏神者"）①布道，这些人为一丝负罪感（a sense of guilt）所萦绕，因而福音对于他们就是"好消息"。我们所面对的人群，所受训练使他们相信，无论这世界哪里出了毛病，都是其他人的错——资本家的错，政府的错，纳粹的错或将军的错，等等。② 他们接近神，仿佛是祂的法官。他们想要知道的，不是自己是否会被无罪开释，而是祂创造此等世界是否可被无罪开释。③

为抨击这一致命的麻木，径直注意这两类罪毫无用处：

---

① 【原编者注】"畏神者"，外邦人之一脉，他们敬神，却不服从割礼及犹太律法的其他仪礼要求。参见《诗篇》一一八篇 4 节及《使徒行传》十章 2 节。

② 1908 年，《泰晤士报》（Times）曾约请作家，就"这世界问题在哪？"（What Is Wrong with the World?）为题撰文。切斯特顿之回答，简短而切题：

> 编辑先生：
> 　　在我。
>
> 　　　　　　　　　　　　　　　　切斯特顿

③ 详参本书第一编第 11 章〈古今之变〉一文。

（甲）你的听众未犯之罪；（乙）他们犯了，却不认为是罪。他们通常不是醉鬼。他们大多是通奸者，但并未感到通奸是错的。因而，滞留于二者都全然无用。（既然避孕药已经去除了通奸之中明显的不仁厚之处，因而窃以为，在人们接受完整的基督信仰之前，不要指望他们会认为通奸是罪。）

唤醒罪感，我并无万全之策。我只能说，在我的经验中，要是有人从那桩曾是自己上周主要问题的罪入手，他常常能惊奇地发现，这招总能挠到痒处。不论我们用何种方法，我们必须坚持不懈，让他们的心灵离开公共事务以及"犯罪"，带他们触及实质问题——触及他们本人（以及我们本人）这类"普通正派人"（ordinary decent people）的生活中，由怨毒、贪婪、嫉妒、不公及欺骗所罗织的网。

附：路易斯书信一则①

阁下：

贵刊十月号有封值得赞叹的信，其中卡农·奎克评说

---

① 选自 *God in the Dock* 第四编"书信选"第 2 组书信。此信件原以〈圣公会神学之矛盾〉（The Conflict in Anglican Theology）为题，刊于《神学》（*Theology*）杂志第 61 卷（1940 年 11 月）第 304 页。

道："形形色色的'现代人'有个共同特征：他们恨自由主义。"删掉一个词，不也同样没错么："形形色色的'现代人'有个共同特征：他们恨。"这事，或许值得深加留意。

C. S. 路易斯

11　古今之变[①]

（1948）

God in the Dock

　　我应约写篇文章，谈谈在努力给现代不信者（modern unbelievers）奉上基督信仰时，必须面对的种种困难。这一课题太大，超出我的能力，甚至超出单篇文章的篇幅。困难因受众而异。受众可能或属此国或属彼国，或是孩童

---

　　① 　选自 *God in the Dock* 第二编第 12 章，首刊于天主教杂志 *Lumen Vitae* 之 1948 年 9 月号，当时题为《给现代不信者传道的若干困难》（Difficulties in Presenting the Christian Faith to Modern Unbelievers）。路易斯之秘书瓦尔特·胡珀牧师为此文所加标题 God in the Dock，直译应为"被告席上的上帝"或"神成被告"，为拉近本文与汉语读者的距离，乃将此题妄译为"古今之变"，诸君见谅。

或是成人,或是有学之士或是无知之徒。我的亲身经历只关乎英国受众,而且几乎全是成人。事实上,几乎都是皇家空军①中服役的男人(及女人)。这就意味着,他们虽然很少有人是学术研究意义上的有学之士,但是,其中很多人对基础实用科学略知一二,都是技师、电工或话务员。因为皇家空军的普通士兵几乎都可以称为"普罗大众知识分子"。我也给大学生讲。诸君必须谨记我的经历的这些局限。我在给陆军士兵的一次讲道中发现,由此等经历出发去做概括,是何等草率。我当时恍然大悟,我们陆军的智力水平大大低于皇家空军,因而需要一种很不相同的路径。

给皇家空军讲道,我学到的头一件事就是,我一度以为唯物论是唯一大敌,那是弄错了。在英国的"普罗大众知识分子"中间,唯物论仅仅是诸多非基督信条之一,余者还有神智学、②

---

①　原文 R. A. F. ,乃 Royal Air Force 之首字母缩略语。

②　Theosophy,神智学,亦译"通神论"。卢龙光主编《基督教圣经与神学词典》(宗教文化出版社,1997)释 theosophy(神智学):"泛指任何神秘主义哲学与宗教学说,强调直觉和实时体验神意的思想,亦可特别指 1875 年在美国创立的神智学会(Theosophical Society)的信条。"

唯灵论、①英国以色列主义等等②。英格兰当然一直是"奇思"之乡；我没有看到它们的消退迹象。一以贯之的马克思主义，我倒很少碰见。这到底是因为它极为稀缺，是因为人们在官长面前说话时藏而不露，还是因为马克思主义者并未列席我的讲堂，我不得而知。即便是公开承认基督信仰之处，它也常常沾染了泛神论成分。地道而又博识的基督教表述，即便出现，也经常来自罗马天主教徒或来自极端的新教教派成员（如浸信会）③。我在皇家空军里所发现的神学含混，在学生受众身上不太严重。但在学生中间，地道而又博识的表述来自安立甘大公主义④和罗马天主教徒；即

① 卢龙光主编《基督教圣经与神学词典》释 spiritualism（唯灵论）："哲学用语，指任何对感觉不能觉察的非物质存有予以肯定的思想体系。"

② 卢龙光主编《基督教圣经与神学词典》释 British Israelitism（英国以色列主义）："起源于 19 世纪中叶英国以色列同盟（British Israel World Federation）所发起的运动，以寓意方式诠释与犹太人有关的预言，认为英国皇室的祖先是犹太皇族，故此圣经给以色列的应许，便应验在英国和美国身上。"

③ 卢龙光主编《基督教圣经与神学词典》释 Baptists（浸信会，浸礼会）："基督教宗派。浸信会始自 17 世纪初，在神学上强调信徒皆祭司，在体制上承袭英国公理宗（Congregationalists）之传统，在浸礼上则强调只有信徒才能受浸（通常是指达到能自行认信年龄的成年信徒），并且坚持完全浸在水中的浸礼，才能表示认同基督的死、埋葬和复活。"

④ 卢龙光主编《基督教圣经与神学词典》释 Anglo-Catholicism（安立甘大公主义）："19 世纪英国圣公会的神学思潮。这个用字最早于 1838 年出现，指奉行天主教的教义、传统、礼制的圣公会（安立甘宗）高派教会。"

便是有，也很少来自不从国教者（Dissenters）。[1] 上文提到的各种非基督的宗教基本没见。

　　我从皇家空军学到的另一件事是，英国的普罗大众对历史的怀疑程度，受过学院派教育的人难以想象。这在我看来，的确是有学之士与无学之人之间的最大鸿沟。有学问的人看当前，习焉不察地认为其来有自，认为它源于数百年之远景（a long perspective of centries）。而在我的皇家空军听众的心目中，这一远景简直就不存在。看上去，他们其实并不相信，我们拥有关于历史人物的可靠知识。然而奇怪的是，这一点往往与我们对史前人所知甚多这一信念捆在一起：无疑是因为史前人在"科学"（这可靠）名下，而拿破仑或恺撒则在"史学"（这不可靠）名下。因而，关于"穴居人"的伪科学画面以及关于"当前"的画面，几乎占据了他们的全部想象；二者之间，只有一个无足轻重的模糊地带，其中隐隐约约穿梭着罗马士兵、驿站马车、海盗、重甲骑士、响马的幻影。我一度假想，要是我的听众不信福音书，他们就是因为其中记载神迹而不信。然而我的印象却是，他们不

---

　　① Dissenters（不从国教者，亦称 nonconformist），指从国家教会分列出来的信徒，特别是指英国那些不遵从国教的新教徒。

信福音书,只是因为其中写的事件发生在很久以前:他们对亚克兴战役与复活一样心存疑虑,而且理由一模一样。有时候,对这一怀疑论的辩护就是,在印刷术发明之前,所有书本都屡经传抄,以至面目全非。更令人吃惊的是,虽然他们的历史怀疑论显得如此理性,但是有时候,仅仅一句话就将此怀疑轻松打发。这句话就是,有一种"名叫经文校勘学(textual criticism)的科学",①它能给我们保证某些古代文本是准确的。对专家之权威的这一毫不犹豫的接受,意义深远。不仅是因为其坦诚,更是因为,它突出了我的整体经验令我深信不疑的一个事实。这一事实就是,我们所遭遇的反对,很少因恶意或多疑而发。它基于真诚的疑问(genuine doubt),而且就疑问者之知识状况而言,这一疑问往往合理(reasonable)。

第三个发现是个难题。我猜在英国,比在其他地方更

---

① 卢龙光主编《基督教圣经与神学词典》释 textual criticism(经文鉴别学,经文校勘学):

圣经研究学科,专门校勘文献、抄本及经文语句,从不同版本(包括原文抄本、译文与古代作者的引用句语)的异文推断最接近原稿的语句,目的是要尽可能重建经过重复抄传之经文的原貌,是圣经研究中的重要科目之一。经文鉴别学亦被称为低等鉴别学,以别于考究文献材料的高等鉴别学。

为棘手。此难题因语言而发。无疑，一切社会中，白丁的言语当然有别于有学之士。有着两套词汇（拉丁文与母语）的英语，英国谈吐（纵情于俚语，即便在上流圈子），以及容不下法兰西学院（the French Academy）的英国文化，这一切都使得鸿沟出奇地大。在这一国度，几乎有两套语言。谁要想跟那些未受教育者说话，必须先学他们的语言。避免使用他眼中的那些"难词"（hard words），这还不够。他必须从经验中发掘，其受众的语言中有些什么词，并发现这些词在此语言中是什么意思。比如说，*potential* 的意思不是"可能"，而是"力量"；creature 的意思不是"受造"，而是"动物"；*primitive* 的意思是"粗鲁"（rude）或"笨拙"，而 *rude* 的意思则（常常）是"淫秽"或"下流"；*Immaculate Conception*①（出自罗马天主教徒之口除外）的意思是"童女生子"（the Virgin Birth）。一个"存有"（a *Being*）意指"一个人"（a personal being）。有人对我说，"我信圣灵，但我并不认为祂是个存有"；②他的意思是说："我相信这一存有，但祂不是个人。"③另一方面，

① 意为"圣灵感孕"。

② 原文为："I believe in the Holy Ghost, but I don't think it is a being."

③ 原文为："I believe there is such a Being, but that it is not personal."

personal 有时意指"有血有肉"（corporeal）。当一个未受教育的英国人说，他信"神，但并非一个人格神"，①他的意思可能只是说，他并非严格且源初意义上的人神同形论者。*abstract* 看起来有两个意思：（1）"非物质"；（2）"含混"、晦涩以及不实际（unpractical）。因而在他们的语言中，算术并非一门"抽象"科学。*practical* 往往意指"经济"或"实用"。*morality* 几乎一直是指"贞洁"（chastity）：因而在他们的语言中，"我不是说这个女人不道德，我只是说她是个贼"这句话，就不是胡话；它的意思只是："她贞洁但却不诚实。"*Christian* 与其说有描述义不如说有褒扬义，如，"基督徒标准"意思是"道德高标准"。"某某人不是个基督徒"这一命题，只能理解为对其言行的批评，从来就不只是关于其信仰的一个陈述。同样重要的是要注意到，两词之中有学之士看来较难懂的那个，在未受教育者看来，事实上可能更易懂。因而新近有人建议修订，英国教会针对地方法官的一句祈祷词，将"may truly and indiffently administer justice"（忠诚且无区别地秉公行义）改为"may truly and impartially

---

① 原文为："in God, but not in a personal God."

administer justice"（忠诚且不偏袒地秉公行义）。一位乡村牧师告诉我，他的管堂能够理解并准确解释"indiffently"的意思，但对"impartially"却一头雾水不知所云。①

　　因此，谁要给英国人布道，谁就不得不去学通俗英语：恰如一个传教士给班图人布道，先要学班图语。这一点尤为必要。因为一旦开讲或开始讨论，语意歧出往往会令未受教育的听众生厌，甚至起疑。他们最不感兴趣的，莫过于语文学。我们的问题往往只是一个翻译的问题。对神职候选人的每次考试，都应当包括一道翻译题，在某些标准神学著作中挑出一段，让译成白话（the vernacular）。这工作虽然艰苦，却有高回报。藉着努力把我们的教义译为俗语，我们才会发现自己对教义理解有多深。翻译之失败有时是因为我们对方言之无知，但更经常的是，它揭露了这一事实，即我们并不确知自己要说什么。

----

　　① 路易斯在《飞鸿22帖》第1章说：

　　刷新语言，应该为谁而改？一位我所认识的乡村牧师问他的管堂，他对"忠诚且无区别地（indifferently）秉公行义"（按：公祷书中之一句）中的"无区别地"的了解是什么？管堂回答说："不对一个家伙和另一个家伙有差别待遇。"牧师继续问："如果把'无区别地'（indifferently）这字改成'不偏袒地'（impartially），那你又如何了解？"管堂回答说："不知道，从来没听过那字。"（黄元林等译，台北：校园书房，2011，第11—12页）

除语言难题之外,我遇到的最大障碍就是,我的受众心目中几乎全无一丝罪感。这一点,在跟皇家空军讲道时最让我怵目惊心,学生倒在其次。这给我们一个全新境遇,无论其原因在于(像我相信的那样)普罗大众之自以为义超过其他阶级,还是在于受过教育者更聪明些,藏起了他们的傲慢。早期基督教布道人在其听者心中,能够假定一丝负罪感(a sense of guilt),无论听者是犹太人、"畏神者"(*metuentes*)还是异教徒。(伊壁鸠鲁主义与神秘宗教二者都宣称要平抚罪感,尽管途径不同,这一事实表明罪感乃异教徒之通见。)因而,在那些岁月,基督教讯息(Christian message)明明白白地是福音(*Evangelium*),是好消息(Good News)。它应许医治那些自知有病的人。我们则在能指望听众欢迎救药之消息(the news of the remedy)之前,不得不先说服他们,接受这一不受欢迎的诊断。

古人接近上帝(或诸神),恰如被告接近法官。对现代人而言,这一角色反了过来。他是法官:上帝则在被告席。他是个相当仁厚的法官:要是上帝对自己身为神却容许战争、贫穷和疾病,能做出合理辩护,他倒情愿听取。案件甚至会以上帝之无罪开释作结。然而重要的是,人在法官席,上帝在被告席。

　　像老一辈布道者那样,藉反复申说酗酒及不贞之类的罪来抗击这种态度,基本无济于事。现代普罗大众并非醉鬼。至于通奸,避孕药已扭转乾坤。此前,这种罪由于会让一个女孩沦为私生子的母亲,从而可能使她没脸见人而毁了她,因此,绝大多数男子会承认这一违反贞洁的罪,他们的良心也会为之不安。如今,既然通奸不会有如此后果,因而我想,一般就不会被感受为一种罪。我的亲身经历告诉我,即便终究能够唤醒听众的良心,我们也必须从相当不同的方向出发。我们必须谈欺诈、恶毒、嫉妒、怯懦、吝啬等等。但我大不相信,自己已经找到解决这一问题的法门。

　　最后我必须说明,我的路数是不可救药的理智主义(intellectualism),我自己的著作颇受此累。那种简单易行、动之以情的呼吁("亲近耶稣")①依然富于成效。至于那些像我一样缺少此天分的人,最好不要尝试。

---

　　①　原文为:"Come to Jesus."

12　论古书阅读①

（1943）

On the Reading of Old Books

　　有一个流布甚广的奇怪观点，说无论哪一学科，阅读古书都是本行专家（professionals）之事，至于行外人（amateur），读今人之书（modern books）足矣。身为英国文学系导师，我于是发现，假如普通本科生想了解柏拉图主义，他充其量不过是从图书馆拿一本柏拉图英译本去读《会饮篇》。但他更情愿去读一些乏味的现代论著，这些著作比柏

---

　　①　选自 *God in the Dock* 第二编第 4 章。本文写于 1943 年，原为圣阿塔那修（St Athanasius）的《论道成肉身》（*The Incarnation of the Word of God*，London，1944）一书英译本所作序言，标题"论古书阅读"系编者 Walter Hooper 所加。

拉图著作厚十倍,尽是关于"主义"(isms)及其影响,只用十二页篇幅一次性交待柏拉图说了什么。这个错误倒也可爱,因为它源自谦卑。跟大哲学家面对面有点怕。觉得自己能力不足,以为自己理解不了。要是他知道,伟大人物正因其伟大,就比其当代评述者更好理解,那该有多好。最单纯的学生也能够理解柏拉图说了什么,即便不是全部也是很大部分;但是,任何人都很难理解一些关于柏拉图主义的现代论著。因而身为教师,我的一大努力就是去说服年青人,一手知识不仅比二手知识更值得获取,而且通常比二手知识更易于获取,也更有乐趣。

对今人之书的这种错误好尚以及面对古人之书的羞怯,在神学领域登峰造极。无论何地,只要你找到一个平信徒的小研究圈子,你就可以确定,他们并不研究圣路加或圣保罗或圣奥古斯丁或托马斯·阿奎那或胡克①或巴特勒②,而是研究别尔嘉耶夫先生③或马利坦先生④或尼布尔

---

① 胡克(Richard Hooker,约 1554—1600),英国圣公会神学家。

② 巴特勒(Joseph Butler,1692—1752),达勒姆主教(Bishop of Durham)。

③ 别尔嘉耶夫(Nicolas Berdyaev,1874—1948),俄国哲学家,作家。

④ 马利坦(Jacques Maritain,1882—1973),法国哲学家,天主教神学家,新托马斯主义(Neo-Thomism)之代表人物。

先生①或塞耶斯女士②甚至我自己。

在我看来,这恰好颠倒本末。身为作家,我自然并不希望普通读者不读今人之书。然而,假如他们必须二择一,只能要么读新书要么读古书,那么我就会建议他读古书。我之所以会如此建议,恰好因为他是行外人,因而他们比起行内专家来,对单一当代食粮之危险,更少防备。一部新书正在接受检验,并非行外人所能判定。它不得不接受历代基督教思想之检验,其全部言外之意(作者本人往往毫无觉察)必须摆上明面。要是不了解一大堆其他现代论著,它常常不能得到充分理解。假如一场对谈八点钟开始,你十一点钟参与,那么,你往往弄不明白谈话要旨。看似平常的话,却令人捧腹或引人发怒,你难晓其究竟。原因在于,前期对谈给了他们一些笑点或怒点。同理,现代论著中的许多语句,看似平常,却"针对"许多其他论著;如此一来,你将被引导着去接受一些语句。可是,假如你知道其真正意涵,你则可能对之弃若敝屣。唯一的安全阀是,要有一个定准、一种关于基督教

① 尼布尔(Reinhold Niebuhr,1892—1971),美国神学家。
② 塞耶斯(Dorothy L. Sayers,1893—1957),多部宗教戏剧及流行侦探小说之作者。

核心要义(巴科斯特①称之为"如斯基督教"[mere Christian-ity])②的定准,它会让当代争论各归其位。这样一个定准,只能来自古书。最好给自己定个规矩:读完一本新著,等你读了一本古书,再去读另一本新著。这对你可能有些过分,那么,你至少在读三本新书之后,应读一本古书。

各时代各有其识见(outlook)。它善于看到特定真理,亦易于犯特定错误。因此,我们所有人,都需要那些可纠正自己这个时代标志性错误的书籍。这意味着古书。在一定程度上,所有当代作家都共享当代识见——即便是那些仿佛与之最为对立的人,比如我,也不例外。阅读往古书籍,最震撼我的莫过于这一事实,即争论双方视为毋庸置疑的许多东西,我们则绝对否认。他们以为针锋相对,可事实

---

① 理查德德·巴科斯特(Richard Baxter,1615—1691)是英国清教教会领袖、诗人、赞美诗作家、神学家、争论家。

② mere Christianity,乃路易斯终身强调的基督教神学观,汉语学界通译为"纯粹基督教"。汉译如此,确如林鸿信博士所言,有原教旨主义之嫌,故而译为"如斯基督教"。林鸿信先生说:

书名 *Mere Christianity* 里的 mere,意为"仅仅是"或"不过就是",带有谦卑的含义——"这不过就是基督教"、"仅仅就是基督教",作者想要尽力呈现基督教信仰的基本面貌,但并无"澄清误解"、"标榜正宗"或"强调纯粹"的意图,可以简称为"这就是基督教",但绝无"这才是基督教"的意涵。(林鸿信:《纳尼亚神学:路易斯的心灵与悸动》,台北:校园书房,2011,第 17 页)

上，他们在一大堆共同假定上却始终团结一致——彼此团
结一致，对立于先前及后来时代。我们可以确定，20 世纪
特有盲点（characteristic blindness），正在我们从未置疑之
处。在盲点所关之事上，希特勒和罗斯福总统、或者 H. G.
威尔斯先生与卡尔·巴特①，会顺利达成一致。关于此盲
点，后代会问："可是，他们怎能那样想？"倘若只读今人之
书，这一盲点，我们非但无人能完全幸免，反而会使其变本
加厉，使我们放松戒备。它们说对的地方，只不过告诉一些
我们已经一知半解之真理。它们说错之处，则使我们错上
加错。唯一的保守疗法（palliative），就是让亘古以来的海
上清风吹拂我等心灵。这一点，只有阅读古书方能达致。
当然，这并不是说，往古自有魔法。古人并不比今人聪明，
他们所犯之错，与我们一般多。不过，并非同样错误。我们
所犯之错，他们不会阿谀奉承。他们自身之错，因已摆上台
面，故不会构成危害。两个头脑强于一个头脑，不是因为二
者都不会犯错，而是因为二者所犯之错，不大可能是同一走

①　H. G. 威尔斯（H. G. Wells，1866—1946），英国小说家，科学主义
的代表人物之一；卡尔·巴特（Karl Barth，1886—1968），瑞士著名的基督
教神学家，以《罗马书释义》闻名于世。

向。无疑,将来之书也像往古之书一样,会纠今人之失。可是很不幸,我们无缘获致。

我自己被领着去读基督教典籍,几乎是误打误撞,是我研习英文的一个结果。一些人,诸如胡克、赫伯特①、特拉赫恩②、泰勒③和班扬④,我之所以读,是因为他们本人就是伟大的英语作家。而另一些人,诸如波爱修斯⑤、圣奥古斯丁、托马斯·阿奎那和但丁,我读他们是因为,他们"影响深远"。乔治·麦克唐纳(George MacDonald),是我16岁时自己找上门的,从此一往而情深,虽然有很长一段时间,我曾力图无视他的基督信仰。你会留意到,他们是个大杂烩,代表着众多教会、风气和时代。这给了我阅读他们的另一个理由。基督徒之分裂,无可否认,而且在他们之中的一些人身上,表达得再激烈不过。可是,要是有人禁不住认

---

①　乔治·赫伯特(George Herbert,1593—1633),英国诗人。

②　托马斯·特拉赫恩(Thomas Traherne,1637—1674),英国作家及神学家,以《一百沉思》(*Centuries of Meditations*)名世。

③　杰里米·泰勒(Jeremy Taylor,1613—1667),英国神学家,最著名的著作是《生而圣》(*Holy Living*)及《死而圣》(*Holy Dying*)。

④　约翰·班扬(John Bunyan,亦译"约翰·本仁",1628—1688),《天路历程》之作者。

⑤　波爱修斯(Boethius),生于公元470年前后,《哲学的慰藉》之作者。

为——就像只读当代之书的人那样禁不住认为——"基督
信仰"一词有那么多意涵,以至于毫无意义,那么,藉着步出
自己所在的世纪,毋庸置疑,就会得知并不是这么回事。衡
诸众多时代,结果证明"如斯基督教"(mere Christianity),
并非教派之间和稀泥,而是某种实有其事、一以贯之、取之
不竭的东西(positive,self-consistent,and inexhaustible)。
这一点,我的确是吃尽苦头才知道的。在我仍旧恨基督教
的那些日子里,①我渐渐体认到,就像某种熟悉得不能再熟
悉的气息,我老是遭遇到某种一成不变的东西,时而在清教
徒班扬那里,时而在圣公会胡克那里,时而又在托马斯主义
者但丁那里。它在圣法兰西斯·德·塞尔斯②那里,甜蜜
而芬芳;在斯宾塞③和沃尔顿④那里,肃穆而朴素;在帕斯

---

① 详见拙译路易斯《惊喜之旅》(华东师范大学出版社,2018)。

② 圣法兰西斯·德·塞尔斯(François de Sales,亦译沙尔·法兰西斯,1567—1622),是他那个时代最著名的传道人之一,常被邀请到法国宫廷讲道。其著作《敬虔生活真谛》与托马斯·肯培的《效法基督》齐名,被誉为是修习敬虔生活的最佳入门书籍。(参《天风》杂志1999年第6期刊登的《敬虔生活真谛》一文)

③ 斯宾塞(Edmund Spenser,1552?—1599),《仙后》之作者。

④ 艾萨克·沃尔顿(Izaak Walton,1593—1683),最著名的著作是《钓客清话》(*Compleat Angler*)。花城出版社2001年出版该书之中译本,译者缪哲。

卡尔①和约翰逊②那里，冷峻而又大丈夫；而在沃恩③、波墨④及特拉赫恩那里，则是一种淡淡的、新天下耳目的、天堂般的气息。在18世纪之冷峻(urban sobriety)中，没人安全无虞——劳威廉⑤和巴特勒(Butler)是两头狮子，就在路上。伊丽莎白时代所谓"异端"，没挡住它；它就在一个人自以为最为安全之地，等着他，就在《仙后》(*The Faerie Queene*)和《阿卡迪亚》(*Arcadia*)⑥的中心处等着。当然，它姿态万千；可归根结底，却明明就是同一个。它像一种清晰可辨的气息，无可逃遁，除非让它进入我们的生命，否则对我们就意味着死亡：

---

①　帕斯卡尔(Blaise Pascal,1623—1662)，尤以《思想录》闻名于世。

②　塞缪尔·约翰逊博士(Dr Samuel Johnson,1709—1784)。

③　亨利·沃恩(Henry Vaughan,1622—1695)，英国诗人。

④　雅各布·波墨(Jakob Boehme,亦译"雅各布·伯麦",1575—1624)，德国路德宗神智学家。黑格尔《哲学史讲演录》第三部第一篇对其思想，做过详细介绍。

⑤　劳威廉(William Law,1686—1761)，其著作《敬虔与圣洁生活的严肃呼召》对路易斯影响很大。三联书店2013年出版该书之中译本，译者杨基。

⑥　作者菲利普·锡德尼爵士(Sir Philip Sidney,1554—1586)。

从故国吹来的,

一阵断魂的风。①

为基督徒之分裂,我们沮丧,蒙羞,理所应当。只不过,那些总是拘于基督教之一隅的人,让其弄得垂头丧气,或许太过容易了些。教会分裂是不好,可是,这等人并不知道,从外边看,教会是什么样子。从外边看,尽管有这些分割,可是留下来浑然未分的东西,依然仿佛是(而且确实是)个令人叹为观止的统一体。我知道这一点,因为我看见了,更因为我们的敌人对之心知肚明。我们任何人,走出自己的时代,都能发现这个统一体。虽然这样尚嫌不够,但不到这时,你想不到它。一旦浸润其中,你若这时敢说话了,就会有种奇妙体验。当你重述班扬,人会以为你是个天主教徒(Papist);当你征引阿奎那,人会以为你是个泛神论者;如

---

① 原文是:"an air that kills / From yon far country blows." 语出豪斯曼(A. E. Housman):《西罗普郡少年》(*A Shropshire Lad*)第40首。湖南人民出版社1983年出版该诗集之中译本,译者周煦良。周译全诗如下:"从远方飘来了一阵熏风/侵入人心坎:/那是何处在,那识面的青山,/寺塔与田园?//我认出,是不堪回首的乡邦/鲜映在眼前,/分明快乐的来时路,我如今/再不能回还。"为保持本文文意通畅,拙译未采周先生译文。

此等等,不一而足。① 因为你这时已经上了一座宏伟的高架桥(the great level viaduct)。这座桥,跨越了诸多时代。自谷底看,何其高;从山上看,如此低;与江泽相比,何其狭;与小道比,又如此宽。

这本书,算是个实验。此译本不是只为了神学学生,而是为了全世界(the world at large)。它若成功,别的基督教伟大著作之译本,会紧随其后。当然话说回来,它不是该领域之首例。《日耳曼神学》(*Theologia Germanica*)②、《效法基督》③、《完全的进阶》④,还有诺里奇的茱莉安的《圣爱的启示》,⑤市

---

① 路易斯《返璞归真》一书,就是在述说这个一体的基督教——"如斯基督教"(mere Christianity)。他说,这个"如斯基督教",可比作一座房子的门厅,东正教、天主教等教派,则像是这座房子里的各个房间:"我若能将人领入这个门厅,便达到了自己预期的目的。火炉、椅子、饭菜不在门厅,而在房间里,门厅不是住所,只是等候的地方。从这里你可以试敲不同的门。就此而言,我认为最差的房间(不管是哪一间)也比门厅强。"(汪咏梅译,华东师范大学出版社,2007,第16页)

② 【原编者注】14世纪末的一篇神秘主义文章,作者不可考。

③ 《效法基督》(*The Imitation of Christ*),一本中世纪灵修名著,一般认为,其作者是托马斯·厄·肯培(Thomas a Kempis,约1380—1471)。有黄培永之中译本行世。

④ 《完全的进阶》(*Scale of Perfection*),作者是英国神秘主义者瓦尔特·希尔顿(Walter Hilton,死于1396)。

⑤ 《圣爱的启示》(*The Sixteen Revelations of Divine Love*),作者诺里奇的茱莉安(Julian of Norwich,约1342—1413之后)。

面上均有译本,都极可贵,虽然有些不是很严谨。不过你会注意到,这些书都是灵修之书(books of devotion),不是教义之书(books of doctrine)。平信徒或门外汉既需受教导(instructed),又需受劝诫(exhorted)。在这个时代,他的知识需求,尤为迫切。我不会认为,这两类书泾渭分明。就我而言,灵修之时,发觉那些教义之书往往比灵修之书更有帮助。而且我还真怀疑,说不定相同体验正在等待着许多人。我相信有好些人,坐下甚或跪下读灵修之书,他们发觉"无事发生";可是,当他们口咬烟管手拿铅笔,在一个艰涩的神学著作中蜿蜒前行时,却会发觉心灵欢歌不请自来。

这是一部极伟大之书的一个好译本。在一般人心目中,圣阿塔那修因《阿塔那修信经》①中的一句话而遭低估。我不再费力摆明,那部著作不是一本信经(a creed),其作者也非圣阿塔那修。不过,那是一部写得很好的作

---

① 卢龙光主编《基督教圣经与神学词典》"*Athanasian Creed*"(《亚他那修信经》)辞条:"早期教会信经。……这信经并非由亚他那修所撰,而是在公元 5 世纪中叶由一个不知名的南高卢信徒,根据奥古斯丁的传统写成的。信经原本为拉丁文……全文共 44 条,概括了早期教会大公会议的信仰教义,并详论三位一体的教义。东正教会使用希腊文版本,并删去'和子'一语。"

品。触犯众人的是这些文字："此信仰，凡守之不全不正者，必永远沉沦。"①这话常遭曲解。句中动词是"守"；不是"得到"，更不是"相信"，而是"守"。事实上，作者谈的不是未信之人，而是弃信之人；谈的不是那些从未听闻基督之人，更不是那些因曲解基督而拒绝基督之人，而是那些确实理解基督并真信基督的人，后来却为怠惰、潮流或其他迷惑所左右，听任自己被拖入次基督的思维模式（sub-Christian modes of thought）。这话对现代人是个警告，因为现代人假定，一切信念变化，无论其前因后果如何，都无可指摘。不过，这不是我最关心的。我提通常所谓的《阿塔那修信经》，只是为读者清道，赶走拦路鬼，还阿塔那修以真貌。他的墓志铭刻着："抗拒世界的阿塔那修。"值得自豪的是，我们祖国曾不止一次抗拒世界。阿塔那修也一样。当整个文明世界，都仿佛从基督信仰退缩，转向亚流教，②阿塔那修

①　《阿塔那修信经》第二条，见尼科斯选编《历代基督教信条》（宗教文化出版社，2010）第 13 页。

②　卢龙光主编《基督教圣经与神学词典》"Arius"（亚流[阿里乌]）辞条："约 250—336，亚历山大教会的长老与神学家。他认为圣子是受造的，虽然是完全的人和最高的受造物，却处于较次的位置，而不是完全的神，因为他不是与神同质的。亚流被逐出亚历山大教会，其思想后来被尼西亚会议（325 年）定为异端。然而，亚流主义的影响却延续到他死后。"

起身捍卫三一教义，信心"完全而无瑕"。当时之亚流教与现今那些"通晓事理"的综合性宗教（"sensible" synthetic religions）一样，备受推崇，其献身者中也不乏造诣颇高的圣职人员。不与时俱进，是阿塔那修的光荣；他所得报偿则是，当那些时代像一切时代一样，都已飞逝，他却至今留存。

　　首次翻开《论道成肉身》，靠一个简单不过的检验，我即刻发现我正在读一部杰作。除新约圣经外，我对基督教的希腊文学（Christian Greek）所知甚少。所以，我预计读起来困难重重。令我惊讶不置的是，我发觉它几乎跟色诺芬一样易读。只有大师头脑，才会在第四世纪，以古典之质朴笔法，就此题写出此等深刻文字。阅读每页文字，都证实这一印象。他对神迹之探讨，尤为今日所亟需，因为，对那些视神迹为"对自然法则之随意又毫无意义之违背"的反对者，他的回答一劳永逸。① 他的探讨表明，神迹用大写文字加以重述的，正是自然用她那难解之草书所写的同一讯息（message）。祂遍体生命（full of life），当祂求死，还不得不"借他人之手"。神迹，正是我们期待之中的祂的运行（op-

---

　　① 没过几年，路易斯就在他的《神迹：研究初阶》（*Miracles：A Preliminary Study*，London，1947）一书中，为神迹作了出色辩护。

erations)。① 整本书真是一副生命之树画卷——一部生命汁液般的书,一部金子般的书,充满了欢快与自信。我承认,我们今天已无法承袭其全部自信。以基督徒生活之德修(high virtue)及基督徒殉道者欢乐又近乎嘲讽的勇气(almost mocking courage),作为我们教义的证据——其确凿无疑,阿塔那修视为理所当然,而我们却不能够。关于此,无论怪谁,也不能怪阿塔那修。

与我相比,译者深谙基督教的希腊文学。因而,赞扬她的译本,我没资格。不过依我看,译本就在英文翻译的优良传统之中。今人迻译古人语言时所习见的那种支离破碎,在此译本中,我想读者不会找到一丝半点。英语读者会留意到的也就这些了;至于对参译本与原著的读者,却可以估量,比如说首页就选用"这些精明人"(these wiseacres)一词,该具备多大的才智与天分。

---

① 这段话殊难翻译。兹附原文如下,期读者诸君教正:They are here shown to be rather the re-telling in capital letters of the same message which Nature writes in her crabbed cursive hand; the very operations one would expect of Him who was so full of life that when He wished to die He had to "borrow death from others."

13　两场讲演①

(1945)

Two Lectures

"因而，"演讲人说，"我最后要说的，还是开头那话。进化，发展，从粗糙的略具雏形的开端到不断完善不断精巧的向上向前的缓慢斗争——整个宇宙之准则（formula）似乎正是这样。

"我们看到，我们所研究的每样事物，都昭示了这一点。

① 选自 God in the Dock 第二编第 5 章，首刊于 1945 年 2 月 21 日的《考文垂电讯晚报》（The Coventry Evening Telegraph）。本文可与《神学是诗？》(Is Theology Poetry)一文对参，文见拙译路易斯《荣耀之重》（华东师范大学出版社，2015）。亦可参《痛苦的奥秘》第 5 章，以及本编第 6 章《大迷思之葬礼》一文。

橡树来自橡子。今日庞大的高速机车来自'火蒸机'(Rock-et)①。当代艺术之最高成就,是史前人装饰其洞壁的粗糙涂抹(crude scratching)一脉相传下来的。

"文明人的伦理及哲学,难道不是最为原始之本能及最为野蛮之禁忌的神奇演化(miraculous elaboration)?我们每个人,都从一个小得看不见的物质微粒开始长起,中经缓慢的胎儿期。在胎儿期,我们与其说是哺乳动物,不如说是鱼类。人类自身源于禽兽:有机物源于无机物。发展才是关键词。万物之进展,都是从低级到高级。"

所有这一切,对于我或听众席上其他任何人,当然并不新颖。不过,却说得极动听(比我的复述动听多了),而且,演讲人的嗓音及形象都很有磁性。至少吸引了我,否则,我那晚那个奇怪的梦,就无从解释了。

我梦见,我还在听演讲,台上的声音还在继续。但全都说错了。或许在我开始注意听讲的那一刻之前,至少还说

---

①　"Rocket"是最先出现的蒸汽火车,1825 年由乔治·史蒂芬森(George Stephenson)设计发明。在汉语界,火车最初被称为"火蒸车",轮船被称为"火蒸船"。依此,兹将 Rocket 一词译为"火蒸机",以凸显其原始。

得对,可那刻之后,全说错了。我醒来后,记起的差不多是这样:"……整个宇宙之准则似乎正是这样。我们看到,我们所研究的每样事物,都昭示了这一点。橡子来自长大的橡树。第一台简陋引擎,火蒸机,不是来自更简陋的引擎,而是来自比它本身远为完美远为复杂的某种东西,一个人的心灵,一个天才人物。第一幅史前绘画,并非来自更早的涂抹(scratching),而是来自人类的手和脑。他的手和脑,一点也不显得比我们自己的差;而且显而易见,第一个动念作画的人,相比于踵其事增其华的后来艺术家,其天分必定更高。我们每个人的生命藉以发端的那个胚胎,并非源于某种更胚胎的东西,而是发源于两个发育成熟的人,我们的父母。下降,向下运动,才是关键词。所有事物之演进,都是从高级到低级。那简陋又不完美的事物,一直源自完美而又发达的事物。"

刮胡子时,我对此并没多想。可那天早晨,十点钟我碰巧不用见学生。① 于是写完回信,我坐下来反思这梦。

_____

① 路易斯当时在牛津大学抹大拉学院担任导师(tutor)。这个导师职位,与国内导师大不相同。牛津和剑桥对本科生实行导师制(tutor system),一对一授课,每周一次。李若虹《在牛津和哈佛求学》(华（转下页注）

依我看，梦中演讲人，可圈可点之处甚多。诚然，我们环顾四周，的确看到事物从一个不起眼的简陋开端（small and rude beginings），逐渐趋于完善；可是，同样真实的是，这一不起眼的简陋开端通常都来自发育完全的事物。所有成人都曾是婴儿，没错；可是，所有婴儿，都由成人孕育生养。玉米的确发自种子，可是种子来自玉米。还有个例子，他遗漏了，我甚至可以提供给他。所有文明都由不起眼的开端（small beginings）生长而来；可是，当你查看究竟，你通常会发现，这些不起眼的开端本身是从别的某些成熟文明上"掉下来的"（恰如橡树落下橡子）。老日耳曼蛮族的武器甚至厨艺，可以说，都是罗马文明这艘沉船掉下来的浮木。

（接上页注）东师范大学出版社，2009）一书第四章详细介绍这一古老制度，其中说："导师制是英国的牛津大学和剑桥大学内一种传统的授课方式，其中心内容就是每周一次（频率也许会因年级、专业和课程而异），导师对学生进行一对一的授课，师生之间就学业做一对一的交流和探讨。师生见面的时间并不长，但是效率和强度都很高。导师每个星期布置的阅读任务和授课时要朗读的短篇论文，学生都得在下一次授课之前按时完成。不仅要消化应该消化的阅读内容，同时还要对所阅读的典籍做深入独到的思考，然后写出一篇短论文。下一次授课时，带着论文去见导师。授课一开始，学生就得向导师大声朗读写的论文，然后，师生就这篇论文的主题、论点和论据展开讨论，相互切磋。一个多小时的授课接近尾声时，导师就布置下一周的阅读任务和论文的主题。每周如此，从专业上的一个主题转到另外一个主题，从一个名家的经典著作读到另一个名家的。"

希腊文明之起点,乃是克里特文明之遗存,再加上埃及文明和腓尼基文明的一些零头。

可是我想,既如此,第一个文明又当何说?刚一问,我就意识到,梦中演讲人选择例证真是谨小慎微。他只谈那些周遭事物,规避了绝对开端(absolute beginnings)这一话题。他相当正确地指出,在当前,在历史过去,我们看到并不完美的生命来自完美生命,恰如其反之亦然。可是,关于所有生命之开端,他甚至连回答真实演讲人的企图都没有。真实演讲人的观点是,要是你追溯得足够远——追溯至过去那些我们所知甚少的部分——你就会找到一个绝对开端,它必定是某种不起眼又不完美的东西。

这一点有利于真实演讲人。至少关于绝对开端,他有个理论,而梦中演讲人则闪烁其词。可是,真实演讲人难道不也闪烁其词?他的最终起源理论,迫使我们相信,自然习性(Nature's habits),从那一日开始就全然改变。关于此,他绝口不提。自然当前的习性是给我们展现一个无尽圆圈——鸡生蛋蛋生鸡。他则请我们相信,整体上始于蛋,此蛋之前再没有鸡了。或许如此吧。可是,他的观点乍一听头头是道(whole *prima facie* plausibility）——听众轻松接受，以为它自然而然显而易见——端赖于他闪烁其词，对这个最终起源与我们实际所见进程的巨大差异闪烁其词。他把此事放在一边，把我们的注意力引向蛋发展为鸡这一事实，并使得我们忘记鸡还生蛋；确确实实，我们终生受训去做此事：受训闭一只眼看宇宙。"发展论"（developmentalism）弄得仿佛头头是道，靠的就是这一伎俩。

我平生首次开始睁开双眼看此问题。在我所知的这个世界，完美者生出不完美者，不完美者又成为完美者——鸡生蛋蛋生鸡——处于无尽连续之中。要是曾有某种生命，从一个纯粹无机的宇宙中，自告奋勇跳了出来；要是曾有过某种文明，提着自己的肩带，把自己从纯粹野蛮中拉了出来——那么，这一事件就全然不同于每一后续生命及每一后续文明之发端。这事可能发生过；可是其全部头头是道处，则一去不返（but all it's plausibility is gone）。无论怎么看，发端（the first begining）必定在自然的日常进程之外。无鸡之蛋，就像永生之鸡一样不"自然"。由于"蛋—鸡—蛋"序列不能把我们带向一个说得过去的开端，那么在整个序列之外去寻找真正起源，岂不在情理之中？你必须步出引擎之序列,步入人的世界,去寻找火蒸机之真正起因(real originator)。那么,在自然之外,寻找自然秩序的真正起因,岂不同样在情理之中?

14　工具房里的一则默想[①]

（1945）

Meditation in a Toolshed

　　有一天，我站在黑乎乎的工具房里。外面阳光灿烂。透过门顶的缝隙，射进一束光。从我站的地方去看，这束光在房内最为显眼，亮光中尘屑浮动。房内四周几乎一片漆黑。我在看光线，而不是藉光线看东西。

　　接下来我换了个位置，好让光线落上双眼。霎时间，先前的整个图景都不见了。我看不到工具房，更看不到光线；倒是透过门顶不大规则的缝隙，看到屋外有树，枝叶婆娑，

---

　　①　选自 *God in the Dock* 第二编第 6 章，首刊于 1945 年 7 月 17 日的《考文垂电讯晚报》(*The Coventry Evening Telegraph*)。

还看到亿万里开外的太阳。顺着光看与盯着光看，是很不相同的两类经验。

不过，区分盯着看（looking at）与顺着看（looking a-long），这只是一个极为简单的例子。一年青人遇见一女孩，看上了她，整个世界似乎变了样。她的说话声音，让他记起自己平生一直试图追忆的东西；跟她闲谈十分钟，比世上别的女人能给他的全部好意都珍贵。就像大家说的那样，他"坠入爱河"。这时，来了位科学家。他从局外（from the outside）①描述这位年青人的经验。对他来说，这不过是年青人的基因所生的一桩子事，只不过是一个得到体认的生理刺激。这就是顺着看性冲动与盯着看性冲动的不同。

要是你习惯于作此区分，你就会随时随处找到例子。数学家坐着苦思冥想，对他而言，他好像在思索关于数量的超时空的真理（timeless and spaceless truth）。可是脑系生理学者，要是他能看进这位数学家头内，就不会发现那里有

---

① outside 与 inside 乃本文关键词，分别对应于盯着看与顺着看。拙译藉汉语俗语"当局者迷旁观者清"及王国维"诗人对宇宙人生，须入乎其内，又须出乎其外"之语意译。

什么超时空的东西,只有灰色物质中的细微运动。深更半夜,土著在神明面前忘情跳舞,感觉他舞蹈中的一举一动都在帮着带来丰收、春雨及生育。人类学家观察土著,记下一笔,说他在实施某种丰收仪式。小女孩为破损的洋娃娃又哭又闹,感到自己失去了一位真正朋友;心理学家则说,她的初期母性本能已经挥洒在一块有形有色的蜡上面。

你一旦掌握了这一简要区分,就会有个疑问。同一样东西,你顺着它看是一种经验,盯着它看又是另一种经验。哪种经验"真实"或"有效"? 关于这东西,哪种经验告诉你最多? 有了这一疑问,你就不会注意不到,在过去的五十年间,几乎每一个人都会给你一个理所当然的答案。人们未经讨论就设定,要是你想真正认识宗教,不要找宗教人士,去找人类学者;要是你想认识性爱,必须去找心理学家,而不是恋人;要是你想理解某种"意识形态"(诸如中世纪的骑士品质或 19 世纪的"绅士"观念),你不要听那些亲历者,而要听社会学家。

那些盯着事物看的人,大行其道;而那些顺着事物看的人,则备受打压。人们甚至认为,对事物的外部说明(eternal account)理所当然会驳倒或"拆穿"局内(inside)所提供的说明。精明人（wiseacre）说："所有这些局内看来如此高超如此美好的道德理想，其实只不过是一堆生理本能和传统禁忌而已。"没有人反过来说："只要你情愿入乎其内（step inside），那些在你看来是本能或禁忌的东西，会刹那间显露其本性之真实与高超。"

事实上，这就是独属"现代"的那类思想的全部基础。你会问，难道这不是一个非常明智的基础？因为，我们毕竟常常是当局者迷。比如说，我们坠入爱河时看起来那么美妙的女子，其实说不定非常平庸、蠢笨、惹人厌。土著跳给神明的舞蹈，其实并非庄稼长势好的原因。既然顺着看常让我们受骗，我们何不接受建议，只信任盯着看——从而事实上概不理会这些内在经验？

绝对不可。这一概不理会，起码有两项致命缺陷。其一，你为了思考更准确，不再理会它们。可是，要是没有东西可供思考，你就根本无法思考——因而你当然无法准确思考。比方说，一个生理学家能够研究痛苦，并发现痛苦"是"（无论"是"字什么意思）如此这般的神经事件。可是，除非他曾因切实受苦而"入乎其内"，否则，"痛苦"一词于他毫无意义。要是他从未顺着看痛苦，他就根本不会知道，他在盯着看什么。他从局外研究的那个对象，只因他曾至少有一次入乎其内，才会对他存在。

这种情形不大可能出现，因为每个人都感受过痛苦。不过，解释宗教、爱、道德、荣誉之类事情，终生不入乎其内，对你来说完全轻而易举。如果你真是这样，那么你就在玩计数器。你在解释你所不知道的东西。为什么许多当代思想，严格说来空洞无物（thought about nothing）——全部思想仪器在急速空转，其原因就在于此。

至于另一致命缺陷，我们且重回工具房。我可以不再理会顺着光线看到的种种（即枝叶婆娑和太阳），理由是那"其实只是漆黑仓房里一道尘屑浮动的光亮"。也就是说，我可以把我对光线的"旁视"（side vision）确立为"真"。可是接下来，这一旁视本身只是我们称之为"看"的一个实例。这一新实例也可以从局外盯着看。我应能容许一位科学家告诉我说，那乍看是仓房里的一束光亮，"其实只是我自己视神经的一阵躁动"。这一拆穿与前一拆穿，一样出色（或一样糟糕）。恰如先前的绿叶和太阳画面，已被置之不理一样，工具房里的光束画面，而今也不得不置之不理。这样一来，你在哪里？

换言之，我们能够对某一经验出乎其外，仅当我们能对另一经验入乎其内。因而，假如所有的局内经验都是误导，那么，我们就一直被误导。那位脑系生理学家可能会说（要是他选择这样说），数学家的思考"只不过"是灰色物质的细微运动。可是接下来，对这位生理学家自己此时此刻的思想，又当何说？第二位生理学家，又来盯着看，又会宣称那只不过是第一位生理学家脑瓜内的细微物质运动。这般胡言何时终了？①

答案在于，我们绝不容许这般胡言起步。我们必须从一开始就否认，盯着看本质上比顺着看内在地真内在地好的观点。违者以蠢货论。对任何事物，我们必须既顺着看又盯着看。在特定情况下，我们会找到理由，确定到底顺着看低下还是盯着看低下。于是，对于理性思考的"内视"（inside vision），必定比只看到灰色物质运动的"外视"（out-

———————

①　路易斯在《人之废》之末尾说：

你不能把"看透"持续到永远。看透某物之全部意义在于，透过它看见某物。窗户透明当然是好事，因为窗外街道和花园不透明。假如你也"看透"了花园，会怎样？尝试"看透"第一原理，毫无益处。假如你看透任何事物，任何事物就都是透明的。然而，一个全然透明的世界，是一个不可见的世界。"看透"所有事物，与闭眼不看一模一样。（邓军海译，华东师范大学出版社，2015）

side vision)更真实一些。因为,倘若"外视"是正确的那个,那么,所有思考(包括这一思考本身)都会毫无价值。这是自相矛盾。你不可能举证说,所有证据都无效。另一方面,土著在神明面前跳舞或许会被发现是骗人的,因为我们有理由相信,庄稼和生育未受其影响。事实上,对每一情况,我们必须区别对待。不过,我们必须从一开始,对这两种看无分轩轾。我们无法事先知晓,关于爱的诠释,恋爱中的人与心理学家哪个更为正确;抑或两者都对,只是方式不同;抑或两者都不对。我们不得不去探讨。然而,这个一味打压的时代,则必须终止。

15 布佛氏论证:20世纪思想之根基^①

(1941)

"Bulverism": or, The Foundation of 20th Century Thought

恰如爱默生在某个地方所说,"我们的存在"(that we exist)这一发现,是灾难性的。^② 我的意思是,我们不去仅

---

① 选自 *God in the Dock* 第三编第 1 章。Bulverrim 乃路易斯新造词语,已被列入典型的逻辑谬误。中文维基百科译为"布佛氏论证"。本文起初以"随笔"(Notes on the Way)为题,刊于 1941 年 3 月 29 日之《时代与潮流》(*Time and Tide*)。后经修订,以《布佛氏论证》为题,1944 年 2 月 7 日在牛津大学苏格拉底学会宣读。本文之主题与《魔鬼家书》第一封信密切相关,诸君可对参。

② 语出爱默生《随笔二集》第 2 篇《论经验》。爱默生说:

我们已经发现我们的存在,这一发现十分不幸,但已为时已晚,无法补救。这个发现被称为"人类的堕落"。从此以后我们就一直怀疑我们所用的工具。我们得知我们并不是直接看见的,而是间接看见的,我们没有办法去矫正这些使物体变形的透镜,因为我们就是这些透镜,(转下页注)

仅注意一朵玫瑰，反而被迫去想，我们正以某种心灵某种眼睛看着玫瑰，这才是灾难性的。之所以是灾难性的，是因为，要是你并不特别细心，玫瑰花色就被归结于我们的视神经，玫瑰花香则被归结于我们的鼻子，最终没了玫瑰花。职业哲学家为此"黑障"（universal black-out）烦恼了两百多年，只是这个世界不大听他们的。如今，同一灾难出现在我们都能理解的水平之上。①

最近，我们在两种新的意义上"发现我们的存在"。弗洛伊德们发现，我们作为一束束情结而存在。马克思们发现，我们作为某经济阶层的成员而存在。古时候，人们假定，假如某事物对于一百个人来说明显为真，那么它有可能事实上就是真的。如今，弗洛伊德派要告诉你，找那一百个人并分析他们，你就发现，他们都认为伊丽莎白是个伟大女皇，因为他们都有恋母情结。从源头上，他们的思想就染了心理之色（psychologically tainted）。而马克思派则告诉你，

（接上页注）也没有办法估计这些透镜有多少差错。也许这些主体式透镜具有一种创造力；也许根本就不存在什么客体。（见〔美〕波尔泰编《爱默生集》上卷，赵一凡译，三联书店，1993，第543页）

　　①　关于这一拆穿策略，读者若理解略嫌困难，可参看本书第一编第14章《工具房里的一则默想》一文。

找那一百个人并盘点他们的经济利益，你则发现，他们全都认为自由是件好事，是因为他们都是资产阶级的一员，自由放任政策使得他们发家。从源头上，他们的思想就"染了意识形态之色"（ideologically tainted）。

如今看来，这明显是个莫大笑话。可是时常未被觉察的是，事情不可一笑了之。人们应当问那些这样说的人两个问题。其一是，是所有思想还是有些思想都这样从源头上被染呢？其二是，染色是否令被染之思想无效——也即令其不真？

要是他们说所有思想都这样被染，那么，我们当然必须提醒他们说，弗洛伊德主义和马克思主义，也和基督教神学或哲学唯心主义一样，是思想体系。弗洛伊德派和马克思派跟我们其他人在同一条船上，因而无法置身局外（from outside）批评我们。他们锯掉了他们坐于其上的树枝。另一方面，假如他们说染色并未使自己的思想无效，那么，也不必使我们的思想无效。这时，他们保住了自己的树枝，也就顺带保住了我们的树枝。

他们真正能走的唯一一条路就是去说，有些思想被染而别的没有——这样说的优势（要是弗洛伊德们或马克思

们把这当作一种优势的话）就是，任何清醒的人（sane man）
都一直这样相信。不过，要是果真如此，我们接下来就必须
找出，哪个被染哪个未染。说那些跟思者的隐秘愿望相一
致的就是被染的，根本无济于事。我情愿相信的事情之中，
必定有一些，事实上就是真的；不可能设想这样一个宇宙，
在每一时刻每一方面都与每个人的愿望相龃龉。姑且假
定，我经过盘点，认为自己在银行有一大笔余款。假定你想
去查出，我的这一信念是否就是"一厢情愿"（wishful think-
ing）。你通过盘查我的心理状况，得不出任何结论。你查
出结果的唯一机会就是，坐下来，亲自走一遍账。当你核对
过我的数据之后，这样，而且只有这样，你才能知道我是否
有那笔余款。要是你发现我算得没错，那么，不再空想我心
理状况，就是不再浪费时间。要是你发现，我核算有误，这
时，从心理上去解释我的算术怎么变得如此糟糕，才可能是
相关的；隐秘愿望论（the doctrine of the concealed wish）才
变得相关——但只有在你亲自算账并发现我犯了纯算术错
误之后。一切思考及一切思想体系，也是如此。假如你企
图藉着琢磨思者之愿望，查明哪一思想被染，那么你只是在
愚弄自己。你必须首先根据纯粹逻辑去查明，哪一思想之

论证事实上有漏洞。之后,要是你乐意,继续盘查并找到这一错讹的心理原因。

换言之,着手解释某人为何错了之前,你必须先说明某人错了。现代方法未经讨论就假定他错了,从此就不再注意这一问题(唯一的真正问题),转而忙活着去解释他何以变得如此愚拙。在过去的十五年间,因发现这一恶习如此常见,我不得不为它起个名字。我称其为布佛氏论证(Bulverism)。终有一日,我会为此论证的虚构的发明者以西结·布佛(Ezekiel Bulver)立传。他的命运在五岁之时就已确定。他父亲仍坚持三角形两边之和大于第三边,他听见母亲对父亲说:"呵呵,正因你是男人你才这样说。""就在那一刻",布佛向我们保证,"有个伟大真理闪过我的开放心灵:反驳并非论证的必要组成部分。假定你的论敌是错的,接着解释他的错误,世界就在你脚下。试图证明他错了,或(等而下之)力图发现他是对是错,我们时代的民族活力(national dynamism)就会令你寸步难行。"①这样,布佛就成

---

① 原文是 the national dynamism of our age will thrust you to the wall。其中"thrust you to the wall",典出《罗密欧与朱丽叶》第一幕第一场,朱生豪先生译为"被逼着靠了墙"。

了 20 世纪的一个缔造者。

我发觉，他的这项发现随处开花结果。我看到，我的宗教信仰遭鄙弃，其根据是"生活舒适的神职人员，有充足理由向 19 世纪的工人保证，贫穷在彼岸世界将得报偿"。是啊，无疑他有。既然先假定基督信仰是个错误，那我一下子就能看出，一些人反复灌输基督信仰，总是别有用心。看到这一点如此轻易，以至于我当然还可以玩个相反的游戏，说："现代人有充足理由努力说服自己，他弃若敝屣的道德规范的背后，并无永恒制裁（eternal sanctions）这回事。"因为布佛氏论证，是项民主的游戏，人人整天都能玩的游戏，它并不赋予那些从事推理的一小撮讨厌的少数人以特权。只不过，就决定基督信仰到底是真是假而论，布佛氏论证并没把我们向前推进一步。这问题，仍有待在迥然不同的基础上加以讨论——尚须哲学和历史论证。不管此事最终如何定夺，一些人的不良动机，无论是信者还是不信者，都还依然故我。

我看到，在每场政治辩论中，布佛氏论证都在发挥作用。资本主义者必定是坏经济学家，因为我们知道，他们为何想要资本主义。同样，共产主义者必定是坏经济学家，因为我们知道他们为何想要共产主义。这样，两边都是布佛氏论证。事实上，当然要么是资本主义学说错了，要么是共产主义学说错了，要么是二者都错了。但你只能藉助推理来发现孰对孰错，藉助对论敌心理横加指责，永远发现不了。

除非摧毁布佛氏论证，否则，在人类事务中，理性不可能扮演有效角色。每一方都早早就抓起它，作为武器对付对方；敌对双方，对理性本身都不予信任。为何不应对理性失去信任？答案很容易指向当前世界现状，但是，其真正答案甚至更为迫切。对理性不予信任的动力本身，依赖于推理。为了布佛化（Bulverize），你也必须推理。你在试图证明，所有证据都无效。要是你失败了，你也就不过失败而已。可要是你成功了，你可能失败得更惨——因为那个证明所有证据都无效的证据本身，必定无效。

于是就留下两个选项：要么做一个思想矛盾的蠢货，要么顽固相信我们的推理能力（power of reasoning），公然对抗布佛氏针对或此或彼的人类理性（human reasoner）所能提出的全部"染色"证据。我全心承认，要是你乐意，这一顽固信念有些超验（transcendental）或神秘（mystical）。不过这又如何？难道你情愿做个疯子，而不愿做个神秘主义者？①

我们在这里，看到了坚信理性的正当性（justification）。不过，离开一神论（theism），可否做到这一点？"我知道"，是否牵涉到上帝之存在？我所知的每一件事，都是从感觉（sensation）而来的推论（当前这一刻除外）。我们关于宇宙万物的超出直接经验的知识，都是这些经验的推论（inferences）。假如我们的推论并未给我们关于实存（reality）的洞见，那么我们就什么都不会知道。要是一个理论并不容许我们的思维成为一种真正洞见，要是根据这一理论，我们有知识这一事实变得无法索解，那么，就不能接受此理论。

可是，我们的思想只有在特定条件下，才能被当作真正洞见而接受。所有信念都有其原因，但必须区分：（1）普通原因（ordinary causes）与（2）被称作"理由"（a reason）的原因。原因（causes）是无心之事（mindless events）。无心之

---

① 卢龙光主编《基督教圣经与神学词典》释"mysticism"（神秘主义）："重视神临在的直接经验，与神灵相通的信仰观点或灵修体系。神秘主义相信，神圣真理的知识或与神的联合可以借着灵性洞察或专注默想，摒除感官或理性的媒介而获得的。故此，神秘主义者往往着重祈祷、默念、禁食等。"

事会导致其他结果,而不会产生信念。理由(reasons)来自公理及推论,只波及信念。① 布佛氏论证企图表明,其他人有原因而无理由,我们则有理由而无原因。一个根据原因就能得到全部解释的信念,毫无价值。当我们思考那个是其他信念之基石的信念时,这一原则千万不能放弃。我们的知识依赖于我们对公理及推论之确定无疑。要是公理和推论也成了一些原因之结果,那么,知识就全无可能。要么我们一无所知,要么思想只有理由而无原因。

【原编者按】本文的剩余部分,是在发表于《苏格拉底文摘》(Socratic Digest)之前,读给苏格拉底学会的。沿用了学会秘书笔录形式。这就解释了,为何正文是第一人称,而这里则不是。

路易斯先生继续说道,有人可能会分辩说,理性(rea-

---

① 关于理由(reason)与原因(cause)之分,亦可参 God in the Dock 第一编第 16 章《无教条的宗教?》一文。其中说:

事件之间的因果关系(the cause and effect relation)与命题之间的推断关系(the ground and consequent relation),泾渭分明。鉴于英语使用 because(因为)一词,是此二义混用,我们姑且用"缘于"(Because CE)来表示因果关系(这个洋娃娃总是不倒,缘于它的脚重),用"鉴于"(Because GC)来表示推断关系(A 等于 C,鉴于两者都等于 B)。

son)是自然选择发展出来的,事实证明只有这些思想方法有利于生存。但该理论依赖于一个推理:由用途推出真理(an inference from usefulness to truth)。关于此推理,不得不假定其有效性(validity)。任何想把思想看作自然事件(natural event)的企图,都会卷入这一谬误:排除了有此企图的人的思想。

必须承认,生理事件会影响心灵。无线电设备会受大气干扰,但是大气并不发送电波——要是电波乃大气发送,我们就不会在意干扰了。除非我们能够把自然事件追溯到时空连续(space-time continuum),否则我们不能把自然事件一一联系起来。但是,思想并无父亲,只有思想。它只会被限定(conditioned),而不会被导致(caused)。我有神经这一知识,是推理而得(inferential)。

同一论证也适用于价值。社会因素影响价值,但是,倘若价值是社会因素所导致,那么我们就无法知道它们是对的。一个人可以把道德作为幻象加以拒斥,但是他这样做,常常偷偷排除了他自己的伦理动机:比如把道德从迷信下面解放出来的义务以及普及启蒙的义务。

无论意志还是道德,都不是自然的产物。因而,要么我是自存的(self-existent)(无人能够接受的一个信念),要么我只是一些自存的思想和意志的一块殖民地。我们所能获得的这种理性及善,必定派生于我们自身而外的一种自存的理性和善,事实上即一种超自然。

路易斯先生接着说,人们常常这样反驳说,超自然之存在如此重要,只能藉助抽象论辩才能体察,因而也只有极少数闲人才能体察。不过,在其他时代,白丁由于接受了神秘主义者和哲学家的发现,而有了关于超自然之存在的初始信念(initial belief)。而今,普通人被迫自己肩负这一重担。于是,要么人类拒斥权威就是犯了一个致命错误,要么那主宰他命运的力量或一些力量在做一个胆大实验,所有人都会成为圣人。一个只包含白丁的社会,必定以灾难告终。要是我们想生存下去,我们就必须要么信那些先知(seers),要么亲自去丈量天地。

因而很明显,自然之外有某种东西存在。人就处于自然与超自然的边界线上。物质事件(material events)无法产生属灵活动(spiritual activity),但是,我们对自然的许多作为,却与属灵活动脱不了干系。意志与理想除了依赖自身,不依赖任何东西。而自然则依赖意志与理性,或者换句话说,上帝创造自然。

自然与超自然的关系,不是时空之中的关系,故而,要是超自然制造自然,这一关系就变得明了。对此制造(making),我们甚至知道一点,因为我们知道想象的力量。尽管我们不能创造新事物,只能重新安排感官予料(sense data)所提供的物质材料。这样就不难想见,宇宙万物是由一种想象创造,这种想象足够强大,足以把现象加诸其他心灵之上。

路易斯先生总结道,有人曾提出,我们关于创造天地(making)或因果(causing)的观念,全部派生于我们的意志体验(experience of will)。经常得出的结论是,没有创造(making)或因果(causing),只有"投射"(projection)。[①] 但是,"投射"本身是因果的一种形式,而且顺理成章地假定意志(Will)是我们所知的唯一原因,因而意志是自然之原因。

接下来是讨论,要点如下:

一切推理过程(reasoning)都假定,推理(inference)是

---

① 疑指休谟的怀疑论。

有效的。正确的推理是自明的。

"相关"（re evidence）是一个理性术语（a rational term）。

宇宙并不自称为"真"（true）：它就在此（it's just there）。

启示的知识，更像是经验知识，而非理性知识。

问题:既然您区分原因与理由，那么真理标准是什么？

路易斯先生:一个多山国度，可能绘制许多地图。其中只有一幅为真，也即与其实际地形对应的地图。由理性绘制的那副地图，自称为真。除非我信任自己的理性，否则我无法理解（get at）宇宙。要是我们不信任推理，那么，关于我们自身的存在，我们将一无所知。物理实存就是从感觉而来的一个推论。

问题:一个公理，与基于证据的经验判断相比，又如何能更不证自明？

【原编者按】文章到此终篇，最后一个问题未得到回答。

16　"可怕的东东"①

（1944）

"Horrid Red Things"

　　许多神学家及一些科学家如今都准备宣告，19世纪的"科学与宗教之争"业已结束，已成往事。可是，即便此言不虚，这也是真正神学家和真正科学家才知道的真相——也就是说，只有极少数受教育程度很高的人才知道。对于街男巷女，这一冲突依然十分真实。而且在他心目中，冲突袭取的是饱学之士实难梦见的形式。

---

　　①　选自 God in the Dock 第一编第6章，首刊于1944年10月6日的《英格兰教会报》（Church of England Newspaper）。路易斯在《神迹》（Miracles，1947）一书第10章专论思想与想象力之关系，路易斯用了同一标题及本文的许多材料。那一章，差不多有本文两倍之长。

普通百姓想到的,并非特定教条(dogmas)与特定的科学发现。困扰他的是,流布甚广的两种氛围(atmosphere)之不同:一是他自己心目中的基督教,一是他因生活于科学时代而拣择的宇宙图景。他从使徒信经(the Creed)①中拼凑出来:上帝有个"儿子"(仿佛上帝是位神灵,像奥丁或朱庇特②那样娶妻生子);这个儿子从"天"而"降"(像伞兵那样),先是到了地面,后来处于地面以下的冥土;再后来,祂升天,坐上宝座,在父神的右边。整个事仿佛隐含着:有方位的、物质的"天"——平流层上的一座宫殿——还有地平说,③以及其他古老的错误观念。

普通百姓深知,我们会否认他归结给我们的那些个信念(the beliefs),对我们的信条(creed)作另外一种诠释。不

---

① 《使徒信经》:"我信上帝,全能的父,创造天地的主。我信我主耶稣基督,上帝的独生子;因着圣灵感孕,由童贞女马利亚所生;在本丢·彼拉多手下受难,被钉在十字架上,受死,埋葬;降在阴间,第三天从死人中复活;升天,坐在全能父上帝的右边;将来必从那里降临,审判活人、死人。我信圣灵。我信圣而公之教会。我信圣徒相通。我信罪得赦免。我信身体复活。我信永生。阿们。"参卢龙光主编《基督教圣经与神学词典》(宗教文化出版社,2007)。

② 奥丁(Odin),北欧神话之主神,阿斯加尔德仙境的统治者;朱庇特(Jupiter),罗马神话中的宙斯神。

③ 将a flat earth译为"地平说",是意译,为了直接指涉相信大地是一平面的错误观念。

过,他一点都不会买账。"无疑,"他想,"一旦这几大信条在那儿,你就能够随心所欲地给它们赋予寓意(allegorised),将它们灵化(spiritualized away)。可是,明摆着的难道不是,要是第一代基督徒对宇宙的真实样貌有点了解,根本就不会有这些信条么?一个历史学家,其著作基于对某文献的误读,他后来(当其错误曝光)或许会费尽心机去表明,他对某战斗的解说,仍能与文献所载相容。可关键是,要是他当初没误读文献,这些费尽心机的解释一个也不会存在。因而,这些解释的确是浪费劳力;他要是有些丈夫气,就承认错误,从头再来。"

我想,基督徒要想说服这个"普通"现代人,必须做两样事情。首先,必须给他说得很清楚,经过解释和再诠释(re-interpretations)之后,信经中依然有某些东西毫不含糊地是超自然的(supernatural)、神迹的(miraculous)、难以置信的(shocking)。我们可以不信地平说,不信天庭。可是我们必须从一开始就坚信,像任何蛮夷(savage)或神智论者①那样,坚信有一个属灵世界(spirit-world),坚信它能够而且

---

① 参本书 205 页及 214 页注"神智学"。

的确侵入这一自然的宇宙或现象的宇宙（natural or phenomenal universe）。因为普通百姓怀疑，一旦我们开始解释（explaining），我们就打算解释掉（explain away）。① 他们怀疑，我们为无知听众准备了神话，要是我们被受过教育的听众逼到墙角，我们就把神话化约为无伤大雅的道德共识（innocuous moral platitudes），人做梦也不会否认的共识。确实有一些神学家，印证了这一疑虑。我们必须跟这些神学家分道扬镳。要是除了那些离开基督教信条（Christian formulae）依然能够很好表述的东西，就一无所留，那么所能做的诚实之事就是，承认基督信仰并不真实（untrue），舍却基督信仰从头再来。②

---

① 路易斯严分 explain 与 explain away。我们见过太多太多的 explain away。当我们依弗洛伊德，将爱情解释为性欲之包装，爱情死了；依马克思，将伦理道德解释为意识形态，道德没了；依通行的唯物主义世界观，将宇宙还原为物质，最终人不见了，变成了碳水化合物。拙译路易斯《人之废》，根据庄子所谓"七窍凿而混沌死"及华兹华斯所谓 murder to dissect（剖析无异于屠刀），将 explain away 译为"解释致死"。路易斯敬告知识人，解释（explain）而不解释致死（explain away），应是永远谨记的一条界线。现代尤甚。详参拙译《人之废》（华东师范大学出版社，2015）之第三章，尤其是结尾。

本书亦多处出现 explain away 一词，为保证文意畅通，改译为"解释掉"，取解释 X 最终 X 却不见了之意。

② 路易斯将"自由神学"，称为"掺水的基督教"。

其次,我们必须努力教给他,思想(thinking)与想象(imaging)之间的一些不同。假定所有的或绝大部分早期基督徒,跟我们相信太阳系那样相信天庭,这当然是一个历史错误。拟人说(anthropomorphism)①遭教会谴责,就在这个问题摆在她面前的那个当儿。② 可是,一些早期基督徒或许曾提出拟人说;极有可能的是,成千上万的基督徒,要是离开了拟人形象,就不会想到他们的信仰。我们为什么必须区分信念内核(the core of belief)与辅助形象(the attendant imagining),原因就在于此。③

---

① 尼古拉斯·布宁、余纪元编著《西方哲学英汉对照辞典》释 anthropomorphism(拟人说):"[源自希腊语 *anthropos*(人,人类)和 *morphe*(形状、形式、外貌)]把人的形式和性质归给非人的事物,尤其是神。在荷马与赫西俄德那里,是用人的特性及情感来描述诸神的。……"

② 路易斯《神学是诗?》(Is Theology Poetry?)一文里说,大约在公元 2 世纪,拟人说的问题就摆在了教会面前。文见拙译路易斯《荣耀之重》(华东师范大学出版社,2015)。

③ 路易斯在《飞鸿 22 帖》(黄元林等译,台北:校园书房,2011)中说:"这种'相遇'的说法,无疑是把神拟人化,好像神可以与我们面对面,仿佛两个被造物一样。但实际上,祂在我上面,在我里面,在我下面,在我四面环绕我。故此,必须有多类形上学与神学的抽象陈述来平衡它。但是,让我们永远不要在此地,或其他任何地方,认为拟人化的形象是对人软弱的让步,而抽象的概念可以给我们绝对的真貌。事实上,两者都是让步。若只单方面去了解神,就必然会误解神;但二者并用,就能相互矫正错误。"(第37—38页)路易斯认为,抽象陈述的坏处在于"会使生命中的生命变得毫无生气,会使爱中之爱变得冰冷无情";而"天真形象主要的害处是成为不信者归信的拦阻"。(第38页)

想到伦敦，我眼前的画面一直是尤斯顿站①。但我并不信，伦敦就是尤斯顿站。这只是个简单例子，因为在这里，思考者知道这意象（imagery）是假的。那我们就举个更复杂的例子。有一次，我听一位太太告诉她女儿说，要是你吃太多的阿司匹林片，你就会死。"可为什么呀？"孩子问道，"要是把它们碾碎，你也找不到什么可怕的红色东东呀。"显然，这孩子想到毒药，她不仅会有"可怕的红色东东"这个辅助形象，而且也真的相信，毒药就是红的。这是个错误。可是，这个错误在多大程度上会使她对毒药的思考无效？她得知，过量的阿司匹林会致命；她的信念是对的。她具备一些有限知识，知道妈妈房间里哪些东西有毒。假如我呆在那座房子里，把一杯仿佛是水的东西举到嘴边，这时孩子说："别喝。妈咪说它有毒。"要是此时，我不听劝告，依据是"这孩子把毒药看作'可怕的红色东东'，这观念早已过时且神秘兮兮"，那我就是个蠢货。

因而不仅一般而论（in general），思想与想象之间有个分际，而且思想和思者（错误地）信以为真的形象之间也有个分际。当这孩子后来得知，毒药并不总是红色的，她不会感到，她

① 尤斯顿站（Euston Station），伦敦的一个火车站，位于市中心。

关于毒药的信念发生本质改变。她依然会知道,就像她一直知道的那样,所谓毒药就是你服下就会要你命的东西。这正是毒药之本质。关于颜色的错误信念消散了,但对此毫无影响。

同理,一位早早就信基督的山野小民或许会想,说基督坐在父的右手,其实就蕴涵着,在天庭以内摆着两把尊贵座椅,二者有一定的空间关系。可是,假如此人后来接受哲学教育,发现上帝并无身体、部位(parts)或激情(passions),因而既无右边也无宫廷,那时他不会感到,他的信仰发生本质改变。即便在天真幼稚的那些日子,对他而言至关重要的东西,从来就不是关于天庭陈设的种种假想细节。至关重要的是确信,曾被钉死十字架的主,如今是至高的施者(the supreme Agent),整个宇宙依赖其上的不可思议的力量都来自祂。他会体认到,在这一点上,他没上当。①

---

① 路易斯《书简集》(*Letters of C. S. Lewis*)1932 年 1 月 1 日:

比较以下两种说法:"我们在天上的父"和"那至高无上、超越空间、超越时间的存在",若单从字面意义看,前者站不住脚,后者则安全无虞。

但是,若从另一方面看,前者的确饶富意义,的确代表着一种具体的经验,存在于使用这种说法的人心中;后者则只是一种熟练的功夫,人一旦学会了这种遣词用字的规则,就能不断地制造出新的说法,写上两大本书都行,而且所用的字眼不必与任何具体的事实有关。(见《觉醒的灵魂2:鲁益师看世界》,寇尔毕编,曾珍珍译,台北:校园书房,2013,第 379 页)

批评家或许会问我们,为什么这意象(imagery)——我们承认不正确——还要用?然而,他没有注意到,我们企图拿来取代这意象的任何语言,都会牵涉到向同样反驳敞开大门的意象。说上帝"进入"自然秩序,牵涉到的空间意象,与说祂"降临"毫无二致;只不过是用横向移动(或不定向)代替了垂直运动。说祂"重入"(re-absorbed)本体界比说祂"升"天好一些,要是某种东西溶化在热流之中的画面或被吸入喉咙的画面,就比鸟飞升或气球升起的画面更少误导的话。除了关于感觉对象的语言,所有语言都彻头彻尾是隐喻(metaphorical)。① 称上帝为一种"力"([Force]也即

① 路易斯《神迹》第10章第2节:

心理学、经济学或政治学的书籍,如同诗或灵修方面的书籍一样,也含有一连串的隐喻。(见《觉醒的灵魂1:鲁益师谈信仰》,曾珍珍译,台北:校园书房,2013,第162页)

有些人,当他们说某件事是一种"隐喻"时,往往就推论这件事没有意义。他们认为主耶稣吩咐人"背十字架"时,用的是隐喻的说法,没错;不过他们却就此推论,背十字架仅仅意味着过一个可敬的生活、适度地慈善捐款,这样说就错了。他们又认为地狱的"火"是一种隐喻,这也合理;但是若因此就下结论说,它指的是不会有比悔恨更严重的事,这样说就不明智了。……

老实说,这一类的解释,在我看来是相当荒谬的。对我而言,基督教信仰中具有"隐喻性"——或因为抽象思维增加,以致变成隐喻——的部分,在我移除它所含有的古老意象之前与之后所意味的,都同样是"超自然",同样令人震惊的。(同前,第161页)

像风或发电机一样的东西），与称祂为父或王，一样都是隐喻。就此而论，我们能够使得我们的语言更啰嗦，更乏味，但不能使它更平实（more literal）。这不是神学家独有的难题。科学家、诗人、心理分析师以及形而上学家，是同一条船上的蚂蚱："人之理性，欠感官太多。"①

那么，我们在何处划界，区分解释与"解释掉"（explaining away）呢？② 我不认为这很难。理解上帝未成肉身之时的一切举动（the un-incarnate activities of God）——祂在

---

① 原文为 Man's reason is in such deep insolvency to sense。语出英国桂冠诗人罗伯特·布瑞吉斯（Robert Bridges）《美之约书》（*The Testament of Beauty*，1929，亦译《美的证言》）卷一第 57 行。

② 关于如何区分 explaining 与 explaining away，路易斯《神迹》（*Miracles：A Preliminary Study*）一书第 10 章有个较为详尽的说明：

历史层面的事件，就是我们可以就照字面义谈论（talk about literally）的那类事情。它们若出现，就会为人之感官所感知。一旦我们将适用于圣言的隐喻解读（the metaphorical interpretation），用于这些事件，合理的"解释"就沦为一塌糊涂的或不诚实的"解释掉"。断言神有个儿子，意思并不是说，祂是一种通过性行为繁衍的存在。因而，摆明这一事实，即"儿子名分"（sonship）一词用于基督与用于人意思并不一样，我们并未改变基督信仰。可是，断言耶稣变水为酒，其意思完全是字面义。因为这个断言所指的事情，假如真发生过，就在我们的感官和语言所能及之内。当我说，"我心都碎了"，你深知，我说的不是你通过验尸就能证实的事情。可是当我说，"我鞋带断了"，那么，倘若你观察到它确实断了，那么我就既没撒谎，也没搞错。（C. S. Lewis, *Miracles：A Preliminary Study*, London：Collins，2012，pp. 126—127）

感官无由进入的层面所作的工——必须随身带着我们知道严格说来并不真实的意象（imagery）。至于以同样方法对待已成肉身的上帝（the Incarnated God）所行神迹，那就说不过去了。它们被当作给人留以感官印象的尘世事件，记录在案。它们是我们可以忠实描写（describe literally）的那种事情。基督变水为酒那时，要是我们在场，就会看到、闻见或尝到。祂行神迹的故事，与祂"坐在父神右边"不是同一层次的事。它要么是事实（fact），要么是传说（legend），要么是谎言（lie）。信与不信，你必须做个抉择。

17　宗教与科学①

（1945）

Religion and Science

　　"神迹，"友人说，"嗨，听我说。科学已经全部粉碎了这东西。我们都知道，固定法则统治着自然。"

　　"这难道不是人们一直知道的么？"我说。

　　"好老天爷哪，不知道，"他说，"就拿'童女生子'（the Virgin Birth）来说吧。我们现在知道，不可能有这种事。

---

①　选自 *God in the Dock* 第一编第 7 章，首刊于《考文垂电讯晚报》1945 年 1 月 3 日。1945 年，路易斯在这份报纸上发表的 5 篇文章，均收入本书。其余四篇是《两场讲演》（Two Lectures）、《自然法则》（The Laws of Nature）、《善工与善行》（Work and Prayer）及《工具房里的一则默想》（Meditation in a Toolshed）。

我们知道，必定有个男人授精。"

"可是你看，"我说，"圣约瑟——"

"他是谁?"友人问。

"就是童贞女玛利亚的丈夫啊。要是你读圣经中的这段故事，就会看到，当他得知未婚妻已有身孕，就决定取消这门亲事。他为何会这样做?"①

"绝大多数男人不都会这样么?"

"任何人都会这样，"我说，"可前提是，他知道自然法则（the laws of Nature）——换句话说，前提是他知道，一个女子不可能平白无故怀孕，除非她跟男人睡过。可是照你的理论，古时候人们并不知道自然受制于固定法则。我要说的是，这个故事表明，圣约瑟和你一样通晓那个法则。"

"可是他后来信了'童女生子'，不是吗?"

"没错。他这样信了，不是因为他对孩子在通常的自然

---

① 《马太福音》一章18—21节:耶稣基督降生的事记在下面:他母亲马利亚已经许配了约瑟，马利亚就从圣灵怀了孕。她丈夫约瑟是个义人，不愿意明明地羞辱她，想要暗暗地把她休了。正思念这事的时候，有主的使者向他梦中显现，说:"大卫的子孙约瑟，不要怕，只管娶过你的妻子马利亚来，因她所怀的孕是从圣灵来的。她将要生一个儿子，你要给他起名叫耶稣，因为他要将自己的百姓从罪恶里救出来。"

进程中是怎么来的,抱有幻想。他相信,'童女生子'是超自然之事(something *supernatural*)。他知道,自然以固定、常规的方式运转:但他也相信,自然之外存在着某种东西,可以干预自然的运转——可以说是外来(from outside)干预。"①

"可是现代科学已经表明,并没有这种东西。"

"真的?"我问,"哪门科学?"

"嗨,这说来话长,"友人说,"我凭记忆不可能给你确切出处。"

"可是,你没看到,"我说,"科学永远不能表明这种事?"

---

① 路易斯《神迹》第七章:

你会听到有人说:"早期的基督徒相信基督是处女的儿子,然而我们知道,根据科学,这是不可能的事。"这些人似乎有一种观念,认为神迹的信仰发生在人们对自然法则一无所知的时代,因此才未能察觉神迹违背了自然法则。

静下来想想,就会发现这种说法是荒谬的;处女怀胎生子的故事尤其是个鲜明的例证。当约瑟发现未婚妻怀有身孕,他很自然地决定休离她。为什么?因为他和任何一个现代的妇科医生一样,知道按照一般的自然法则,童女是不会怀孕的,除非她和男人上过床。……现在,我们说:"这件事在科学上是不可能发生的。"这样说并没有错,从前的约瑟也会这样说。……

神迹信仰所仰赖的,绝非对自然法则的懵懂无知;只有在认识自然法则的情况下,人才可能相信神迹。(见《觉醒的灵魂 2:鲁益师看世界》,寇尔毕编,曾珍珍译,台北:校园书房,2013,第 289 页)

"到底为何不能?"

"因为科学研究自然。而问题则是,除了自然,是否还存在些什么——自然'之外'。只研究自然,你又如何得知?"①

"可是我们不已发现,自然必定以一种绝对固定的方式运作么? 我的意思是,自然法则不只告诉我们事情如何就发生了(*do* happen),而且告诉我们它们如何必定发生(*must* happen)。没有什么力量能撼动自然法则。"

"此话怎讲?"我问。

"注意,"他说,"你说的这个'外部事物'能让二加二等于五么?"

"当然不能。"我说。

---

① 路易斯《神迹》第四章:

自然主义者以为这口池子(自然界——时空中的大事件)深邃无限,无论你潜得多深,也只有水。我的看法是,池面上的一些东西(亦即我们经验里的事物)所显示的恰好相反。

检视一下这些东西(理性的心灵),你会发现它们至少不是浮游着的,而是附着在细长的支撑物上,一直通到池底。

因此,池子有底,并非深邃无限。只要你潜得够深,你会遇到一些不是水的东西——泥、土、岩石,最后是整个底层结构和隐藏在地底的火。(见《觉醒的灵魂2:鲁益师看世界》,寇尔毕编,曾珍珍译,台北:校园书房,2013,第251页)

"这就对了，"他说，"是啊，我认为自然法则确实就像二加二等于四。撼动自然法则的想法，就像撼动算术法则的想法一样荒唐。"

"稍等一下，"我说，"假设你今天往抽屉里放六个便士，明天再放六便士在同一个抽屉。算术法则是否确保你日后会在那里找到一先令的钱？"

"当然，"他说，"只要没人乱翻你的抽屉。"

"哈，关键就在这儿。"我说，"算术法则能够告诉你会找到多少钱，百分之百确定，只要没有干预。要是有贼翻过抽屉，你可能得到不同结果。可是，窃贼想必未曾打破算术法则——只是违犯英国法律。现在你看，自然法则难道不也处境相同？它们不也全都告诉你，只要没有干预，就会发生什么吗？"

"此话怎讲？"

"好吧，自然法则会告诉你，要是你以某种方式撞击台球，台球会在光滑表面上如何运动——不过，仅当无人干预之时。要是在它已经开始运动的时候，有人抓起球杆，在旁边敲了一下——这时，你就得不到科学家预测的结果了吧。"

"当然得不到了。他不能容忍这种鬼把戏。"

"一点没错。同理,要是自然之外有某种东西,要是它干预——那么科学家所期望的事件就不会到来。这大概就是我们所说的神迹。在某种意义上,它并未打破自然法则。自然法则告诉你,要是没有干预,将会发生什么。它们并未告诉你,什么时候会有干预。我的意思是,能够告诉你别人有多大可能乱动我抽屉里那些便士的,不是算术专家;侦探可能更管用一些。能够告诉你,我有多大可能抓起球杆、糟蹋掉台球试验的,不是物理学家;你最好去问心理分析师。能够告诉你,自然有多大可能会受到外来干预的,不是科学家;你必须去找形而上学家。"

"这些都是芝麻小事。"友人说,"你明白,真正的反对走得更深。科学给我们提供的整个宇宙图景,使你的信仰陈腐不堪。说宇宙背后的那个大能(Power),还密切关注这个无足轻重的行星上面,我们这等蠢蠢欲动的小小生物,谁信啊!很明显,这是那些相信大地是平的,星辰只有几里地远的人,发明出来的。"

"什么时候人们信这个?"

"还问啊!就是你一直挂在嘴边的老基督徒那帮家伙

呗。我是指波爱修斯、①奥古斯丁、托马斯·阿奎那和但丁。"

"很是抱歉,"我说,"这碰巧是我还算了解一点的几个话题之一。"

我向书架伸过手去。"你瞧这本书,"我说,"托勒密的《天文学大成》(*Almagest*)。你知道写的什么吗?"

"知道啊。"他说,"这是整个中世纪都在用的天文学手册。"

"好吧,读读这段。"我说。我给他指卷一第五章。

"地球,"友人读道,由于翻译拉丁文而有点犹疑不决,"地球,相对于恒星之间的距离,大小不足挂齿,必须当作数学上的一个点。"

片刻沉默。

"他们当时真知道这个?"友人问,"可是——可是科学史——现代百科全书——没有提起这事啊!"

"我恰好想请你找出理由。"我说,"看起来差不多像是有人急于把它掩盖起来,不是吗? 我也在纳闷为什么。"

---

① 波爱修斯(Boethius,约480—约524),罗马元老及基督教哲学家。

又是短时间的沉默。

"无论如何，"我说，"我们现在能够把问题表述得更准确一些了。人们通常以为，问题在于如何调和我们所知的宇宙之大与我们传统的宗教观念。到头来，这根本不是问题。真正问题倒是这个：千百年前早已知道宇宙之浩渺与地球之无足轻重，可是却无人梦见，它们和宗教问题有关。接着，不满百年以前，它们却被拿来反驳基督信仰。那些处心积虑将它们拿出来的人掩盖了这一事实：人们老早就知晓。你是否想过，你们这些无神论者的轻信，才叫个奇怪呢！"

18　自然法则[①]

（1945）

The Laws of Nature

　　"可怜的女人，"友人说，"当他们那样说话，真不知道该说什么好。她竟以为，儿子在安恒之战（Arnhem）中生还，是由于她给他祈祷。其实，他的生还，是由于他那时站得略略靠左或靠右，偏开了某发子弹。可这样给她解释，显得全无心肝。那发子弹顺着自然法则定下的轨道前进。它打不中他。他碰巧站得偏离运行路线……一整天下来，每发子弹每片弹甲都是如此。他生还，只归因于自然法则

　　①　选自 God in the Dock 第一编第 8 章，首刊于《考文垂电讯晚报》（The Coventry Evening Telegraph）1945 年 4 月 4 日。

（the laws of Nature）。"

这时，一个学生走了进来，对话被迫中断。那天，我后来不得不穿过公园，参加一个联席会议。这给我一个机会，把此事再琢磨一番。很清楚，一旦某发子弹从 A 点沿着 B 方向打了出来，吹着风 C，诸如此类，它会沿着某特定路线行进。可是，我们的年青朋友不是原本可以站在别处么？德国人不是原本可以在另一时刻或另一方向开火么？如果人有自由意志，答案看来就是肯定的。照此看，关于安恒之战，我们就得到一个相对较为复杂的画面。事件的整个进程会是一种混合物，源头有二：其一是人类的意志行为（想必既可这样也可那样），其二则是自然界的物理法则。就这位母亲的信念而言，也即就她的祈祷在儿子的活命原因中占有一席之地而言，我们这样说，看来提供了此信念的全部必要条件。上帝可能持续影响全部战士的意志，从而按袛所以为的最佳方式分派死亡、受伤及幸存，同时却让子弹行进遵循其正常路线。

可是，我还是不大清楚这一画面的物理方面。我曾（模模糊糊）想，子弹之飞行由自然法则所致（*caused*）。然而，当真如此么？设定子弹已经发射，设定了风、地球引力以及其他相关因素，于是，子弹必定按其实际路线运行，这就是自然法则。可是，扣动扳机、那阵横风、甚至地球，恰好都不是法则(*laws*)。它们都是事实(facts)或事件(events)。它们不是法则，而是遵循法则的物事。显然，思及扣动扳机只能把我们带回这幅画面的自由意志(free-will)那面。因而，我们必须选个简单点的范例。

据我所知，物理法则注定，当台球 A 撞动台球 B，A 所失去的动能恰好等于 B 所获得的动能。这是一条法则(*law*)。也就是说，这是两球之运动必定符合的模式(pattern)。当然，前提是有某个事物使得球 A 运动。麻烦就在这儿。法则不会使球 A 运动。常常是拿着球杆的人使它运动。可是，那个手持球杆的人又会把我们送回到自由意志那里。因而，让我们假定，球 A 处于轮船上一张台球桌上，船一颠，球动了。在这种情况下，不是法则使得球动，而是一个大浪。尽管可以确定，那个大浪遵循物理法则运动，但却不是由物理法则推动。它由其他的浪、风等等所推动。无论你把这故事追溯多远，你永远不会发现是自然法则导致了任何事物。

这时我脑海里涌现出一个令人目眩的明显结论：在宇宙的全部历史中，自然法则从未产生一个事件。自然法则只是每个事件必定符合的模式(pattern)，只要事件被诱发出来。可是，你如何使得事件发生？你如何迈出一步？自然法则在此无济于事。所有事件都遵循自然法则，恰如所有货币运算都遵循算术法则。六便士加六便士，结果当然是一先令。可是算术本身不会给你的口袋里装一文钱。此前，我曾有个模糊想法，以为自然法则能够使得事情发生。现在才明白，这样想，恰如以为你可以通过计算收入来增加收入。法则是事件符合的模式(pattern)：事件之源头必须到别处去找。

可以这样说，自然法则解释了全部事情，但事件之源头除外。这一除外，不可小觑。在某种意义上，法则涵盖了全部实存(the whole of reality)，除了——注意啦，除了构成实际宇宙的真实事件之洪流(that continuous cataract of real events)。它们解释了世界大千(everything)，除了我们平常应称之为"大千世界"("everything")的东西。它们所忽略的唯一事物就是——整个宇宙(the whole universe)。我的意思并不是说，关于这些法则的某种知识一无用处。只要我们把实际宇宙当作一个盈利企业(a going concern)，这类知识就有用，对经营企业不可或缺；恰如你要是有一笔钱，算术就对理财不可或缺。可是，事件本身，这笔钱本身——

却是另一码事。①

那么,实际事件源于何处? 在每种意义上,答案很是简单。每个事件源于前一事件。可是,假如你回溯这一进程,会发生什么? 这样追问,与追问事物(things)源于何处——究竟如何有了空间、时间和物质——不一样。我们当前的难题,不是关乎事物(things),而是关乎事件(events)。举例来说,不是关乎物质微粒,而是关乎此微粒与彼微粒之碰撞。或许心灵会默认,宇宙大戏之"道具"不知怎地"碰巧就在那儿":可是,剧本从何而来,故事从何而来?

事件之流(the stream of events)要么有个源头,要么没有。假如有个源头,那么我们就面临着创世(creation)之类事情;假如没有(顺便说一句,许多物理学家发现这一假设

---

① 维特根斯坦《逻辑哲学论》6.44.:"真正的神秘,不是世界怎样存在,而是世界竟然存在(Not how the world is, is the mystical, but that it is)。"见《逻辑哲学论》德英对照版,中国社会科学出版社,1999。何光沪先生对维特根斯坦此论做了极好的阐发,参见何光沪《宗教和科学是影响人类最大的两种力量》,中国宗教学术网[2010—12—22] 路易斯在《飞鸿22帖》(黄元林 等译,台北:校园书房,2011)第 19 章中,论及科学时说:"科学就是不断地把'原始事实'一直向后推;但我想,没有任何一个科学家相信,这过程会有到达尽头的一天。至少,我们永远会有一个最绝对的'原始事实',一个无法再被参透的原料,就是一个宇宙是存在的(更确实地说,这个有如此特色的宇宙);充满奇能,正像足童话故事中的那奇能之花。"(第 175 页)

难以成立），我们就面临着永无止息的冲动（impulse）。冲动就其本质而言，科学思考难以索解。科学，诣其极，将会解释事件链条上的每一环节之间的联系，解释其前因后果。可是这一链条之实际存在，却全然未得说明。① 我们对这一模式（pattern），所知越来越多。我们对那把真实事件"喂到"模式（pattern）嘴里的东西，一无所知。倘若这不是上帝，我们至少必须称之为命运（Destiny）——这一非物质

① 路易斯在《返璞归真》卷一第 4 章里说，关于"关于宇宙究竟是什么"，有两个对立的看法：一为唯物主义的看法，一为宗教的看法。关于这两种看法，路易斯做了两点提醒：1. 二者同样古老，切莫以为前者是后来的产物；2. 切莫以为科学可以弄清哪种看法正确。他说：

我们不能像通常所说的，用科学找出哪种看法对。科学靠实验，观察事物的行为，每一则科学陈述，不论看来如何复杂，到头来只不过想指出："我一月十五日清早两点二十分钟将望远镜对准天空某一部分，见到什么什么，"或者"我将这种东西放进试验管，加热到某种温度，发生了如此如此的现象。"不要以为我这样说是反对科学，我只是指出科学的任务罢了。一个人越有科学头脑，越会（我相信）同意我所说的科学的任务是如此；很有用，也很必要。可是，为什么天空会有那些东西在那里呢？这些科学观察到的东西后面，有没有一种特别的力量在那里呢？这种问法是不科学的。要是那里有一种"后面的东西"，不是永不让人发现，便是循不同的途径让人发现。说有这种东西存在，或说没有这种东西存在，都不是科学有能力提出来说的。真正的科学家通常也不说这种话。通常只有新闻记者和普及科学小说家，从教科书里头找来一些似科学实非科学的一鳞半爪，大说一通。归根结底，仍是常识问题。即令科学发展到十全十美，可以说明全宇宙中的每一事物，可是对"为什么会有宇宙？""为什么宇宙会以现在的方式发展？""宇宙有意义吗？"等等问题，显然仍旧无法回答。（余也鲁译，2000，香港：海天书楼，第 18 页）

的、终极的、单向的压力,推动了宇宙。①

即便是最小的事件,要是我们直面它之出现这一事实(而不是专注于此事若被诱发就必然符合的那个模式),也会把我们重新领向那处于自然科学之外的奥秘(a mystery)。假定在此奥秘后面,某种强大的意志或生命在起作用,这当然可能。要是这样的话,祂的行动与自然法则之间的对立,就毫无可能。正是祂的行动,给了自然法则以用场。法则是一个空的架构(empty frame);正是祂填充了这一架构——不是这时那时某一"天命"时刻,而是每时每刻。而且祂,由于祂超乎时间之外这一优势,假如祂愿意,就会在确定宇宙历史这一宏大繁复事件时,将所有祈祷纳入考虑。②

在《哈姆雷特》中,树枝折断,奥菲利亚溺水身亡。她之

---

① 参本书第一编第 13 章《两场讲演》一文。

② 路易斯在《神迹》(*Miracle*:*A Preliminary Study*,1947)一书第 8 章说:

神行神迹所用的手法,并非暂停事件运行的一般法则,而是将新的事件输入一般法则之中……

神迹绝对不是一个没有因也没有果的事件。它的因,是神的作为;它的果,根据自然法则而来。……神迹的奇特,在于它不像一般事件一样与过去相连结、与大自然的以往历史结合,你必须把宇宙和神迹重新摆在一个更大的脉络里。在这脉络里,每一件事都与其他事息息相关,但并非所有的事都照着我们短视、即刻的想法互相关联。(见《觉醒的灵魂 1:鲁益师谈信仰》,曾珍珍译,台北:校园书房,2013,第 175 页)

死因,是树枝折断呢,还是莎士比亚想让她在戏中这时死亡? 两者之一,抑或兼而有之,你随便。这一问题所提出的选项,根本就不是真正选项——一旦你把握住,是莎士比亚在编写整部戏。

19　牛津苏格拉底学会之成立[①]

（1942）

The Founding of the
Oxford Scoratic Club

就像一个踏实能干的护士来到满是病人的房屋，又如拜伦《唐璜》里的新帅来解伊斯迈之围，[②]1941 年秋，我们的主席[③]（如果她不介意这么说的话）强行闯入乱作一团的

---

①　选自 *God in the Dock* 第一编第 15 章。本文乃路易斯为《苏格拉底文摘》(*Socratic Digest*)首刊号（牛津，1942—1943）所写的发刊词。

②　解伊斯迈之围（the siege of Ismail）之新帅，指俄国元帅苏瓦洛夫。见拜伦的讽刺史诗《唐璜》第七章，尤其是第 46 节以下。查良铮中译本《唐璜》，1980 年由人民文学出版社出版。

③　斯特拉·阿尔德温克（Stella Aldwinckle, 1907—1990），1930 年代在牛津大学学习神学，1941 年加入牛津牧师团（Oxford Pastorate）。1941 年末，她请路易斯帮她建立一个辩论社团，其主要论题是（转下页注）

讨论。这些讨论即便在战争期间，也构成了牛津大学生八分之五的夜生活。经过一些必定很快的阶段（因为我记不得它们了），我们发现，一个新社团（society）已经形成，发现它正在挑战一周聚会一次这个艰难任务，发现它实际上完成了这一任务，发现它的成员不断增加，发现无论坏天气还是狭小房间（能坐在地上亦算幸运）也不会削减聚会人数。这就是苏格拉底学会。苏格拉底劝勉人们，"论证引向哪儿，就跟随到哪儿"。① 本学会之成立，就是要把他的原则应用于一个特殊论题——支持与反对基督宗教。

值得一表的是，据我所知，此前尚无为此宗旨成立的社

（接上页注）基督教主张，以及对那些主张的反驳，这就是"苏格拉底学会"。自创建之日起，斯特拉·阿尔德温克即担任学会主席。路易斯在前往剑桥大学执教之前，一直任学会会长。苏格拉底学会是个辩论社团，"在学期中间每周聚会一次，某次聚会上由基督徒宣读一篇文章，由异教徒来做出回应，下周颠倒角色，由基督徒来做出回应。当然，还设有一般提问和辩论时间。"（艾伦·雅各布斯《纳尼亚人：C. S. 路易斯的生活与想象》，郑须弥译，华东师范大学出版社，第253页）

　　① 原文是："follow the argument wherever it led them."柏拉图《理想国》（王扬 译注，华夏出版社，2012）394d；"我们的讨论像风一样，它吹到哪里，我们就必须走到哪里。"亦可参见《克里托篇》（*Crito*）46b 及《斐多篇》（*Phaedo*）107b。

团。曾经有过大量明显的基督教团体——学生基督教运动
(S. C. M.)①、方舟会（the Ark）、②牛津大学教会联盟（O.
U. C. H.)③、牛津大学跨校基督教联盟（O. I. C. C.
U.)④——还曾有过大量的其他团体，科学团体和政治团
体，它们即便不是表面上明显反基督教，也是骨子里反基督
教。在私人对谈之中，往往足以引发基督信仰问题。这问
题也会波及许多社团里的美学或哲学论争。可是一个专门
致力于基督徒和不信者之冲突的竞技场，则是一个创举。
单从文化视点来看，其价值就非常巨大。在大学这类人多
口杂的社群之中，总有一种危险，那些思路相仿之人都会结
成小团体，因而他们所遇到的反对，只不过是外界传说的不
堪一击的流言。驳斥缺席者轻而易举，洋洋自得的教条主
义蠢蠢欲动，观点分歧因团体敌对而恶言相向。每个团体
所听到的并非其他团体所说的最好的话，而是最差的。在

---

① S. C. M. 乃 Student Christian Movement 之首字母缩略语。

② 牛津大学的一个基督徒社团。

③ O. U. C. H. 乃 Oxford University Church Union 之首字母缩
略语。

④ O. I. C. C. U. 乃 Oxford Intercollegiate Christian Union 之首字母
缩略语。

苏格拉底学会,这一切都得到改变。在此,一个人可以为基督教辩护,无须敬虔主义(pietism)①的全部行头;也可以反对基督教,无须常见的反神周刊(anti-God weeklies)的文不对题的激进腔调(irrelevant *sansculottisme*)。② 最次最次,我们有助于彼此变得文明。我们有时候甚至奢望,要是我们的希腊保护人③,在看不见的角落,列席我们的聚会,他不会发觉这气氛全然陌生吧!

我们也得知,在这些杂七杂八——而且常常沉闷无趣——的人群之中,公学新毕业的英国孩子与年长的欧洲流亡学者耳鬓厮磨,几乎什么样的观点都会出现。每个人都会发现,他对其他任何人之了解何其不足。我们基督徒这方发现,怀疑论在何处发动进攻,并非一直在我们的预料之中;至于我们的对手,他们以为自己在攻击信仰(the

---

① 卢龙光主编《基督教圣经与神学词典》"pietism"(敬虔主义)辞条:"德国信义宗 17 至 18 世纪的宗教运动,注重个人信仰的更新,以及基督徒生活的圣洁,尤其注重研经、祈祷、灵修、分享和过敬虔的生活。该运动影响甚广,领导者包括施本尔(P. J. Spener)与富郎开(A. H. Francke)等。在英语的世界,循道宗(Methodism)是较为重要的敬虔主义形式。"

② *Sans culotte*,法语词,中译"无套裤汉"或"长裤汉"。法国革命期间,下层阶级的革命者往往穿着长裤,故而渐渐被称为 *sans-culottes*。这一名称后来逐渐用来泛指革命者或左翼极端主义者。

③ 指苏格拉底。

Faith),在我们看来却对信仰几乎全然无知,他们不得不做些纠正。

英国宪章中(理论上的)一个难题就是,下议院发言人本人必定是某党派的一个成员。在苏格拉底学会,也有同样难题。那些建立者,没有一刻假装中立。建立此竞技场并发动挑战的,是基督徒。因而,那些低层次(更少雅典气)的不信者(unbeliever),可能会认为整件事就是一种狡猾地——或不那么狡猾地——伪装起来的宣传。那些雅典式的不信者,倘若他要做出此等反对,就会把它付诸文字,并在苏格拉底学会内部宣读。欢迎他这样做——尽管我怀疑,他是否还会有此雅兴,假如他了解到,委员会如何不辞辛劳,搜索名人录,以发掘那些有闲心和热情来到这里并宣传其信条的睿智的无神论者。然而,说过做过这一切之后,回答此等怀疑,尚需向更深处挖掘。苏格拉底学会之诚实无欺并不在于此。我们从未声称不偏不倚(impartial)。然而论证却不偏不倚。它自身有生命。没人能够说出,它将走向哪里。我们把自己,把我们这方最薄弱处,暴露在你们的火力之下,相对于你们暴露给我们的,是有过之而无不及。更糟糕的是,我们也把自己暴露在自家射击的后坐力之下；因为，假如我的切身体验足以为凭，那么，以信仰之眼去看（to the eye of faith），有那么一阵子，没有什么教义比一个人方才成功捍卫的那个教义更晦暗不明。① 此竞技场属于对战双方，你们不会最终上当；其中，你们毫无风险，而我们则投入一切。

对我们的举措（proceedings），其他人或有另样反对。他们或许会抗议说，知性讨论既不能树立也不能摧毁基督教。他们或许感到，宗教是如此圣洁（sacred），不可在公共辩论中推来推去；如此圣洁，不可谈论——或许几乎圣洁到根本不可造次的地步。 显然，苏格拉底学会的基督徒不这样想。他们虽然知道，知性同意（intellectual assent）并非信仰（faith），可是他们并不相信，宗教只是"人幽居独处时所为之事"。② 或者说，即便真是如此，他们也一点不在乎"宗

---

①　帕斯卡尔《思想录》第 355 则："滔滔不断的雄辩使人感到无聊。"（何兆武译，商务印书馆，1985，第 160 页）路易斯在《诗篇撷思》第一章亦说："一个人不能老是为真理辩护，他有时必须从真理得喂养。"（曾珍珍译，台北：雅歌出版社，1995，第 11 页）

②　原文是"what a man does with his solitude"，语出怀特海（Alfred North Whitehead）的《宗教的形成》（*Religion in the Making*，1926）第一章"历史上的宗教"。怀特海提出这一定义，是为了反对把宗教视为一桩社会事实的理论。在他看来，这些理论忽略了一个"铁铸的基本 （转下页注）

"教",只在乎基督教。[1]　基督教不只是一个人幽居独处所为

(接上页注)事实:人是具有独立意识且为自身利益的人!"因此事实,怀特海着意强调宗教对个体的人的脱胎换骨和安身立命的一面:"长远地看来,人之品格、人如何驾驭生命,均取决于其内心的信仰。生命首先是一桩基于自身的内在事实,然后方成为一桩外在事实,将己身与他物相联系。如何驾驭外在生命,这要受到环境的限制,但人之终极品质(那是其价值之基础)却来自其内在生命,那是对其存在的自我实现。宗教,由于要以人本身及事物性质中之永恒者为基础,因而是有关人内在生命的一门艺术和理论。"(周邦宪译,译林出版社,2012,第 6 页)只要我们承认这一点,也就不难理解怀特海的宗教定义:

宗教实为人幽居独处时所为之事。倘要臻于成熟,它的上帝观必经历三个阶段:从空无之上帝过渡到作为敌方之上帝,从作为敌方之上帝过渡到作为同伴之上帝。

所以宗教,实在是人幽居独处时的经验。人无幽居独处之经验,则无宗教感可言。集体的宗教狂热,布道活动,种种宗教习俗,各种教会、仪式、圣典及行为准则,通通都是宗教的装饰,是它的不固定的外部形式。它们或则有用,或则有害;或则为权威者所制订,或则仅是权宜之计。而宗教之目的,则超越这一切。(同上,第 7 页)

[1]　路易斯在《飞鸿 22 帖》第 6 帖中说,虔信者,不关心"宗教",只关心"神":

不管怎样,我很明白一个真心愿意爱神及爱人的人到头来会厌恶"宗教"这个词儿。顺带一提,"宗教"这词语从未在新约中出现过。(黄元林等译,校园书房,2011,第 53 页)

他实在是以"宗教"代替了神,好像以"航行"代替到达终点,以"争战"代替胜利,以"追求"代替婚姻,或概括地说,以"途径"代替目标。就是对今生而言,"宗教"这观念本身就有它的危险。它使人想到这是生命中的另一个部门——在经济、社交、学术、娱乐等之外的加添部门。但要求所有的那位不可能只有一个"部门"而已。若然生活的全部不都应属祂管辖,那"祂"就是一个虚幻的假象而已。我们生命中实在没有"非宗教"的活动(non-religious),只有"宗教的"(敬虔的,religious)和"'违反'宗教的"(不敬虔的,irreligious)。(同上,第 53—54 页)

之事，甚至也不是上帝幽居独处所为之事。基督教讲述的
是，上帝降身到粗俗的历史领地（the coarse publicity of his-
tory），在这里促动（enacting）那些能够谈论且必须谈论的
事情。①

---

①　西蒙娜·薇依在《扎根：人类责任宣言绪论》里说："人们已经宣
布，宗教是一种私人事务。按照当今的精神习性，这并不意味着宗教居住
于灵魂的秘密之中，在某个深深隐藏的地点，甚至每个人的良知都不能穿
透。而只是说，宗教是种选择、意见、趣味、近乎奇思的事务。变成这种私
人事务之后，宗教就丧失了属于公共事务的义务特征，于是它就不再有获
得人们忠诚的无可争辩的资格。……降格为私人事务的宗教，就变成了
在星期日去度过一两个小时时间的地点选择。"（徐卫翔译，三联书店，
2003，第 107—108 页）

20 最后的访谈①

(1963)

Cross-Examination

【原编者按】下文是对 C. S. 路易斯的一场访谈。时间是 1963 年 5 月 7 日,地点是剑桥大学莫德林学院路易斯的办公室,访谈者为葛培理布道协会的舍伍德·E. 沃特先生(Mr Sherwood E. Wirt)。

沃特先生

---

① 选自 *God in the Dock* 第二编第 16 章。C. S. 路易斯于 1963 年 11 月 22 日辞世。这是路易斯生前所接受的最后一次访谈。文章名译为"最后的访谈",以示纪念。

路易斯教授,要是你有个年青朋友,他感兴趣于基督教题材的写作,你会怎样建议他去做功课?

路易斯

我会说,要是一个人打算写化学题材,他得学化学。基督教题材,也是如此。不过,说到技巧本身(craft itself),我不知道如何建议一个人怎么去写。这事关乎天分和兴趣。我相信,要是他想要成为一个作家,他必定是深有感触。写作就像一种"色欲"(lust),或者像"痒了就挠"。写作是某种强劲冲动的结果。冲动的确来了,比如说我,就不吐不快。

沃特先生

您可否指一条路,使得基督教文学大放光华,从而影响我们一代?

路易斯

这些事,没有定法。我也没什么灵方妙药。作家所得训练,路数各有千秋,我们不可开药方。圣经本身并非系统规划;新约展示了最大的多样性。上帝已向我们显明,任何器皿,祂都能用。你知道,巴兰的驴用"驴叫",所布之道醒醍灌顶。①

沃特先生

轻快笔触(a light touch)已经成为您写作的特征。即便处理重大神学主题,您也如此。培养这样一种态度,是否有个要诀?

路易斯

我相信这关乎气质(temperament)。然而,我养成这一态度,受惠于我研究中古文人,受惠于 G. K. 切斯特顿(G. K. Chesterton)的著作。比如切斯特顿,就不怕把严肃的基督教主题与嘻笑怒骂相结合。同样,中世纪的神迹剧(mir-

---

① 巴兰(Balaam)是摩押国的先知。据说,他祝福谁,谁必兴旺;他咒诅谁,谁必遭殃。摩押王巴勒派人去请巴兰,请他咒诅以色列人。当然不白请,使者手里拿着卦金。巴兰信耶和华。他对来人说:我得问耶和华许不许可? 他问了耶和华,神说不可! 于是他就打发使者回去。巴勒不死心,又差遣更多更尊贵的使者,告诉巴兰:"我必使你得极大的尊荣,你向我要什么,我就给你什么,只求你来为我咒诅这民。"这次巴兰虽然嘴里说:"巴勒就是将他满屋的金银给我,我行大事小事也不得越过耶和华我神的命。"但还是动了心,跟着使者上了路。"巴兰早晨起来,备上驴,和摩押的使臣一同去了。"(《民数记》廿二章 21 节)一路上诸事不顺,连驴都跟巴兰作对。驴大路不走,拐到田间小路,还贴着墙走,把巴兰的脚也挤伤了。巴兰就打驴,谁知驴竟然说起话来。巴兰顿时惊醒。

acle play)处理的虽是基督诞生这类神圣题材,却也会结合着闹剧①。

沃特先生

这么说,您认为基督教作家应尽量好玩一点?

路易斯

不是。我想,强加在属灵题材上的诙谐,令人作呕。一些宗教作家企图幽默,简直就是骇人。有些人写得沉重,有些人写得轻快。我偏爱轻快一途,是因为我相信,四周有太多的虚假敬重。对待圣事(sacred matters),太多郑重其事与诚惶诚恐,太多神圣腔调。

沃特先生

可是,难道郑重其事(solemnity)不正切合神圣气氛,不正有助于形成神圣气氛么?

---

① 《不列颠百科全书》释"farce"(闹剧):"一种诙谐的剧作。可以是一出正剧中的幕间表演,也可以是自成一体的一出戏剧。其要素是不太可能出现的情境、泥古不化的人物、极度的夸张和激烈的打闹。喜剧与闹剧相比,前者在演出上具有传统性的改革社会的旨意,而后者仅在引人发笑而已……"(第6卷224页)

路易斯

既是又不是。私人灵修（devotional life）与共同灵修不同。郑重其事（solemnity）切合教会，但切合教会的东西，在教会之外并不必然切合。反过来也一样。比如，我在刷牙时，可以做一句祈祷。但这并不意味着，我应当在教会刷牙。

沃特先生

您对现今基督教会内部的写作，是何看法？

路易斯

正统作家出版的好多东西，都有辱教规，实际上都使得人背离教会。那些一味调和并削减福音书之真理的自由作家，要负责任。我无法理解，一个人如何能在纸上自称，他不相信自己身穿白色法衣时应当信的那些东西。我感到，这与妓女无异。①

———————————

① 路易斯称此等人为"鬻智之妓"（intellectual postitutes），参见本书第二编第26篇《神话成真》第4段。而《返璞归真》中说，这种人比妓女还糟糕："一个常上教堂、冷漠、自以为是的伪君子离地狱可能比一个妓女要近得多。"（汪咏梅译，华东师范大学出版社，2007，第108页）至于为何比妓女更接近地狱，《要是没了自命清高？》一文有很好论析。文见路易斯之文集《切今之事》（邓军海译，华东师范大学出版社，2015）。

沃特先生

您怎样看伍威治的主教约翰·罗宾逊的颇有争议的新书《对神老实》?①

路易斯

我倾向于老老实实地去"对神老实"。

沃特先生

哪些基督教作家曾有助于您?

路易斯

今人之书里,对我帮助最大的当数切斯特顿的《永恒的

---

①　伍威治的主教(the Bishop of Woolwich),当时是主教大人罗宾逊(Rt Rev. J. A. T. Robinson)。孙艳燕在《关于"世俗化"的解读》一文中,论及罗宾逊的《对神老实》一书之成书背景及主旨:

从20世纪60年代以来,英美等国开始了一场激进的世俗神学运动,一些激进的思想家最终得出"上帝之死"的结论。神学从对"彼岸世界"和"来世生活"的向往转为对"此岸世界"和"今生存在"的关注。1963年,英国圣公会主教罗宾逊(John A. T. Robinson)《对神老实》(Honest to God)一书的出版引发了广泛的讨论。他认为既然人们对传统的上帝观念已经不屑一顾,还不如对"上帝"持坦诚态度,以人的自由和成熟来负起今生今世的责任。人们应以现实的新观念来重新思考对上帝的理解,要考虑到当代世俗文化的多元维度。

人》(*The Everlasting Man*)。① 还有比文(Edwyn Bevan)的书《象与信》(*Symbolism and Belief*)、奥托的《论神圣》(*The Idea of the Holy*)及多萝西·塞耶斯(Dorothy Sayers)的戏剧。②

沃特先生

我想是切斯特顿吧,有人问他为何成为教会一员时,他回答说"为了涤除我的罪"。

路易斯

单单想去涤罪还不够。我们还需要信那位救我们脱离罪的唯一者(the One)。我们不但需体认自己是罪人,还需信带走罪的救主(a Savior)。马修·阿诺德曾经写道:"感

---

① 在拙译《惊喜之旅》第 12 章,路易斯谈到,切斯特顿的著作给他带来的灵魂震动:

正如阅读麦克唐纳的书一样,在阅读切斯特顿的著作时,我也不知道自己正在自投罗网。一个执意护持无神思想的年轻人,在阅读上再怎么小心,也无法避免自己的思想不受挑战。处处都有陷阱。赫伯特说:"一打开圣经,里面充满无数令人惊奇的事物,到处都是美妙的网罗和策略。"容我这样说,神真是很不自重。(华东师范大学出版社,2018,第 290—291 页)

② 多萝西·L. 塞耶斯(Dorothy L. Sayers,亦译桃乐西·谢尔丝,谢逸诗,1903—1957),英国学者、作家,推理小说大师。

到饥饿并不证明我们有面包。"①体认我们是罪人,也推不出我们得救。

沃特先生

在《惊喜之旅》一书中,您说,您被带进信仰时,踢腾、挣扎、心里别扭,四处张望寻求逃脱。② 您说,您仿佛被迫成为一名基督徒。您是否觉得,归信之时,您做出了一个抉择?

路易斯

---

① 原文为"Nor does the being hungry prove we have bread",典出马修·阿诺德诗作《恩培多克勒在埃特纳火山》(*Empedocles on Etna*,1952)第一场第 2 幕,路易斯之引文,与阿诺德原诗文略有出入:"Fools! That in man's brief term / He cannot all things view, / Affords no ground to affirm / That there are Gods who do; / Nor does being weary prove that he has where to rest."(第 348—352 行)

② 这是《惊喜之旅》里最为著名的段落:"你可以想像一下,我只身一人呆在抹大拉学院的房间里,夜复一夜,我的心思转离手头工作哪怕一秒钟,就会感到那个我诚挚渴望不会遇见的祂,咄咄逼人,正健步走来。我极端惧怕的事,终于来临。就在 1929 年的圣三一学期,我投降了,承认神就是神,并且跪下来祷告。或许我那晚的决志,是全英国最沮丧最不情愿的决志。当时的我,还没有看到现在看来最为耀眼最为显见的东西;即便如此,谦卑的神仍然接受了这样的决志。那个浪子,至少还是自个步行回家。可谁会仰慕这样的"爱"(Love)——浪子被带进来时,踢蹬、挣扎、怀恨在心,东张西望伺机逃脱,还为浪子敞开大门?"勉强人进来"一语,曾被坏人滥用,以至于我们闻之胆寒;可是,要是不曲解,它们倒探出了神的仁慈的深度。神的严厉比人们的温柔还要仁慈,祂的强制使我们得以自由。"(华东师范大学出版社,2018,第 353—354 页)

我不会那样说。我在《惊喜之旅》中写的是:"现在看来,怪就怪在,上帝在迫近我之前,事实上,还是给了我一阵子完全的自由选择。"①但我并不认为我的抉择如此重要。在这事上,我与其说是个主体,不如说是个客体。我是被抉择。我后来庆幸如此归信,可当时,我则听到神说:"放下武器,我们谈谈。"(Put down your gun and we'll talk.)

沃特先生

这在我听来,您那时仿佛到了一个抉择关头。

路易斯

可是,我倒愿意说,最受强制的举动也是最为自由的举动。我的意思是,你没有一部分在此举动之外。这是个悖论。我在《惊喜之旅》中表述了这一点。我说,我选择了,其实又仿佛没有不作选择的余地。②

沃特先生

您二十年前写道:

---

① 见拙译《惊喜之旅》第 347 页。
② 原话是:"虽然我说是'我选择',但那时好像真的别无选择。"

"耶稣所说的话倘若出自一个凡人之口,你就不可能称他为伟大的道德导师,他不是疯子(和称自己为荷包蛋的人是疯子一样),就是地狱里的魔鬼。你自己需要选择,这个人要么那时是、现在仍是上帝的儿子,要么是疯子,甚至连疯子还不如。你可以把他当作傻瓜关押起来,把他当作魔鬼,向他吐唾沫,处死他;你也可以俯伏在他的脚下,称他为主,为上帝。但是,千万不要说他是个伟大的人类导师这类的废话(这样说,你还以为是对他的抬举)。他没有给我们这种选择,也无意于做一位伟大的道德教师。"①

您是否以为,您关于此事的观点,自那以后有了改变?

路易斯

我会说,没啥实质改变。

---

① 原文是:"A man who was merely a man and said the sort of things Jesus said would not be a great moral teacher. He would either be a lunatic——on a level with the man who says he is a poached egg——or else he would be the Devil of Hell. You must make your choice. Either this man was, and is, the Son of God; or else a madman or something worse. You can shut him up for a fool; you can spit at him and kill him as a demon; or you can fall at his feet and call him Lord and God. But let us not come with any patronizing nonsense about his being a great human teacher. He has not left that open to us. He did not intend to." 语出《返璞归真》卷二第3章。拙译采汪咏梅之译文,见《返璞归真》(华东师范大学出版社,2007)第63—64页。

沃特先生

您是否认为,基督徒写作,包括您自己的写作,目标就是让读者与耶稣基督相遇?

路易斯

我没这样说过,不过这倒是我预期的目标。比如,我刚刚写完一本论祷告的书,是跟一个想象人物通信,他就祷告里的难题发问。①

沃特先生

我们如何安排人们与耶稣基督相遇?

路易斯

你不可能为上帝做安排。带人去祂的国,有许多途径,有些途径我甚至特别讨厌。我因而学会了谨慎判断。

可是,我们却可以多种方式阻挠。作为基督徒,我们忍不住对那些信仰之外的人,做出一些不必要的退让。我们妥协太多。我的意思并不是说,我们应冒着惹人讨厌的危

---

①　路易斯指的是 *Letters to Malcolm*：*Chiefly on Prayer*（伦敦，1964）一书。该书之中译本,名为《飞鸿22帖：鲁益师论祷告》,译者黄元林等,台北校园书房2011年出版。

险,无分时机去作见证。而是说,在恰当时机,我们必须表明我们不同意。我们必须显示我们的基督徒色彩,要是我们想对耶稣基督诚实无欺的话。我们不可保持沉默或凡事退让。

在我的儿童故事里,有个人物名叫阿斯兰,他说:"我对每个人只讲他自己的故事,不讲别的。"①我不可能说出,上帝如何对待他人;我只知道,祂如何屈尊待我。当然,我们要为灵魂觉醒而祷告,而且我们可以多种方式促成灵魂觉醒。可是我们必须谨记,无论保罗还是亚波罗,都不能"叫他生长"。② 正如威廉斯(Charles Williams)所说:"祭坛一定得建在一处,好让天上的火能降在别处。"③

---

①　见《马儿与少年》第 11 章。当两个男孩向阿斯兰打听其他人的境况时,阿斯兰这样说。更长一点的引文是:"孩子,"那个声音说,"我正在讲的是你的故事,而不是她的故事。我对每个人只讲他自己的故事。"(向和平译,天津人民出版社,2014,第 175 页)

②　《哥林多前书》三章 4—6 节:有说:"我是属保罗的。"有说:"我是属亚波罗的。"这岂不是你们和世人一样吗? 亚波罗算什么? 保罗算什么? 无非是执事,照主所赐给他们各的,引导你们相信。我栽种了,亚波罗浇灌了,惟有神叫他生长。

③　路易斯在同期撰写的《飞鸿 22 帖》(*Letters to Malcolm*,1963)第 22 章末尾,也引用了威廉斯的这句话。其中说:

我有个感觉:那在人眼中看来是最糟糕的祷告,很可能在 (转下页注)

沃特先生

路易斯教授,您的写作有种非同寻常品质,基督教讨论中常常难以找到。您仿佛以写作为乐。

路易斯

要是我不以写作为乐,我不会继续从事。我的书里只有一本,写作时并不享受。

沃特先生

哪一本?

路易斯

《魔鬼家书》。① 枯燥无味,勉为其难。当时,我想的是

（接上页注）神眼中是最好的;我是指那些最没有虔诚感觉支托,最需要挣扎、克服抗拒的祷告;因为这些差不多全然是意志的祷告,是出自比感觉更深的层面。在感觉里,有那么多东西是不属于我们的——它们来自天气、身体状况、刚读完的书。有一件事是确定的:祷告时,最好不要刻求那些丰盛的时刻。神与我们最亲密说话,常是在我们最不在意的时候。威廉斯(Charles Williams)岂不在某处说过:"祭坛一定得建在一处,好让天上的火能降到别处"?（黄元林等译,台北:校园书房,2011,第196—197页）

① 路易斯的 *The Screwtape Letters* 一书,至少有三个汉译本,书名不一。(1)香港鲁继曾译本,书名《地狱来鸿》,香港: 基督教辅侨出版社, 1958;(2)台湾曾珍珍译本,书名《大榔头写给蠢木的煽情书》,道声出版社,1990;(3)况志琼、李安琴译本,书名《魔鬼家书》,华东师范大学出版社,2010;(4)台湾高子梅译本,书名《地狱来鸿》,台中:好读出版有限公司,2015。

对基督徒生活的一些反对,决定把它们以书信体写出来:"这就是魔鬼会说的话。"可是,把善行写成"恶"、把恶行写成"善",令人筋疲力尽。

沃特先生

您认为年青基督徒作家应该怎样,才能建立自己的风格?

路易斯

一个人建立一种风格,途径有二:其一,确切知道自己要说什么;其二,保证所说准确无误。我们必须记住,一开始,读者并不知道我们的意思。如果我们措辞含混,他就抓不住我们的意思。我时常想,写作就像赶羊上路。要是左边或右边有道门开着,读者准会走进去。

沃特先生

您是否相信,圣灵还会借今日基督教作家之口,向世人说话?

路易斯

关于圣灵向某作家的直接"启示"(illumination),我不妄作评判。我虽然无法知道,所写文字是不是来自天上。但我确信,上帝乃众光之父——自然之光①及属灵之光的父(《雅各布书》一 17)②也就是说,上帝的兴趣并不在于基督教作家本人。祂关心一切种类的写作。同理,神圣呼召并非只限于教会职事。在萝卜地锄草,也是在侍奉神。

沃特先生

一位美国作家,Dewey Beegle 先生曾说,在他看来,相比于旧约中的《雅歌》,艾萨克华滋圣歌《奇妙十架》(When I Survey the Wondrous Cross),③更是神所默示。您怎么看?

路易斯

教会里的伟大圣徒及神秘主义者④的感受,恰巧相反。

---

① 关于"自然之光"(natural lights),详参本书第二编第 13 篇《第三诫命之默想》,第 489 页脚注 1。

② 《雅各布书》一章 17 节:"各样美善的恩赐和各样全备的赏赐都是从上头来的,从众光之父那里降下来的,在他并没有改变,也没有转动的影儿。"

③ 参见:http://www.baike.com/wiki/艾萨克华滋 Isaac＋Watts。

④ 卢龙光主编《基督教圣经与神学词典》释"mysticism(神秘主义)":"重视神临在的直接经验,与神灵相通的信仰观点或灵修体系。神秘主义相信,神圣真理的知识或与神的联合可以借着灵性洞察或专注默想,摒除感官或理性的媒介而获得的。故此,神秘主义者往往着重祈祷、默念、禁食等。"

他们在《雅歌》中发现了丰富的属灵真理。这里有个层次差别。牵涉到正典的问题（the question of the canon）。我们也必须谨记，适合于成人的肉食，并不对小孩的口味。

沃特先生

由海明威、萨缪尔·贝克特及让—保罗·萨特之类作家所垂范的现代文学趋势，您会如何评价？

路易斯

在这一领域，我所读甚少。我并非一个当代学者（a contemporary scholar）。我甚至不是一个研究往古的学者（a scholar of the past），我是一个爱往古的人（a lover of the past）。①

沃特先生

您是否相信，在当代文学中，为了营造一种写实气氛，必然要用淫言秽语？

---

① 路易斯向来不以现代人自许，倒是以生活于现代的古代人自期。路易斯在剑桥大学的就职演讲《论时代的分期》（*De Descriptione Temporum*）中，曾以文化恐龙自许。（详见本书第35—36页）

路易斯

我不信。我把这一趋势当作一种征兆,象征着一种文化已经失去其信仰(faith)。属灵坍塌之后,就是道德坍塌。我对未来心存忧惧。

沃特先生

那么,您是否感到,现代文化正在去基督化(de-Christianized)?

路易斯

我无法谈这个问题的政治方面,但是关于教会的去基督化,我有一些明确看法。我相信,教会里有很多爱调和的布道人(accommodating preachers),有太多不信主的从业者。耶稣基督没叫我们,"走遍全世界,告诉世人,世界现况甚佳"。福音书差不多全然不同。事实上,它与俗世针锋相对。

在这个世界上,针对基督教的指控相当强势。每逢有战争、海难、癌症或不幸事件,都趋于形成对基督教的言之凿凿的指控。在这些显见证据之前,成为一个信教者,不容易。它要求对耶稣基督的极大信心(strong faith)。

沃特先生

高伯尔尼（Bryan Green）和葛培理（Billy Graham）等人，提请人们面对基督，做人生抉择。您赞同这种方式吗？

路易斯

我有幸跟葛培理见过一面。1955 年他造访剑桥大学，向学生传福音，我曾与他共进晚餐。我想，他这人很谦逊很聪明。我也着实特别喜欢他。

在我们这样的文明中，我觉得，每个人都必须面对耶稣基督对其生命之呼召，否则，他就是三心二意或回避问题。在苏联，就不一样了。今日生活在俄国的很多人，从不必考虑基督之呼召，因为他从未听说。

同理，我们生活在英语国家，从未被迫去思考比如说印度教之呼召。可是，在我们西方文明中，我们有道德上及理智上的义务，去认真对待耶稣基督；要是我们拒绝这样，我们就是糟糕哲学家，糟糕思想家。

沃特先生

您怎么看对基督徒每日生活的基本操练——抽出时间

与上帝单独相处?

路易斯

关于此事,新约圣经有大量指引。任何人成为基督徒,都需有此操练,我认为这理所当然。它是我们的主对我们的命令;正因它们是主的命令,我信从它们。当耶稣基督吩咐我们,进内屋去,关上门,祂的意思正好可能就是这个。①

沃特先生

路易斯先生,您认为,未来十年会发生什么?

路易斯

我无从知晓。我的首要领域是过去。就像坐车旅行,背对车头坐着,就难以知道您什么时候要发动机车。这世界可能 10 分钟之内告停;其间,我们还要尽自己的本分。要务就是,谨守上帝儿女之名分:过好每一天,仿佛它是我们的最后一天;做计划,却好像我们的世界还会延续百年。

---

①　《马太福音》六章 5—6 节:"你们祷告的时候,不可像那假冒为善的人,爱站在会堂里和十字路口上祷告,故意叫人看见。我实在告诉你们,他们已经得了他们的赏赐。你祷告的时候,要进你的内屋,关上门,祷告你在暗中的父,你父在暗中察看,必然报答你。"

关于将来要发生的事，当然，我们有新约作保证。① 当我看到有人为这种或那种毁灭（destruction）而忧虑不安，我忍不住就想笑。难道他们不知，他们终究会死么？看上去像是不知。我妻子曾问过一位年青女友，问她是否想过死亡。她回答说："等我到了那个年龄，科学对它就会有办法了！"

沃特先生

您是否认为，太空旅行将来会成为广泛现象？

路易斯

要是其他星球上真的有人，一想到跟他们接触，我就心中恐慌。我们只会给他们悉数输送我们的罪，我们的占有欲（aquisitiveness），从而树立一种新的殖民主义。② 不堪设想。可是，要是我们最终能与神和好（get right with God），一切当然会大不一样。一旦我们发觉自己属灵苏醒（spir-

---

① 参见《马太福音》廿四章 4—44 节；《马可福音》十三章第 5—27 节；《路加福音》廿一章 8—33 节。

② 路易斯的"空间三部曲"之二《皮尔兰德拉星》（*Perelandra*），申述的就是这一主题。

itually awakened)，我们就可以去外层空间，带着良善。那就是另一码事了。

第二编　道德论集

1　伦理学小议^①

On Ethics

现代英国常有人断言，为保存文明，甚或为挽救人类免于毁灭，这个世界必须重返基督教伦理。作为响应，时不时也有人断言，基督教伦理曾是人类进步的巨大障碍，因而我们必须小心，切莫重返我们好不容易才最终摆脱的那个束缚。双方那些常见论证，我也就不用赘述了，因为它们并不能支持各自的观点。我的任务，在别处。尽管我本人也是

———————

①　首刊于瓦尔特·胡珀所编路易斯文集《基督教沉思》。据瓦尔特·胡珀推断，此文当写于《人之废》(1943)出版之前，因为此文多处可以看到《人之废》一书之雏形。

个基督徒,甚至还是一个基督徒老教条(dogmatic Christian),跟现代主义毫不妥协,委身于不折不扣的超自然主义,却发现自己着实无法跟那些持第一种观点的人站在一起。在我眼中,要求重返基督教伦理的那批人跟反对重返的那批人之间的全部论争,所牵涉到一些预设,我都无法苟同。对立双方之间的那个问题,就提错了。

首先必须区分,我们说起伦理体系(Ethical System)及其差异时,都有哪些意思。一方面,我们用伦理体系或许是指,一组伦理规诫(a body of ethical injunctions)。在此意义上,说起斯多葛伦理学,我们指的就是一个体系,它(在特定情况下)提倡自杀,告诫人要修习不动心(Apathy),要消灭情感;说起亚里士多德伦理学,我们所指的那个体系,在良性的高傲与大度(Virtuous Pride and Magnanimity)之中,找到了预设并涵盖其他美德的那一美德;①说起基督教伦理,我们所指的那个体系,要人谦卑、宽恕以及(在特定环境中)殉道。其间差异,从这一视点来看,就是内容差异。可是有时候,我们所说的伦理体系,指的是对我们的道德经验的系统分析和解释

---

① 参亚里士多德《尼各马可伦理学》卷四第 3 章。

(systematic analyses and explanation)。因而,"康德伦理学"这一表述,主要指的不是一组诫命(a body of commands)——在伦理学的内容上,康德与别人并无显著差异——而是指绝对律令说。从这一视点来看,斯多葛伦理学体系,定义道德行为,依照的是合乎自然、合乎整全或合乎天意——这些术语在斯多葛派思想中几乎可以互换;亚里士多德伦理学,是幸福论体系(the system of eudaemonism);基督教伦理学,则将义务弄成一个自我超越的概念(a self-transcending concept),并努力脱离单纯的道德领域(the region of mere morality),无论是藉着让信仰(Faith)高于功业(Works),还是藉着断言爱成全律法,抑或藉着要人重生(Regeneration)。

认为此意义上的伦理体系与彼意义上的伦理体系没什么深刻关联,当然幼稚得可以。哲学家或神学家的伦理学理论,生发于他已经持有且努力遵守的实践伦理(practical ethics);反过来,理论一旦形成,就会反作用于他对应该做什么的判断。这项真理,即便是在我们这样一个沉湎于历史主义的时代里,①也没有被忽视的危险。如果说有什么

---

① 路易斯对历史主义之驳斥,详参本书第一编第 7 篇《历史主义》(Historicism)一文。

过分之处的话，那就是我们受时代感（the sense of period）浸染过深，过于急切地在伦理实践和伦理学理论中，在一个社会的经济、制度、艺术、服饰以及语言中，追踪一种共同精神（a common spirit）。虽如此，还是必须坚持，此意义上诸多伦理体系之不同，与彼意义上诸多伦理体系之不同，并无直接对应关系。斯多葛学派、亚里士多德学派、托马斯学派、康德学派以及功利主义派，都会一致同意其道德品质的那些行为，数量毕竟很大。研究各不相同的道德理论这一举动，跟这些理论一样，都夸大了这些理论的实际差异。既是着眼差异，我们研究它们时，自然而然就会对边缘案例（the marginal case）揪住不放。就此研究而论，这本无可厚非。只是在边缘案例中，理论差异就成了对立，因为这是关键实验（*experimentum crucis*）。在此探讨中夸大是有用的，但切莫将此夸大挪移到彼探讨中。

现代作家敦促我们重返或切莫重返基督教伦理，我想，他们说的是第一种意义上的基督教伦理：一组规诫，而不是关于这些规诫之起源、约束力或终极意义的一个理论。如果不是这样，那么，他们就不应谈论重返基督教伦理，而只能谈重返基督宗教了。所以我坚持认为，在这场争论中，基督教伦理指的是一组规诫（injunctions）。

这时，我就得表示异议了。围绕采纳基督教伦理是否可欲展开论争，有赖于两个预设：(1)有若干组规诫，彼此界阈分明，基督教伦理只是其中一组。我们这个物种在此星球上的未来，端看我们在其间的选择了。(2)就在争论者向我们频频呼吁的那一刻，我们得站在这一切伦理体系的外边，处于一种伦理真空中，准备踏入其中提倡最力的一个。这两个预设，在我看来，既不切合实情，也对实情麻木迟钝。

先来看一下第一个预设。难道基督教伦理真的就是作为一桩新异之事（a novelty）来到这个世界，真的就是一组全新的奇特诫命，一个人可以在严格意义上归信？我说的是归信实践伦理（the practical ethics）。归信基督信仰，他当然可以。他接受耶稣之神性及复活、赎罪（the Atonement）、罪之赦免，不只可以当作一桩新异之事，还可以当作一桩超验的新异之事（a transcendent novelty），当作永恒背后的一桩奥秘。可是这些新异之处本身，就对我们为那些伦理规诫所假定的新异之处，严格设限。归信之人接受罪之赦免。可是那些罪，触犯了什么律法？难道基督徒颁布了新的律法？这也太不讲理了吧！一个

人从没做过遭禁的事，却在提倡赦免的那个当儿，得到了
赦免——这是暴君才玩的把戏。说基督宗教为世界带来
了一样新的伦理准则（ethical code），这个想法（至少其最
为粗浅最为流行的表述）犯了严重错误。假如真是这样，
我们就不得不下结论说，最初传扬基督宗教的那些人，全
都误解了自己的差使（message）。基督教的创始人，还有
祂的先导，祂的使徒，全都来要人悔改并给予赦免；可是，
除非预设某道德律已为人所知，且为人所犯，否则这一要
求与给予都毫无意义。

　　我一点都不否认，在基督教伦理中，我们会发现道德准
则的一种深化、内化以及重心迁移。不过，只有对犹太文化
和希腊文化极度无知，才会引人下结论说基督教伦理是一
样全新物事。本质上讲，基督教并未传扬道德新发现。它
只是说给悔罪者听，说给承认自己并未遵守已知道德律的
那些人听。它赦免触犯律法者，为其守律法提供超自然的
帮助，并因而重申律法。一位理解自家宗教的基督徒，当不
信者向他发难的时候，就指望着断言耶稣的诫命（command）没有一个不为拉比所预见，他定会哑然失笑。说实
话，耶稣的诫命，在古埃及经典、古尼尼微经典、古巴比伦经

典或古中国经典中找不着相应的话的,真是微乎其微。①
我们老早以前就欣喜地体认到这一点。我们的信仰,可不
是突发奇想。

第二个预设——我们站在一个伦理真空里,决定采纳
什么准则——应对起来就不会如此轻松,但我相信,说到
头,它也同样是误导。当你苦口婆心要一个人接纳基督教
伦理时,就历史事实而论或就先后次序而论(historically or
chronologically),当然都无需假定他这时就站在一切伦理
准则之外。一个人正在听课或正在看医生,或许会有人建
议,建议他换门课程或换个医生。可是,如果事先没到悬而
未决的关头,他就不可能去做决断。必须有一个时间点,这
时他感觉自己无所依归,权衡两者的利弊;无论恪守着哪一
个,都有悖于选择。同理,要我们亟需恢复基督教伦理准则
或切莫恢复基督教伦理准则,就将我们请入无所依归之
境地。

当然啦,我不否认是有一些人,在某些时候就能处于一
种伦理真空中,不恪守任何伦理体系。不过,处此境地的那

---

①　详参拙译路易斯《人之废》一书,尤其是书后之"附录:道之例
证"。窃以为,此书可谓是道德主观论和道德相对论的当头棒喝。

些人,绝大多数都不会去决断他们该接纳哪个体系,因为这种人往往并不打算接纳任何伦理体系。他们经常更关心的是,逃出囚牢或樊笼。① 我们的问题,跟他们无关。我们的问题是,敦促我们重返(或切莫重蹈)基督教伦理的那种人,或听取此种呼求的那种人,是否能够进入伦理真空? 因为选择某套伦理准则这一念头本身,就牵涉到伦理真空。回答此问题,最好的方法就是先问另一问题(有时候就这样)。假定我们能够进入伦理真空,从外部概览一切伦理体系,那么,我们能指望着找到何种动机去步入其中的一个?

有一件事,立即昭然若揭。无论是接纳这些伦理体系中的哪一个,我们都不会有任何伦理动机。当我们身处伦理真空,摆脱此真空,就不会是我们的义务。义务之为义务,就在于它遵从道德律法。无忠贞(ethical allegiance)可言之人,就不会有伦理动机去接纳一个伦理体系。假如他有伦理动机,那就证明他其实并不处于伦理真空。这么说来,怎就有这样一些人,他们说起话来,仿佛我们可以站在一切道德(moralities)之外,像女人挑选帽子那般在其中挑

---

① 路易斯的意思是,这些人将道德看作囚牢或樊笼。

挑拣拣,还(经常以激情洋溢的语调)鼓噪我们去做出某一
特定选择? 因为他们有现成答案。他们推荐某伦理准则,
其根据几乎一成不变,就是它或唯有它才能保住文明或保
住人类。他们很少告诉我们,人类之保存,本身是否就是一
项义务;或者很少告诉我们,他们期望我们以此为目标,是
否基于别的理由。

假如它就是一项义务,那么,将此义务加在我们身上的
那些人,自己并不处于道德真空,也不是真的相信我们就处
于道德真空之中。再不济,他们也是接受了一样道德规诫,
而且指望着我们接受。他们的道德准则,无可否认,内容极
为贫瘠。其单一诫命(solitary command),跟亚里士多德、
孔子或阿奎那繁富详密的准则(richly articulated codes)一
比,就表明它只是一点残渣;这就好比一些蛮族的艺术,仅
仅表明它们是某一消逝文明之孑遗。不过,一种狂热褊狭
的道德与毫无道德之间,还是截然有别。假如他们真的处
于一种道德真空,那么,即便只是一项义务,他们由何得出?

为了躲避这一难题,他们或许会提出,保存我们人类不
是一项道德律令,而是"本能"(Instinct)所规定的目的。对
此,我的答复是:首先,是否有此本能,就极为可疑;其次,即

便有此本能,它也起不了在此语境中调用本能的那些人所要的那种作用。

我们到底是否有此本能?这里,我们必须留意"本能"一词的意涵。在英语里,"本能"一词通常泛指本该叫作嗜欲(appetite)的东西,因而我们才说性本能。这个意义上的"本能",指的是一种冲动(impulse),该冲动出现在意识里就是欲望(desire),其满足的标志就是快感(pleasure)。在此意义上,我们并无保护我们这个物种的本能,在我看来就是不证自明。欲望指向具体之物——这个女人,这碗汤,这瓶酒;而物种保护(the preservation of species)则是一个高度抽象,普通百姓甚至想都没想过,即便它影响了文化人,那也是在他们最少本能的时候。不过更确切地说,人们常拿"本能"一词来指貌似懂了的行为(Behaviour as if from knowledge)。譬如说吧,某些昆虫完成了一系列复杂动作,结果虫卵得以孵化,幼虫得以成长;由于我们(无论是对是错)拒绝将自觉的设计及预知(conscious design and fore-knowledge)赋予该行动者,我们就说它"靠本能"行动。对我们这些主体而言,这个说法意味着什么呢?此事假如确实出现了,它如何出现在昆虫身上?——对此,我想我们是

一无所知。在这个意义上,说我们有一种保护人类之本能
(an instinct to preserve the human race),就等于说,我们发
觉自己不知怎地就被迫做出一些举动,这些举动事实上促
成了物种保护(尽管这不是我们的目标)。这好像极无可
能。这些举动是什么? 即便有这样一些举动,那么,敦促靠
着接纳(或规避)基督教伦理来保护人类,又是为了什么?
将这事交给本能,岂不更好?

再说了,"本能"一词还被用来指一些强烈冲动(strong
impulses),这些冲动跟嗜欲(appetites)一样难于否弃,尽管
它们不像嗜欲那样指向具体的生理快感。我想,这才是人
们说起人类保护本能时所指的东西。他们的意思是,我们
具有一种自然而然的、不思而得的、自发的冲动去保护人
类,就像我们不得不去保护自己的后代一样。这里,我们就
得依靠备受争议的内省证据了。① 我没发觉自己有此冲
动,我也没看到证据,表明别人有此冲动。切莫误解我。切

---

① 路易斯之所以说"备受争议的内省证据"(the debatable evidence
of introspection),大概是因为伴随着行为主义心理学的兴起,心理学正式
进入"现代",只承认实验证据。从此以后,传统心理学因依赖于"内省证
据"而饱受诟病。

莫将我想成一个怪物。我承认,心系人之生死存亡算得上一个目的(an end),相对于此,我自己的生死存亡和幸福是次要的;我只是不承认,是一种自发的强烈冲动为我规定了此目的。在我看来真相就在于,我们具有保护自家子孙后代的冲动,不过,随着心思飘入未来深处越来越远的后代,这一冲动就渐行渐消。所以,假如将它交给自身的自发力量,它就会迅即消逝。借问在座诸位,有哪位做父亲的,为了人类这一物种,会有一种自发冲动去牺牲自己的儿子?我不是在问,他是否会这样牺牲儿子;我只是问,即便他这样做了,他是否在遵从一种自发冲动。诸位中间的每位父亲,难道不会全都回答说,即便要他做出这种牺牲,即便他也做了这种牺牲,他这样做,也不是因为顺从了一种自然冲动,而是因为好不容易才战胜了这一自然冲动? 这一举动,恰如自我献身,都是战胜自然之结果。

故且把这难题先放一边。为论证方便,我们姑且假定,确实有一种"本能"(不管是什么意义上的本能)去保护文明或保护人类。我们的诸多本能,显然相互冲突。满足此本能,就要求否弃彼本能。同样明显的是,保护人类之本能(假如有此本能的话),恰在这类本能之列:满足它,极有可能意味着对其余本能的最大挫败。我的饥渴，我的性本能，我的亲情，都将受到阻挠。切记，我们仍假定自己处于伦理真空，站在一切伦理体系之外。在伦理真空中，假定了物种保护不是一项道德目的，而只是一项出于本能的目的，那么，基于何种可以想见的根据，就可以请我通过接受一种道德准则，来满足自己的物种保护本能？为什么要将这一本能，置于我的其余本能之上？它肯定不是最强大的本能。就算它是吧，那我为何就不该反抗，就像人劝告嗜酒狂去反抗自己的专断欲望那样？劝我的人为什么从一开始，不经论证就径直认定，应让这一本能在我的灵魂里专断独裁？我们切莫上了语词的当。说在我的一切本能之中，此本能最深沉、最高级、最基本或最高贵，都无济于事。这些词汇，要么是说它是我的最强本能（这是假话，即便是真话，也不构成遵从理由），要么则是掩人耳目，偷偷摸摸重新引入伦理。

　　事实上，伦理已被重新引入。或者说得更确切一点，伦理其实从未被废弃。从一开始，那个道德真空就只是臆想。期待着我们为了物种保存而接纳某一道德准则的那些人，不但自己就已经有了一套道德准则（moral code），而且默默假定我们也有一套。他们的起点，只是一个纯道德箴言：
"人类应当得到保护。"引入本能，纯属徒劳。你如果没给本
能排个座次，告诉我们去遵从本能，就是白费唇舌，因为本
能处于战争状态。即便你排了座次，你的座次安排，也是遵
从某项道德原则，对其做了伦理评判。假如你的唯一标尺
就是本能，就没有哪个本能处于优先地位：因为每个本能都
叫嚷着要得到满足，不顾别的本能。敦促我们选择某一道
德准则的那些人，就已经是道德家了。或许我们可以扔掉
这幅可笑画面了：一个全无道德之人，面对一系列备选准
则，去做自由选择。这号事，从没出现过。一个人全无道德
（wholly unethical），他就不会在诸多伦理准则之间做选择；
说自己正在诸多伦理准则之间做选择的那些人，已经认定
了某套准则。

这时候，关于原来一开始就在场的"人类应该得到保
护"这一箴言，我们又该说些什么？ 我们是从哪里弄到它
的？ 或者说得更具体一点，我从哪里弄到它的？ 当然，在时
间长河中，我指不出来有哪一刻，我一下子拥抱了它。就我
思力所及，它是对我所受的一切道德教导的一个后来的抽
象概括。在埃及《亡灵书》里，我能指出来，那是正直灵魂之

告白："我没有杀人。"在巴比伦《圣歌》中，我能找到，谁琢磨
着压迫别人，谁就会发现自家房屋被掀翻。在对我影响更
大的老《埃达》中，我能找到"人乃人之福"。① 在孔子那里，
我能找到"庶之，富之，教之"。假如我想概括这一切训诫之
精神，我就能在洛克笔下找到："基于根本的自然法，人应该
尽量保卫自己。"②

于是在我看来，这一箴言就没什么特别神秘之处了。
它就是我的乳母、我的双亲、我的宗教以及我有所了解的文
化里的圣贤或诗人，或隐或显地教给我的东西。要得出此
箴言，我用不着在诸多伦理准则中选择某个；要接受它，也
用不着生造毫无可能的动机。要找一些跟它矛盾的准则，
倒是挺难。而当找到这样一些准则时，我才发现，它们原来
不是跟它大相径庭，而是同一原则出于某些原因被设限
（restricted）或被削减（truncated）而来的一些准则：人类保
护及完善（the preservation and perfection of Man）萎缩为部

---

① 见石琴娥、斯文译《埃达》（译林出版社，2000）。中译本《高人的
箴言》第47节似与路易斯之引略有出入："遇良友喜悦胜过发财，人生
离不开扶掖帮助。"
② 见叶启芳、瞿菊农译《政府论》（商务印书馆，1996），第12页。

落、阶级、家庭或国家之保护及完善。将那像是普遍准则
（the general code）的东西，只要加以减损，就能得出它们：
它们之于它，不是牛与人之别，而是侏儒与人之别。

关于我自己，就说这么多吧。然而，宣称站在一切伦理
准则之外的那些人，又是从哪里得到它的？答案，已经毋庸
置疑。就在我找到它的地方，他们找到了它。他们抱持这
一箴言，只因他们继承了一般的（即便严格说来不是普遍
的）人类传统，受此传统熏染。假如一开始，他们就真个处
于伦理真空，他们就永远不会得出自己的单一规诫（solita-
ry injunction）。他们还是信赖了一般的人类传统（the gen-
eral human tradition），至少就他们从中拿过一条箴言的意
义上是如此。

然而，在一般的人类传统里，这一箴言当然不是孤零零
的。我发现，在它的旁边，有许多别的规诫：对父母及长辈
的特别义务，对妻子儿女的特别义务，有义务忠诚老实，还
有对弱者对穷人对鳏寡孤独者的义务（最后这项义务，可不
像一些人所想的那样，只见于犹太教—基督教文本）。对于
我，这里没有什么难题。我领受这一切诫命（commands），
它们有着同样的权威。可是，抱持其中一个并巴望着摒弃

其余的那些人,想必就遇到大难题了吧? 至此,我们才来到论题的核心。

在现代世界,总有很多人给我们提供他们所谓的新道德。可是,恰如我们方才所见,不可能有进入新道德的道德动机,除非那个动机借自传统道德——该传统道德既不是基督教的也不是异教的,既不是东方的也不是西方的,既不是古代的也不是现代的,而就是一般的(general)。这下,拿起一条箴言而否弃其余,其合理性何在就成了问题。要是别的箴言并无权威,那么,你选择持守的那条箴言,权威何在? 假如它有权威,为什么别的就没有? 这时,科学人文主义者或许会敦促我们,清除他或会称作"老一套的道德禁忌"(inherited *Taboo* morality)的东西,敦促我们认识到,为了后代的舒适安全而利用自然才是唯一目的。他的道德体系跟我的冲突之处,比如说吧,就在于这一点:他会要求年迈者和不合格者来个强制安乐死(compulsory euthanasia)。他的整个体系,都建立在关心后代之义务上面。可是,此义务之源泉不是别的,恰好就是吩咐我孝敬父母、不可杀人的那个传统(我不只在摩西十诫中找到这一禁令,在《女占卜者的预言》中也找到了)。要是真像他要我相信的那样,当传统教我对父母尽义务时，我是受了传统之误导，那么我怎知道，当传统规定对后代尽义务时，我就没受误导？再说了，或许还会有个狂热的爱国主义者，他径直告诉我，扔掉关于普遍公义及仁爱的陈旧顾虑，接纳这样一个体系，其中只有祖国之富强才是大事。然而，难题还是一样的。就在我学到对祖国之特殊义务的地方，我也学到了对人本身的一般义务。要是传统在这义务上错了，那么，爱国主义者有何根据要我相信，传统在那义务上就对了呢？共产主义者之处境，也如出一辙。关于剥削是恶，按劳分配，我很是同意他。不过，我的相信到此为止，因为我接受了某个传统的正义观。当他继而抨击我，说正义是我的资产阶级意识形态的一部分，他恰好就抽走了，他有理由要我接受他的共产主义新准则（communistic code）的那个根基。①

我们一定要明白，在某种意义上，发明一种新伦理，就跟在天空放置一颗新太阳一样地不可能。传统道德里的一些规定（precept），一直不得不坚持。我们起始从来就不是一方白板：假如是的，那么，就伦理道德而论，我们终到头还

---

① 其间道理，详参本书第一编第 15 篇《布佛氏论证》一文。

是一方白板。新道德,只能是某些已知道德之削减或扩充。现代独有的一切新道德企图,都是削减。它们大行其道,靠的是持守某些传统规定,否弃其余;然而,它们所持守的那些规定背后的唯一权威,正是它们否弃其余规定时所嘲笑的那个权威。当然,这一龃龉之处还是被掩盖了。正如我们所见,通常的掩盖策略是,拒绝承认保留下来的规定就是道德规定。

不过,还有许多别的原因促成了这一掩盖。恰如在个体生活中,在共同体的生活中,特定环境会将某个目的,列为一时的重中之重。恋爱时,唯一值得拥有的仿佛就是恋人;生病时,是健康;贫穷时,是金钱;担惊受怕时,是安全。同理,对着某阶级、某民族或某文化激情宣讲的那个人将会发现,给听者心中灌输这样一种致命观点,即不惜一切代价成就某一有限的善并以此为基建立一反常的伦理体系,其实并不难。当然,那并不是什么新体系。无论所选目标是什么,我应不顾我的一己之满足,为我的阶级、文化或民族去追求它,这一想法不会有任何权威,除非其权威源于传统道德。可是激情洋溢之时,这就被忽略掉了。

除此之外,我们难道没认识到,现代思想对不同文化间

的伦理差异极尽夸大之能事？主宰了我们思想的思路
（conception），就供奉在"意识形态"一词里面。因为该词暗
示说，一群人的道德和哲学样貌，一无例外，都可以根据其
生产方式、经济组织以及地理位置来加以解释。根据这一
观点，差异，任何程度上的差异，当然都会被视为意识形态
差异，就跟语言和服饰差异一样大。然而，这是我们的实际
发现么？看上去，人类学大都从一开始，鼓励我们做肯定回
答。不过，假如在自己无论如何都算不上专家的领域，我尚
能进一言的话，我就会指出，差异现象有几分是错觉。在我
看来，这是我们一门心思之结果：一门心思于每一文化中最
为多变的因素（性实践和宗教礼仪），一门心思于蛮族。在
一些思想家身上，我甚至发现有个苗头，将蛮族当作正常人
或人的原型。然而，蛮族无疑是人之异常。我们都曾一度
是蛮族，这或许正确；就像我们一度都曾为婴儿，这一定正
确一样。可是低能儿，成年时还保留着我们在摇篮时的心
智特征，我们就不会将他当作一个正常人。文明人有多少
代前人，蛮族也有多少代。在同样数目的世纪里，其余人所
知道的东西，他要么还没学到，要么已经忘记。我看不出，
为什么我们要给蛮族准则（savage codes）之千奇百怪（怪奇

本身还经常被夸大），赋予那么大的分量。假如我们转向文明人，我就能断言，跟如今流俗所相信的相比，伦理规诫之间的差异要少得多。同样的老生常谈（indispensable plati-tudes），在一个又一个的文化中跟我们相遇，真是无往而不胜。说任何新道德如今呈给我们的，只是在已经近于无限多样的上面加了一样，这一想法并不合乎事实。我们并无正当理由，像谈语言差异或宗教差异那样，去谈道德差异。

你想必不会怀疑我试图重新引入自然法学说（the doc-trine of Natural Law），令其恢复在斯多葛学派或中世纪里的全部活力。我更不是在断言，直觉或天赋观念（Innate I-deas）之类的东西，就是这一实质的伦理一致性的源泉。尽管我是有神论者，我这里也不会为有神论暗中辩护。我的目标，要卑微得多。目标甚至是否定性的。我否认，我们在泾渭分明的伦理体系之间有什么选择权。我否认，我们具有制造新的伦理体系的什么能力。我断定，无论何时何地，一旦开始伦理讨论，我们就会发觉面前有一伦理准则（ethi-cal code），其有效性甚至在我们批评它之前就必须得到承认。因为对于任何传统规定，无法发动任何道德攻击，除非此攻击是基于一些别的传统规定。你可以攻击正义这个概念,因为它妨碍了人有所养(the feeding of the masses),可是,人有所养的义务(the duty of feeding the masses),是你从普世准则(the world-wide code)中拿来的。你可以抬高爱国主义,以牺牲仁慈为代价;可是,正是古老准则(the old code)告诉你去爱你的祖国。为了救你孙子脱离绝症,你也可以摘你祖父的器官;可是,拿走了传统道德,你又何必为孙子操心?

从这些否定论断中,冒出一个肯定论断。人们说,"不再是基督徒,我们应如何行动,应该如何教育孩子?"先生们,你们也明白,我会如何回答此问。当你认为你父亲的道德基于基督教,你就上当了。相反,基督教预设了它。道德,就站在道德所站之地;道德根基没被抽走,因为在某种意义上,道德从来就没有根基。终极的伦理诫命,一直都是前提(premises),从来就不是结论(conclusions)。在这一点上,康德至少完全正确:律令是直言的(the imperative is categorical)。除非道德从一开始就被你认了(assumed),否则,没有什么论证会将你带向道德。

如此呼唤人们重返传统道德,我当然不是在坚持,传统道德给我们今日可能面临的每个道德困境都提供了答案。

在我看来,当萨特先生以无法明确用于一切具体的行动难题为由,就拒绝了一般道德律这个概念(the conception of general moral rules),①他就是一个奇怪误解的牺牲品。谁曾假定,只因接受一项道德准则(moral code),我们就应该摆脱一切的决疑论难题(all questions of casuistry)?显而易见,是道德准则制造了决疑论难题,恰如象棋规则制造了象棋难题。没有道德准则的人,跟野兽一样,免于一切道德难题。没学会算术的人,免于数学难题。昏睡之人,免于一切难题。在一般人类伦理(general human ethics)的框架内,难题当然会出现,而且时常得到的还是错误解决。这一犯错之可能,恰好表明我们尚且清醒,而不是昏睡;表明我们是人,而不是禽兽或神祇。假如我在给你推销万能药,假如我将传统道德当作某个目的之手段加以推荐,那我就是受了诱惑,在给你允诺我实际加以否弃的那种一贯正确(infallibility)。你明白,那不是我的立场。我之所以将你送回你奶妈和你父亲那里,将你送回诗人、圣贤和立法者那里,在某种意义上是因为,我认为你本就是那里的人,不管

---

① 见萨特之名文《存在主义是一种人道主义》,尤其是中译本(周煦良、杨永宽译,上海译文出版社,1988)第 13—14 页。

你承不承认；我认为，其实并无伦理选项；我认为，敦促我们去接受新道德的那些人，呈给我们的只是一本书之残简或删削本，而我们则拥有该书的原本。他们都期望我们依靠残简或删削本，而不是依赖原本，从而剥夺了我们的全部人性（our full humanity）。他们的行为，长远看，总是跟我们的自由作对。

2 主观论之毒害①

（1943）

The Poison of Subjectivism

在人之贪婪（greed）与骄傲（pride）中，我们始终要面临导致痛苦与邪恶之诱因。然而，在特定历史时期，则因一些错误哲学之一时流行，该诱因会变本加厉。正确思考不会使一个坏人变好，但是一个十足的理论错误，则会将两可之人交给邪恶，并剥夺他们天赋之善端。②这类错误在当前

---

① 选译自瓦尔特·胡珀所编路易斯文集《基督教沉思》，首刊于《宗教与生活》(*Religion in Life*)卷十二（1943 年夏），《人之废》作于同一年，堪称其姊妹篇，拙译《人之废》曾收录此篇作为附录。今重刊于此，译文略有改动。

② "天赋之善端"乃意译，原文为 good intentions of their natural support。1949 年，乔伊(Joy)曾向《纽约邮报》记者说过这样一（转下页注）

流布甚广。我在此并不是指极权国家的权力哲学。它比权力哲学更深入人心，流布更广，而且说实在的，就是它给那些权力哲学提供了黄金机会。我是指主观论（Subjectivism）。

研究自然环境之后，人开始研究自己。在此之前，他设定了他自己的理性，并通过理性照察万物。而今，他自己的理性成为对象：就像我们剜出自己的双眼，拿在手里仔细端详。如此一研究，他自己的理性，在他看来俨然就是大脑皮层化学反应或电子活动的副现象（epiphenomenona），而大脑皮层本身则只是盲目进化过程的副产品（by-product）。他自己的逻辑（logic），此前一直是王者，所有可能世界的事件必须服从，如今变得全然主观。没有理由假定，它能结出真理之果。

只要这一废黜仅仅针对理论理性（theoretical reason），它就不会是全心全意的。因为，即便是那些为了证明逻辑

（接上页注）句话：“这不是一群坏人歪曲了一套好的哲学，而是一套腐败的哲学带坏了许多原来是极之善良而乐于助人的人。”（见〔英〕B. 希卜黎：《幽谷之旅：C. S. 鲁益士传》，吴里琦译，香港：海天书楼，1998，第101页）

纯属主观的科学家,也不得不设定他自己逻辑的有效性(以柏拉图或斯宾诺莎那种生硬的老方式)。因而,他只不过和主观论调情而已。有时候,这一调情的确相当过分。我听说有些现代科学家,他们已经把"真理"(*truth*)及"实存"(*reality*)扔出了他们的词汇表。他们坚持,其工作之目的并非是要知道那里有什么,而只是为了得到实践成果。毫无疑问,这是一个坏征兆。然而大体上看,既然主观论对科学研究而言是个令人尴尬的搭档,那么在这一区域,其危害也一直被抵消。

然而当我们转向实践理性(practical reason),就会发现主观论在全力发挥其毁灭性后果。我用实践理性一词是指,我们的善恶判断。我把善恶判断完全置于理性名下,假如你对此感到吃惊,那么请允许我提醒你一下,你的吃惊本身就是我正要讨论的主观论的结果之一。现代以前,一流思想家无人怀疑:我们的价值判断是理性判断,或他们的发现都是客观的。他们视为理所当然的是,在诱惑(temptation)中,与激情(passion)对立的是理性,而不是某种情操(sentiment)。柏拉图这样想,还有亚里士多德,还有胡克、巴特勒和约翰逊博士。① 现代观念很不相同。它并不相信，价值判断真正算得上是判断。它们仅仅是情操或情结（complexes）或态度（attitudes）。② 它们仅仅是一个共同体内环境压力及传统之产物，而且共同体之间各不相同。说某一事物好，只不过是在表达我们对于它的感情（feeling）。而我们对它之所以有此感情，则取决于社会条件。

设使果真如此，那么我们也就可以另设条件，另作感受。"或许，"革新家和教育专家想，"要是我们能那样会更好。让我们改进我们的道德。"这一观念看似天真无邪，却会生出一种疾病。这一疾病即便不会摧毁我们这一物种，也必定会终结我们这一物种（而且在我看来，毁掉我们的灵魂）。它也会生出这一致命迷信：人可以创造价值，一个共

---

① 理查德德·胡克（Richard Hooker，1554—1600），文艺复兴时期英国神学家。其多卷本著作《教会政治法规》乃英国圣公会之基石，他亦因此成为 16 世纪最重要的英格兰神学家之一。
　约瑟夫·巴特勒（Joseph Butler，1692—1752），英国圣公会主教，伦理学家。其著作《自然宗教与启示宗教之类比》（The Analogy of Religion），抵御自然宗教，捍卫启示宗教。
② 罗素曾说："尽管我不知道如何去拒斥对于伦理价值主观性的论证，但我发现自己不能相信，荒淫残暴的所有错处就是我不喜欢它。"（Russell，"Notes on Philosophy，January 1960"，*Philosophy* 35 [1960]：146—147）有助于我们理解路易斯的这段话。

同体可以选择其"意识形态"(ideology)，就像人选择衣物一样。听到德国把正义界定为符合第三帝国之利益，每个人都义愤填膺。然而我们常常忘记，假如我们自己认为道德只是主观情操，可以随意变更，那么，我们的义愤填膺就毫无根据。除非有一些关于善的客观标尺(objective standard of good)，无论我们服从与否，它也君临(overarching)德国人、日本人以及我们这类人，否则的话，德国人完全有资格去创造他们的意识形态，就像我们要创造我们自己的意识形态一样。假如"好"和"更好"这些词语的唯一含义，来自每一人群的意识形态，那么，意识形态本身当然彼此就不可能有好有坏。除非量杆独立于被量物，否则我们无法测量。同理，比照这一时代与那一时代的道德观念，于事无补：进步及退化都成了毫无意义的语词。

所有这一切是如此之显而易见，以至相当于等值命题。从道德革新家的套路，就可以见出我们对此浑然不觉。他说了"好"意味着"我们在特定条件下的喜好"之后，接着就欣欣然推断，应当为我们设定条件，以便我们喜好其他，那样或许会更好。可是老天，他说"更好"到底什么意思？

在他内心深处，常常怀有这样一个观念：假如推翻了传统价值判断,他就会找到其他某些更"真实"(real)或更"坚实"(solid)的事物,藉以给新价值方案(a new scheme of values)奠基。比如他会说,"我们必须抛弃非理性禁忌,让共同体利益为我们的价值奠基"——仿佛"你须促进共同体利益"这一准则并非"己所欲、施于人"之多音节变体似的。后者自身别无基础,除了他宣布要加以拒斥的那种古老的普适价值判断(the old universal value judgement)而外。或者他会努力让他的价值奠基于生物学,他会告诉我们,为了保全我们这一物种,我们必须如此如此。显而易见,他没有预计到这一问题,"为什么应保全这一物种?"他视之为理所当然。然而,他之所以视为理所当然,是因为他其实还依赖于传统价值判断。假如他真像自称的那样,从白板(a clean slate)开始,他就永远得不出这一原则。有时候他试图借助"本能"(instinct),来得出这一原则。"我们具有一种自我保全的本能",他或许会说。然而我们有吗?假如我们有,谁告诉我们,我们必须服从自己的本能?为什么我们应该服从这一本能,公然不顾那些与物种保全相互冲突的其他众多本能。革新家知道,服从这些本能而不服从那些本能,只是因为他用一个标尺评判本能。这一标尺,又是他宣称要存而不论的传统道德。本能自身显然不足以提供根据，让我们给本能排列次第。你研究本能时，假如并没有带入关于它们的相对尊卑的知识，那么，你从它们之中也得不出这种知识。

把传统价值当作主观之物加以抛弃，并以某种新价值方案取而代之，这一企图全然错误。恰如你企图提着自己的衣领抬高自己。让我们用永不褪色的墨水，将这两个命题写入心灵：

（1）人类心灵无力创造新价值，恰如它无力在天空栽植一个新太阳，在色谱上添加一种新原色。

（2）想做此事的任何企图，就是随意撷取传统道德里的某一准则，让这一准则孤立于其他，并进而将其树立为唯一必须。①

第二个命题需要稍作阐明。日常道德教导我们要尊老也要爱幼。只撷取后一个诫命（precept），你建构了一种"未来主义伦理"，其中"后代"的要求就成了唯一标准。日

---

① 原文为 *unum necessarium*，意为 the one thing needful。典出《路加福音》十章 41—42 节：你为许多事思虑烦扰，但是不可少的只有一件，马利亚已经选择那上好的福分，是不能夺去的。

常道德教导我们,既要遵守承诺,又要丰衣足食。只撷取后一个诫命,你得出一种共产伦理,其中,"生产力"及产品分配就是唯一标准。日常道德教导我们,在同等条件下,爱由亲始,要爱自己儿女及同胞,而不是陌生人。把这一诫命孤立出来,你可以得到一种贵族伦理,把我们阶级的要求定为唯一标准;或者得到一种种族主义伦理,除了血统以外不承认任何要求。接着,就以这些单边体系为根据,攻击传统道德。然而这相当荒唐,因为它们所拥有的那点有效性,其唯一来源正是传统道德。从草创伊始,不带任何价值预设,我们无法抵达这些体系之中的任何一个。假如对双亲或承诺之尊重,只是生理本性的副产品,那么,对种族或后世之尊重也同样如此。革新家要斩断其根(root)的那块树干(trunk),却是他所妄图保留的那根树枝(branch)的唯一供养。

因而,关于"新"道德或"科学"道德或"现代"道德的全部构想,可以斥之为思想混乱。我们只有两个选择。要么,必须把诸多传统道德准则(maxims of traditional morality)当作实践理性公理(axioms of practical reason)加以接受。实践理性公理不容亦无须论辩支持,更不可去"看"哪个将会不合时宜。要么，就根本无所谓价值，我们误认为是价值的，只不过是非理性情感的"投射"（projections）。藉"我们为何应当服从它"把传统道德一笔勾销之后，在我们哲学的某些晚近阶段再企图重新引进价值，纯属徒劳。我们重新引进的任何价值，都会遭到同样套路的反击。任何用以支持它的论证，都是企图从陈述语气的前提得出祈使语气的结论。这没有可能。

针对我的这一观点，现代心灵有两条申辩。其一宣称，传统道德因时因地而异——事实上，不是只有一种道德，而是有千百种。其二则宣称，把我们自己束缚于不变的道德律条，就是扼杀进步，窒息于"停滞"（stagnation）之中。二者都是无稽之谈。

我们先看第二条。让我们剥除它从"停滞"一词得来的非分情感力量，因为这一词暗示着水坑或死水。假如水长久不变，水就变臭。由此推论，无论什么长久不变必生腐败，我们就成了隐喻的受害者。空间自始以来一直保持三维，并未因之变臭。直角三角形斜边之平方一直等于两直角边平方之和，它并未因之发霉。爱并未因其忠贞不渝而声名欠佳。我们洗手时，我们是在寻求停滞

（seeking stagnation），在让"时光倒流"。我们人为地让双手洁净如初，开始新的一天。我们自生至死，都在人为地抗拒使得双手不断变脏的自然趋势。让我们用描述语词"永久"（permanent）来替代抒情语词"停滞"。永久之道德标尺，是否妨碍进步？ 相反，除非假定了一种不变的标尺，否则进步就不可能。假如善是个定准，那么至少可能的是，我们应当不断趋近它。然而，假如车站像列车一样变动不居，那么，列车如何向它开进。我们关于善的观念是会变迁，然而假如并无绝对而又恒常之善以供回返，那么它们既不会变好也不会变坏。只有在一个完全正确（perfectly right）是"停滞"的条件下，我们才能一点点地趋近正确。

　　然而有人会说，我恰好承认了我们关于善的观念可以改进。"传统道德"既然是我们不得废弃的善道，①那么这二者如何协调一致？ 假如我们比较一下真正道德精进

---

　　①　原文为 *depositum fidei*，意为 deposit of faith。典出《提摩太前书》六章 20 节：提摩太啊，你要保守所托付你的，躲避世俗的虚谈和那敌真道、似是而非的学问。《提摩太后书》一章 14 节：从前所交托你的善道，你要靠着那住在我们里面的圣灵牢牢地守着。

（real moral advance）与单纯革新（mere innovation），就会得出答案。从斯多葛学派和孔子的"己所不欲、勿施于人"，到基督的"己所欲、施于人"，是真正精进。尼采之道德则是单纯革新。前者乃精进，因为任何不承认老准则之有效性的人，也就看不到任何理由去接受新准则；而任何接受老准则的人，则会立刻体认到新准则乃是同样原则之延伸。假如他拒斥它，也是因其过度而不得不拒斥，因其走得太远，而不是因为它完全异质于自己的价值观念。然而，尼采式伦理要能得以接受，除非我们做好准备，准备把传统道德当作一个纯粹错误加以废弃，于是也准备让自己处于为任何价值判断找不到根据之境地。其间之不同相当于，一个人对我们说，"既然你喜欢相对新鲜的蔬菜，你何不自己种菜，以得到完全新鲜之蔬菜？"另一个人则对我们说，"扔掉那菜叶，试着吃一下砖头和蜈蚣。"①总而言之，真正的道德精进发生于现行道德传统之内，本着这一传统的精神，而且只有在这一传统的烛照下才能得到理解。那些拒斥这一传统的局外人（outsider），不能评判它

---

① 这段文字，重现于《人之废》第 2 章第 19 段。

们。他恰如亚里士多德所说，没有始点（arche），没有前提（premises）。①

我们怎么看另一条现代反对——不同文化之伦理标尺大相径庭，根本就没有共同传统？答案就是，这是一个谎言，一个广为传诵的结结实实的谎言。倘若一个人愿意花上几天时间，在图书馆翻阅《宗教和伦理学百科全书》的话，他很快就会发现，人身上实践理性的惊人一致。从巴比伦

---

① 廖申白译注《尼各马可伦理学》（商务印书馆，2003）1095a—b：
"我们也不要忽略，在从始点出发的论据同走向始点的论据之间存在着区别。……我们当然应当从已知的东西出发。但已知的东西是在两种意义上已知的：一是对我们而言的，二是就其自身而言的。也许我们应当从对我们而言是已知的东西出发。所以，希望自己有能力学习高尚［高贵］与公正即学习政治学的人，必须有一个良好的道德品性。因为，一个人对一件事情的性质的感觉本身就是一个始点。如果它对于一个人是足够明白的，他就不需再问为什么。而受过良好道德教育的人就已经具有或是很容易获得这些始点。至于那些既不具有，也没有能力获得这些始点的人，他们应当听一听赫西俄德的诗句：自己有头脑最好，肯听别人的劝告也不错，那些既无头脑也不肯听从的人，是最低等的人。"
廖申白译注《尼各马可伦理学》1140b："科学是对于普遍的必然的事物的一种解答。而证明的结论以及所有科学都是从始点推出的（因为科学包含着逻各斯）。所以，科学据以推出的那些始点不是科学、技艺和明智可以达到的。"
廖申白译注《尼各马可伦理学》1151a："德性保存着始点，恶则毁灭始点。在实践中，目的就是始点，就相当于数学中的假设。所以在实践方面也和在数学上一样，始点不是由逻各斯述说，而是由正常的、通过习惯养成的德性帮助我们找到的。"

《圣歌》中，从《摩奴法典》《古埃及亡灵书》《论语》、斯多葛主义、柏拉图主义，从澳洲的土著人和红肤人中，他将会搜集到，关于欺压、谋杀、背叛和说谎，它们全都一致谴责；而关于尊老爱幼、保护弱者、乐善好施、公正和诚实等美德，它们全都一致劝诫。① 虽然可能略感讶异（我的确讶异）地发现，仁慈之诫命（precepts of mercy）比公正之诫命（precepts of justice）频率更高；但他将不再怀疑，类似"天理"（the Law of Nature）的某种东西存在。的确是有差异。甚至在某些文化里，还有道德盲区——恰如有野蛮人，数不到二十。然而，借口说我们面对的仅是一团乱麻——即便普遍接受之价值并未现出轮廓时——无论如何都是谎言。而且无论何时何处碰见这一借口，都应予以否定。与其说我们发现一团乱麻，不如说我们恰好发现我们应当期待的，假如善的确客观，假如说理性（reason）就是藉以领会客观之善的器官（organ）。换言之，我们发现的是一种实质的一致（a substantial agreement），尽管不同地域强调重点不同，尽管没有一个律条（code）包管万事。

---

① 详见《人之废》附录。

掩盖此一致性的两个堂皇策略就是：其一，你可以专挑性道德之分歧。最严肃的道德家都会认为，性道德属于实在法（positive），而非属于自然法（Natural Law），尽管它激起强烈情感。关于乱伦定义之分歧，或多偶制与一夫一妻制之分歧，就在此名下。（说希腊人认为性反常无辜，这并不对。比起亚里士多德之严令禁止，柏拉图嗤之以鼻其实是更有力的证据。人之所以会嗤笑，至少也是认为此事是个过错：《匹克威克传》①中的醉鬼笑话，不是证明19世纪英国人认为醉酒无辜，而是相反。希腊人关于性反常的观点与基督教观点的巨大差异在度，但却没有对立。）第二个策略就是，把其实是关于事实的不同信念（differences in belief about fact），当作价值判断之不同。于是，人牲（human sacrifice）、处死女巫，被援引来作为巨大道德差异的证据。然而，其真正差异在别处。我们不再抓捕女巫，是因为我们不相信她们之存在。我们不再杀人以防止瘟疫，是因为我们不再认为瘟疫如此就可防止。我们在战争中还"牺牲"人，我们也抓捕间谍和

---

① 《匹克威克传》(Pickwick)，狄更斯小说。

叛徒。①

　　至此,我们已经虑及不信者(unbelievers)会给客观价值论或天理(the Law of Nature)提出的反对意见。然而在我们的时代,我们必须准备面对来自基督教的反对意见。"人文主义"(humanism)和"自由主义"(liberalism)二词日渐被用来仅仅表示非难。我所采取的立场,极有可能被扣上这两顶帽子。这二词背后,则潜伏着一个真正的神学问题。假如我们把实践理性的首要共识(the primary platitudes of practical reason),当作所有行止的不可质询的前提加以接受,那么,我们岂不是因此过于信任我们自身之理性,而忘记了堕落(the Fall),而且让我们的绝对忠贞背对

---

　　① 路易斯在《返璞归真》(汪咏梅译,华东师范大学出版社,2007)中指出,古人处死女巫今人则否,"这里不存在道德原则的差异,只存在事实的差异"。他说:

　　毫无疑问,我们今天不对巫师处以极刑是因为我们不相信巫师存在。如果我们相信,如果我们真的认为周围有人把自己的灵魂出卖给了魔鬼,从他那里换取超自然的能力,用它来伤害邻人的性命、将邻人逼疯、带来恶劣的天气,我们大家肯定会一致同意,若有人配处以极刑,那一定是这些卑鄙地出卖灵魂的人了,对不对? 这里不存在道德原则的差异,只存在事实的差异。不相信巫师可能是知识上的一大进步,当你认为巫师不存在的时候,不对他们处以极刑不是道德上的进步。如果一个人相信自己的房子里没有老鼠,所以不再安置捕鼠夹,你不会因此称这人很仁慈。(第30页)

一个位格（a person）、转向一个抽象（an abstraction）？

　　关于**堕落**，我以为经文大旨并不鼓励我们相信，我们关于律法（the Law）的知识的败坏程度，与我们对律法的履行能力的败坏程度相同。假如有人声称，他对人之堕落状况的认识，比圣保罗更清楚，那么他是个莽夫（a brave man）。在《罗马书》七章，保罗最强烈地断言，我们没有能力持守道德律（moral law）。也就在那一章，保罗也最为自信地断定，我们感知到律法的善（Law's goodness），而且内心欢喜这个律。① 我们的"义"（righteousness）或许已遭玷污或被撕碎，但是基督教并没有给我们理由让我们认为，我们的正义感（perceptions of right）也处于同等境地。无疑，它们或许已经受损，但是视力不好确实不同于眼瞎。假如有一神学，打算说我们的实践理性极不可靠，那么，它是在把我们领向灾难。一旦我们承认，上帝所说的"善"（goodness）截然不同于我们所判断的善（good），那么纯粹宗教（pure reli-

----

　　① 《罗马书》七章19—23节：我所愿意的善，我反不作；我所不愿意的恶，我倒去作。若我去作所不愿意作的，就不是我作的，乃是住在我里头的罪作的。我觉得有个律，就是我愿意为善的时候，便有恶与我同在。因为按着我里面的意思（原文作"人"），我是喜欢神的律；但我觉得肢体中另有个律和我心中的律交战，把我掳去叫我附从那肢体中犯罪的律。

gion)和魔鬼崇拜(devil worship)之间就毫无二致。

另一反对更难对付。一旦我们承认,我们的实践理性为真正之理性,实践理性之根本律令如其所称的那样绝对(absolute)那样不讲条件(categorical),那么,对它们的无条件的忠贞(unconditional allegiance)就是人之义务。对上帝的绝对忠贞也是如此。这两项忠贞,必定在某些方面相同。然而,如何表述上帝与道德律之关系?说道德律就是上帝的律(God's law)并非最终解决。到底道德律正确是因为上帝命令(command)之故,还是上帝之所以命令是因道德律正确之故?假如选取前者,假如善被界定为上帝所命令的,那么,上帝自身之善(the goodness of God Himself)就会失去意义,一个全能魔王之命令,也会与"公义的主"之命令具有同样的约束力。假如选取后者,我们看上去就承认了宇宙中的两头政治(a cosmic dyarchy),甚至让上帝自己成为律法的执行者,这一律法仿佛既外在于祂之亲在(His own being),亦先于祂之亲在。

至此,我们必须提醒自己,基督教神学并不相信上帝是一个人(a person)。基督教所信的上帝就是,在祂之中,三个位格(a trinity of persons)与一位真神(a unity of Deity)

是一致的。在此意义上,它所信仰的上帝与人之不同,恰如正方体与正方形之不同。在正方体中,六个正方形与一体是一致的。(假如二维世界之居民,企图想象一个正方体,就会要么想作六个正方形之叠加,从而取消它们之分际;要么想作它们之平列,从而取消了一体。三位一体对于我们,有类似困难。)因而,当我们先思考我们在天的父,再思考道德律的自明律令时,就有一个二重性(duality)看起来就会把自身强加于我们头上。这一二重性不是一个小错,而是对某类事物之真实感知(尽管并不充分,亦有受造印记)。这类事物,在进入我等经验范围的任何存在形态里,必然是二;然而,在超个人的上帝的绝对存在里,则并无此二分。当我们试图思考一个人和一条律法,我们就被迫把此人想作,要么是律法之服从者,要么是律法之制定者。当我们把祂想作律法制定者时,我们又被迫想象祂制定律法,要么取法一些更为终极的善的典范(在此情况下,至高无上的是那个典范而不是祂),要么祂率性而为,我行我素①(如此,祂

---

① 原文是拉丁文 *a sic volo*,*sic jubeo*,意为"This I will, this I command",即汉语我行我素之意。典出 Juvenal, *Satire* VI (against women),223 行。

则既不善又不智）。然而在这里很有可能，我们所用范畴背叛了我们。仅仅凭借我们的可朽资质（mortal resources），企图矫正我们的范畴，将是徒劳——我在行"重大和测不透的事"①。但或许可以确定两个否定性限定：上帝既不服从也不创造道德律。善，并非被造；它是不变之常；在善之中，并无偶然性之阴影；恰如柏拉图所说，它在存在之彼岸（on the other side of existence）。② 对印度教而言，诸神之神性，赖于梨多（Rita）；对中国人而言，万物并育，因道之行。而我们，则比这些绝顶聪明的异教徒更受宠爱。我们知道，那超越存在者、绝无偶然者、给其他事物赐予神性者、为全部存在之根基者，不仅仅是律法（law），而且是爱（love）。既是生养之爱（a begetting love），也是受生之爱（a love begot-

---

① 原文为拉丁文：*ambulavi in mirabilibus supra me*。典出拉丁文《诗篇》一百三十一篇 1 节 *Neque ambulavi in magnis, neque in mirabilibus super me*。中文和合本译为"重大和测不透的事，我也不敢行"。

② 王洋译注《理想国》（华夏出版社，2012）509b："太阳不仅把可以被看到的能力给了一切可以被看到的东西，而且给了它们出生、成长、获得养料的机会和力量，而自己并不属于出生之物。……因此，你可以声称，对一切可以被认识的事物来说，不仅是可以被认识的能力来自那一美好的东西，而且它们的存在和它们的实体也都得益于那一东西，尽管美好的东西本身并不是实体，然而，在地位和力量方面，它胜过实体。"

ten）。爱爱相生，爱充盈那些分有爱之自生自长之生命的人。上帝不仅是善（good），而且是善之为善（goodness）；善之为善不仅仅是神（divine），而且是主（God）。

也许这听起来像是玄微思辨：然而我相信，要是缺少这一思辨，无论什么都不能拯救我们。一种信仰终其究竟可能与魔鬼崇拜无异，假如它并不认为，道德经验和宗教经验汇合于无限（infinity）的话。它们并非汇合于否定之无限（negative infinity），而是汇合于肯定之无限（positive infinity），即活生生而又超个人的上帝（living yet superpersonal God）。一种哲学，假如并不承认价值之恒常（eternal）与客观（objective），只能把我们带向毁灭。这不仅仅关乎思辨。民主平台上（democratic platform）的许多很有人气的"规划家"，民主实验室（democratic laboratory）里许多文绉绉的科学家，说到底，与法西斯主义者之意无异。他相信，"善"意味着人在一定条件下所赞同的任何东西。他相信，他以及他这类人的功用就是，为人创造条件；借助优生学、对婴儿的心理控制、国民教育和群众宣传，来创造良知。由于他的糊涂，他不会充分认识到，那些创造良知的人，本人不会是良知的臣民。然而他必定迟早会意识到其立场之逻辑。当他有一天意识到了，还有什么能阻止我们把人类这一物种最终分成两组，一边是立身道德之外的极少数配制师（conditioners），另一边则是人数众多的受配制者（conditioned），专家在这些人身上随心所欲地生产他们所选择的道德？假如"善"就是本土意识形态（local ideology），那么，那些发明本土意识形态的人，本身如何接受任何善的观念的指引？正是自由这一观念，预设了某种君临统治者及被统治者的客观道德律（objective moral law）。价值主观论与民主制永不兼容。我们和我们的统治者，只有在臣服于同一律法的条件下，才是同类。假如并无天理（Law of Nature），那么，任何社会的道德风气（ethos）都是其统治者、教育者及配制师之创造。别忘了，任何创造者相对于其创造，都是高高在上，都是置身事外。

除非我们回归对客观价值的粗糙而又幼稚的信仰，否则我们就会灭亡。假如我们回归了，我们或许会活下来。这样一种回归，有一个小小的优势。假如我们相信基本道德共识之终极实在（the absolute reality of elementary moral platitudes），我们就应当珍视这些人，他们不用新近流行的道德标尺来拉拢我们，而是用其他。当我们相信，善就是发明之物,我们就会要求我们的统治者有这类品质,诸如"远见"(vision)、"活力"(dynamism)及"创造性"(creativity)等等。假如我们回归客观论,我们则会要求统治者具备更稀有也更有益的品质——德性(virtue),知识(knowledge)、勤勉(diligence)及才干(skill)。"远见"(vision)四处都有卖的,或者据说四处都有卖的。然而你给我找出一个人来,此人当一天和尚撞一天钟,还会拒绝贿赂,还不会捏造事实,还励精图治。

3　善恶二元论之纰缪①

(1941)

Evil and God

　　乔德(Joad)博士在上一期发表的名为《上帝与恶》的文章,②得出一个有趣结论:既然"机械论"③和"层创进化

―――――――――

　　①　选自 *God in the Dock* 第一编第 1 章,首刊于《旁观者》(*The Spectator*)杂志,1941 年 2 月 7 日。本文主要陈述了,善恶并不辩证。善是本原,恶乃善之扭曲,这本是古典学之通见。视善恶同样终极的二元论,是一种半吊子形而上学,亦使得道德谴责失去根基。路易斯此文,对善恶二元论之驳斥,可谓干净利落。为凸显本文主旨,亦为了拉近本文与汉语读者之距离,拙译妄自将文章标题定为"善恶二元论之纰缪"。至于原标题 Evil and God,直译应为"恶与上帝"。

　　②　【原编者注】C. E. M. Joad, "Evil and God", *The Spectator*, vol. CLXVI (31 January 1941), pp. 112—13.

　　③　美国学者唐纳德·沃斯特《自然的经济体系:生态思（转下页注）

论"①漏洞百出,我们终究必须在基督教之类的一神论哲学

与拜火教②之类的二元论之间,做出选择。③ 我与乔德博

(接上页注)想史》解释机械论(Mechanism):"一种在近代科学发展中有着高度影响的自然哲学。在它最早和最简单的阶段,这个理论使自然完全类似于一台机器——甚至基本上就是一部像齿轮或滑轮一样的装置。尽管这一点从某种意义上说确实鼓励了人们把世界当作一个有着内在联系的整体来看待,但却证明不适于用以说明活的有机物及其联系。机械论的一个较为复杂和持久的形式是,它把整个自然都解释成一个在运动中的,完全受制于物理学和化学规律的客观存在的体系。许多生态学家和哲学家认为,这种推理是过分'简化'了,尽管那些被省去的部分经常也难以说得清楚。"(侯文蕙译,商务印书馆,2007,第546—547页)

① 美国学者唐纳德·沃斯特《自然的经济体系:生态思想史》解释层创进化论(emergent evolution):

一种在20世纪初为摆脱生机论和机械论的论争而从科学和哲学角度提出的理论。C.劳埃德·摩根和另外一些人声称,通过进化,新的统一体可能"突生",并呈现出一种从它们先前的角度不可能分析到的不可预料的特质,因此需要一种新的研究模式。生命从无理性的物质中的突生就是一例。生态学家威廉·莫顿·惠勒和沃德阿什后来从社会的角度给新的"突生"下了定义,即:自然界中的社会协作模式发展到高层次上的一种自发现象。"突生"思想有助于形成相互依赖性的伦理学观点,或者"生态学观点",它也与科学上的有机论和整体论的方法论有着密切联系。(侯文蕙译,商务印书馆,2007,第546页)

② 卢龙光主编《基督教圣经与神学词典》(宗教文化出版社,2007)"Zoroastrianism"(琐罗亚斯德教［袄教］)辞条:"公元前6世纪古代波斯的宗教,亦称为'拜火教',是由琐罗亚斯德(Zoroaster,约公元前628—前551)所创,一般称作拜火教。按琐罗亚斯德的看法,世界历史可分为三个时期,每个时期都长达3000年。第一期是亚户阿—马撒大(Ahura-Mazda)的黄金时期。第二期是与邪恶战斗的时期,直到琐罗亚斯德来临,结束这战斗时期,且带来新力量,令人类能够从错谬中分辨真理。而最后一个时期则会延续至世界更新为止。这信仰的一些元素明显影响到希罗时期的犹太教,特别是次经文献的内容,诸如天使论、二元论、撒但和邪恶势力的存在,以及将世界划分为不同时期等的观念。"

③ 路易斯在《返璞归真》卷二第2章说,对于恶,有两种(转下页注)

士一致拒斥机械论与层创进化论。机械论,恰如一切唯物论体系,在知识问题上栽跤。要是思维是脑细胞运动的不期然而然的产物,我们还有什么理由去相信它? 至于层创进化论,要是有人坚持用上帝一词意指"宇宙中接下来碰巧发生的事情",①我们当然挡不住他。然而事实上,没人能够这样使用此词,除非他有个隐秘信念:后来者将更胜一筹(improvement)。此种信念,除了毫无根据,还给层创进化论摆上了一个特殊困难。要是事物能够改进(improve),这就意味着,在宇宙进程之上及之外(above and beyond),必定有宇宙进程能够接近的某种关于善的绝对标准。② 要是

(接上页注)解释。一为一元论,一为二元论:"存在一个这样的宇宙,其间有很多显然是恶的、从表面上看毫无意义的东西,但是也有像我们这样知其是恶的、毫无意义的造物。面对这一切的事实,我们只有两种解释。一种是基督教的观点。基督教认为,这是一个善的世界,这个世界偏离了正道,但是还记得自己应有的样子。另一种观点是二元论。二元论认为,在一切事物的背后都有两种相互独立、势均力敌的力量,一种是善的,另一种是恶的,这两种力量彼此间永无休止地争战,宇宙就是它们的战场。"(汪咏梅译,华东师范大学出版社,2007,第55页)

① 原文是"whatever the universe happens to be going to do next",出处未知。

② 路易斯在《主观论之毒害》一文中曾说:"永久之道德标尺,是否妨碍进步? 除非假定了一种不变的标尺,否则进步就不可能。假如善是个定准,那么至少可能的是,我们应当不断趋近它。然而,假如车站像列车一样变动不居,那么,列车如何向它开进。我们关于善的观(转下页注)

"更好"仅仅意味着"后来者",那么说"变得更好"就毫无意义——这就相当于祝贺你到达目的地,却把目的地界定为"你所到之处"。mellontolatry,①或曰未来崇拜,是一种糨糊宗教(*fuddled* religion)。

于是我们就留下一神论与二元论两个选择——其一是唯一的、善的、全能的存有之本源(source of being);另一则是不相上下、非受造(uncreated)而又两相敌对的力量,一善一恶。乔德博士提出,由于邪恶现实(fact of evil)这一"新的当务之急",后一观点占据上风。可是,新的当务之急是什么? 相对于维多利亚时代的哲学家——这个世界最幸福的时代最幸福的国度最幸福的阶级中受厚爱的人们——恶对于我们也许看上去更为紧迫。但是,相对于从古至今的众多一神论者,恶对于我们也没紧迫到哪里去。悲惨世界与一全善存有(a wholly good Be-

---

(接上页注)念是会变迁,然而假如并无绝对而又恒常之善以供回返,那么它们既不会变好也不会变坏。只有在一个完全正确(perfectly right)是'停滞'的条件下,我们才能一点点地接近正确。"(本书第354页)

　　① 该词系路易斯自铸。希腊文 *mellon* 的意思是 the future,路易斯自铸新词 mellontolatry 的意思就是 the worship of the future(未来崇拜)。

ing)创造并指引世界,是相容的。对这一教义的经典阐
发,来自波爱修斯(Boethius),他当时身陷缧绁终被鞭挞
至死;①亦来自圣奥古斯丁,他当时沉思罗马之劫(the
sack of Rome)。② 当前世界,乃常态;上一个世纪,才不
正常。

这就驱使我们追问,为何有那么多代人拒斥二元论?
可以确定,不是因为他们不熟悉苦难;也不是因为他们没注
意到二元论,明显头头是道(plausibility)。有可能的倒是,
他们看到二元论的两个致命难题,一关乎形而上学,一关乎
道德。

形而上学难题是这样的。这两股力量,善与恶,并不

---

① 波爱修斯(Boethius,亦译波伊提乌,约 480—约 524),罗马元老
及基督教哲学家。510 年,出任东哥特的罗马执政官。523 年,受人诬陷,
以"叛国罪"打入大牢。524 年被残忍处死。《哲学的慰藉》(De Consola-
tione Philosophiae)一书,是他等待受刑的那年写成的。该书之英译者说:
"它是一个穷尽一生忠于在理性之不偏不倚的光照中寻得至高慰藉的人
所写下的登峰造极的杰作。"(参波爱修斯《神学论文集 / 哲学的慰藉》,荣
震华译,商务印书馆,2012)

② 公元 4 世纪,基督教成为罗马之国教。公元 410 年,西罗马帝国
灭亡,蛮族攻陷罗马城。异教徒攻击基督教,把罗马的悲剧归咎于罗马人
背叛本族神灵而改奉基督教。圣奥古斯丁(St Augustine,354—430)最著
名的护教之作《上帝之城》(The City of God),即因此而作。(参王晓朝
《上帝之城》中译本序〉)

相互解释。无论善神玛兹达还是恶神阿里曼①都不能以终极(the Ultimate)自居。相对于二者,更为终极的是二者共存这一难以理喻的事实。二者之中无一方选择这一"面对面"。因而,每一方都是有条件的(*conditioned*)——无论愿不愿意,都处于某一情境;真正的终极(the real Ultimate),要么是那个情境本身,要么是产生这一情境的某种无名力量。二元论尚未抵达存有之根基(the ground of being)。你不可能把两个有条件的、相互依存的存有,接纳为自本自根的(self-grounded)、自诚自明的(self-comprehending)绝对。在形象思维层面,这一难题的表征就是,除非我们偷偷引入二者并存于一个共同空间这一观念,否则我们无法思考善神与恶神。这样也就等于承认,我们应对的并非宇宙之本原,而只是宇宙之中的两个成员。二元论是一种半吊子形而上学(truncated metaphysics)。

道德难题则是,二元论将善的那种肯定的、实体的、一

---

① Ormuzd 与 Ahriman 为拜火教中的善恶二神。原文并无善神与恶神字样,为方便汉语读者理解,拙译擅自添加。后文凡提到 Ormuzd 与 Ahriman 之处,均译为善神与恶神。

以贯之的本性（positive，substantive，self-consistent nature），也赋予了恶。若果真如此，假如恶神也如善神一般独立自存无复依傍（existed in his own right），那么我们称善神为善，就只是在说我们碰巧喜欢他。凭什么说一方正确另一方错误？假如恶和善是同一种实存（reality），同样自足（autonomy），同样完满（completeness），那么，我们对善的忠诚就成了一种无理可讲的党同伐异。一套可靠的价值理论，则另有所求。它要求善应当是本原，恶只是一种歪曲（a mere perversion）；善应为树，恶应为藤；善应能够洞悉恶（恰如神志清醒了解何为神智错乱），而恶则不可能洞悉善；善应能够独立自存，而恶则需要它寄生其上的善，以继续寄生。①

忽略这一点，后果颇严重。它意味着相信：好人爱行

---

①　路易斯《返璞归真》卷二第 2 章："要作恶，他首先必须存在、有智慧和意志。但是存在、智慧和意志本身都是善的，这些东西必须来自善的力量，即使作恶，他也必须从对手那里去借或去偷善的东西。你现在明白了为什么基督教一直说魔鬼是堕落的天使吗？这不只是讲给儿童听的故事，而是对这样一个事实的正确认识，即恶本不存在，恶只是一个寄生物。恶得以持续下去的力量是由善赋予的，坏人得以有效作恶的一切东西——决心、聪明、漂亮的外表、存在本身——都是好的。所以我们说，严格意义上的二元论是讲不通的。"（汪咏梅译，华东师范大学出版社，2007，第 57 页）

好,坏人爱使坏,是一样路数。乍一看,否认我们与敌人之间有任何共同本性,令人欣喜。[1] 我们称他们为恶魔,感到无需赦免他们。然而究其实,我们在失去赦免能力(the power to forgive)的同时,也失去了谴责能力(the power to condemn)。假如好残(a taste for cruelty)与好仁(a taste for kindness)都同样终极、同样基本,那么凭藉什么共同标尺,一个指责另一个? 究其实,残暴并非源于渴欲恶本身(desiring evil as such),而是源于歪曲的性欲、无度的恨、无法无天的野心与贪婪。[2] 正因为此,才能从无邪性欲、义愤

---

[1] 路易斯《飞鸿22帖》第14帖:

在每一受造物中,神是他(它)存在的基础。在好人里,神是光;在恶人里,神是火——肇之以焦躁不安,继之以炽烈难熬之苦,因祂是不受欢迎、却无法抵挡地存在他里面。

所以论到每一个受造物,我们都可以说:"这也是祢:这也是不是祢。"

有单纯信心的人,极容易领悟这道理。曾与一位欧洲的牧师聊天,他亲眼见过希特勒,以常人的标准看来,也有足够的理由痛恨希特勒。我问他:"希特勒相貌如何?"他回答:"像所有人一样,意即,就像基督。"(黄元林等译,台北:校园书房,2011,第124—125页)

[2] 路易斯在《返璞归真》卷二第2章说,恶是变坏了的善:"如果二元论是正确的,那么,恶的力量一定是为了恶本身而喜欢恶。我们能够看到的最接近恶的事是残暴,但是,在现实生活中人之所以残暴有两个原因。他们或者是虐待狂,如性变态,这种变态让他们从施暴中获得感官的快乐;或者是想通过残暴获得某种东西——金钱、权力、安全等。但是,快乐、金钱、权力、安全本身都是好东西,恶之所以产生是因为他们利用不正当的手段,采用错误的方式,或贪得无厌。当然,我不是说残(转下页注)

及有道之财的立场,来评判或谴责它。老师能够纠正学童的运算,是因为学童的算术笨手笨脚——他做着同样的算术且做得更好。要是学童们就没尝试算术——要是他们根本不在一个算术世界——他们不会犯算术错误。

因而,善与恶并不相像。善之为善,与恶之为恶,路数不同。善神与恶神不能平起平坐。① 探其究竟,善神必定是本原,恶神必定是派生。要是着手思考,我们起初模模糊糊想到的"恶魔"(*devil*),一经分析,原来清清楚楚,就是"堕落的"、"反叛的"天使。但这仅仅是探其究竟。基督信

――――――――――

(接上页注)暴之人并非穷凶极恶,我只是说,仔细考察,你会发现恶实际上是用错误的方式追求善。你可能纯粹为了善而行善,但不可能纯粹为了恶而行恶。你行善时心中可能并无善意,行善没有给你带来快乐,你行善只是因为这样做是对的,但是,没有人因为残暴是错的而对别人施行残暴,他这样做是因为自己可以从中获得快乐或益处。换句话说,恶之为恶也不能像善之为善那样成功。可以说,善是其本身,恶只是变坏的善,先有善的东西存在,然后才可以变坏。我们称虐待是一种性变态,你首先得有正常的性关系的观念,然后才可以称这种关系变态。"(汪咏梅译,华东师范大学出版社,2007,第56页)

　　① 　时人习谈辩证,仿佛善恶二者也相互依存相互转化。然而,善恶并不辩证。这是古典学之通见。亚里士多德在《尼各马可伦理学》(商务印书馆,2003)中说:"德性是一种适度,因为它以选取中间为目的。其次,错误可以是多种多样的(因为,正如毕达哥拉斯学派所想象的,恶是无限,而善是有限),正确的道路却只有一条(所以失败易而成功难:偏离目标很容易,射中目标则很困难)。也正是由于这一原因,过度与不及是恶的特点,而适度则是德性的特点;善是一,恶则是多。"(1106b26—1107a7)

仰与二元论,比乔德博士的文章看上去所提示的,可能携手并进得更远一些。从来不可能把一切恶都追溯到人;事实上,相对于亚当之堕落,新约大书特书的是黑暗的超人力量。① 只要关注的是俗世,一名基督徒就与拜火教徒大同小异;我们都生活于米迦勒②与撒旦"怒刀相向"③之时。基督徒与二元论者之不同在于,基督徒思致更深。他们明白,如果米迦勒确属正义一方而撒旦确属错误一方,那么这就必定意味着,他们与远在背后的某人某物、与实存本身的终极根基,必定处于两种不同的关系之中。④ 在现代,所有

----

① 如《以弗所书》二章2—3章:"那时,你们在其中行事为人,随从今世的风俗,顺服空中掌权者的首领,就是现今在悖逆之子心中运行的邪灵。我们从前也都在他们中间,放纵肉体的私欲,随着肉体和心中所喜好的去行,本为可怒之子,和别人一样。"

② 米迦勒(Michael),犹太教中的天使长之一,圣经多处提及它征战魔鬼撒旦。可参《但以理书》十章13、21节,《犹大书》9节,《启示录》十二章7节。

③ 原文为"fell, incensed points",典出《哈姆莱特》第五幕第2场哈姆莱特这一段话:"两个强敌猛烈争斗的时候,不自量力的微弱之辈,却插身在他们的刀剑中间,这样的事情是最危险不过的。"(朱生豪译,《莎士比亚全集》第五卷,译林出版社,第390页)

④ 路易斯《返璞归真》卷二第2章:"我毫不讳言,真正的基督教(有别于掺水的基督教)要比人们想象的更接近二元论。我第一次认真读新约时大吃一惊的一件事是,新约中有大量篇幅谈到宇宙中的一种黑暗势力,一种强大的邪灵,操纵着死亡、疾病和罪。基督教与二元论的区别在于,它认为这种黑暗势力是由上帝所创造、在被造之时是善（转下页注）

这一切当然都被那些惧怕"神话"的神学家给稀释掉了。不过,那些准备让善神和恶神官复原职的人,想必对此不会感到不适。

二元论能够成为大丈夫之信条(a manly creed)。在其北方形式中("尽管巨人最后会打败诸神,但我站在诸神这边")①,二元论比目下绝大多数哲学不知道高贵多少。但它仅仅是个驿站。只有通过打消归家念头,你才能在顺此思路思考之时,避免一神论,依然做个二元论者。故而,复兴二元论会成为一种名副其实的倒退,成为对文明的糟糕祝福(尽管可能不是最差劲的)。

(接上页注)的,后来才变成了恶。基督教与二元论一样,也认为这个宇宙处于战争状态。但是,它认为这不是一场两种独立的力量之间的战争,而是一场内战,一场反叛,我们生活在一个叛军占领的宇宙中。"(汪咏梅译,华东师范大学出版社,2007,第 57—58 页)其中"掺水的基督教",就是本文所说的那些"惧怕神话的神学家"所从事的基督信仰。

① 路易斯对北方神话之阐发,详参见本书第二编第 19 篇《首要及次要之事》第 2 段。

4　教条与宇宙[①]

（1943）

Dogma and the Universe

　　对基督教的一个常见指责就是，其教条保持不变而人类知识则持续增进。因而，在不信者（unbelievers）看来，我们一直在做无用功，企图将新知识硬塞进那业已过时的旧模子里面。我想，比起某条教义与某科学理论之不一致来，这一感受更使得教外人士疏离基督教。虽然如我们所说，我们可以"克服"成打的孤立"困难"，但

----

　　① 选自 *God in the Dock* 第一编第 3 章。本文原曾分为两部分，首刊于国教周刊《守望者报》（*The Guardian*）1943 年 3 月 19 日与 26 日两期。其第二部分原名为"教条与科学"。文中好几个段落，几乎一字不易地重现于路易斯的《神迹》（*Miracles*，1947）一书。

这难以改变他的感觉：这一努力作为整体，注定失败且适得其反；越是自出机杼，越是适得其反。因为在他看来昭然若揭的是：要是祖先具有我们的宇宙知识，基督教根本就不会存在；而且，无论我们如何修修补补，任何思想体系只要自称万世不易，终究无法使自己适应知识之不断增长。

以上就是我打算尝试回应的一个立场。在直奔我所认为的根本回答（the foundamental answer）之前，我更愿意就基督教义与我们业已拥有的科学知识之间的真实关系，澄清几点。其关系，与我们所想象的未来的知识持续增进是两码事，无论我们想错了还是想对了；更与某些人以为最终注定打败我们的知识持续增进，是两码事。

一方面，正如许多基督徒已经注意到的那样，当代科学近来已经与基督教义路线一致，而与古典形态的唯物论分道扬镳。假如说现代物理学有什么明显突变的话，那就是自然界并非亘古长存的理论。宇宙有始，也将有终。而过去伟大的唯物论体系都相信，物质不灭，并进而相信物质之自存（self-existence）。恰如魏泰克（Whittaker）教授在 1942

年的"里德尔讲堂"①中所说:"除非坚持认为,这个世界亘古以来或多或少以其当前状态存在,否则,永远不可能严肃地反对创世之教条。"②唯物论的这一根基现已撤除。虽然我们不应过于倚重它,因为科学理论会变。不过霎时间,取证的担子不再在我们肩上,而在那些否认自然有其自身之外原因的人肩上。

在流行思想中,宇宙起源所占分量(我想)小于其特征——宇宙无比巨大,它对人类生命即便不是充满敌意也显然是无动于衷。③ 这一点往往给人印象至深,因为它被认为是一项现代发现——是先祖未知之事的一个范例,要是他们知道这些事,就会防基督教于未然。这里有一个简

----

① "里德尔讲堂"(Riddell Lectures),杜伦大学(University of Durham)1928 年所创立的一年一度的学术讲座,其主旨是探讨"宗教与当代思想之关系"。埃德蒙·泰勒·魏泰克爵士(Sir Edmund Taylor Whittaker,1873—1956),英国数学家。魏泰克之后,里德尔讲座邀请的下一位演讲者就是 C. S. 路易斯。1943 年 2 月,路易斯在第十五届里德尔讲堂上所发表的演讲,就是后来的《人之废》(*The Abolition of Man*)一书。

② 【原编者注】Sir Edmund Taylor Whittaker, *The Beginning and End of the World*, Riddell Memorial Lectures, Fourteenth Series (Oxford, 1942), p. 40.

③ 在《痛苦的奥秘》第一章,路易斯就指出,无神论者不信上帝,其最方便也自认为最有力的证据就是宇宙之浩渺与冷漠。

单的历史错误（historical falsehood）。托勒密像爱丁顿①
一样知道，与整个太空相比，地球无比渺小。② 这里没有
所谓的知识增长以至于古老思想框架无法涵盖的问题。
真正问题是，千百年来都知道地球乃渺沧海之一粟，为何
在最近一个世纪，却突然成了对基督信仰的一个反驳。虽
然我并不知道为何会发生此事，但我可以肯定，它并非标
志着思想之愈加清晰。因为依我看，基于宇宙之大的论
辩，很是脆弱。

当法医根据器官状况断定死者中毒身亡之时，他的论
证是理性的（rational），因为他清楚知道，要是没中毒，这些
器官会是什么状况。同理，假如我们藉空间之广漠与地球
之渺小来驳斥上帝之存在，我们应当清楚知道，要是上帝确
实存在，我们所料想的是何种宇宙。然而我们清楚么？无
论空间本身可能是什么样子——当然一些现代人认为它是
有限的——我们肯定把它感知为三维的，对于三维空间我

———————

① 爱丁顿（Arthur Stanley Eddingtong，1882—1944），英国天文学
家、物理学家和数学家，其最大贡献在天体物理学领域。

② 托勒密（Ptolemy，约 90—168），古希腊天文学家。这里是指他
的《天文学大成》（*Almagest*）卷一第 5 章。可参看本书第一编第 17 篇
《宗教与科学》一文。

们想不到会有边界。由于我们的感知的形式（forms）①，我们必然感到，我们仿佛居住在无限空间中的某个地方。在此无限空间里，假如除了那些对人有用的客体（我们自己的太阳或月亮）之外，我们发现不了任何客体，那么，这一广漠虚空肯定就会被用作对上帝之存在的有力反驳。假如我们发现了其他天体，那么它们要么可以居住要么不可居住：奇怪的是，这两个假设都被用来拒斥基督信仰。假如宇宙里充满生命，那么就有人告诉我们，陷于荒谬的是基督教的这一主张——或被认为是基督教的主张——即人独一无二，还有这一基督教义，即神降临地球，为了我们人类及我们之救赎，道成肉身。另一方面，假如地球的确独一无二，这就证明生命只是宇宙中偶然的副产品，因而再次驳斥了我们的宗教。我们真是难于取悦（hard to please）。我们对待上帝，就像警察对待被捕之人；无论他做了什么，都成了对他不利的证据。我并不认为，这归因于我们的邪恶（wicked-

---

① 关于"我们的感知的形式"（the very forms of our perceptions）对人类知识的制约，康德的认识论做了最为精彩的阐发。康德认为，人类先天具有一套认识形式，才能把感觉材料组织成知识。也就是说，人类知识受一些先天范畴制约。在《未来形而上学导言》中，康德将自己的立场称作形式观念论（formal idealism）。

ness)。我怀疑，就在我们的这一思维模式中有某种东西，使得我们常为真实存在（actual existence）所困扰，无论真实存在具有何种特征。或许，一种有限而又偶然的被造——这种被造本可不存在——会一直发觉，难以默认这一残酷事实，即它此时此刻附着于一个真实的万物秩序（an actual order of things）。

无论会是何种情况，确定的是，大小之辩基于这一预设，即大小之别对应于价值之别。因为除非二者相对应，否则，就不会有理由认为：小小地球及地球上面更微乎其微的人类被造，在包括众多漩涡星云的宇宙中，不应成为最重要的事物。现在问题是，这一预设是理性的（rational），还是情感的（emotional）？我和其他任何人一样感到，推想在上帝眼里，相对于原子一样的人类，银河系不大重要，这荒诞绝伦。但我注意到，推想一个五尺高的人可以比另一位五尺三寸半高的人更重要，就不那么荒谬了。更不用说，推想一个人可以比一棵树更重要，大脑比腿更重要。换言之，只有当大小之别非常巨大之时，才会产生这种荒谬感。然而，由理性所领会的关系，应当是普遍适用的。假如大小与价值确有联系，大小方面的小差别也应伴随着价值方面的小差别,恰如大小方面的大差别伴随着价值方面的大差别。可是,没有哪个头脑清醒的人会如此推想。我并不认为,高个比矮个略有价值。我容不下树比人约略占优,并进而忽视人,因为人小得无足为虑。在处理大小方面的小差别时,我领会到,大小之别与无论何种价值之别都没联系。我因而得出结论,给大小方面的巨大差别所附加的重要性,并非关乎理性,而是关乎情感——只有当绝对大小到达某一点时,大小方面的优势才会产生的那种特殊情感。

我们是积习难改的诗人(inveterate poets)。当量很大之时,我们就不再认为它只是量。① 我们的想象力苏醒了。不只是量,我们现在有了一种质——崇高(sublime)。② 除

---

① 拙译根据的原本是本书之美国版。英国版原文是:We are inveterate poets. When a quantity is very great,we cease to regard it as mere quantity. 美国版少了后面这句。为保证文意畅通,译者添加了后半句。

② 尼古拉斯·布宁、余纪元编著《西方哲学英汉对照辞典》(人民出版社,2001)释 sublime(崇高):

　　由体积和力量巨大的对象激发的一种敬畏、崇敬、宏伟、惊讶、乃至恐惧的感受,此类对象有黑夜星空、崇山峻岭、悬崖、火山或怒海等等。崇高的概念可追溯到希腊修辞学家朗吉努斯。其著作 *Peri Hupsos*(《论风格的表现性》)的拉丁译文为《论崇高》(*De sublimitate*),此书使崇高成为 18 世纪美学的重要概念。J.哈奇生、E.博克与康德等人都将崇高与美这个艺术美的基本种类加以区别。美的事物唤起愉悦并激发爱情,而崇高的对象则唤起崇敬和激发心灵的升华。那么,人们如何能够欣(转下页注)

非如此，否则，银河系算术意义上的巨大（arithmetical greatness）就不比电话号码本上的数字，更令人印象深刻。因而在某种意义上，物质宇宙从我们自身汲取令我们敬畏的力量。对一颗并无我等之情感亦缺乏我等之想象力的心灵来说，大小之辩毫无意义。人带着敬意仰望星空：猴子则否。空间之永恒沉默令帕斯卡尔恐惧，[①]然而正是帕斯卡尔之伟大，使得空间如此。当你我震撼于宇宙之浩渺，你我（严格说来几乎）是被自己的影子所震撼：光年及千万世纪只有算术意义，除非人的影子（shadow of man），也即诗人或神话作者的影子落在它上面。我并不是说，人因其影子而战栗就是错误；那可是上帝的形

（接上页注）赏使人感到恐怖与可怕的东西呢？康德认为，崇高的情感向我们表明我们是理性的存在者，不仅能够超越自然，而且能够为我们的感觉立法。崇高的对象是压倒理性的，是让人们从庸俗普通走向真正的道德自由的桥梁。但是，其他有些人建议，由宏伟的自然景观所激发的崇高感受使人们觉得我们是自然界里无足轻重的组成部分。后现代美学重新探讨优美与崇高的区别，认为优美与人们对形式和法则的感悟有关，而崇高与无形式的对象以及抵制法则的做法有关。

"崇高的对象感人，优美的事物迷人……崇高的对象必须是大的；而优美的事物可能是小的。崇高的对象必须是单纯的；而优美的事物则是装饰过的。"——康德：《论美感与崇高感》（高德韦特译），1960年，第48—49页。

① 帕斯卡尔《思想录》第206则："这些无限空间的永恒沉默使我恐惧。"（何兆武译，商务印书馆，1985）第103页

像的影子啊。① 即便物质之广袤有盖过我们的灵的威胁，我们必须谨记，只有灵化了的物质（matter spiritualized）才能如此。仙女座的大星云某种意义上配得上伟大，归功于有个谦卑的人。②

这又驱使我再次说，我们真是难于取悦（we are hard to please）。要是我们发现自己身处的世界不够广漠不够陌然，不能给我们帕斯卡尔式的恐惧，我们将会是何等可怜的造物啊！ 我们这等造物，是有义且有生的两栖动物，③从感官世界（world of sense）出发，经由神话（myth）和隐喻（metaphor），到达属灵境界（world of spirit）。我实在看不

---

　　① 《创世记》一章 26—27 节：神说："我们要照着我们的形像，按着我们的样式造人，使他们管理海里的鱼、空中的鸟、地上的牲畜和全地，并地上所爬的一切昆虫。"神就照着自己的形像造人，乃是照着他的形像造男造女。

　　② 路易斯在此的意思是说，只有谦卑的心灵，才能领略天地之壮观。这一点，路易斯《人之废》第一章里说得很明白："即便我们承认崇高之类品质（qualities）仅仅只是我们自身情感的投射，那么，促动这一投射的那种情感也是与此类品质相应甚至相反的情感。促动一个人称一对象崇高的那种情感，并非崇高感（sublime feelings），而是崇敬感（feeling of veneration）。假如硬要把'这崇高'（This is sublime）还原为关于说者感情的陈述，那么，正确翻译应当是'我有卑微感'（I have humble feelings）。"（拙译《人之废》，华东师范大学出版社，2015，第 4—5 页）

　　③ 原文是 rational but also animate, amphibians，藉《荀子·王制篇》中"水火有气而无生，草木有生而无知，禽兽有知而无义，人有气、有生、有知，亦且有义，故最为天下贵也"之语意译。

出，若无宇宙之大所提供的暗示，我们如何能够知道上帝之伟大。[①] 再者，我们到底要什么样的宇宙？要是它小得温馨，就不会大得崇高。要是它大得足以让我们伸展属灵手脚，它就必定大得让我等迷惑。感到局促还是感到恐惧，在任何可以想见的世界中，我们必居其一。我倾向于感到恐惧。在一个可以看到尽头的宇宙之中，我会感到窒息。在林中漫步之时，难道你不曾刻意转身，生怕很快走到林子那头，使得它在你日后的想象中沦为可怜兮兮的几绺树？

　　我期望你并不认为我在提出，上帝造漩涡星云只是为了或主要为了给我这种敬畏或迷惑体验。关于祂为何造它们，我茫然无绪；总而言之，要是我有点头绪，那才是咄咄怪事。据我所知，基督信仰总体上并不固执于一种人类中心

---

　　① 路易斯在《四种爱》第二章里说，虽然"自然并不施教"，虽然自然大美证明不了上帝，但是却足以引领我们领悟上帝：

　　自然不曾告诉我存在一位荣耀、具有无限权威的上帝，我只能通过其他方式得知这一点。但是，自然让我认识到什么是荣耀。除了自然之外，我不知道自己还能通过什么其他途径明白这个词的含义。倘若未曾见过万丈的深渊和嶙峋的峭壁，我就不知道何谓"敬畏"上帝，以为"敬畏"上帝不过是稍稍谨慎以保安全而已；倘若大自然不曾唤醒我内心的某些渴望，依我所见，我现在所谓的对上帝的"爱"很大一部分绝不会存在。（汪咏梅译，华东师范大学出版社，2007，第10页）

的宇宙观。《创世记》第一章,无疑以民间传说(folk-tale)的形式讲述创世故事,这是早在圣耶柔米①时代就体认的一个事实。要是你断章取义只看这章,你可能会得到人类中心的印象。但是,圣经总体上并不支持这一印象。很少有文学像《约伯记》那样严厉警告我们,不要把人当作万物之尺度:"你能用鱼钩钓上鳄鱼吗?岂肯与你立约,使你拿它永远作奴仆吗?人指望捉拿它是徒然的;一见它,岂不丧胆吗?"②在圣保罗那里,空中掌权者似乎通常与人为敌。③当然,基督信仰之要旨在于,上帝爱人,正是为了人,祂才降世为人并为人而死。但这并不证明,人是自然的唯一目的。在比喻中,正是那头迷失的羊才是牧人四出寻找

---

①　卢龙光主编《基督教圣经与神学词典》"St. Jerome"辞条:

耶柔米［哲罗姆］(约347—419/20),早期教会圣经学者与历史家,其拉丁文原名为 Eusebius Hieronymus,托名 Sophronius,著作以拉丁文为主。他曾作沙漠隐修士,后任教宗达玛苏(Pope Damasus)的私人秘书。从公元386年起,他专心在伯利恒从事深入研究和圣经翻译工作。公元382年,他开始修订古拉丁文圣经,最后成为西方教会通行的拉丁文《武加大译本》(Vulgate)。他亦撰写了多本释经和教会史著作,并且呼吁教会接受希伯来文旧约圣经为正典,但拒绝次经的书卷。耶柔米的著作颇多,包括翻译作品、圣经注释、历史条约、神学论文、书信和其他杂文等。9月30日为纪念他的宗教节日。

②　《约伯记》四十一章1、4、9节。

③　《以弗所书》二章1—2节:"你们死在过犯罪恶之中,他叫你们活过来。那时,你们在其中行事为人,随从今世的风俗,顺服空中掌权者的首领,就是现今在悖逆之子心中运行的邪灵。"

的:①它不是羊群里唯一的羊,我们也没有听说它就是最宝贵的——除非说,那最为穷乏者,只要依旧穷乏,在爱的眼里,就具有一种特别价值。只有当我们也知道,在此浩瀚宇宙中,还有其他理性物种(rational species),他们也像我们这样,堕落,也需要同样的救赎,却并未得到垂怜——只有这时,道成肉身的教义,才与我们所知的宇宙之浩瀚相冲突。可是,我们对此等事一无所知。宇宙中或许到处都是不需拯救的生灵。或许到处都是生灵之外的事物,它们令神的智慧(the Divine Wisdom)满意的方式,我们无法想见。我们并无名分,勾画上帝的心灵地图,或给祂的兴致设限。甚至对一个我们知道比自己更伟大的人,我们也无此名分。神就是爱(God is love)②以及祂喜悦人(He delights in man)的教义,乃肯定性教义(positive doctrines),而非限定性教义(limiting doctrines)。祂不是比这教义更少。至于

---

① 《马太福音》十八章12—13节:"一个人若有一百只羊,一只走迷了路,你们的意思如何? 他岂不撇下这九十九只,往山里去找那只迷路的羊呢? 若是找到了,我实在告诉你们:他为这一只羊欢喜,比为那没有迷路的九十九只欢喜还大呢!"

② 《约翰一书》四章7—8节:"亲爱的弟兄们啊,我们应当彼此相爱,因为爱是从神来的。凡有爱心的,都是由神而生,并且认识神。没有爱心的,就不认识神,因为神就是爱。"

祂超出的是什么,我们不得而知;我们只知道,祂必然超出我们所能想见的。可以预料,祂的创造对于我们,大体上应是难以索解。

对这些事情的此等误解,基督徒自身亦难辞其咎。他们有个坏习惯,谈起启示(revelation),仿佛启示之存在只是为了满足求知欲,仿佛启示通过照亮全部造物,因而变得自明(self-explanatory),并回答了所有问题。可是在我眼中,启示只是关乎实践(practical),只针对堕落了的人(the Fallen Man)这一特殊动物,只为解其于倒悬——而不是针对人身上的探索精神,不是为了满足他的自由求知欲。① 我们知道上帝曾探访并赎回祂的子民,这就告诉了我们,人类这一造物的一般品质(general character);就好比给大农场里一只瘟鸡的一剂药,告诉了它英格兰养殖业的一般品质。我们

---

① 关于"自由求知欲",路易斯《史学岂是废话》一文里,有很好的解释:

"自由"求知欲("liberal" curiosity)以及满足这一欲求的"自由"学术("liberal" study)的观念,来自亚里士多德:"当一个人为自己的生存而生存,而不是为了别人的生存而生存,我们称他为自由人(freeman)。同理,哲学是所有学术中唯一自由的一个:因为只有它为学术自身而存在。"(《形而上学》982b)

见拙译《切今之事》,华东师范大学出版社,2015,第172页。

知道,自己必须做什么,必须要走的通往生命之源的是哪条路。我们也知道,那些郑重其事遵此方向的人,没人抱怨自己上了当受了骗。至于是否还有我们这样的造物,他们得到何等对待?无生之物之存在,只是为了服务于有生之物,还是另有理由?空间之广袤是某些目的之手段,是个幻象,抑或不过是一种无尽能量有用武之地的自然模式(natural mode)?——凡斯种种,我想,我们只有揣想的份。

需要因浩渺宇宙担惊受怕的,并非基督教,而是把存在的全部意义(the whole meaning of existence),置于此星球上生物进化或社会进化之上的那些体系。[①] 是创造进化论者、[②]柏格森主义者或萧伯纳主义者,或共产主义者,仰望

---

① 　路易斯《沉寂的星球》第18章:"我们这里有一条法则,不要跟别人谈论规模或数量(sizes or numbers),即使索恩也不例外。你不明白,这会使你对虚无顶礼膜拜(do reverence to nothings),而对真正伟大的东西却视而不见。"(马爱农译,译林出版社,2011,第174—175页。其中英文,系译者参照原著添加)

② 　路易斯在《返璞归真》卷一第4章里说,关于"关于宇宙究竟是什么",有两个对立的观点:一为唯物主义的观点,一为宗教的观点。处于二者之间的,则是"生命力哲学"(Life-Force philosophy)、"创造进化论"(Creative Evolution)或"层创进化论"(Emergent Evolution):

　　萧伯纳在其著作中对这种观点进行了最巧妙的解释,但是解释得最深刻的是柏格森的著作。持这种观点的人说,地球这颗行星上的生命经过细微的变化从最低级的形式"进化"到人,这些细微的变化(转下页注)

星空时才应感到战栗。因为，他其实委身于一条要沉的船
（a sinking ship）。[1] 他其实试图无视事物明摆着的本性，仿
佛藉全神贯注于单个星球上的可能的上升趋势，就可以让
自己忘记整个宇宙中无可避免的下降趋势，温度渐低以及
无可挽回的解体趋势。因为，熵（entropy）[2]才是真正的宇
宙波，地球上的进化只是其中的瞬间涟漪。

　　基于此，我主张，我们基督徒和其他任何人一样，无须

（接上页注）不是出于偶然，而是出于一种生命力的"努力"（striving）或"有
目的性"（purposiveness）。（汪咏梅译，华东师范大学出版社，2007，第
40页）

　　路易斯说，这种哲学的吸引力至少在于："它给人很多由信仰上帝而
来的情感安慰，但又不会给人带来任何不愉快的结果。在你身体健康、在
阳光照耀、你不愿意相信整个宇宙只是原子的机械跳跃的时候，能够想象
这种巨大的神秘力量历经数个世纪不停地涌动向前，将你推上它的峰巅
是一件愉快的事。另一方面，如果你想干什么卑鄙的事，这种盲目的力
量、没有任何道德观和思想的生命力永远不会像我们小时候知道的那个
爱找麻烦的上帝那样干涉你。这种生命力是一种顺服的上帝，想要的时
候你可以开启它，但是它不会打扰你，你可以享有宗教给予人的一切兴奋
而不必付任何代价。这种生命力岂不是有史以来最佳的异想天开的杰
作？"（同前，第41页）

　　[1]　路易斯在《生活在核弹时代》一文中说："天文学家并未奢望，这
一星球将永远适合居住；物理学家也不奢求，有机生命在此物质宇宙的任
何部分都永远有可能。不仅这个地球，而且全部景象，太空中的所有光
芒，都将衰亡。自然是艘要沉的船（Nature is a sinking ship）。"（拙译《切今
之事》，华东师范大学出版社，2015，第122页）

　　[2]　熵（entropy），热力学术语，详见本书第105页脚注。

为已实际获得的知识而担惊受怕。然而,恰如我在一开始所说,这并非根本回答。科学理论反复无常,今天看起来比上个世纪友好很多,明日或许又转而反对我们。根本回答(basic answer)在别处。

请允许我提醒一下大家,我们试图回答的问题。它就是:如何能够在持续不断的知识增长中,维系一成不变之体系?在某些情况下,我们深知它如何能够。一位成熟学者,阅读柏拉图的某一伟大篇章,一眼就能看到形而上学、文学之美以及二者在欧洲史上的地位。他与正在学习希腊字母的学童,处于很不相同的位置。可是,藉助不变的字母表,这一阔大的精神和情感活动才得以展开。字母表并未被新知识打破。它并未过时。它要是改变,就会一团糟。一位伟大的基督徒政治家,会考虑某一措施道德与否,考虑到它会如何影响千万人的生活,这一考虑牵涉到无比复杂的经济、地缘及政治考虑。他就与首次得知人不能欺骗或撒谎或不能伤害无辜者的某个孩子,处于不同位置。可是,这一政治家身上只有完好无损地保留着儿时首次习得的伟大的道德共识,他的深思熟虑才会是道德的。丢了这一知识,就不会有进步,只有变化。因为,变化并非进步,除非其核心保持不变。小橡树长成大橡树：要是它成为一棵山毛榉，那就不是生长，而只是变化。再举一个例子，数苹果与得出现代物理学的一个数学公式，差别甚大。可是，二者都用乘法表，乘法表并未过时。

　　一言以蔽之，无论何处有真正的知识进步，总有一些知识并未作废。进步的可能性，恰好要求应有某些不变因素。① 新瓶装新酒，②务必如此：可是并非新口腔、新喉咙以及新脾胃。否则，对于我们，它就不再是"酒"。我想，我

---

　　① 现代哲学之主流，以"解构形而上学"为政治正确或进步解放。然而，舍却形而上学，何来进步？切斯特顿在《异教徒》第2章曾说："若没有一个明确的信条和一个坚定的道德准则，任何人都无权使用进步一词。不坚持一种教义，任何人都不可能进步。我甚至可以说，若非永无谬误——至少，若不信奉某个永无谬误的东西，任何人都不可能进步。因为进步这个词字面上就暗含了方向的意思，只要我们对那个方向稍有怀疑，我们对进步也就产生了同等的怀疑。也许自创世以来，没有哪个时代比我们这个时代更无权使用进步这个词。……我们这个进步的时代是一个对何谓进步最没有把握的时代，非但如此，这个时代中最进步的人也是对何谓进步最没有把握的人……我并非说进步一词毫无意义，而是说，事先不对一个道德教义进行定义，进步一词是毫无意义的，进步只能用在那些共同持守此道德教义的群体身上。进步并非一个不合逻辑的词，但从逻辑的角度看，对我们而言，它显然是不合乎逻辑的。进步是一个神圣的词，唯有信仰时代中坚定的信仰者方能正确地使用。"（汪咏梅译，三联书店，2011，第18页）

　　② 典出《马太福音》九章17节："没有人把新酒装在旧皮袋里，若是这样，皮袋就裂开，酒漏出来，连皮袋也坏了。唯独把新酒装在新皮袋里，两样就都保全了。"

们都应同意,在数学基本法则中,会找到此类不变因素。我会给这类不变因素,添上道德基本准则。我还会添上基督教的基本教义。用专技语言来说,我断言,基督教所作的肯定性历史陈述(the positive historical statement),具备这样一种能力:知识愈长进,会使其意涵愈趋丰富复杂,不会使其发生内在变化。这种能力在别处,大抵在形式原理(formal principles)中才能找到。

比如说,当尼西亚信经里说"祂从天而降",其作者脑海中就是从天的位置到地表位置的一个位移——就像伞兵空降。这可能是实情(尽管我一时半会不会以为就是这样)。后来,其他人或许连空间之天(spatial heaven)也加以抛弃。可是这一转变,一点都没影响所断定之事的重要意义,也没影响其可信性。无论怎么看,这事是个神迹;无论怎么看,有助于形成信仰的那些心像(mental images)都并非关键所在。当一位中非归信者和哈莱街医学专家都断定基督死后复活时,毫无疑问,他们的思想有着巨大不同。对于其中一位而言,已死之身站了起来这幅图像已经足够;而另一位或许会想到,一系列的生物化学进程以至物理进程,开始倒过来运行。医生知道,就他经验所及,这些进程从未倒过来运行;黑人则知道,死人不会站起来行走。他们都面对神迹,也都知道这是神迹。要是二人都认为神迹绝无可能(impossible),那么其唯一不同就在于,医生会详细阐明这一绝无可能,给死人不会走动这一简单陈述涂上浓墨重彩。要是二人都信神迹,医生会说的全部内容,就无过于分析并疏解"祂起身"(He rose)这些词了。当《创世记》的作者说,上帝依照自己的形象造人,他心中的画面或许是,一个隐隐约约有形有体的上帝正在造人,就像一个小孩在用橡皮泥捏人。一个现代的基督教哲学家或许会想到这样一个进程:从物质之创造开始,一直延续到这一星球上出现一种有机体,适合领受属灵生命及生物生命的有机体。二人本质上都指的是同一件事。二人也共同否认同一件事——即灵性(spirituality)之产生靠的是物质之内的某种盲目力量这一学说。

这是否意味着,教育层次不同的基督徒,读着同样的文字,心中所怀的却是截然不同的信念? 当然不是了。其一致之处在于实质(substance),分歧之处在于皮相(shadow)。①

---

① 本书第一编第16篇《可怕的东东》一文,对此道理有颇为平易的发挥。

一个人想象,地是平的,上帝则坐在高天之上。而另一个人则根据怀特海教授之哲学,①去看上帝和创世。二人之不同恰好无关痛痒。或许在你看来,这有些夸大其词。是吗?就物质实存(material reality)而言,我们而今终于被迫下结论说,除了其数学(its mathematics),我们对此一无所知。人最初用作算筹的沙滩上的石子、德谟克利特所想象的原子、平民百姓的空间图景,最终都是皮相(shadow):知识之实质是数字(number),数字是心灵与事物之间的唯一联络者。自然本身是什么,我们捕捉不到;关于她,在天真之人看来就是板上钉钉的事情,最终却最为虚幻。我们关于属灵实存(spiritual reality)的知识,也是这样。上帝本身到底是怎样的一位,哲学家应如何去想袘,一直逃离于我们的知识之外。伴随着宗教的精细的世界图景,曾经看上去那么坚不可摧,到头来只是皮相(shadows)。长远看来,我们走向实存的唯一通道,就是宗教本身——祷告(prayer)、圣礼(sacrament)、悔改(repentance)及敬拜(adoration)。恰如数学,宗教之成长来自内部,其朽坏也来自内部。犹太人比异

---

①　怀特海(Alfred North Whitehead,1861—1947),英国数学家,哲学家,以"过程哲学"闻名于哲学史。

教徒知道得多，基督徒比犹太人知道得多，而现代的模棱两可的宗教人士（vaguely religious man）则比这三者任何一个知道得少。可是就像数学，它依然是它自己，依然能被应用于关于物质宇宙的任何新理论，不会被淘汰。

无论何人来到神面前，他都会发现，使得他不同于其他时代人甚至不同于昨日之我的那些东西，都会从他身上掉落。不管他是否有此心愿。他重归故里（where he always was），重归人人所居之地（where every man always is）。"新的游戏同老的游戏一样。"①切莫自欺。我们的宇宙图景变得再复杂，也不会阻止我们见到上帝：并无尸布、森林或灌木丛，厚得可以屏蔽上帝。我们在《启示录》里读到，祂坐在宝座上面，"从祂面前天地都逃避"。② 任何时刻，对我们每个人，这或许都会发生。转眼之间，在小得无法度量的一段时间里，在任何地方，一切仿佛将我们与上帝分开的事

---

① 原文是拉丁文 *Eadem sunt omnia semper*，意为 everything is always the same。语出卢克莱修《物性论》卷三第 957 行。《蒙田随笔》第 20 章《探讨哲学就是学习死亡》曾引用卢克莱修此语："我不能给你有什么创新，新的游戏同老的游戏一样。"见《蒙田随笔全集》（马振骋译，上海书店，2009）第一卷第 84 页。

② 《启示录》二十章 11 节描写末日审判："我又看见一个白色的大宝座与坐在上面的，从他面前天地都逃避，再无可见之处了。"

物,都可能逃避,都可能消失,将我们赤裸在祂面前,仿佛我们就是世间第一个人,世间唯一的人,仿佛世间一无所有只有祂和我。① 由于这一接触终究躲不过去,由于它既不意味着福音也不意味着恐怖,所以生命要务就是学着欢喜它。这是第一诫命,也是最大的诫命。②

---

① 马丁·布伯在《我与你》一书中指出,对人来说,世界是双重的(two fold)。这取决于人之双重态度。人之态度又取决于人言说所用的"原初词"(the primary words)。原初词有二:其一是"我—你"(I-Thou);其二是"我—它"(I-It)。之所以叫做原初词,是因为"没有孑然独存的'我',仅有原初词'我—你'中之'我'以及原初词'我—它'中之'我'"。更是因为,两种原初词唤出两种不同国度:"它之国度"(realm of *It*)与"你之国度"(realm of *Thou*)。前者为经验世界,后者为关系世界。在前者之中,我处理某物;在后者之中,我与你相遇。在前者之中,它是物;在后者之中,你是人。本真之世界与本真之人生,由原初词"我-你"呼唤而出。

详见〔德〕马丁·布伯:《我与你》,陈维纲译,三联书店,1987。或可参见 Martin Buber, *I and Thou*, trans. Ronald Gregor Smith, 中国社会科学出版社,1999。

② 《马太福音》廿二章34—40节:法利赛人听见耶稣堵住了撒都该人的口,他们就聚集。内中有一个人是律法师,要试探耶稣,就问他说:"夫子,律法上的诫命,哪一条是最大的呢?"耶稣对他说:"你要尽心、尽性、尽意,爱主你的神。这是诫命中的第一,且是最大的。其次也相仿,就是要爱人如己。这两条诫命是律法和先知一切道理的总纲。"

5　人事与天命[①]

（1945）

Work and Prayer

"算你对吧。就算祷告蒙神应允有其理论可能（theo-retical possible），但我仍以为它们无限未必（infinitely im-probable）。我并不认为，关于如何治理世界，上帝还需要我们凡人的这些一孔之见（甚至自相矛盾的意见）。果真如你所说，上帝是全知的，难道祂不已知道何为最好？要是祂

①　选自 *God in the Dock* 第一编第 11 章，首刊于《考文垂电讯晚报》（*The Coventry Evening Telegraph*），1945 年 5 月 28 日。本文标题为 Work and Prayer，直译为汉语应为"劳作与祷告"。为凸显此文与汉语读者相关，藉中国古人"尽人事知天命"之语，意译为"人事与天命"。

真的全善,无论我们是否祷告,难道祂不会去做?"①

在过去的一百年中,反对祷告的这一说法,不知曾唬倒多少人。对这一反对的一般回应会说,这只适合于最低级的祷告,请求上帝做这做那的祷告。我们听说,那种更高级的祷告,不向上帝献策,而只是与祂"恳谈"(communion)或神会(intercourse)。这么认为的人似乎在说,低级祷告简直就是无稽之谈,只有小孩子和未开化的人才会去做。

我从不满意于此看法。区分两种祷告,说得过去;我也认为,总体而言(我不太确定),那种一无所求的祷告是更高级或更高超。处于与神的意志合一状态,尽管你能改变事件进程也不愿做出改变,当然是一种非常高超的境界。

然而一旦排除了低级祷告,就会有两个困难。首先,我们不得不说,基督徒祷告(包括主祷文在内)的整个历史传

---

① 路易斯《飞鸿22帖》第4帖:假如不信者熟悉圣经,他们最佳的攻击点就是《腓立比书》的那句话:"将你们所要的告诉神。""告诉神"这话是不信者指控我们的地方,也点出我们荒谬的所在。我们说神是无所不知的,但许多时候,我们的祷告却好像在提供资料给神。诚然,主耶稣也曾提醒我们,祷告时不要好像忘了父神的无所不知:"你们所需用的,你们的父早已知道了。"(黄元林等译,台北:校园书房,2011,第34页)

统，都错了；①因为这一传统允许祈祷者为每日饮食、为病体康复、为御敌、为外邦归化等等而祷告。其二，若你因为无欲则刚而无所求，这种祷告或许还算"高级"；可是，若你戒绝有所求的祷告，只是因为它没用，那就一点也不"高级"或"属灵"了。要是一个小孩，从未讨要蛋糕，只是因为他心灵如此高超或如此属灵，以至于他并不想望蛋糕，那或许（我也同样并不十分确定）是妙事一桩。可是，要是他因为知道讨要没用，故而不去讨要，那就没有什么美妙之处了。所以我认为，整件事还需重作端详。

反对祷告（我是指所谓"低级"或老式祷告）的推理是这样的：你祈求之事要么是好事——对你对世界都好，要么不好。假如是好事，全善全知的神不管怎样都会去做；假如不是好事，祂就不做。无论哪种情况，你的祷告都不起作用。

---

① 路易斯《飞鸿22帖》第7帖：若然你在上一封信是说，我们可以摒弃整个"祈求式祷告"——那些要求神巧妙地"策动"这客观世界中的一些特定事件（如你所说）——应该把祷告局限于认罪及赞美两种，我要表示异议。从理性上说，基督徒若告诉我们这样做，它会令人较容易接受。我更明白为何有人觉得这样的基督教会更清高（high-minded）。但请记得诗篇说："我的心不狂傲，我的眼不高大。"更好，是记着新约。在那里，用教导兼榜样所推荐给我们的，是最明目张胆的祈求式祷告。主耶稣在客西马尼园就曾竭力祈求——但祂并没有得着祂所求的。（黄元林等译，台北：校园书房，2011，第62页）

可是,假如这一论证说得通,那么,它就不只对祷告构成反驳,而且对做任何事都构成反驳。

在任何行为中,恰如在每一次祷告中,你都在力图带来特定结果;这一结果必定或好或坏。这时,我们为何不像反对祷告那样去论证说:要是我们意求的是好结果,那么全善的神就会带来,不用你插手;要是结果是坏的,祂也自会制止,无论你做什么? 你为何要洗手? 要是神打算让它们洁净,不用你洗,它们自会洁净;要是祂不如此打算,它们仍然会脏(就像麦克白夫人发现的那样)①,不管你用多少肥皂。何必找盐? 何必穿鞋? 又何必做事?

我们知道,我们会去行动做事,我们所做之事有其结果。每个信神的人因而必须承认(与祷告之事很不相干),神并未选择亲手写下整部历史。宇宙间上演的绝大多数事件,的确不在我们掌控之内,但不是全部。恰如一出戏,场景及故事轮廓由作者确定,一些细节则留给演员即兴发挥。

①　典出莎士比亚《麦克白》第 5 幕第 1 场。麦克白夫人教唆丈夫谋杀邓肯国王之后,自己患上了梦游症,经常从睡梦中爬起来重复着洗手动作,却发现怎么洗都洗不净。详见《莎士比亚全集》(译林出版社,1998)第六卷第 178 页。

祂为什么竟然还容许我们真正谋事,这或许是桩奥秘(mystery);至于祂让我们藉着祷告而不是藉着其他方法促成这些事,应该不大奇怪吧。

帕斯卡尔曾说,神规定了祷告"为了向祂的被创造物传达因果性的尊严"。① 或许更应该说,神发明祷告和实际行动都是为了这个目的。祂让我们这些卑微受造,以两种不同方式,具有了能够参与到事件进程之中的尊严。祂造出的宇宙如此这般,我们能够(在这些限度内)对它有所作为;因此之故,我们才会洗净自己的双手,才会哺养或谋杀我们的受造同胞。同理,祂的历史计划如此这般,它容许一定量的自由余地,可以因着我们的祷告而变更。在一场战争中,假如说祈求胜利冒失而又愚蠢(因为神应该最懂战争情势),那么,去穿雨衣也就同样冒失而又愚蠢——神不是最了解你是否应遭雨淋么?

神准许我们有所作为的这两种方法,或许可以称之

---

① 帕斯卡尔《思想录》(何兆武译,商务印书馆,1985)第513则:
为什么上帝规定了祷告。
(一) 为了向他的被创造物传达因果性的尊严。
(二) 为了教导我们,我们是从谁那里获得德行的。
(三) 为了使我们由于劳动而配得上其他的德行。

为劳作（work）与祷告（prayer）。二者共同之处是：我们都力图制造一种事态。这一事态，神并不以为（或者说尚未以为）适合于祂"亲自"促成。从这个角度来看，古老格言"劳作即祷告"，①就有了新的意义。我们锄草与祈求丰收，所做之事并非大不相同。不过，还是有个重要不同。

无论如何精耕细作，你保证不了有个大丰收。可是你却能够保准，要是你拔了一根草，田里就少了一根草。你能够保准，要是你饮酒过了一定的量，会糟践自己的健康；或者，要是你在未来几个世纪，继续把这一星球上的资源浪费在战争或奢侈上面，你就会缩减整个人类的寿命。我们藉劳作所实施的这种因果（causality），可以说，有神担保，因而很是无情。藉此因果，我们有了随意糟践自己的自由。可是，我们藉由祷告所实施的这种因果，就不同了；神为自己保留了裁决权。要是祂没留，祷告对人来说就成了一桩太过危险的活动，我们就会落入尤维诺（Juvenal）想象的这种可怕情境："老天在恼怒之中竟然应允了无法无天的

---

① 原文是 *laborare est orare*（work is prayer）.

祷告。"①

祷告并非常常得到——在该词最粗浅最实在的意义上——"应允"(granted)。这不是因为祷告是一种较弱的因果(causality),而是因为它是较强的一种。一旦祷告总能"奏效",其奏效就会不受时空限制。因此之故,神保留了应允或拒绝祷告的那份裁量权,以免祷告毁灭我们。一位校长这样说并非于理不通:"有些事你按校规做就可以,另外一些事,交给一般规定就太过危险。要是你想做这些事,你必须来办公室,提出申请,并跟我详说此事。那时,我们再看。"

---

① 【原编者注】*Satires*, Bk. IV, *Satire* x, line 111. 【译注】原文是 "Enormous prayers which Heaven in anger grants"。尤维诺(Juvenal,亦译尤维纳利、朱文纳尔等等),古罗马诗人。据《不列颠百科全书》(第 9 卷 113 页),他是古罗马最后也是最有影响的一位讽刺诗人,约生活于(55 或 60—约 127)。他有十六首《讽刺诗》,每首诗从百余行到六百余行不等,主要讽刺罗马社会的腐化和人类的愚蠢,写得十分优美,充满警句。"愤怒制造诗歌"即是他的《讽刺诗》第一篇中的名句。

6　人兔之间[①]

（1946）

Man or Rabbit?

"你若不信基督教，不照样可以过上好生活么？"我应约写稿，要讨论的就是这个问题。直奔主题之前，先发点小议论。听起来，提出此问题的仿佛是这样一个人，他自言自语道："我不在乎基督信仰事实上是否真实。宇宙真相到底如基督徒所说还是如唯物论者所说，我都不感兴趣。我的全部兴趣在于，过上美好生活（leading a good life）。我打算选择信仰，不是因为我认为它们是真理，而

① 选自 God in the Dock 第一编第 12 章。本文原由基督教学生运动（the Student Christian Movement in Schools）1946 年以小册子刊行。

是因为我发现它们有益。"现在恕我直言,对此心态,我实难苟同。因为人与动物的一大区别就是,他求知,他仅仅为了知识,想去发现实存(reality)到底是什么样子。① 假如这一渴欲(desire)被扼杀,那么我想,他就不再是人了。说实话,我不信诸君还真有人已经丧失这一渴欲。更加可能的是,由于愚蠢的布道者喋喋不休地告诉你基督教如何有助于你、对社会又如何如何地好,使得你忘记了基督教并非专利药方(patent medicine)。② 基督教声称解释事实(give an account of *facts*),告诉你宇宙真相。它对宇宙的解释,或对或错。一旦对错问题摆在你面前,你天生本有的求知欲(natural inquisitiveness)就会使得你想知晓答案。假如基督教不是真理,那么任何诚实人都不会信,不管它多么有益。假如它是真理,任何诚实人都要去信它,即使它无益可言。③

---

① 参本书第 394 页脚注。

② 路易斯《飞鸿 22 帖》第 22 章:"一个揣测'群众想要什么',然后以基督教的名义宣扬群众所要的信仰的人,他才是个笨蛋兼坏蛋的混蛋。"(黄元林等译,台北:校园书房,2011,第 202 页)

③ 这是典型的路易斯式"非此即彼"(either-or):要么因其真而信,要么因其伪而弃。信仰与是否有益无关。

一旦我们体认到这一点,我们还会体认到其他。倘若基督信仰竟就是真理,那么,就过上美好生活而论,那些知道它是真理的人和那些不知它是真理的人,并没有站在同一起跑线。有关事实的知识,必然波及行动。设想一下,你发现有人濒临饿死,想采取正确行动。假如你并无医药知识,你极可能给他饱餐一顿,结果是你所关心的人必死无疑。这是愚昧之后果。同理,基督徒和非基督徒同样都想为同胞造福。一个人相信,人有永生,人乃上帝所造,因此,只有与上帝和好,人方得真福与永福。他相信,人已偏离正道,唯一归途是虔信基督(obedient faith in Christ)。① 另一个人则相信,人仅仅是物质盲目运动之结果,大约活 70 年,其幸福系于好的社会福利和政治组织。他相信,诸如活体解剖、计划生育、法律体系、

---

① 路易斯在《返璞归真》卷二第 1 章里说:

面对癌症或贫民窟,泛神论者会说:"你若从上帝的角度看,就会认识到这也是上帝的一部分。"基督徒会回答说:"别说这种该死的鬼话。"基督教是一种战斗的宗教。它认为上帝创造了世界,就像人创作故事一样,上帝"从自己的头脑中创造出"空间、时间、冷、热、各种颜色和味道、所有的动植物。但是基督教也认为,在这个上帝创造的世界有很多东西偏离了正道,上帝向我们大声疾呼,坚决要求我们回到正道上来。(汪咏梅译,华东师范大学出版社,2007,第 51 页)

教育这类事情之好坏,全视它们到底是有助于还是有碍于这类"幸福"而定。①

现在,有许多事情这两类人都想为其同胞做。二者都会称许有效的排水系统和医疗体系,都会称许健康饮食。然后或迟或早,信仰之不同导致他们实践方案不一样。举例来说,二者都关心教育,但他们想要人民接受的教育却明显不同。唯物论者无疑会对提案发问:"它是否会增进大多数人的幸福?"②而基督徒则可能会说:"即便它增进大多数人的幸福,我们也不能做。因为它不义。"一个大分歧会贯穿政策之始终。在唯物论者看来,民族、

---

① 切斯特顿《异教徒》第 2 章:"(现代人)用自由、进步、教育这类词汇成功地搪塞了对人生终极价值这一问题的回答。"(汪咏梅译,三联书店,2011,第 17 页)

② "增进大多数人的幸福"(increase the happiness of the majority)一语,就近里说,涉涉的是英国"功利主义"(utilitarianism)伦理,其代表人物边沁(Jeremy Bentham,1748—1832),其伦理与政治主张常被概括为"最大多数人的最大幸福乃道德与立法之基础"(the greatest happiness of the greatest number is the foundation of morals and legislation)。说远一点,"增进大多数人的幸福"一语则或指涉"快乐主义"(Hedonism,又译"快乐论"或"享乐主义")伦理学。《伦理学与生活》(蒂洛·克拉斯曼著,程立显译,世界图书出版公司,2008)一书解释 Hedonism:"该理论认为快乐或幸福是生活中惟一本质的善或价值;如果一个行为带来最大量的快乐或幸福,只有最少的痛苦或不幸,那它就是合乎道德的。这是伊壁鸠鲁(利己主义)和边沁、密尔(功利主义)道德理论的基本原则。"(第 454 页)

阶级、文明之类事物必定远比个体（individuals）重要，因为个体只活七十几个寒暑，而群体（the group）则能延续数个世纪之久。但对基督徒而言，个体则重要得多，因为个体生命才是永恒的；与个体相比，种族、文明等等不过是朝生暮死。①

关于宇宙，基督徒和唯物论者抱持不同的信念。② 二

---

① 路易斯在《返璞归真》卷三第 1 章,说明了信永生对人生及社会的影响:"基督教宣称每个人都有永生,这句话不是对就是错。倘若我只能活七十岁,有很多事就不值得我去操心,但是倘若我有永生,我最好认真地考虑考虑。我的坏脾气或嫉妒心可能会逐渐变得严重,这个变化过程缓慢,在七十年内不会太显著,但是在一万年内就可能变成真正的地狱……人的不朽还带来另外一个不同,这个不同慢慢就与极权主义和民主之间的不同联系起来。倘若个人只能活七十岁,一个可能会存在一千年的国家,民族或文明就比个人重要。但是如果基督教说得对,个人就不但更重要,而且不知要重要多少倍,因为他有永生,与他相比,这个国家,文明的寿命只是一瞬间。"(汪咏梅译,华东师范大学出版社,2007,第 83 页)

② 路易斯在《返璞归真》卷一第 4 章里说,关于"关于宇宙究竟是什么",有两个对立的观点:一为唯物主义的观点,一为宗教的观点。唯物主义的观点是:"物质和空间只是偶然地存在,一直就存在,没有人知道其中的原因;物质以某些固定的方式运动,偶然就碰巧产生出像我们这样地思考的生物。由于一个千分之一的机遇,某个东西撞击了我们的太阳,产生出行星;再由于一个千分之一的机遇,其中一颗行星上出现了生命所需的化学物质和适宜的温度,于是地球上的一些物质便有了生命;然后以由于一长串的机遇,这些有生命的生物演变成类似于我们人类这样的东西。"(汪咏梅译,华东师范大学出版社,2007,第 36—37 页)而宗教的观点是:"宇宙背后的那个东西不同于我们所知道的任何其他事物,它更像一个思想,也就是说,它有意识、有目的、有好恶。这种观点认（转下页注）

者不可能都对。错的那方,将逆天地之道行事。其结果是,怀着尘世最大善意(With the best will in the world),帮助其同胞走向毁灭。

既然怀着尘世最大善意……那么就不是他的错。上帝(假如有上帝)该不会因诚实无欺之错(honest mistakes)而惩罚人吧? 不过,这样问,你到底在想什么? 难道我们真的做好毕生准备去冒盲目之险贻无穷之害,只要有人确保我们的人身安全,也没有人会惩罚我们或责备我们? 我并不相信读者就是这个水准。即便他就是,也对他有话要说。

摆在我们每个人面前的问题,不是"假如有人不信基督教,是否可以过上美好生活",而是"假如我不信基督教,是否可以过上美好生活"。① 我们都知道,非基督徒之"仁人"

––––––––––––

(接上页注)为,这个东西创造了宇宙,其目的有一部分不为我们所知,但无论如何它有一部分目的是要创造与自己相像的造物,我的意思是在具备思想这方面与它相像。"(同前,第 37 页)路易斯在附注中则补充说,生命哲学或创造进化论则是居于二者之间的宇宙观。(同前,第 40—41 页)

① 王文华译《爱比克泰德论说集》卷一第 12 章 1—3 节:"关于神,有些人说,神是不存在的;有些人说,神是存在的,但它是不动的、冷漠的,而且什么都不关心;还有第三种说法,神是存在的,而且关心这个世界,只是他关心的都是天上的大事,对于地下的事它是不关心的;第四种说法是,神对天上和地下的事都是关心的,但它只对世界进行整体上的关照,而并不对每个具体的事情要照应到。第五种说法是,'我的任何行动,都不会逃过您的眼睛。'奥德修斯和苏格拉底就属于这一类。"(商务印书馆,2009,第 74—75页)路易斯在此申述的,与爱比克泰德所列的第五种说法有关。

(good men)，多之又多。苏格拉底和孔夫子这类人，没听说过基督教。穆勒①则出于诚实，不信。假定基督教是真理，他们这些人之"不知"（ignorance）或"错误"（error）都诚实无欺。假如他们的意图如我设定的那般良善（之所以设定是因为我无法见识他们的内心），我希望并相信，上帝之大能及仁慈（the skill and mercy of God），必将修复（remedy）他们之"不知"（ignorance）本身给他们自己及受他们影响之人所带来的恶。可是，以"若不信基督教，是否可以过上美好生活"来问我的人，显然不在此列。假如他从未听说过基督教，他不会提这问题。假如他听说过，而且认真思考过，并认定它不是真理，那么，他也不会有此问。问此问题的人，是听说过基督教，但拿不准它是不是真理。他其实是在问："我是否需要为此劳心？我可否置之不理？我不惹此是非，继续为'善'（get on with being "good"），何如？不去敲那扇可怕的门，不去确证门内是否有人，难道好的愿望（good in-

———————

① 穆勒（J. S. Mill，亦译"密尔"），英国哲学家，政治经济学家。《不列颠百科全书》称，其著作"对于当时英国人思想的影响是不可估量的"。在逻辑学领域，以"穆勒五法"闻名于世；在政治学领域，以赛亚·伯林曾将穆勒与贡斯当并列，誉为"自由主义之父"；在伦理学领域，则以功利主义闻名。

tentions)不足以让我身心俱安(safe and blameless)?"

对这样一个人,这样答复或许足够:他其实是在请求,在竭尽全力发现"善"意味着什么之前,且容他继续为"善"(get on with being "good")。不过,这并非全部故事。我们无需探讨,上帝是否会因为其怯懦(cowardice)及怠惰(laziness)而惩罚他;他们将自己惩罚自己。此人在推诿(shirking)。他存心不去知晓基督教是真是假,因为他预见,一旦它被证明是真,他将有无尽麻烦(endless trouble)。[①] 他就像这类人:存心"忘记"去看公告,因为一旦看了,他会发现他的大名就在那些不大愉快的执事之列;不愿查看银行账户,因为他害怕他会看到的数字;感到莫名疼痛却不愿去看医生,因为他害怕听到医生之诊断。

因此等理由而不信者,所犯不是无欺之错(not in a

---

① 路易斯在《返璞归真》卷一第5章里说,"上帝是唯一的安慰,也是最大的恐惧":"如果确实存在一个绝对的善,我们大部分的所作所为必定令它憎恶。这就是我们所处的可怕困境。宇宙若不由一个绝对的善来掌管,我们一切的努力最终都付诸东流。但是宇宙若由它来掌管,我们自己又每日与它为敌,明日也不可能有所改善,因而同样处于绝望的境地。没有它不行,有它也不行。上帝是唯一的安慰,也是最大的恐惧,我们最需要的东西也是我们最希望躲避的东西,他是我们唯一可能的盟友,我们又与他为敌。"(汪咏梅译,华东师范大学出版社,2007,第44页)

state of honest error）。他犯了有欺之错（in a state of dishonest error）。"欺"将贯穿其思与行：游移不定，惶惑不安，油滑世故。他已经失去其心智之贞（intellectual virginity）。诚实无欺地拒绝基督，错得再厉害，也会得到赦免和医治——"凡说话干犯人子的，还可得赦免。"①但是，回避人子——顾左右而言他；假装没注意到祂；好像突然被对街某样东西吸引住；挂掉电话，因为可能是祂打电话给你；不拆信，由于笔迹陌生而怀疑可能是祂的来信——就是另一码事了。你也许还拿不准，你是否应该是基督徒；但你一定知道，你该做一个人（to be a Man），而不是一只把头埋在沙里的鸵鸟。②

不过，由于理智在我们的时代声誉扫地，我依然风闻有人窃问："它是否对我有益？它能令我幸福么？你真的认为，我成为基督徒之后有所改善？"啊哈，假如你已经是基督徒，我将回答"是"。但我根本不乐意在此阶段给你一个答复。这里有门一扇，有人说，宇宙奥秘在门后等着你。这说法或许对，或许不对。假如不对，那么门后所藏

---

① 《路加福音》十二章 10 节。
② 参本书第 305—306 页及其脚注。

的就是最大骗局，就是记录在案的最大规模的营销。难道不明摆着，每个人（是人而不是兔子）之职责就是努力发现是对是错，而后竭尽全力，要么事奉此巨大奥秘，要么暴露并摧毁此巨大骗局？面对如此重大之事，你真的能全心沉浸于你所津津乐道的"道德精进"（moral development）么？

的确，基督教将改善你（do you good）——你从未想见的种种之善。它给你的第一点"善"（good），是棒喝（你并不欢喜）：你迄今所拥有的所谓的"善"——关于"过上正派生活"（leading a decent life）和"做个好人"（being kind）的一切——并非你以为的那样举足轻重。它将教导你，仅凭自身的道德砥砺，你不会成就"善"（连旦夕之间都不能）。接着它将教导你，即便你成就善，你也不会臻至你所期许之境。单纯的道德，并非生命之目的（Mere morality is not the end of life）。你之被造，还为他事。穆勒和孔夫子并不知晓生命到底为何，苏格拉底与之相比则更接近实存（reality）。"若不借助基督，能否过上正派生活？"老是这样问的人，实在不知晓生命到底为何（what life is about）。假如他们确实知晓，他们就会知道，与我们人之所以被造相比,"正派生活"仅仅是"器"(machinery)。道德不可或缺:可是,那神圣的生命(the Divine Life)①——那将自己赐给我们,又呼召我们成圣的神圣生命——为我们设计了一种将道德融并于无形的人生。我们必须重新受造。我们身上的兔子要消失——那个忧虑的、自责的、伦理的兔子(the worried, conscientious, ethical rabbit)要消失,那个怯懦的耽于官能的兔子(the cowardly and sensual rabbit)也要消失。一把一把揪毛时,我们会流血,会嚎叫。过后,我们将意外发现,毛下之物我们全未想见:一个真正的人(a real Man),一个永生的小神(an ageless god),一个神的儿子(a son of God)。强健,容光焕发,聪慧,美丽,沐浴喜乐。

"等那完全的来到,这有限的必归于无有。"②不靠基督就能臻至"美好生活"的想望,犯了双重错讹。其一,我们办不到;其二,树"美好生活"为标的,我们错失生存要旨。道德是座大山,仅凭自身之力无法攀援。即便能够攀援,由于

————————

① "那神圣的生命"(the Divine Life),指耶稣基督。《约翰福音》十四章 6 节:"我就是道路、真理、生命。"

② 《哥林多前书》十三章 10 节。

没有翅翼以完成剩余旅程，我们也将丧生于峰顶冰雪及稀薄空气之中。因为，峰顶只是真正升高（the real ascent）之起点。绳索及斧子再无用场，剩下旅程，是飞翔。①

———————

① 本文可与拙译路易斯《切今之事》第3章"论三种人"对参。

7 "困苦的罪人"①

（1946）

"Miserable Offenders": An

Interpretation of Prayer Book Language

　　将礼拜（service）记录在案，一大好处就是，你能看到人们的感受和思想何时发生改变。当人们开始发觉礼拜用词不大中听，这当然就是个迹象，表明我们对这些事情的感受，不再像先人那样了。作为对这一情势的即时反应，许多人都有个简单药方——"换词就是了"。要是你知道，前人错了而我们没错，那么这一药方就入情入理。不过，花点时

---

　　① 选自 *God in the Dock* 第一编第 14 章。本文是 1946 年 4 月 7 日路易斯在北安普敦的圣马太教堂所作之布道词。其后由圣马太教堂刊发于一本小册子，《平信徒的五场布道》（*Five Sermons by Layman*，1946 年 4—5 月）。

间找出谁错了，至少是值得的吧。

　　斋季专事神学家所说的痛悔（contrition）。于是，大斋期①的每一天，据说都是求上主赐给我们"忧伤痛悔的心"。②"痛悔"（contrite）一词，你知道，译自拉丁文，是压垮或摧毁之意。如今，现代人抱怨，我们的《公祷书》中此烙印太深。他们不期望自己的心被摧毁。他们并不感到，他们倒可以真诚地说自己就是"困苦的罪人"（miserable offender）。③我曾认识一位教堂常客，他从不诵念这些文字："背负重担（即他的罪），担当不起"，④因为他并未感到，它们重得担当不起（intolerable）。可是，他不懂这些文字的意思。我想，《公祷书》主要不是在谈我们的感受；关于"我们是困苦的罪人"一语，这是我们易犯的头一个错误。我并不认

---

　　①　卢龙光主编《基督教圣经与神学词典》（宗教文化出版社，2007）"Lent"（预苦期；大斋期）辞条："基督教节期，在中世纪时称为'封斋期'，指棕枝主日（复活节前的一个主日）前为期40天的斋戒及忏悔，即大斋首日（又名"圣灰星期三"）起计至复活日前之星期六为止共40天，但主日不计算在内。一般多在这段期间内的星期五守大斋和小斋。在公元3世纪之前，斋戒期一般不多于两至三天，直到4世纪之后才逐渐有较长的斋戒期。西方教会以圣灰星期三为大斋期首日，东方教会从复活节八周前开始。"
　　②　语出圣灰星期三（大斋期首日）短祷文。
　　③　语出用于早晚祷告的总认罪文。
　　④　语出用于圣餐礼的总认罪文。

为,我们是否感到困苦就是关键。我想,它用困苦(miserable)一词之古义——意思是怜悯对象(object of pity)。一个人没感到困苦,也可以成为地地道道的怜悯对象。这不难想象。你若想象自己从高处俯瞰,见两辆挤满乘客的快速列车,正以每小时60英里的速度,沿着同一条铁轨,相向而开。你明白,40秒之后,它们会相撞。我想,这时说列车乘客就是怜悯对象,应是自然而然。这样说并不意味着他们自己感到困苦;可他们的确是怜悯对象。我想,这才是"困苦"一词的意思。《公祷书》的意思不是说我们应感到困苦,而是说,假如我们从一定高度看事物,我们应都认识到,我们事实上正是怜悯对象。①

至于另一点,罪之重负我们担当不起,假如我们说"受不了",可能稍清楚一些。因为此词仍有两个意思:你说"我受不了它",你的意思是它让你极其痛苦;可是你也能说"那座桥受不了那辆卡车"——意思不是"那座桥会感到痛苦",而是"假如那辆卡车开上去,桥会塌,桥不再是桥,会成为一堆碎石"。我在想,这是否正是《公祷书》的意思:

---

① 王国维有诗云:"偶开天眼觑红尘,可怜身是眼中人。"

无论我们是否感受到困苦，无论我们有何感受，我们每个人身上都有个重担，要是我们置之不理听之任之，则终将摧垮我们，我们不再是作为一个个灵魂（souls），而是作为一个个破碎的灵魂（broken souls），从这一世界被送到不堪设想之未来。

可是，我们真的相信，我们每个人身上都有某样东西，要是不拿走，终将会摧垮我们？这难上加难。对于自己之内心（inner state），没有谁有多少天生知识（natural knowl-edge）。我想，一开始我们或许发现，针对他人而非针对自己，理解和相信这一点会容易得多。我在想，这样推测是否保险：每个你（every second person）平生都有一桩取决于某个他的难缠事（a terrible problem），无论此人是你的上司还是下属，是你朋友、亲戚抑或舍友，多年以来，他始终令你生活异常艰辛？有人性格有致命缺陷，你的一切努力都一次次付诸东流；有人懒惰、嫉妒或脾气坏得要死；有人从不说实话，或总放冷箭造谣，或无论什么缺陷——无论此缺陷是否摧垮他，将必定摧垮你。①

---

① 　详参第二编第 9 篇《闹心的 X 君》一文。

我想，一个人探讨此问题，分两步。一开始会想，但愿外界发生某事，但愿战后你会得到一份好工作，但愿你会买到一座新房子，但愿继母或养女不再跟你同住。要是诸如此类的事如愿以偿，万事大吉。可到了一定年龄，你不再这样想。因为你切切实实知道，即便所有这一切都如愿，你丈夫依然阴郁依然自我中心，你妻子依然爱吃醋爱挥霍，你上司依然好欺负人，或你甩也甩不掉的雇员依然是个骗子。你知道，即便战争结束，即便你得到一份好工作和一座新房子，即便继母或养女不再跟你住一块，"某某人"身上那个致命缺陷依然还在。

困苦之中，我们或许会向一二知交吐露心迹，吐露烦心事之一丝半点。知交说："你何不对他或她说呢？为何不能把此事摆明？他们其实没你想得那么坏？"不过，你会自言自语："唉，他不知道事。"因为你当然已经一而再再而三地试图把此事摆明，可是痛楚经验告诉你，这于事无补。你已经尝试过好多次，你知道，任何把事摆明的企图都只是，要么导致一个相互理解的景致，要么导致完全无法相互理解。最糟糕的是，对方或许还相当和善或平易，他完全同意你，并答应洗心革面。可二十四小时后，一切又一仍其旧。

假定你并未因怒气在心等等而搞错或昏头,假定你相当接近真相,这时,你在某种意义上,就瞥见了上帝必定一直看到的东西。因为,在一定意义上,祂也面临着这些人。像你一样,祂也面临着他们的问题。祂也曾做过出色计划;也曾一而再再而三尽自己本分,差遣先知和智慧人到这个世界,①最后亲自来到这里。祂的计划,因这些人的致命缺陷而接二连三破产。毫无疑问,祂比我们看得清楚;可即便是我们,也在其他人身上看到,除非采取某种措施,否则他们的重负终将摧垮他们。我们能够看到,在无休无止的嫉妒或贪得无厌的自私之影响下,他们一天天变得不再是人了。

进言之,当上帝来你办公室、教区、学校、医院、工厂或家里看看,这号人祂全都看见。当然祂还会看到一个,就是你看不到的那个人。因为我们或许相当确定,就像他人身上总有某些东西,使得我们的努力一再破产,因而我们自己身上也有某些同样致命的东西,使得他们的努力一个个付

---

① 《马太福音》廿三章 34 节:"我差遣先知和智慧人并文士到你们这里来,有的你们要杀害,要钉十字架;有的你们要在会堂里鞭打,从这城追逼到那城……"

诸东流。假如我们只是基督徒生命里的新手，我们无由使得这一致命缺陷显白于自己。口臭之人知道自己的气味么？或者说，俱乐部里的讨厌鬼知道自己讨厌么？你能找出一个人，他或她相信自己是个讨厌鬼或生性好妒么？然而，讨厌鬼和好妒之人，世间比比皆是。假如我们就是这号人，任何人都比我们率先知道这一点。你会问，朋友为何不给你说。可是，他们说了又能怎样？他们或许曾再三努力，可是每一次，你我都认为他们怪怪的，他们心情不好，或他们真是信口雌黄。他们努力再三，如今大概放弃了。

该拿这致命缺陷怎么办？要是你并不知道此致命缺陷，我说来说去有什么用？我想第一步先着手处理你确实自知的缺陷。在座各位都是基督徒。在基督徒的道路上，诸君很多人无疑都远远走在我前头。尽管我没资格决定，你是否应该向牧师忏悔你的罪（我们的《公祷书》让各位自己选择，并未勒令任何人），①可是，假如你没去忏悔，你至少应当在一片纸上列出来，对每项罪都一丝不苟。

你知道，付诸文字总有些意义，倘若你避免了两个危险

_____

① 参见圣餐礼文中的"劝众文"。

的话:一个是夸大其词——上纲上线小题大做,一个则是文过饰非。关键是就像你述说他人罪恶时那样,用那些直白、简单、过时的词语。我的意思是用诸如贼、淫乱、恨这类词,而不去这样说:"我不是故意不诚实","我那时还小"或"我气昏了头"。坚持不懈直面这些我们确实自知的罪,把它向上帝摆明,不找借口,认真地请求宽恕(Forgiveness)和垂怜(Grace),决心尽己所能洗心革面——这是唯一的道路,走上此路,我们才会开始知道一直就在那里的那个致命的东西。正是它阻止我们对妻子或丈夫完全公义,阻止我们成为好雇主或好雇员。如果这一进程经历过了,我一点也不怀疑,我们绝大多数人最终会理解并共享这些古老词语,诸如"痛悔"(contrite)、"困苦"(miserable)及"担当不起"(intolerable)。

这听起来是否过于阴郁(gloomy)?基督教难道鼓励病态的自省(morbid introspection)?另一选择才更病态。从不思考自身之罪的那些人,作为弥补,不断思考他人之罪。想想自己的罪,更健康一些。这是病态的反面。长远看来,甚至还并不阴郁。认真尝试悔罪并真正知道自身的罪,长远看,则是一个发蒙和解脱过程(a lightening and relieving process）。当然，其间注定有初始之沮丧（dismay）、常有之恐慌（rerror）以及后来之大痛苦，可是，比起潜伏在我们心灵深处一大堆未悔改未检省的罪所引起的苦恼（anguish），这些终究都要轻得多。这是两类痛苦之别，一个是你应当去看牙医的那个牙痛，一个则是拔坏牙时的那个直截了当的痛，你知道它每过一刻就会减轻一分。①

---

① 帕斯卡尔《思想录》第262则："顾虑，坏的愿望。坏的恐惧：这种恐惧不是出自人们信仰上帝，而是出自人们怀疑上帝是否存在。好的恐惧出自信仰，假的恐惧出自怀疑。好的恐惧和希望结合在一起，因为它是由信仰产生的，并且因为我们希望着我们所信仰的上帝；而坏的恐惧则和绝望结合在一起，因为我们恐惧着我们对之根本没有信仰的上帝。前一种是恐惧失去上帝，后一种则是恐惧找到上帝。"（何兆武译，商务印书馆，1985，第125—126页）

8 随 想①

(1948)

Some Thoughts

乍一看，没有什么比这更显而易见：宗教人士（religious persons）应当关怀病人；或许除了教堂，再没有基督教建筑比基督教医院更无须辩解（self-explanatory）。可是再一想，此事与基督教的潜在悖论相关，与基督教值得庆幸的两

①　选自 *God in the Dock* 第一编第 17 章。本文系路易斯应圣母医疗使团（Medical Missionaries of Mary）之约，写于爱尔兰德罗赫达市的白马客栈（The White Horse Inn）。圣母医疗使团是一家天主教机构，旨在为全世界欠发达地区提供医疗服务。德罗赫达的圣母卢尔德医院（Our Lady of Lourdes Hospital），即为该机构所建。本文后来收入该机构的纪念文集 *The First Decade：Ten Years of Work of the Medical Missionaries of Mary*（Dublin 1948），第 91—94 页。

面性有关。要是我们任何人现在是初次接触基督教,都会对此悖论感同身受。

我们假定,此人一开始观察到的基督徒行为,都在某种意义上指向当下世界(this present world)。他会发现,仅仅作为一个历史事实,这一宗教就曾保存了那经历了罗马帝国陷落的世俗文明;正因为它,欧洲在那些峥嵘岁月里,拯救了文明的农业、建筑、法律和教养本身。他还会发现,正是同一宗教,曾一直医治病人关怀穷人;发现它与其他任何宗教不同,它祝福婚姻;发现与它为邻,艺术与哲学往往走向繁荣。一言以蔽之,它要么一直在做俗世人道主义(secular humanitarianism)责成去做的全部事务,要么因没有去做而羞愧难当心生悔改。要是我们的问询者(enquirer)到此停止,那么他为基督教归类就毫无困难——在"伟大宗教"之地图上,给它一个位置。显而易见(他可能会说),这是一种入世宗教(the world-affirming religions),类似儒家,或者像伟大的美索不达米亚城邦中的农业宗教。

要是我们的问询者(他极有可能这样),以相当不同的一系列基督教现象开始,又会如何?他会注意到,在所有的基督教艺术中,核心形象(the central image)都是被慢慢折磨致死的"人";折磨衪的刑具,则是遍布世界的此信仰之象征(the world-wide symbol);殉道(martyrdom)几乎是独属基督徒的行为;我们的日历布满了斋戒和飨宴;我们不仅冥思自身之可朽,也冥思整个宇宙之可朽;基督教吩咐我们,将自己的全部珍宝寄托在另一世界;①甚至对整个自然秩序的某种轻蔑(centemptus mundi),有时也被看作是一种基督教德性。在此,假如他只知道这些,他又会发现,给基督教归类轻而易举。可是这一次,他会将它归为出世宗教(the world-denying religions)。它将与佛教同处一室。

两个结论都正当,要是一个人只知道摆在面前的这半或那半证据的话。当他将两半合在一起,就会看到基督教正好打破了他的归类企图——这时,他才第一次知道,他面对的是什么。我想,他会感到迷惑。

绝大多数读到此页的人,极有可能终生都是基督徒。要是这样的话,他们或许会发觉,难以对我所提及的迷惑保

---

① 《马太福音》六章19—21节:"不要为自己积攒财宝在地上,地上有虫子咬,能锈坏,也有贼挖窟窿来偷;只要积攒财宝在天上,天上没有虫子咬,不能锈坏,也没有贼挖窟窿来偷。因为你的财宝在那里,你的心也在那里。"

持同情。对于基督徒,对他们信仰的两面性的这一解释,看起来显而易见。他们居住在一个有层级的或尊卑有序的宇宙之中,任何事物在其中都有一个位置,而且任何事物都应各当其位。超自然高于自然,二者各有其位置;恰如人高于犬,但犬自有其位置。因而,我们一点也不感到惊诧的是,虽然治病与扶贫不比灵魂救赎重要(有时候,只能二择一),但它们却极为重要。因为上帝创造了自然——出于祂的爱与大手笔(artistry)而发明了它——因而它要求我们的敬意;又因为它只是受造而不是祂,从另一视点来看,它又不大重要。再加上,因为自然,尤其是人性(human nature)已经堕落,它必须得到纠正,其中的恶必须得到约制。可是,其本质则是好的;纠正就不同于摩尼教的否弃(repudiation)①或斯

————————

①　卢龙光主编《基督教圣经与神学词典》"Mani"辞条:

摩尼(约 216—276),波斯哲学家……是摩尼教的创立者。……摩尼自称为神所选派最大且最后的一位先知,又是基督应许要赐下的保惠师。……摩尼教的信仰体系是一个混合物,包括二元论、泛神论、诺斯底主义及禁欲主义等元素,又结合了自然界的古怪哲学,使该体系增添唯物论的色彩。其哲学基础是极端的二元论,善恶对立,黑白分明,这是源自波斯的拜火教或祆教主义(Persian Zoroastrianism)。在伦理方面,摩尼派崇尚严苛的禁欲主义,跟佛教非常相似。它全然反对犹太教,也否定旧约圣经,视之为魔鬼及假先知。摩尼派首要的权威是次经的福音书及摩尼的著作。

多葛学派的超然（superiority）。因而在真正的基督教苦行主义中，又有着对所拒斥之物的一种尊重。这一点，我想在异教苦行主义中从未有过。婚姻是好事，尽管对我不是；酒是好东西，尽管我不可饮酒；飨宴是好事，尽管我们今日斋戒。

我想我们会发现，这一态度在逻辑上依赖于创世教义和堕落教义。① 在异教信仰中，可以找到堕落教义的一些模糊轮廓；但是，我们震惊地发现，在基督信仰之外，真正的创世教义何其稀缺——我拿不准我们曾经发现过。② 在多

---

① 此二教义之重要，帕斯卡尔《思想录》有极好的发挥。尤其是第435 则：

有人把天性看成是完美无瑕的，另有人则看成是不可救药的，于是他们就无法逃避一切邪恶的这两大根源：即，不是骄傲，便是怠惰；因为［他们］只［能］要末是由于怯懦而委身于它，要末便由于骄傲而脱离它。因为如果他们认识到人的优异性，他们就会忽视人的腐化，从而他们虽则很能避免怠惰，却陷入于高傲；而如果他们承认天性的不坚定，他们就会忽视天性的尊严，从而他们虽然很能避免虚荣，但这又坠入于绝望之中。由此便产生了斯多葛派和伊壁鸠鲁派、教条派与学院派等等各式各样的派别。

唯有基督的宗教才能治疗这两种邪恶，但不是以世俗的智能，由其中的一种驱除另一种，而是以福音书的朴素同时驱逐这两者。因为它教导正义的人说，它可以提高他们直到分享神性本身；但在这种崇高的状态中，他们却仍然带有使他们终生屈从于错误、可悲、死亡、罪恶的全部腐化的根源。它又向最不虔敬的人宣告说，他们也能够得到他们救主的神恩。……（何兆武译，商务印书馆，1985，第 199 页）

② 路易斯的这一看法，与我们现代人的习见，大相径庭。他在《诗篇撷思》第 8 章，有更详细的说明：

犹太人相信独一的真神——天地的创造者。在犹太人看 （转下页注）

神论（Polytheism）①中，诸神通常是某一现存宇宙的产物——济慈的《海拔里安》，作为异教神谱之图解，即便细节上有失准确，精神上却大致不差。在泛神论（Pantheism）②中，宇宙永远不是上帝的造物，而是一种散发（an emanation），是从祂渗漏出来的某种东西（something that oozes out of Him）；或者是一种表象（an appearance），是祂在我们眼中的样子，而实际上并非如此；甚至是袭来的一阵无法治愈的精神分裂症，祂也因此苦不堪言。多神论终究通常是天性崇拜（nature-worship），泛神论终究通常是与天性为

（接上页注）来，神和大自然是有区别的；神创造了大自然，祂是大自然的主宰，大自然必须臣服于祂。……对现代人而言，这种说法是显而易见的事实，简直就是理所当然。但是，大多数人这样相信的同时，却认为一切宗教都含有创世神学；至于世界是由一位神或众神创造的，则各教说法不一。人们甚至认为宗教的产生便是为了解答"世界是谁创造的？"这问题。事实上，极少有宗教以创世论作为教义的一部分。出现在异教中的创世传说，在其整体教义中，通常不居于核心地位；往往只在该信仰近于神话的部分，才占有一席之地。（曾珍珍译，台北：雅歌出版社，1995，第65—66页）

① 卢龙光主编《基督教圣经与神学词典》（宗教文化出版社，2007）"polytheism（多神论，多神主义）"辞条："崇拜多神的思想和信念。多神论常与古代关于繁殖力的宗教和自然宗教有关，古代以色列面对的便是多神主义的宗教文化。"

② 卢龙光主编《基督教圣经与神学词典》"pantheism（泛神论，泛神主义）"辞条："神学概念，这名称始自18世纪初，但泛神论的思想自古已有。泛神论相信神与宇宙是等同的，否认世界的存在与神的存在是分开的。换言之，神是万有，万有是神。"

敌。二者都不会听任你同时既乐享早餐又节制你的无度食欲——更不用说节制你当前看来乃属无邪的食欲，以防它们变得无度。

卢尔德医院（Lourdes Hospital）每日在做的事情，二者都不会任你去做：终日与死亡搏斗，其认真、熟练与镇定，与世俗人道主义者无异；同时又时刻知道，且不说好歹，世俗人道主义者从未梦见的某些事情。既然知道我们的一切真正寄托（real investments）都在坟墓另一边（beyond the grave），与那些追求所谓"高妙"（Higher Thought）并口称"死不算什么"的人相比，我们本就更不关心俗世；但是我们"心不狂傲"，①我们所跟从的那一位，站在拉撒路的坟前哭了②——当然不是因为马利亚和马大哀哭祂才伤心，也不是因为他们信心太小（尽管有人这样解读）祂才伤怀，而是因为死亡。这一罪罚，在祂眼中比我们看得更为可怕。祂身为神所创造的自然，祂身为

---

① 《诗篇》一三一篇 1 节："耶和华啊，我的心不狂傲，/我的眼不高大，/重大和测不透的事，我也不敢行。"

② 拉撒路（Lazarus），圣经人物，马大和马利亚的兄弟，住在伯大尼。他患病而死，四天之后，耶稣叫他从死里复活。事见《约翰福音》十一章 1—45 节。

人所担荷的（assumed）自然，此时在祂面前丑态毕露：臭气熏天，成了虫豸的食物。尽管祂马上会令其复苏，但祂仍为这一耻辱而流泪；且容我在此引用一位我引为知交的作家的话："对于死亡，我是羞耻甚于恐惧。"①说到这里，又将我们带回那个悖论。所有人之中，我们基督徒最盼望死；可是，没有任何事情能让我们容忍死亡——至少受不了其不自然（*unnaturalness*）。我们知道，我们并非为死而造；我们也知道，它作为不速之客，如何侵入我们的命运；我们还知道，是谁打败了它。由于我们的主复活

---

① 语出英国医生托马斯·布朗（Thomas Browne，1605—1682）的沉思录《医生的宗教》（*Religio Medici*），布朗的原话是："I am not so much a-fraid of death, as ashamed thereof."《医生的宗教》之中译文，见 T. 布朗《瓮葬》（缪哲译，光明日报出版社，2000）一书。其第一部第 40 节全文如下：

我生性羞涩，交往、年纪和游历都未能使我颜厚心冷；但我却有一份中庸之性，是我在别人身上很少见到的，那就是对于死亡，我是羞耻甚于恐惧。它是我们天赋中的瑕污和耻辱，能在转瞬之间，使我们形丑貌陋，从而惊吓我们的密友、发妻和子女。地里的飞鸟和走兽，以前出于自然的恐惧而听命于我们，如今却完全忘记了臣道，开始啄食我们。每念及此，我便中心飘摇，真想沉没于深渊，省得死去被人看到、让人怜悯，受那些惊异的眼神，也省了人们说道：

Quantum mutatus illo!（你变得不像他了！）

这倒不是说我为自己的五官四肢而羞耻，或责怪大化手拙，做坏了我的某一肢体，或是我自己不够检点，染上了某种羞于启齿的疾病，竟至于称不上一口健康的肉，不配蛆虫来啮食。

了，我们得知，在一个层面上，它是个已被解除武装的敌人；可是，由于我们知道，自然层面（the natural level）也是上帝之创造，我们必须不停地与损害自然之死亡作战，恰如我们必须不停地与玷污了自然的其他东西作战，诸如痛苦与贫穷、异教信仰与无知。正因为在这世界之外，我们另有所爱，故而比起那些不知另有天地的人，我们甚至爱这世界更多。①

---

① 　路易斯《返璞归真》卷三第 10 章里说，现代人往往将基督教之向往天国理解为逃避（escapism）、理解为痴心妄想（wishful thinking）。路易斯指出，只有向往彼岸，才能成就此岸：

读一读历史你就会发现，那些对这个世界贡献最大的基督徒恰恰是那些最关注来世的基督徒。……自大部分基督徒不再关注彼岸世界之后，基督徒对此岸世界的作用才大大地减少。旨在天国，尘世就会被"附带赠送"给你，旨在尘世，两样都会一无所得。……拥有健康是巨大的福分，但一旦将健康作为自己直接追求的主要目标，你就开始变成一个怪人，总怀疑自己患了什么病。只有将重心转移到其他事情，如食物、运动、工作、娱乐、空气上，你才有可能获得健康。同样，只要我们将文明作为主要目标，我们就永远挽救不了文明。我们必须学会对其他事物有更多的渴望。（汪咏梅译，华东师范大学出版社，2007，第 136—137 页）

路易斯所讲的这一道理，中国古人叫作"本末之辨"，亦称作"超以象外得其环中"。本书第二编第 19 章"首要及次要之事"，详论的就是本末之辨。

9　闹心的 X 君①

(1948)

'The Trouble with "X"... '

　　我想我可以假定，读这几行字的人，十有六七都有几个令他头疼的人。甚至在这几天，无论你上班还是居家，无论你是雇员还是雇主，无论你是房东还是房客，无论你的姻亲、双亲还是孩子，你丈夫抑或你妻子——总有人使你的生活倍加艰辛。人们常常期望，我们不会向外人道说这些难处（尤其是家窝子事）。可是，我们常常对外人道说。一个局外

---

　　①　选自 *God in the Dock* 第一编第 18 章，首刊于 1948 年 8 月的《布里斯托教区通讯》(*Bristol Diocesan Gazette*)，可与本文集《"困苦的罪人"》一文对参。

朋友问我们,为何看上去如此阴郁,我们接着就露了馅。

在这种场合,局外朋友通常会问:"可是,为何不告诉他们? 为何不去你妻子(丈夫、父亲、女儿、老板、房东或房客)那里,给她说明一切? 人大都通情达理。你需要去做的全部,就是让他们正确看待事情。以一种晓之以理的、平心静气、友好的方式,向他们解释。"而我们,无论嘴上怎样说,总会心怀沮丧:"他不了解 X。"我们的确会这样想。我们知道,要让 X 明白事理,全然无望。要么我们已再三尝试——尝试得我们自己都头疼去试;要么我们从未尝试,因为我们从一开始就看到,尝试终是徒劳。我们知道,要是我们企图"跟 X 说明一切",要么就"难以收场",要么 X 丈二和尚摸不着头脑,盯着我们说,"我真不知道你在说些什么";要不然(这或许是最糟糕的情形),X 将很是同意我们,而且答应痛改前非,让一切从新开始——接着,二十四小时之后,X 又依然故我。

你知道,事实上,跟 X 把一切事情掰开来谈的任何企图,都将因 X 性格上的根深蒂固的致命缺陷而破产。你回首往事,将会看到你曾经的所有计划,都栽倒在这一致命缺陷上面——X 积习难改的嫉妒、懒惰、小心眼、糊涂、跋扈、坏脾气或喜怒无常。到一定年龄,你或许会有个幻象,以为突如其来的好运道——健康状况转好、工资提升、战争结束——会解决你的难题。可是，现在你更明白。战争是结束了，而你认识到，即便其他好运也来了，"X 将依然是 X"，你依然要直面相同的老难题。即便你成为百万富翁，你丈夫依然恃强凌弱，你妻子依然唠唠叨叨，你儿子依然嗜酒如命，或者，你依然不得不与岳母住在一起。

认识到此，就前进了一大步。你会直面这一事实，即便所有身外之物该有的都有了，真正的幸福仍然依赖于你不得不与之共同生活的人的性格——而且你无法改变他们的性格。这时，转捩点就来了。当你看到这一点，你就首次瞥见了，对上帝而言这事会是什么样子。因为，这当然（在某种意义上）正是上帝自身要面对的。祂给人们一个富饶、美丽的世界，以供居住。祂赋予人们理智，向他们展示如何使用此世界；赋予人们良知，向他们展示应如何使用此世界。祂曾谋划，他们的生命所需之物（食物、饮水、休憩、睡眠以及锻炼），应会给他们以快乐。所有这一切都安排停当，祂却眼看着自己的全部计划——恰如我们的小计划那般——被人们自身之歪邪糟践。祂所赐的一切开心之物，他们都变为争吵和嫉妒的机缘，挥霍无度和囤积居奇的机缘，蠢行的机缘。

　　你或许会说,上帝之遭遇大不相同,因为假如祂乐意,祂就能改变人们的性格,而我们则不能。可这一差异,并不像我们初想的那样深刻。上帝为自己立了个规矩,祂不会强行改变人的性格。祂能够且将会改变他们——但其前提是,人们愿意让祂这样做。因此,祂确确实实限制了自己的权柄。我们有时会纳闷,祂为何要这样,甚至会期望祂没这样做。可是,祂显然认为,这值得去做。祂宁愿拥有一个自由生灵(free being)的世界,一个有风险的世界,而不愿拥有这样一个世界,其中人像机器那般不会犯错,因为他们不会做其他事。我们越是能够成功想见,住着完全自动的生灵的世界会是什么样子,我想,我们就越是能够看到祂的智慧。①

　　我说过,当我们看到自己的全部计划都栽倒在我们不

①　路易斯《返璞归真》卷二第3节论"自由意志"(free will):"上帝创造了具有自由意志的造物,这意味着造物既可以为善也可以为恶。有些人认为自己能够想象一个造物既自由又没有作恶的可能性,我不能够。造物既可以自由地行善,也就可以自由地作恶。自由意志使恶成为可能。既然如此,上帝为什么要赋予他们自由意志?因为自由意志虽然使恶成为可能,也唯有它才可以产生值得拥有的爱、善和喜乐。一个机器人的世界,造物在其中像机器一样机械地行动的世界几乎不值得一造。上帝为他的高级造物们设计的幸福,是在极度的爱与喜悦中自由主动地与他及彼此联合,与这种极度的爱和喜悦相比,世上男女之间最销魂蚀魄的爱也不过平淡如水。人要得到这种幸福就必须自由。"(汪咏梅译,华东师范大学出版社,2007,第59—60页)

得不与之相处的人物性格之上，我们"在某种意义上"也就看到了此事对上帝而言是什么样子。但是仅仅在某种意义上。还有两个方面，上帝的看法必然大不同于我们的看法。首先，祂（像你一样）看到，你家里或行当里的那些人，都程度不等地麻烦或难处；但是当祂了解你的家庭、公司或办公室，祂看到了又一个那号人——这人你从未看到。我说的当然是你自己。这是智慧上迈出的一大步——认识到你也正好是那号人。你的性格，也有个致命缺陷。他人的全部希望和计划，一再栽倒在你的性格之上，恰如你的希望和计划栽倒在他们的性格之上。

"我当然知道我有缺点。"用这样一些含糊其辞的招认，来打发此事，毫无益处。重要的是要认识到，你身上确确实实有些致命缺陷：这些东西给他人的绝望感，与他们的缺陷给你的绝望感，一模一样。而且几乎可以确定，你还蒙在鼓里——就像广告人所说的"口臭"，每个人都注意到了，除了口臭之人。不过你会问，他们为何不告诉我？相信我，他们曾一再尝试向你摊牌，而你就是无法"接受"。或许，你所谓的他们的"唠叨"、"坏脾气"或"古怪"，其中很大一部分正好是，他们试图让你看到真相的那些努力。而且，即便你确实知道自身缺陷，你也所知不深。你说，"我承认，我昨晚失态"；可是他人知道，你常常失态，你这人是个坏脾气。你说，"我承认上周六我喝太多"；可是谁都知道，你一贯是个酒徒。

在这一方面，上帝的看法必然不同于我的。祂看到所有人的性格：我看到全部，但我自身除外。第二点不同是这样的。祂爱人，不管他们的缺陷。祂一如既往地爱。祂并不放弃。不要说："对祂来说特别好办。祂犯不着必须跟他们一起生活。"祂犯得着。祂既在他们之内（inside them），又在他们之外（outside them）。祂跟他们相处之亲密无间，远非我等可以想见。他们（以及我们）心中的每一恶念，恶毒、嫉妒、狂妄、贪婪和自欺的每一瞬间，都直接挑衅祂的耐心和充满热望的爱，而且令祂伤心远甚于令我等伤心。

在这两个方面，我们越是能够效法上帝，我们就越能取得进步。我们必须更爱"X"；我们必须学着把自己看作 X 那号人。有人说，常想自己的过错，是一种病态。要是我们绝大多数人，能够静坐常思己之过，而不至于立即闲谈他人非，那就再好不过。因为很不幸，我们乐于常思他人非：就"病态"一词之本义而言，这才是这个世界上最"病态"的快乐。

　　我们并不喜欢强加的定量配给（rationing）。可是，有一种定量配给，我们必须强加于自己。戒绝对他人过错的全部思考，除非你身为教师或父母之义务，使得思他人过成为必需。无论何时，这等念头毫无必要地闯入心灵，为何不将其推开？为何不反过来思己之过？因为只有在这里，因上帝之助，我们能做些事情。你家里或行当里的所有麻烦人中，只有一个人，你能使之大有改观。这既是终点，也是起点。说实话，最好尽快。① 这工作迟早要做：我们每推迟一天，要想开始就更难。

　　到底有没有其他选项？你清楚看到，即便是全能的上帝，也无法确保 X 之幸福，只要他依然善妒、依然自我中心、依然心肠恶毒。放心吧，在你之中有某种东西，除非得到改变，否则从永久之悲惨境地救你出来，上帝也无能为力（out of God's power）。只要这东西还在那里，对你来说就没有天堂（Heaven）。恰如对于一个伤风感冒的人，就没有香味；对一个聋子，就没有音乐。并非上帝"送"我们下地

---

　　① 　原文是 That is the practical end at which to begin. And really, we'd better.

狱。在我们每个人心中，总有某种东西在渐生渐长，除非防患于未然，否则自身将成为地狱。兹事体大：让我们立即把自己托付给祂——就在今日，就在这时。

10　动物的痛苦[①]

（1950）

The Pains of Animals:

A Problem in Theology

问　难

The Inquiry

C. E. M. 乔德

多年以来，痛苦及罪恶的问题，在我看来对基督信仰构成

---

　　① 选自 *God in the Dock* 第一编第 20 章。【原编者注】路易斯在《痛苦的奥秘》（*The Problem of Pain*）一书中，专门解决这一问题：如何解释，恶出现在作为全善上帝之造物的宇宙之中，出现在道德上无罪的人身上。其中的〈动物的痛苦〉一章，引发了已故的伦敦大学哲学系主任乔德（C. E. M. Joad）的驳难（a counter-inquiry）。其结果就是这一争论。

一个不可逾越的反驳。要么上帝能够取缔它们但祂并未取缔。在这种情况下,因为祂对出现于宇宙之中的这种糟糕事态姑息迁就,我实在看不出,祂如何会是善的。要么上帝想取缔它们却不能够。在这种情况下,我实在看不出,祂如何全能。这一两难与圣奥古斯丁一样古老,没人假装可以轻松逃脱。

进言之,企图解释掉(explain away)痛苦,企图缓和其可怖面孔,或企图不把它呈现为一桩大恶或至恶,显然都失败了。这些企图只证明了这些人的软心肠,或出于良知的反感,而不是其聪明睿智。

可是,就算痛苦是一种恶,或许还是至恶,我还是逐渐接受了基督教的痛苦观,即痛苦与基督教关于创世主及祂所造世界的观念,并非不相容。基督教的痛苦观,我可以简述如下:上帝无意于创造由有德的机器人(virtuous automata)构成的物种,因为机器人只能做它们所做之事,机器人的"德"(virtue)只不过是个礼称;这就相当于说,石头滚下山坡是种"德",水在零度凝结是种"德"。① 人们会

---

① 汉语"德"字,亦有此隐喻用法。如《礼记·乐记》:"德者,得也。"《管子·心术上》:"德者道之舍,物得以生。生知得以职道之精。故德者得也,得也者,其谓所得以然也,以无为之谓道,舍之之谓德。故道之与德无间。"

问,上帝创造此种造物,为何目的? 祂是为了能得到它们的赞美? 可是自动的赞美,只是一连串噪音。祂会爱它们么? 可是它们本质上就无法爱;你没法爱木偶。因而,上帝给了人自由意志,以便他能够靠自身努力提高德性,并以一种自由的道德存有的身份(as a free moral being),成为值得上帝去爱的对象。自由意味着犯错的自由:人的确犯错,滥用上帝之赐去作恶。痛苦就是恶的副产品之一;因而,痛苦来到这个世界,是人滥用上帝所赐自由意志的结果。

我能够理解的就是这些;而且说实话,我能够接受的也就这些。这说得过去;也是理性的(rational);也自圆其说。

可现在,我遇到个难题,看不到解决之途。写这篇文章,其实是出于学习的愿望。难题关乎动物的痛苦。说得再具体一些,关乎人进入宇宙图景之前动物的痛苦。神学家是怎么说的? 据我所知,最苦心孤诣细致入微的说明,来自 C. S. 路易斯。

他从区分感觉力(sentience)与意识(consciousness)开始。当我们有感觉(sensations)甲乙丙之时,我们有感觉这一事实以及我们知道我们这些感觉这一事实,就蕴涵着,总有一些东西在它们之外,注意到它们出现,注意到它们一个接一个。这就是意识(consciousness),意识到感觉的意识。换句话说,体验到连续、体验到感觉之连续(succession of sensations),就要有一个自我(self)或灵魂(soul),有别于它所体验到的那些感觉。(路易斯先生打了一个很有用的比方,意识是河床,感觉是河流,河流沿着河床流淌。)①意识,因而蕴涵着一贯之"自我"(a continuing *ego*),这一自我体认到感觉之连续;感觉力(sentience)只是感觉之连续。②至此可以说,动物只有感觉力(sentience),没有意识。路易

---

① 路易斯《痛苦的奥秘》第9章:"要体验到甲乙丙是一个接一个连续次序,最低限度也需要一个这样的灵魂,即本身不仅仅是不同状态的连续,说得更确切一些,倒像一个永恒的河床,有不同部分的感觉流经其上,却仍然认识到自己就是在下面承接了这一切,始终如一。"(邓肇明译,香港:基督教文艺出版社,2001,第128页)

② 路易斯《痛苦的奥秘》第9章:

我们几乎可以肯定说,有一种高等动物的神经系统使它产生连续感觉的能力。但这并不表示它有任何"灵魂",有任何认识到自己经过了甲过程,现在正踏入乙,并且注意到乙如何滑开让位给丙。如果它没有这样的"灵魂",那么我们称之为甲乙丙的经验就绝不会发生。用哲学的说法,这会是"感觉的连续"(succession of perceptions);换言之,感觉会按那次序先后发生,而且上帝知道它们是那样发生的,不过动物却不知道。它们没有"对连续的感觉"(a perception of succession)。(同上)

斯是这样说的：

> 换言之，你用鞭子打这样一个生物两下，它的确痛了两次，但它却没有一个可以把这些事协调起来的自我，可以认识到"我受了两次苦"。即使是一次痛苦，它亦不会说："我在受苦。"因为如果它能够把自我从感觉中分别出来，即认识河床和水流的区别，使它有足够的能耐说出"我在受苦"，它也就能够把这两种感觉连接起来作为它的经验了。①

1. 我接受了路易斯的观点——或者毋宁说，我接受他的观点，但并未感知它有何相关（relevance）。问题是如何解释痛苦的出现：（甲）出现在全善之上帝所创造的宇宙之中；（乙）出现在道德上无罪的受造身上。告诉我说，按意识之定义，它们并无意识，所以这些生物其实并非生物（the creatures are not really creatures）。说这些于事无补。即便如路易斯先生所言，问题的正确表述不是"这动物感到痛

---

① 邓肇明译《痛苦的奥秘》（基督教文艺出版社，2001）第九章，第128—129 页。

苦"(This animal is feeling pain),而是"痛苦发生在这一动物的身上"(Pain is taking place in this animal),①可是,痛苦毕竟发生了。即便动物并无一贯之自我(continuing *ego*)去感受它,把它与过去的或将来的痛苦联系起来,痛苦还是被感受到了。既然在由全善的上帝所规划的宇宙之中,痛苦被感受到了是个事实,无论是谁或什么感受到它,无论是否有个连续的意识(a continuing consciousness)感受到它,那么,这一事实总要有个解释吧。

2. 其次,把感觉力只看作感觉之连续(succession of mere sensations)的理论,就预设了,那里并无一贯之意识(continuing consciousness)。没有一贯之意识,就预设了没有记忆。但在我看来,说动物并无记忆,就是胡说了。常遭鞭打的狗,见鞭影就畏缩,它的行为显得它有记忆。而行为(behavior)是全部判断依据,不得不依赖。一般说来,我们

---

①　见邓肇明译《痛苦的奥秘》(基督教文艺出版社,2001)第九章,第129页。路易斯说:

正确的描述将会是"痛苦发生在这一动物的身上"(Pain is taking place in this animal),而不是像我们通常说的"这动物感到痛苦"(This animal is feeling pain),因为"这"及"感到"这类词汇偷偷引进一个这样的假设,就是在感觉之上有一个"自我"或"灵魂"或"意识",像我们一样,能把这些事组织起来而成为自己的"经验"。

都遵照这一设定：马、猫、狗这些我们颇为熟悉的伙伴，有时候记忆力比我们还好。这样一来，我实在看不出，要是没有一贯之意识，又如何解释这一关于记忆的事实。

路易斯先生承认这一点，而且同意高等动物——类人猿、象、狗、猫等等——有一个自我（self）；事实上，具有他所谓的"灵魂"。① 可是这一设定，把我们带给一组新难题。

1. 假如动物有灵魂，那么关于它们的永生（immortality），怎么办？我们会想起，阿纳托尔·法朗士的小说《企鹅岛》（*Penguin Island*）一开头，短视的圣徒马埃尔给企鹅施洗之后，天庭曾专门讨论这一问题，却并未给出满意答案。②

---

① 见邓肇明译《痛苦的奥秘》（基督教文艺出版社，2001）第九章，第129—130页。路易斯说：

这种没有知觉的感觉力范畴有多大，我甚至不敢贸然去猜。诚然，这是很难去假定说人猿、大象及一些高等的家畜没有一个自我或灵魂，所以不能把经验连接起来，以致不会产生一个基本的个性。但有许多好像是动物受苦的事，说实话，不一定是受苦。那可能是"感情的误置"，是我们硬把自我塞进动物的身上，因而创造了"受苦者"，但其实这是没有真凭实据的。

② 《企鹅岛》（*L'Île des Pingouins*，1908）是法国现代小说家阿纳托尔·法朗士（Anatole France，1844—1924）的讽刺小说，它根据北极圈地区的一则传说写成。说的是圣徒马埃尔（St Mael）将一族企鹅变成人，并为他们洗礼，从而一反上帝用泥巴造造人类的说法，让企鹅成为人类的祖先。在天堂里，经过长时间的神学讨论，神们决定接受事实，把长蹼动物变成人。圣徒马埃尔把企鹅岛搬到阿尔莫尔古国的海域，并把文明生活的法则教给这新居民，但不能让他们逃避魔鬼的诡计。从此，企鹅的历史就成了人的历史。上海译文出版社1981年出版该书之中译本，译者郝运。

2. 路易斯先生提议,在一个共同体内人是头(head),高等的驯养动物作为其肢体(members),它也能达到永生(immortality)。① 显然这说的是,"一对好夫妇在一个好家庭中管理子女及家畜"②。他写道:"对于这样一只在家里训练而为整个身体一员的动物,你若问它个人的身分一直

---

① 路易斯认为,低等动物没有"永生"或"不死"的问题,因为它们没有意识:"这些生物没有我们上面所说的'意识',所以不死对于它们来说几乎全无意义。如果蝾螈的生命仅仅是一连串的感觉,那么,我们说今天死去的蝾螈上帝会令它复活,那会有甚么意义呢? 它不会认识到自己是相同的蝾螈……对于仅仅有感觉能力的生物来说,不死的问题是不存在的的。"(邓肇明译《痛苦的奥秘》,基督教文艺出版社,2001,第134页)

至于高等动物,尤其是人类驯养的动物,则有一种"衍生的不朽",这是因为它们因主人驯养,从而有了"一个真我或性格"。路易斯这样说,是基于基督教的"托管说",即上帝委托人类照管兽类。根据自然主义自然观,野生动物才是自然的。而根据托管说,那么,唯一"自然的"动物就是驯养的动物。根据前者,我们需就动物谈动物,才能了解动物;而根据后者,我们需就动物跟人的关系谈论动物。路易斯说:

要了解人,必须透过他跟上帝的关系。同样地,只有透过兽类同人的关系,又透过人知道它们同上帝的关系,我们才可以了解它们(同前,第134页)。

就驯服的动物之有一个真我或性格而论,几乎完全归功于它的主人。如果一只好牧羊狗"几乎像人"一样,那是因为有一位好牧羊人驯养的结果。(同前,第136页)

② 见邓肇明译《痛苦的奥秘》(基督教文艺出版社,2001)第九章第135—136页。路易斯说:"你必须考虑动物获得自我的整个脉络,就是'一对好夫妇在一个好家庭中管理子女及家畜'。整个脉络按保罗(或与之相近的次保罗)的说法,可以视之为'身体'。"

存在于甚么地方，我要回答说：'就在它的身分一直存在的地方，正是在人间的生活里——在它和身体的关系，特别是和主人——那个身体的头——的关系。'换言之，人认识他的狗，而狗也认识自己的主人，而且在认识它的过程中，它成为它自己。"①

这是不是好神学，虽然我不得而知，可是，就我们的探讨而论，它提出两个难题：

① 它并未涵盖那些不认识人的高等动物——如类人猿和大象——可是它们照路易斯先生所想，也有灵魂。

② 假如一个动物，经由一个好人而获得了永生之善我（good immortal selfhood），那么，它经由一个坏人，也会获得一个永生之恶我（bad immortal selfhood）。我们会想到随意吃喝营养过剩的妇人所养的营养过剩的巴儿狗。动物们摊上个自私、放纵、残酷的主人，并非因它们自身有什么缺陷，却会永生永世与自私、放纵或残酷脱不了干系，或许还为此干系而受惩罚——这有些令人难以接受。

3. 假如动物有灵魂和（顺理成章的）自由，那么，对动

---

① 见邓肇明译《痛苦的奥秘》（基督教文艺出版社，2001）第九章，第136页。

物的痛苦,也必须采用给人类之痛苦所提供的那种解释。换言之,痛苦是罪的恶果之一。看来,高等动物也败坏了。问题又来了,谁败坏了它们? 看上去有两个答案:(甲)魔鬼撒旦;(乙)人。

(甲) 路易斯先生考虑的是这一答案。他说,动物原本都是食草的。它们成为食肉的——也就是说,它们开始相互捕食,是因为"某个受造的强大权势早在人类出现之前,就已在危害这个有形的宇宙,或太阳系,起码是地球……如果真有这样的权势……它很可能在人类出现之先就败坏了动物的天地"①。

对此我有三点看法:

① 我发现,假定撒旦引诱了人猿简直难以置信。我也清楚,这不能构成逻辑上的反驳。是人的想象——或者说是人的常识——在反对它。

② 尽管绝大多数动物沦为自然血淋淋之"爪牙"的牺牲品,但还是有些动物没有。羊堕入深谷,断了腿,饿死了;每年都有成千上万的候鸟死于饥饿;生物被雷劈尚未至死,

---

① 见邓肇明译《痛苦的奥秘》(基督教文艺出版社,2001)第九章,第131页。

挣扎着烤焦的躯体慢慢死亡。这些痛苦都归咎于败坏（corruption）？

③ 至于没有灵魂的动物，不能像路易斯示范的那样，拿"道德败坏"来解释。就只考察一个自然安排吧。姬蜂先蛰毛毛虫，使其神经系统瘫痪，接着把卵产在无助的毛毛虫体内。当幼虫孵化出来，它们立即开始食用其活着却又无助的寄主的肉，就是那个神经瘫痪却仍有感觉力的毛毛虫。

难以设想，当毛毛虫被渐渐侵食之时，不会感到疼痛；更难于将它们的痛苦归结于道德败坏；最难于置信的是，这样一种安排，竟然出自一位全善全知的上帝之手。

（乙）假设动物被人败坏，解释不了亿万年来（差不多是九亿年）动物的痛苦，那时地球上有了生物，但却没有人。

简言之，动物要么有灵魂，要么没灵魂。假如没灵魂，它们感到了痛苦，却并无道德责任（moral responsibility）或滥用上帝所赋予的道德自由（moral freedom）作为借口。假如有灵魂，我们也说明不了：①它们的永生——如何在有灵魂之动物与有灵魂的人之间划条界线；②它们的道德败坏。既然都说明不了，关于它们的痛苦，基督教护教家凭什么把它们置于解释人之痛苦的那套说辞之下，那套已被提出而且我也准备接受的说辞之下？

这一问题，或许有个答案。谁告诉我答案是什么，我将感激不尽。

答　复

The Reply

C. S. 路易斯

遭遇乔德（Joad）博士这样真诚又惜墨如金的辩者，既是乐事，也是桩危险事。虽如此，我一点都不会犹豫。乔德博士不仅以争论者的身份，要求一个答复，而且以一个询问者的身份，渴望一个答复。我之所以陷入麻烦，只因为我的答复已经无法令他满意。可以说，这相当于把他重新送回那家曾经无法提供商品的商店，我会感到尴尬，而他可能会感到沮丧。假如问题只是为店里本有的商品（the original goods）做些辩护，我想我会听之任之。可是，问题恰巧不是这样。我想，他或许约略误解了我所兜售的东西。

乔德博士关注的是我的《痛苦的奥秘》第九章。我要说的第一点是，看他的文章，无人能够获悉，我自认那一章只是臆测（speculative）。这一点，我在序言中承认，在那章又反复强调。① 当然,这不会缓解乔德博士的难题;不尽人意的答案,不会由于只是尝试作答,就变得尽如人意。我提这一章的特点,是为了强调这一事实,即它与前面几章处于截然不同的层面。这一不同,道出了我对于禽兽的"猜想"(我那时称之为猜想,现在仍称之为猜想)在我的思考中的席位,也道出了我期望整个问题在乔德博士的思考中的席位。

那本书前八章试图应对的是,立足人类痛苦来反对有神论的这一看似有理有据的指控(the *prima facie* case)。这八章是一个缓慢的心灵转变之产物。我的这一心灵转变,与乔德博士本人所经历的,可不是全无相像之处。而且乔德博士一旦完成此心灵转变,就立刻会成为一个可敬且(我想)可贵的证人。虽然他的思想历程在许多点上都不同于(很有可能胜于)我,不过,我们或多或少殊途同归。他在文章中说"我能够理解的就是这些;而且说实话,我能够接受的也就这些",他的立场极其接近我在《痛苦的奥秘》前八

---

① 路易斯在《痛苦的奥秘》序言中说:"除了最后两章有部分内容显然属臆测之外,我相信自己只是重述古代的正统教义。"(邓肇明译,香港:基督教文艺出版社,2001,第11页)

章所抵达的立场。

目前，一切如意。"克服"了人类痛苦问题之后，乔德博士和我都发现，自己面临着动物痛苦问题。我们都（假如我没读错他的话）厌恶"令暴徒心安的轻巧说辞"，①厌恶这样一些神学家，他们仿佛看不到这里其实有个问题，他们满足于说动物只不过是动物罢了。对于我们，没有罪责或道德果效的痛苦，是件极严肃的事，不管其承受者如何低等如何卑微。

我现在提请乔德博士，再仔细观察一下我在这一点上做了什么。因为我怀疑，那是否就是他所想的那样。我并未提出一种关于动物感受力的学说，仿佛它已得到证明并进而总结说："因而禽兽并非做了无谓牺牲，因而上帝是公义的。"假如他愿意细看第九章，就会发现，那一章可分成极不对等的两部分：第一部分是第一段，第二部分则是余下的所有段落。它们可以概括如下：

---

① 【原编者注】切斯特顿（G. K. Chesterton）〈颂歌〉（A Hymn）第 11 行。该诗首句是"哦大地与祭坛之神"（O God of earth and altar）。【译注】原文是："the easy speeches that comfort cruel men."因暂未找到该诗之中译文，故暂且妄译。

第一部分。上帝给予我们的予料（data）①，足够我们在一定程度上理解人类痛苦。可是关于禽兽，我们缺乏这种予料。我们既不知道它们是什么，也不知道它们为何是这样。我们能够有把握说的一切无非是，假如上帝是善的（而且我想，我们有根据说祂是善的），那么，在动物世界出现神圣的残暴（Divine cruelty）必定就是个假象。至于假象背后的实存（reality），我们只有猜测的份。②

---

①　"予料"（data），哲学术语，指"任何研究或推断由之开始的材料或信息"。尼古拉斯·布宁、余纪元编著《西方哲学英汉对照辞典》（人民出版社，2001）释"予料"（data）：

［拉丁文 *datum* 的复数，意为"所予"］任何研究或推断由之开始的材料或信息。予料是这样的信念，它们不需要进一步的理由，它们是我们关于世界的知识必不可少、最低限度的前提。予料的确实程度不同，可以进一步分为"硬予料"和"软予料"。前者是确实的、自明的信念，靠它们自身就为人们相信；后者是这样的信念，经过考察后发现它们不具有上述性质，而是从其他信念中推导出来的。罗素一直把"予料"和"硬予料"作为同义词使用。这一区别也对应于罗素在"基本知识"和"派生知识"之间作出的另一区别。

②　路易斯《痛苦的奥秘》第九章第一段全文如下：

以上的讨论只限于人类的痛苦；然而在这期间，"无辜者受害，其哀怨之声已穿越云霄"。动物受苦的问题确属骇人听闻：原因不在于动物数目众多（因为我们在上面已经说过，一百万个并不比一个感受更多的痛苦），乃在于基督教有关人类痛苦所作的解释，可不能引申到动物去。据我们所知，动物既不知什么是罪恶，也不知什么是德行，因此它们既不应受痛苦，亦不能因受苦而改善行为。与此同时，我们决不要把动物受苦的问题变为整个痛苦问题的核心。这不是因为这个问题不重要（凡提（转下页注）

第二部分。这就是我自己的若干猜测。

相对于他是否赞同第二部分的任一臆测，乔德博士是否同意第一部分，则要关键得多。不过，我首先要尽我所能，处理一下他对这些臆测的批评。

1. 乔德博士虽同意（为讨论计）①我区分感觉力（sentience）与意识（consciousness），但他认为这并不相关。"痛苦还是被感受到了"，他写道，"即便动物并无一贯之自我（continuing *ego*）去感受它，把它与过去的或将来的痛苦联系起来"；他还写道："痛苦被感受到了是个事实，无论是谁或什么感受到它，……这一事实总要有个解释吧。"在某种意义上，（就当前目标而论）"谁或什么"感受到它，是无足轻

（接上页注）供可信的理由以质询上帝是否善良的，都非常重要），乃因为这已经超出我们的知识范畴之外。上帝给了我们一些数据（data），使我们多多少少知道我们的痛苦是怎么回事；然而对于动物，祂却没有给我们这样的数据。我们既不知道它们为什么受造，也不知道它们到底是什么：我们对它们所说的一切都属推测之词。从上帝是善这条教义，我们可以很有把握地推断：在动物王国中表面上看似鲁莽而神圣的残忍行为，事实上是一种错觉。为什么？因为惟有我们自己亲身体验过的痛苦，到头来证明不是对我们的残忍，这就使我们比较容易相信上述推断了。除此之外，一切纯属猜测。（邓肇明译，香港：基督教文艺出版社，2001，第125—126页）

① 原文是拉丁文：*positionis causa*. 意为："for the sake of argument."

重的,这我同意。也就是说,无论承受者如何卑微、如何无助、如何渺小、如何远离我们的天生同情心,这都无关紧要。不过,确实关乎紧要的是,它在多大程度上可以说是在承受我们公认的苦难(misery),其生存方式在多大程度上与由衷之怜悯相一致。难以否认,承受者越具有连贯意识,它所受痛苦就越应得到(deserve)怜悯和义愤。这在我看来,其题中应有之义就是,意识越不连贯,就越少些应得了。我依然认为,有可能的是,有一种痛苦是如此稍纵即逝(由于缺少对连续性的一切感知),以至于其"无价值"(unvalue)与零没有区别,假如容许我生造"无价值"一词的话。我们自身体验中的瞬间痛苦(shooting pains),并未伴随着恐惧的情形,就是实例。这些痛苦或许很强:可是我们还没来得及体认其强度,痛苦已经消失。就自己的切身体会而论,我在这些痛苦中找不到任何东西要求得到怜悯;它们毋宁说挺搞笑(comical)。我往往会笑。毫无疑问,一连串的瞬间痛苦无疑可怕得很;可是那时的论点是,对于无意识之感觉力(sentience without consciousness)来说,不存在一连串痛苦的问题。

2. 我并不认为"仿佛来自记忆"的行为,就证明了意识意义上的记忆（memory in the conscious sense）。① 一个并非人类的观察者（non-human observer）或许会假定，当一件东西抵近眼睛时我们眨眼，那是因为我们"记起了"此前的痛苦。可我们眨眼，再怎么说，都与记忆无关。（当然，有机体的行为因过去经验而有所更改，这没错，因而我们可以通过转喻说，神经系统记住了心灵所遗忘的东西；不过，乔德博士和我都说的不是这个。）在行为针对往事可能重现而调整自身的一切场合，假如我们都打算设定记忆，那么，难道我们就不该在某些昆虫身上，假定它们有着关于父母生育习性的代代相传的记忆（inherited memory）？难道我们准备相信这一点？

3. 当然，我提出的关于驯养动物"在"人类的（因此而间接地神圣的）背景下复活的理论，并未涵盖野生动物或受

---

① 路易斯这里应对的是乔德的这一段话：(2)其次，把感觉力只看作感觉之连续（succession of mere sensations）的理论，就预设了，那里并无一贯之意识（continuing consciousness）。没有一贯之意识，就预设了没有记忆。但在我看来，说动物并无记忆，就是胡说了。常遭鞭打的狗，一看见鞭影就畏缩，它的行为显得它有记忆。而行为（behavior）是不得不依赖的全部判断依据。一般说来，我们都遵照这一设定：马、猫、狗这些我们颇为熟悉的伙伴，有时候记忆力比我们还好。这样一来，我实在看不出，要是没有一贯之意识，又如何解释这一关于记忆的事实。

错误对待的驯养动物。我自己已申明这一点，并补充说："这只是拿一种受优待的动物做例子……来阐明我们在草拟动物复活的理论时所应当注意的通则罢了。"①遵从相同的原则（但愿如此），我接着才提出另一种看法。在此阶段，我的目标是一次性解放想象力，并肯定关于禽兽之意义及命运的一种应有的不可知论。我一开始就说，假如我们先前断定神之善（our previous assertion of divine goodness）是可靠的，我们或许可以保准，在某种意义上，"一切都会好的，一切事态都会变好。"②通过表明我们所知如何之少，因而又有多少事情我们不可定论，我想要强化的就是这一点。

---

① 更长一点的引文是："在我这幅好牧羊狗在好家庭里的图画中，我当然没有把野生动物包括在内，也不包括（其实是更加迫切的问题）受虐待的家畜。这只是拿一种受优待的动物做例子——按照我自己的看法，这也是唯一正常未受扭曲的例子——来阐明我们在草拟动物复活的理论时所应当注意的通则。"（邓肇明译《痛苦的奥秘》，香港：基督教文艺出版社，2001，第136—137页）

② 原文是："all would be well, and all manner of thing would be well."语出诺维奇的茱利安（Lady Julian of Norwich，约1342—1413之后）的《神爱的启示》（*Sixteen Revelation of Divine Love*）第27章。诺维奇的茱利安，其生平资料不多，只知她是英国一名十四世纪神秘灵修者，也是一名隐士。她严守独居，过着苦修的奉献生活，从不走出隐居的小舍，其居所与圣堂相连，有三个窗口，用途分别为领圣事、取食物，以及给来客作灵修辅导。其唯一著作《神爱之启示》记载她在1373年5月8日所得的16次启示，被认为是中世纪密契主义宗教经验的经典文献。

4. 假如乔德博士认为,我勾勒了撒旦"引诱人猿"的画面,那我就怪自己用了"怂恿"(encouraged)一词。① 我为此词之模棱两可道歉。事实上,我并未假定"引诱"([temptation]即教唆)就是魔鬼撒旦败坏或搞破坏的唯一方式。倒有可能的是,这甚至不是撒旦危害人类的唯一方式;当我们的主说,那个畸形女人是个"被撒旦捆绑了"的人,②我想,

---

① 路易斯《痛苦的奥秘》:"若说有某个受造的强大权势早在人类出现之前,就已在危害这个有形的宇宙,或太阳系,起码是地球,对我来说,似乎是相当合理的假设。换言之,当人堕落时,那一位早已引诱了他。我提出这种假设,不是用来对邪恶作一般的解释。它只是使我们知道,邪恶来自滥用自由意志,这项原则实可应用在更广泛的范畴中。如果真有这样的权势(我是相信的),它很可能在人类出现之先就败坏了动物的天地。其实动物世界本质上的邪恶,是动物或有些动物,靠彼此残杀为生。至于植物做了同样的事,我却不会认为那是邪恶。野兽受到撒旦的败坏,因此在某一方面同人受到撒旦的败坏是类似的。因为人堕落的一个后果便是从人性中回复到兽性,后者本来已吸收在前者里面,可是现在却不再受到控制了。同样地,兽性也可能受到怂恿,悄悄退回到植物的行为中去。"(邓肇明译,香港:基督教文艺出版社,2001,第131页)

② 《路加福音》十三章10—16节:安息日,耶稣在会堂里教训人。有一个女人被鬼附着,病了十八年,腰弯得一点直不起来。耶稣看见,便叫过她来,对她说:"女人,你脱离这病了!"于是用两只手按着她,她立刻直起腰来,就归荣耀与神。管会堂的因为耶稣在安息日治病,就气忿忿地对众人说:"有六日应当作工,那六日之内可以来求医,在安息日却不可。"主说:"假冒为善的人哪,难道你们个人在安息日不解开槽上的牛驴,牵去饮吗? 况且这女人本是亚伯拉罕的后裔,被撒旦捆绑了这十八年,不当在安息日解开她的绑吗?"

祂的意思不是,她被引诱变得畸形。道德败坏并非败坏的唯一种类。可是败坏(corruption)一词或许不太恰当,容易引起误解。扭曲(distortion)一词会更稳妥。

5. 有读者写信给我:"在绝大多数生物学家看来,哪怕是最严重的创伤,绝大多数无脊椎动物即便不是毫无痛苦,也不大痛苦。勒布①搜集了大量证据,表明没有大脑两半球的动物,在心理学的方方面面,都与植物无异。随手拈来的例证就是,尽管姬蜂的幼虫正在侵食毛毛虫的内脏,可毛毛虫依然该吃吃该喝喝。虽然活体解剖并未应用于无脊椎动物,可无脊椎动物正好印证了设计活体解剖的那些人的观点。"

6. 尽管乔德博士并未提出这一点,我还是禁不住想再引一下,这位来信者就动物的恐惧所提出的有趣之极的观点。他指出,人类之恐惧包含两个要素:(甲)生理感觉,应归因于分泌物等等;(乙)关于将发生之事的心像(the mental image),假如你失去控制,假如炸弹落在这儿,假如火车脱轨。这样说来,既然甲本身远远不是一种不折不扣的悲

---

① 勒布(Jacques Loeb,1859—1924),美国生物学家,以人工孤雌生殖的实验研究而闻名。

痛,那么,当我们会得到甲却又没有乙、不信乙、或者抑制了乙时,会喜欢上甲的人,所在多有。急转弯、冲浪、飙车、爬山,就是如此。

不过,要是有读者接受不了我第九章的第一部分,所有这一切都毫无意义。一个人要是还没昏头,就不会以自己对动物心灵的臆测(speculation)为基础,着手构建神正论(theodicy)①。这类臆测,我说过,只有当打开了我们对可能性之想象,深化并强化了我们对实存的不可避免的不可知论,也只有在上帝与人之关系不成问题之后,它才有其地位。我们并不知道答案:这些臆测,只是我们对可能情形的猜测。关键其实在于辩明,这里必定有个答案;在于辩明,

---

① 尼古拉斯·布宁、余纪元编著《西方哲学英汉对照辞典》(人民出版社,2001)释 theodicy(神正论):

[源自希腊语 *theos*(神)和 *dike*(公正、正确),从字面上讲,指神的公正]这个术语由莱布尼茨在他 1710 年的著作《神正论:论神的善、人的自由和恶的起源》中引入,但是,基本的问题却是由波埃修斯提出的:*Si Deus justus-unde malum*(如果神是公正的,为什么有恶)? 它是神学的一个部分,集中于协调作为全能、全知、全善和爱而绝对存在的上帝存在与世上邪恶存在的关系。人遭难与犯罪的经历使得对上帝公正的信仰成了一个问题。要么是上帝能够阻止邪恶但却不想阻止,要么是祂愿意阻止邪恶但却无力实现。在前一情形下,他是全能的但却不善,或不公正;在后一情形下,他是善的但却不是全能的。神正论的主要任务,是要提供肯定的理由来为上帝允许道德和自然邪恶的存在作辩护,并试图证明我们的世界是一切可能世界中最好的。

假如在我们自个就能知道祂（假如还有这等事的话）的有生之年，我们渐渐体认到"万古常新的美善"，①那么，在其他领域，在我们尽管或许"认知"（*savoir*）关于祂的一些零零散散的事情但却无从"体知"（*connaître*）②祂的那些领域，尽管表面上相反，祂也不会是一股黑暗力量（a power of darkness）。因为在我们自己的领域，尽管也有相反现象，但无论对乔德博士还是对我，这些问题都算是解决了。

我知道，总有那么些个时刻，那看上去至少像是动物在受苦的东西，无休无止，孤苦无告，使得一切有神论辩护，听起来空洞。尤其是我们四周正在运转的昆虫世界，本身明显就像是地狱。当此之时，古老的义愤、古老的怜悯，又再

---

① 原文是拉丁文：*pulchritudo tam antiqua et tam nova*. 意为："Beauty so ancient and so new." 语出奥古斯丁《忏悔录》卷十第 27 章，拙译用周士良先生之译文。

② 法语词 *connaître* 和 *savoir* 是知识论里的一对著名概念。前者略相当于英语里的 knowledge — by — acquaintance，后者相当于英语里的 knowleege about。区分两种知识，与对抗唯科学主义有关："笛卡尔在提出科学理性原则的同时，并没有否弃现实的历史经验。出于怀疑希腊人在数学和机械论方面是否比今人更在行，笛卡尔主张区分两种知识：依靠数学理性认知获得的科学知识和源于熟识（*connaître* 的）偶然知识。在他看来，后一种知识只能通过语言和历史经历来获得。"（刘小枫《古典学与古今之争》，华夏出版社，2016，第 123 页）拙译《四种爱》将此二词译为"体知"和"认识"。详细解释见拙译《四种爱》第 224 页脚注。

次升起。可是,这一经验是何等的模棱两可啊。我不会花大力气阐述其模棱两可之处,因为我想,我已经在其他地方阐述过了。而且我敢确定,乔德博士老早就看到了。假如我认为此义愤和怜悯只是自己的主观经验,其力量,出了当前这一刻(下一刻就变了)就失效了,那么,我就难以将它们用作标尺,藉以讯问创世(creation)。相反,只有当我们把它们当作创世必定与之吻合也必须因之受责难的超验之显现(transcendent illumination)时,它们才构成对上帝的有力批驳。只有当它们本身是上帝的声音时,才是对上帝之批驳。我的反抗,越像雪莱,越像普罗米修斯,也就越能确定,它会藉神之名。① 像乔德或路易斯这样的偶在(mere contingent),生于一个安全的自由文明时代,又从中汲取了某种人道主义情怀,偶尔会因动物之苦痛(suffering)而犯怒——可是,这又有何相干? 一个人怎会将对上帝之证明或批驳,置于这样一个历史偶然之上!

不,不会。我们感受到它们,还不够。只有当我们感受无误,只有当我们确保这些标尺在法理上具有凌驾于一切

---

① 原文是:The more Shelleyan, the more Promethean my revolt, the more surely it claims a divine sanction.

可能世界之上的绝对君权，只有在这时，它们才构成不信
（disbelief）的根据——同时，也构成信（belief）的根据。就
在我们谴责显见的在我们外面的上帝（apparent God with-
out）之时，在我们里面的上帝（God within us）则暗度陈仓，
回来了。丁尼生（Tennyson）有首诗，写一个人深信，传统
信条里的上帝是恶的。他叫嚷："要是有此上帝，愿天帝咒
诅他，消灭他。"①假如咒诅背后并无"天帝"（Great God），
谁来咒诅？只会是这个可怜的显见的"上帝"的一个木偶
了。他的咒诅，从根上就死掉了：咒诅与他所谴责的那种残
酷，恰好是一丘之貉，都是无意义之悲剧的组成部分。

从这里，我只看到两条出路：要么是有个"天帝"，也有
个"这世界的神"，②一个空中掌权者的首领③，"天帝"会咒
诅，有时候还借我们的口咒诅；要么，天帝之作为，就不是我
们眼中的那个样子。

――――――――

① 原文是："If there be such a God，may the Great God curse him
and bring him to naught."语出丁尼生的长诗《绝望》（"Despair"，1881），因
暂未找到该诗之中译文，故而只能以散文句法述其大意。

② 《哥林多后书》四章4节："此等不信之人被这世界的神弄瞎了心
眼，不叫基督荣耀福音的光照着他们。基督本是神的像。"

③ 《以弗所书》二章2节："那时，你们在其中行事为人，随从今世的
风俗，顺服空中掌权者的首领，就是现今在悖逆之子心中运行的邪灵。"

11　民族悔改之危险[①]

（1940）

Dangers of National Repentance

　　"民族悔改"（national repentance）这一想法，乍一看，与民族自义（national self-righteousness）形成了富于教益的对比。因为英格兰经常被指责为民族自义，且带着民族自义参加（或据说参加过）上次大战，故而基督徒自然而然地转而对民族悔改寄予厚望。尤其是年青基督徒——大四学生及见习牧师——转而支持民族悔改者，不在少数。他们甘愿相信，对当前这场战争，英格兰负有

---

①　选自 *God in the Dock* 第二编第 1 章，首刊于 1940 年 3 月 15 日之《守望者报》（*The Guardian*）。

部分罪责；并甘愿承认，英格兰之罪，他们本人也有一份。
至于那份罪是什么，我倒发觉不易确定。当前乱象可以
追溯到英格兰的许多决定。可是，做出这些决定之时，这
些年青人，绝大多数还是孩子，要么尚未持有选票，要么
并无聪明使用选票的经验。他们为之悔改的，莫非是子
虚乌有之事？

若真如此，那就大可以说，他们的错误颇为无害。人们
确有罪过（sins），却往往不知悔改。因而，对某一想象中的
罪过（imaginary sin）偶尔心生悔改，就显得十分可欲（desir-
able）。不过，实际发生（我曾眼看着它发生）在年青的民族
悔罪者身上的事情，却比这要复杂。英格兰并非一个天生
行动者（a natural agent）①，而是一个市民社会（a civil socie-
ty）。当我们说英格兰行径时，我们是指，不列颠政府之行
径。年青人蒙召为英格兰外交政策而悔改，其实是蒙召为
其邻人之举动而悔改；因为，无论外交大臣还是内阁大臣，
当然都是邻人。认罪就预设了定罪。因而，民族悔改首要

---

① Agent 作为专业术语，殊难翻译。与 patient 相对，在法学和经济
学领域，一般汉译为"代理人"，亦译为"经理人"、"行动者"、"动作者"、"代
表"等等。

且致命的魅力就是，它鼓励我们，从为自身罪过悔改这件苦涩任务中掉过头来，转向为他人行状哀哭这一惬意任务——当然，首先是痛斥他人之行状。要是年青人明白，这正是他在做的事，无疑，他会记起仁爱律（the law of charity）。可是很不幸，向他鼓吹民族悔改的那些语词，掩盖了其本来面目（true nature）。藉助一种危险的修辞，他称政府为"我们"，而不是"他们"。又因为，作为悔罪者，我们对自身罪过，不许慈悲为怀，更不许网开一面。因而，以"我们"作称谓的政府，就铁定超出仁爱之范围（the sphere of charity），甚至超出公义之范围（the sphere of justice）。关于它，你可以随意指陈。你可以沉湎于诽谤这一大众恶习，肆无忌惮，却还始终感到，你正在修习悔悟（contrition）。这样一群悔罪者会说："让我们为我们民族的过犯悔改。"他们实际所说的则是："无论何时，只要我们与他（内阁里的邻人，甚至基督徒邻人）意见相左，我们就说他的每个念头，都是魔鬼撒旦耸动的恶念。"

这样就从个人悔改，逃进"诱人的境地"（tempting region）：

　　　　能让热忱进去,恢复

　　她的元气,让杂欲有活动的特许,

　　却也再不闻它们自己的名称。①

　　这一逃逸,任何一个道德懦夫(moral cowardice)都会欢迎。而对年青知识人而言,它有双重吸引力。一个人要是年过四十,力图为英格兰之过犯悔改并爱英格兰之敌人,他想这样,代价很大;因为他养成了某种爱国情操,要压制此情操,需经过一番挣扎。可是,一个二十来岁受过教育的人,并无此等情操需要压制。在艺术领域,在文学领域,在政治领域,从记事之时起,他就是个愤愤不平的少数人;至于对英格兰政治家的一种不信任,对教育程度低的乡下人之仪态、快乐及热情的某种鄙夷,几乎是从母乳中汲取的。所有基督徒都知道,他们必须赦免(forgive)仇敌。不过,

――――――――

　　① 原文是:"Where passions have the privilige to work / And never hear the sound of their own names." 语出华兹华斯《序曲》卷十一第223—231行:"当时一切事物都迅速颓败,/不过,有一种理论的构想,声称/能够使人类的愿望摆脱情感的/支配,能将其永久地移入更纯净的/活动空间。在那样的年代,该理论/立即受到欢迎。好一处诱人的/境地,能让热忱进去,恢复/她的元气,让杂欲有活动的特许,/却也再不闻它们自己的名称。"(丁宏为译,中国对外翻译出版公司,1997)

"我的仇敌"首先是指,我其实易于仇恨并中伤之人。你若去听年青基督徒知识人谈话,你很快就会发现,谁是他们的真正仇敌。仇敌仿佛有两个——毕林普上校①和"生意人"。我怀疑,后者通常指的就是说话人的老爹。这只是揣测。可以确定的则是,你请他们赦免德国人和俄国人,②请他们睁眼看英国的过犯,你就是在提请他们,放纵他们的主导激情(ruling passion),而不是克制此激情。我并不是说,你提请他们去做的事情,本身并不正确或毫无必要;我们必须赦免一切仇敌,否则必受咒诅。③ 但是,你的听众需要的绝不是此告诫(exhortation)。应该告诉他们去悔改的群体过犯(communal sins),应是他们自己的年龄和阶层的过犯:对未受教育者的鄙夷,心甘情愿地搁置恶,自以为义地挑动公开

---

①　毕林普上校(*Colonel Blimp*),政治漫画家和讽刺画家戴维·洛(David Low,1891—1963)笔下的最著名的一个卡通人物。详见拙译路易斯《切今之事》里的《毕林普上校》一文。

②　路易斯此文发表于 1940 年,当时俄国和德国还是同盟。

③　原文是 we must forgive all our enemies or be damned. 语本《马太福音》六章 14—15 节:"你们饶恕人的过犯,你们的天父必饶恕你们的过犯;你们不饶恕人的过犯,你们的天父也必不饶恕你们的过犯。"十八章 32—33 节:"你这恶奴才! 你央求我,我就把你所欠的都免了。你不应当怜恤你的同伴,像我怜悯你吗?"《马可福音》十一章 26 节:"你们若不饶恕人,你们在天上的父,也不饶恕你们的过犯。"

的污蔑,违反第五诫。① 关于这些过犯,我从未听到他们提起。在我听到之前,我必须认为,他们对民族仇敌的坦诚,是一种太过便宜的德性。要是一个人赦免不了邻家的毕林普上校,他又如何能够赦免没见过面的独裁者(Dictators)。②

可是,倡导民族悔改,难道不是教会的义务? 我想是的。但这一职分(office),恰如别的职分,唯独那些不大情愿履行的人,才能履行得富有成效。我们知道,人可能为了主的缘故,"恨"他的母亲。③ 某基督徒非难母亲的画面,虽是个悲剧,或许却富有教益;不过其富有教益,只有当我们十分确定,他是个好儿子,而且非难母亲时,虽则属灵热忱战胜了强大的自然亲情,心灵却苦苦挣扎。④ 当我们有理

---

① 第五诫是:"当孝敬父母,使你的日子在耶和华你神所赐你的地上得以长久。"(《出埃及记》二十章第 12 节)

② 《约翰一书》四章 20 节:人若说,"我爱神",却恨他的弟兄,就是说谎话的;不爱他所看见的弟兄,就不能爱没有看见的神。爱神的,也当爱弟兄,这是我们从神所受的命令。

③ 《路加福音》十四章 26 节:"人到我这里来,若不爱我胜过爱自己的父母、妻子、儿女、弟兄、姐妹和自己的性命,就不能作我的门徒。"和合本经文夹注:"爱我胜过爱"原作"恨"。

④ 《孟子·告子下》:"有人于此,越人关弓而射之,则己谈笑而道之;无他,疏之也。其兄关弓而射之,则己垂涕泣而道之;无他,戚之也。……亲之过大而不怨,是愈疏也;亲之过小而怨,是不可矶也。愈疏,不孝也;不可矶,亦不孝也。"

由怀疑,他乐于非难母亲——他自信已经超越自然情感,而实际上,他却仍然伏在其下——这个当儿,儿子非难母亲的场景就只是令人厌恶。主的那些难解的话(hard sayings),只对那些发觉它们难以做到的人,才有益处。莫里亚克的《耶稣的生平》,①有一章令人震惊。当主说起弟兄为敌、儿女与父母为敌时,②除了犹大之外,其他门徒都吓坏了。犹大视为理所当然。他喜欢这话,就像鸭子喜欢水:"犹大问:'有啥大惊小怪的?'……他爱基督,爱的只是自己对事物的看法,对人性堕落的神性一瞥。"③因为面对主的悖论(the Dominical paradoxes),就有两种心理。上帝保护我们,免受其一侵袭。

---

　　①　弗朗索瓦·莫里亚克(François Mauriac,1885—1970),法国文学家、天主教平信徒,诺贝尔文学奖得主。以其文学著作,表达基督信仰主要教义,即罪人在寻求藉恩宠的整体性解放。著有《基督徒的痛苦与幸福》(*Souffrances et bonheur du chrétien*,1931)、《耶稣的生平》(*Vie de Jésus*,1936)等。

　　②　《马太福音》十章21节:"弟兄要把弟兄,父亲要把儿子送到死地;儿女要与父母为敌,害死他们。"

　　③　【原编者注】François Mauriac,*Vie de Jesus*(巴黎,1936),第9章。"Why this Stupefaction?" asked Judas... He loved in Christ his simple view of things, his divine glance at human depravity.

12　看待自我之两途①

（1940）

Two Ways with the Self

　　人们认为，舍己（self-renunciation）很接近基督教伦理之核心。而且确实如此。当亚里士多德赞美某种自爱，我们或许感到，尽管他小心区分合法的与不合法的 *Philautia*（自爱），②在此我们还是碰见了某种本质上是次基督教

---

　　①　选自 *God in the Dock* 第二编第 2 章，首刊于 1940 年 5 月 3 日之《守望者报》（*The Guardian*）。

　　②　亚里士多德在《尼各马可伦理学》卷九第 8 章区分了两种"自爱"。其一是贬义的"自爱"，其一是"真正的自爱"。前者是"为己"或自私的代名词，这样的人凡事只考虑自己，不考虑别人；后者则相当于中国古人所说的"成己"，"总是做使自己高尚［高贵］的事情而不是别的事情"；前者是"按照感情的生活"，后者是"按照逻各斯的生活"；前者"追求实（转下页注）

(sub-Christian)的东西。然而我们却难于决断,该对圣法兰西斯·德·塞尔斯的"论优待自己"①那章作何感想。这里禁止我们沉溺于憎恨,即便是恨自己;还建议我们,即便自责,也应"平和劝谏",②更需同情(compassion)而非激情(passion)。本着同一精神,诺里奇的茱莉安则要我们"细心周到心平气和"(loving and peaceble),不只对我们的"慕道友"(even-Christians),而且对"我们自己"。③ 至于新约,则要我"爱人如己",④要是自我只是恨的对象,这就成了一则

(接上页注)利",后者"追求高尚"。因而,亚里士多德说:"好人必定是个自爱者。因为,做高尚[高贵]的事情既有益于自身又有利于他人。坏人则必定不是一个自爱者。因为,按照他的邪恶感情,他必定既伤害自己又伤害他人。所以,坏人所做的事与他所应当做的事相互冲突。公道的人所做的则是他应当做的事。"(《尼各马可伦理学》1169a:10—15,廖申白译,商务印书馆,2003)

　　① 【原编者注】第三编第 10 章"论优待自己",见《虔敬生活真谛》(Introduction to the Devout Life,Lyons,1609)。【译注】圣法兰西斯·德·塞尔斯(François de Sales,亦译沙尔·法兰西斯,1567—1622),是他那个时代最著名的传道人之一,常被邀请到法国宫廷讲道。其著作《敬虔生活真谛》与《效法基督》齐名,被誉为是修习敬虔生活的最佳入门书籍。(参《天风》杂志 1999 年第 6 期刊登的《敬虔生活真谛》一文)

　　② 【原编者注】'with mind and calm remonstrances'.【译注】原文是拉丁文:avec des remonstrances douces et tranquilles.

　　③ 【原编者注】《神爱的启示》(The Sixteen Revelations of Divine Love),第 49 章。

　　④ 见《马太福音》十九章 19 节;《马可福音》十二章 31 节;《罗马书》十三章第 9 节;《加拉太书》五章 14 节;《雅各布书》二章 8 节。

可怕诫命。可是,我们的主也说,真正的门徒,必须"恨自己的性命"。①

　　我们万不可这样解释这一表面矛盾,说在某节点以下,自爱正确,越过此节点,自爱就错了。这不是个度的问题。有两种自恨(self-hatred),其早期阶段虽然相似,但一个起头就错,另一个则自始至终都对。雪莱②说自厌(self-contempt)是残酷之根源,后来还有一位诗人说他瞧不起那种"恶人如己"的人,他们指的都是一种极为真实且极为非基督(un-Christian)的自恨。这种自恨会使一个人成为魔王,而平常的自私则(至少有那么一会)只使他沦为禽兽。我们这个时代里硬心肠的经济学家和心理学家,忙于分辨自己人品(make-up)里的"意识形态印记"或弗洛伊德式动机,③

---

　　①　《路加福音》十四章 26—27 节:"人到我这里来,若不爱我胜过爱自己的父母、妻子、儿女、弟兄、姐妹和自己的性命('爱我胜过爱'原文作'恨'),就不能作我的门徒;凡不能背着自己十字架跟从我的,也不能作我的门徒。"《约翰福音》十二章 24—25 节:"我实实在在地告诉你们:一粒麦子不落在地里死了,仍旧是一粒;若是死了,就结出许多子粒来。爱惜自己生命的,就失丧生命;在这世上恨恶自己生命的,就要保守生命到永生。"

　　②　雪莱(Percy Byshee Shelley,1792—1822),英国浪漫派大诗人,与拜伦齐名。

　　③　指马克思主义者和弗洛伊德主义者,可参本书第一编第 15 章《布佛氏论证》一文第 2 段。

必然不会知道基督教之谦卑。他或许会以所谓"低看"一切
灵魂而告终，包括他自己的灵魂。这就表露了其理论之玩
世不恭(cynicism)或残酷，或者兼而有之。即便是基督徒，
要是他接受了某些类型的完全堕落教义(doctrine of total
depravity)，也难免此虞。这样去想的逻辑结论，或是受苦
崇拜(worship of suffering)——为他人受苦或为自己受
苦——我们在大卫·林赛(David Lindsay)先生的《大角星
之旅》①中看到的那种受苦崇拜，要是我没读歪的话；或是
极度空虚，莎士比亚在《理查德三世》结尾所描写的那种极
度空虚。理查德挣扎着转向自爱。可是，既然他已经"看
透"一切情感，他也就看透了这一情感。于是自爱就成了套
套逻辑(tautology)："爱理查德的是理查德，就是说，我才
是我。"②

────────────

　　①　大卫·林赛(David Lindsay，1876—1945)，苏格兰小说家，以科
幻小说《大角星之旅》(*Voyage to Arcturus*，1920)闻名于世。该科幻小
说融合了奇幻和哲学，探讨善恶之本质，对路易斯的《太空三部曲》影响
巨大。

　　②　《理查德三世》第五幕第三场，理查德王从噩梦惊醒。他梦见了
所有被他杀害的人的阴魂，于是就有了这段独白："……天哪，小声点，原
来是一场梦！啊，良心，你这个胆小鬼，你叫我多么痛苦。……我害怕什
么？害怕自己吗？这儿并没有敌人。爱理查德的是理查德，（转下页注）

这样说来，看待自我有二途。一方面，自我是上帝之造物，乃爱怜与欢笑之机缘（an occasion of love and rejoicing）；即便可恨之时，也须怜惜，也须救治。另一方面，它是相对于一切他人的一个自我（self），我们称之为"吾"和"我"（I and me），并以此为据要求非理性的优先权。对这一要求，不仅要加以恨恶，而且要加以消灭；恰如乔治·麦克唐纳（George MacDonald）所说，"绝不容它片刻免于永死。"① 对于我就是我的喧嚷，② 基督徒必须发动无尽的战争：他爱且肯定自我本身，对自我之罪则否。他必须加以拒斥的自爱，对他而言，正是个样本，教他应如何对待一切自我（feel to all selves）。他还可以指望，当他真正领会了（这在此生实难做到）爱人如己，他或许能够爱己如人：也即以仁爱（charity）爱己，而非以偏爱（partiality）爱己。相反，另一种

（接上页注）就是说，我才是我。这里有杀手吗？没有。啊，有的，我就是个杀手。那就逃吧！怎么？逃避自己吗？好充足的理由——怕我对我自己报仇。我会找我自己报仇吗？啊，我是爱自己的。为什么爱？因为我对自己干过什么好事吗？啊没有！唉！我倒是因为自己作的孽厌恶自己，我是个歹徒……"（孙法理译，《莎士比亚全集》第3卷，译林出版社，1998，第387页）

　　① 原文是：never to be allowed a moment's respite form eternal death. 未知语出何处。

　　② 原文为：the clamour of the ego as ego.

自恨,就恨自我本身。它一起始,认为唤作"我"的那个特定自我,具有特别价值;后来,在自豪中受伤,发觉这一心爱对象竟如此令人失望;它寻求报复,首先报复那个自我,后来则是一切自我(all selves)。根深蒂固的唯我主义(deeply egoistic),如今成了反转的唯我主义(inverted egoism)①。它的论证,快言快语:"我饶不了自己"——潜台词是"更不必说我不必饶恕他人"——就像塔西佗笔下的那个营帅:"由于他自己受过苦,因此他对别人也就更加残酷。"②

错误的苦行主义折磨自我:正确的则杀死自私。我们必须每日在死:但比起一无所爱,自爱就是好事;比起无所怜悯,自怜也是好事。

───────────

① Egoism 源于拉丁语 ego(我),亦译为利己主义。

② 王以铸、崔妙因译《塔西佗编年史》第一卷第 20 章:"路福斯是从一个多年的士兵升任百人团长,后来又提拔为营帅的。他一直想把过去那极其严格的军纪重新建立起来,他过去是习惯于干活和受苦的,而正是由于他自己受过苦,因此他对别人也就更加残酷。"(商务印书馆,1981,第 21 页)

13 第三诫命之默想^①

(1941)

Meditation on the

Third Commandment

从《守望者报》^②的若干读者来信及刊登在别处的许多信件，我们得知，对一个基督徒"党派"、基督徒"先锋队"或

---

① 选自 *God in the Dock* 第二编第 3 章，首刊于 1941 年 1 月 10 日之《守望者报》(*The Guardian*)。第三诫命(the Third Commandment)指："不可妄称耶和华你神的名；因为妄称耶和华名的，耶和华必不以他为无罪。"(《出埃及记》二十章 7 节)

② 《守望者报》(*The Guardian*)是一份圣公会周报，1941 年曾连载路易斯的《魔鬼家书》。该刊易与今日大名鼎鼎的《卫报》相混淆。其实，《卫报》原名为 *The Manchester Guardian*，1959 年才更名为 *The Guardian*。况志琼、李安琴译《魔鬼家书》第 146 页脚注对此做过分辨："《守望者报》(*The Guardian*)是一份圣公会周报，创刊于 1846 年，于 1951 年停刊，多年来是英国圣公会的一份颇具影响力的报纸。不可与目前仍在发行的英国知名综合日报《卫报》(*The Guardian*)相混淆。"

基督徒政治"平台"的渴望,在渐次升温。期望基督教抨击世界政治,其热诚程度,前所未有:乍一看,由一个基督党(Christian party)实施抨击,再合适不过。然而蹊跷的是,M. 马利坦的《经院哲学与政治学》①一书墨迹未干之时,这一规划的一些难处,已早被置于脑后了。

这个基督党,要么必须只限于条陈何种目的可欲及何种手段合法;要么必须再前进一步,从合法手段中拣择那些它以为可行且灵验的手段,并给这些手段以实际支持。如果选择前者,它就不再是一个政党。因为我们承认确实可欲的那些目的,所有党派几乎众口一声地以此自命——安全,最低工资保障,秩序与自由两种要求之调适。党派之别在其王牌手段(championship of means)。我们不会争论,公民是否应生活幸福,而是会争论,最有可能使他们幸福的,到底是一个平等制国家还是等级制国家,是资本主义还是社会主义,是专制政治还是民主

①【原编者注】Jacques Maritain, *Scholasticism and Politics*, trans. M. J. Adler(London, 1950).【译注】马利坦(Jacques Maritain, 1882—1973),法国哲学家,天主教神学家,新托马斯主义(Neo-Thomism)之代表人物。

政治。

那么,基督党到底会做什么? 菲拉尔克斯,①一名虔诚的基督徒,他深信,此生之福祉只能来自一种基督徒生活(a Christian life),而基督徒生活只能由一个威权国家在社群中加以推广,因为威权国家扫除了可恨的"自由"传染病的最后残余。他想,法西斯主义与其说是恶,不如说是善之倒错。他认为,民主制是个魔,民主制之胜利即基督教之大败。他甚至被诱接受法西斯主义之助,寄希望于他及伙伴们能成为酵母,感化英国法西斯主义者这块面团。斯塔提乌斯,同样虔诚,同样是基督徒。因深切意识到人之堕落(the Fall),故而深信,即便是一丁点凌驾于同胞之上的权力,也不可托付给任何人类被造(human creature)。他急于保护上帝之命(the claims of God),免受恺撒之命(the claims of Caesar)的侵害。在民主制里,他看到基督教自由的唯一希望。他被诱接受现时名流之助,而名流们的商业动机或称霸动机,连基督教的外衣都不披。最后,我们还有个斯巴达克斯,也是个基督徒,也真诚无欺。他像先知或主

---

① 历史上的菲拉尔克斯(Philarchus),原为古希腊历史学家,约活动于公元前 3 世纪后期。此处乃路易斯虚构之人名。

那般斥责富人,他认定,"历史上的耶稣"(historical Je-sus)①被使徒、教父和教会背叛,呼吁我们掀起一场左翼革命。他被诱接受不信教者之助,而这些人却公开宣布自己与上帝为敌。②

三位基督徒所代表的三个类型,大概会走到一块,结成一个基督党。接下来要么随即弄僵(基督党的历史就此终结),要么三派成功扶植一派,并驱散其他两派及其追随者。这个新党——极可能是基督徒之少数,而基督徒又是公民之少数——将因过小而没有影响。在实践中,它就不得不

①　路易斯在《魔鬼家书》第 23 章说,即便一个人的信仰坚定,已不为世俗和肉欲所动,魔鬼仍有办法:不再去从其灵魂中移除灵性,而是"使这灵性腐化变质"。其中,大鬼教导小鬼说,最好的攻击点就在于"神学和政治之间的接界处",因为那些有社会影响力的基督徒政论家正在发表高论,以为后来的基督教传统背离了创建者的教导。现在的引诱策略就是,用自由主义者和人道主义者所发明的"历史上的耶稣"这一概念,鼓励回到"历史上的耶稣":"再次鼓励他们清除后人的'增补和曲解',找到'历史上的耶稣'这一概念,并将其拿来与整个基督教传统作比较。"(况志琼、李安琴译,华东师范大学出版社,2010,第 89 页)此外,每 30 年再变更一次对"历史上的耶稣"的解释,这样,就足以败坏其信仰。

②　菲拉尔克斯(Philarchus),斯塔提乌斯(Stativus),斯巴达克斯(Spartacus),当然均是路易斯虚构的人物。路易斯用拉丁语作人名,是为了暗示其各自立场。查《拉丁语词典》,Philarchus,意为"首领",应指现代政治思想光谱里的反动派(Reactionary);Stativus 意为"固定",应指保守派(Conservative);至于 Spartacus,当然是革命派(Revolutionary),公元前 73—前 71 年,罗马爆发奴隶起义,斯巴达克斯为起义领袖。

依附于在关于手段的信念上与它最近的非基督党——要是菲拉尔克斯胜出就依附法西斯党，要是斯塔提乌斯胜出就依附保守党，要是斯巴达克斯胜出就依附共产党。可问题是，这最后的结果，与基督徒今日看到的处境，有什么两样？

假定这样一个基督党将会获得新力量，能够更化它所依附的不信教的组织，这于理不通。它如何能够？无论它把自己唤作什么，它所代表的，将非全体基督徒（Christendom），而只是其一部分。使得它与教友分开、与其政治同盟联合的那个原则，非关神学。它没有为基督信仰（Christianity）立言的权威；它所拥有的控制其不信教同盟的权柄（powers），充其量只是党员们的政治手腕。然而，还有一件真正的、也最有灾难后果的奇事。它将不仅仅是全体基督徒的一部分，而是以全体自命的那部分。自称基督党这一举动，其潜台词就是，指责所有那些没有入党的基督徒是变节者或叛徒。有种诱惑，撒旦时时刻刻都不放过我们。此诱惑就是，为心仪的观点，索要真正只属于我们的信仰（our Faith）的那种及那程度的确定性和权威。基督党更易受此诱惑。将我们或许还算正当的天生狂热（natural enthusiasms），误认作神圣热忱（holy zeal），这一危险一直都很巨大。使此危险变得更大,还有比授予一小撮法西斯主义者、共产主义者或民主主义者"基督党"称号,更致命的方便法门么? 每一党派与生俱来的魔鬼,时时刻刻准备把自己乔装为圣灵;基督党之建立,意味着把我们所能找到的最有效的装扮(make-up),奉送给魔鬼。一旦乔装成功,人们不久就会遵从他的命令,废除一切道德律(moral laws),并为基督党的不信教盟友想做的任何事情正名。设法让基督徒认为,背叛与谋杀是建立他们所渴望的政权的合法手段,虚假审判、宗教迫害以及有组织的流氓行径则是维持政权的合法手段——如果曾有过这等事的话,那么可以确保,所用的正是基督党的这一套路。中世纪晚期伪十字军、立约同盟者①、奥兰治党②的历史,我们应该牢记在心。良知之判决(the doom of conscience),会降临在那些为其"人言"都要加上"主如斯说"的人的头上。其人言越是有罪,判决越是

---

① 卢龙光《基督教圣经与神学词典》covenanters(立约同盟者)辞条:"17世纪苏格兰长老宗教会立约维护宗教信仰的人,以抗衡英国安立甘主义。"

② 奥兰治党(Orange Order),原名奥兰治社团,绰号奥兰治人。爱尔兰新教政治集团,以英王威廉三世的名字命名。1795年成立,以维护新教和新教的王位继承权为主旨。(参《不列颠百科全书》第12卷412页)

清楚。

所有这一切，都来自于伪托"圣言"，而祂并未如此说过。祂不会替两兄弟分家："谁立我作你们断事的官，给你们分家业呢？"①藉助自然之光（the natural light）②，祂晓谕我们，什么手段合法：为找到哪个手段灵验（efficacious），祂赐予我们头脑。其余的事，祂留给我们。

M. 马利坦曾约略提及，基督信仰（与僭称代表它的分裂派相对）能够影响政治的唯一途径。不从国教者（non-

---

①　《路加福音》七章13—14节：众人中有一个人对耶稣说："夫子，请你吩咐我的兄长和我分开家业。"耶稣说："你这个人，谁立我作你们断事的官，给你们分家业呢？"

②　尼古拉斯·布宁、余纪元编著《西方哲学英汉对照辞典》（人民出版社，2001）natural light（自然之光）辞条：

［拉丁文 *lumen naturale*，亦称"理性之光"（*lux rationis*）］17世纪哲学家一般把它看作有望能在某些基本问题上达成共识的全体人类共同享有的普遍官能。笛卡尔特别喜欢用这个词指认识的清晰透彻状态。以这种方式出现于理智面前的真理是不容否认、不可怀疑的。每当笛卡尔希望为进一步的证明提出某些基本前提作为基础时，他都把理性之光当做权威。他把直觉界定为心灵通过自然之光清楚无疑构想的东西，从而将自然之光这个概念同"直觉"联系起来。根据这个观点，自然之光可以通过科学研究而得到发展，但如果我们不能对理性加以关注，自然之光也可以变得昏暗。

"认识的自然之光或官能是上帝给我们的，就一个对象的确被这个官能所包含，即就一个对象被清楚明晰地知觉而言，它决不会把任何不真实的对象包含进来。"——笛卡尔：《哲学著作集》（科庭汉姆等译），1985年，第一卷，第203页。

conformity)影响英国现代史,不是因为有个不从国教党(Nonconformist Party),而是因为有个一切党派必须纳入考虑的不从国教之良知(Nonconformist conscience)。任何政党成员,都指望着向政党索取一张关于目的和手段之允诺的清单,作为他的支持之回报。这张清单,一个跨教派的基督徒选民组织(an interdenominational Christian Voter's Society)也列得出来。比起任何"基督徒先锋队"来,这样一个组织声称代表基督教界,可能要真实得多。出于此理由,我大体上应对基督徒不可推卸的本分(membership)及顺从(obedience),做好准备。"这样,一切说到头就是跟国会议员作文字纠缠。"是的,仅此而已。我想,这样的纠缠,集鸽子与蛇于一身。① 我想,它意味着政党们都小心翼翼不疏远基督徒的一个世界,而不是基督徒都不得不"忠于"无信之党派(infidel parties)的一个世界。最后,我想,少数人只有藉着"纠缠"或藉着成为一种新式欧陆"政党"(也即杀人者和勒索者结成的秘密组织),才能影响政治。基督徒不可能这样。不过我差点忘了,还有第三条路——藉着成为

---

① 典出《马太福音》十章 16 节:"所以你们要灵巧像蛇,驯良像鸽子。"

多数人。谁使邻人归信,谁就采取了最为切实的基督徒政治举措。①

---

① 　路易斯《返璞归真》卷三第 3 章,亦论及教会与政治的问题,足可与本文对参。其中说:

人们说"教会应当领导我们"。如果他们对教会和领导的理解正确,这句话就对,如理解错误,这句话就不对。他们所说的教会应该指在行为上实践基督教导的全体基督徒;"教会应该领导我们"应该指一些基督徒,那些具备合适才能的人,应该做经济学家和政治家,所有的经济学家和政治家都应当是基督徒,他们在政治和经济学上所作的一切努力都应该以实施"你们愿意人怎样待你们,你们也要怎样待人"为目的。倘若这一切真的实现,其他的人也乐意接受这一事实,我们很快就能找到基督教解决我们各自社会问题的答案。但是实际上,当人们要求都会领导时,大多数人的意思是希望神职人员提出一个政治计划。这是愚蠢的。神职人员是教会内部接受特殊训练的一批人,他们专门负责有关我们永生的事务,而我们却叫他们从事一项完全不同的工作,在这方面他们没有接受训练。这项工作实际上应该由我们平信徒来承担。将基督徒的原则应用于工会工作或教育上,这应该由身为基督徒的工会领导或校长来做,正如基督教文学由基督徒小说家和戏剧家创作,而不是由主教们业余时间聚集在一起创作一样。(汪咏梅译,华东师范大学出版社,2007,第 91 页)

14 断 章①

(1945)

Scraps

1

    "是啊,"友人说,"我实在看不出,为何天堂里就不应有书。你会发现,你在天堂里的图书馆,只藏着你在尘世的部分藏书。"

    "哪些书?"我问。

---

①   选自 *God in the Dock* 第二编第 7 章,首刊于《圣雅各杂志》(*St James*,*Magazine*,1945 年 12 月),该刊由南波特市伯克戴尔的圣雅各堂(St James'Church)发行。

"你扔掉的或借出去的。"

"但愿我借出的那些书,不会还留着借书人的脏指印。"我说。

"啊哦,它们还会留着,"他说,"可是就像殉道者的伤口,会变为美。你也会发现,那些指印已变成美丽的金光闪闪的大写字母或页边上稀世木刻画。"

2

"天使们,"他说,"没有五官;他们只有理智的、属灵的经验。关于上帝,我们知道一些事,他们却不知道,原因就在这里。祂的爱和喜乐,某些方面只有藉助感性经验,才能传递给被造。关于上帝,六翼天使撒弗拉终身难知的一些事,却经由蓝天、蜂蜜,经由水之抚摸,无论清凉与温热,甚至经由睡眠,流向我们。"

3

"你老拖累我,"我对肉身说。

"拖累你!"肉身回答说,"我正想说说这事呢! 谁教我喜欢抽烟喝酒的? 当然是你,是你那青春期想'长大'的愚蠢念头。我的味觉起初很不情愿,可你一意孤行。谁给昨晚那些愤怒想法和报复念头一个了断? 当然是我,我敦促你上床睡觉。是谁通过口干舌燥、头昏脑涨、消化不良,竭尽全力让你少说少吃,呢?"

"那……性又怎么回事?"我说。

"对啊,性又怎么回事?"肉身反唇相讥,"要不是你,还有你那扭曲的想象力,搅扰我,我不会给你带来麻烦。灵魂好像正反都有理;你命令我,接着又怪我执行命令。"

4

"为某事祈祷,"我说,"在我看来,一直就像建议上帝如何治理俗世。假定祂无所不知,难道不更明智?"

"基于同样原理,"他说,"我猜,你从未请求坐在你旁边的人,帮你把盐递过来,因为上帝最知道,你是否应当吃盐。我猜,你从未带过伞,因为上帝最知道,你是否应被淋湿。"

"那截然不同,"我反抗道。

　　"我看不出为何不同,"他说,"怪就怪在祂竟让我们影响事件进程。可是,既然祂让我们以此方式参与,我就看不出,祂为何不应让我们以彼方式参与。"①

---

① 详参本书第二编第 5 章"人事与天命"。

15　生物解剖[①]

（1947）

Vivisection

关于活体解剖，在这个世界上要听到理性讨论，真是难上加难。那些否弃活体解剖的人，常被斥为"滥情"（sentimentality），而且他们的论证也验证了这一斥责。他们描绘的画面，都是可爱的小狗在解剖台上。可是，另一方恰好也面临着同一指控。他们为之辩护，所描绘的画面则是痛苦不堪的妇女儿童，只能靠活体解剖的成果来减轻他们的苦

---

① 选自 *God in the Dock* 第二编第 9 章。1947 年，首刊于新英格兰反活体解剖协会（New England Anti-Vivisection Society）的一本小册子。本文所论，亦可见路易斯"太空三部曲"之三《黑暗之劫》（*That Hideous Strength*，1945）。

痛(我们这就放心了)。跟前者一样显而易见,后者也诉诸情感,也诉诸我们叫作怜悯的特定情感。两者之诉求,什么都没证明。要是此事乃正确之事——要是根本正确,那就是个义务——那么,为履行义务,怜悯动物就是我们必须克服的诱惑之一。要是此事乃错误之事,那么,怜悯人类苦痛,正好是最有可能使我们做错事的诱惑。而真正的问题——此事是对是错——仍然原封不动。

理性讨论这一论题,一开始就要问,痛苦是不是一种恶。要是痛苦并非恶,那么,反对活体解剖就宣告破产。支持活体解剖,也如此。辩护若非根据减轻人类苦痛,还有何根据可为之辩护?我们因而必须把痛苦是恶,设定为整个讨论的一个基础,否则就没有什么可讨论的。

现在,假如痛苦是一种恶,那么施加痛苦,就其自身而论,显然必定是一种恶行。可是总有一些事情,作为必要的恶(necessary evils)而存在。一些举措就其自身而言是坏事。可是,当它们是更大的善的必要手段之时,却有情可原,甚至值得称道。我们说施加痛苦仅就自身而言是一种恶,但我们并没有说,永远不应施加痛苦。我们绝大多数人认为,为了好的目标,施加痛苦就名正言顺——比如拔牙,比如正当且能感化人的刑罚。关键在于,它一直需要正名(justifi-cation)。我们发现谁人在施加痛苦,谁人就有责任说明,为什么在此特定情形下,本身是坏事的举措却是好事一桩。当我们发现有人在提供快乐,(要是我们批评他)证明其行为错误,是我们的事。然而,当我们发现有人施加痛苦,证明其行为正确,却是他的事。要是他不能证明,那他就是个坏人。

这样说来,活体解剖要想得到辩护,只有靠表明,一个物种应受苦而另一物种应更幸福是正确的。这时,我们来到了岔路口。活体解剖的基督教辩护者和普通"科学主义"(即自然主义)辩护者,不得不走上不同路线。

基督教辩护者,尤其是拉丁国家的,极容易说,我们对动物随心所欲乃名正言顺,因为它们"没灵魂"。可是,这话什么意思? 假如它意味着动物没有意识(consciousness),那么,怎么知道的? 动物的某些行为显得它们好像有意识,或者至少说高级动物有。虽然我本人也倾向于认为,具有那种应被认作意识的东西的动物,比我们设想的要少很多。① 可这只是一家之言。除非我们有其他根据得知活体解剖之正

---

①　参见路易斯的《痛苦的奥秘》(邓肇明译,香港:基督教文艺出版社,2001),也可参见本书第二编第 10 章《动物的痛苦》一文。

确,否则,我们万万不可仅仅基于一家之言,去冒折磨动物的道德风险。另一方面,它们"没灵魂"这一陈述,或许意思是说,它们没有道德责任(moral responsibilities),并无永生(not immortal)。可是这一意义上的"没灵魂",使得给它们施加痛苦更难正名(justify),而不是更容易。因为这意味着,动物之痛苦不可能是罪有应得(deserve),不可能是有道德进益的痛苦磨练,也不可能是会有来世补偿的今生苦难。于是,就人而言,使得痛苦尚可忍受、使得它并非全然是恶的全部因素,就动物而言则付诸阙如。"没灵魂",只要它与活体解剖问题根本相关,就是对活体解剖的一个反驳。

对于基督教活体解剖论者来说,要采取的唯一一条理性路线就是去说,人高于动物是个真正的客观事实,启示(Revelation)保证了这一点,禽兽为人做出牺牲之正当性就是其逻辑结论。我们"比许多麻雀还贵重"。① 我们这样说,并非因这一物种是我们自己而自然而然就有一种偏袒,而是遵照上帝所创造的尊卑有等的秩序(a hierarchical or-

---

① 《马太福音》十章29—31节:"两个麻雀不是卖一分银子吗?若是你们的父不许,一个也不能掉在地上。就是你们的头发也都被数过了。所以,不要惧怕,你们比许多麻雀还贵重。"

der)。这一秩序确实体现在宇宙之中,不管是否有人体认到它。这一立场或许并不令人满意。我们或许不明白,一位仁爱的神(a benevolent Deity)如何希望我们从祂所创造的尊卑有等的秩序之中,得出这样一个结论。我们或许发现,很难找到这样的说辞,申明(formulate)人有权折磨动物,同时又不隐含着天使有权折磨人。而且我们或许会感到,说人客观上优越(objectvie superiority),是没错,可是这个优越应当部分在于,不像一个活体解剖者那般行事。要证明我们优于动物,恰恰要藉助这一事实:我们体认到对它们的义务,而它们不会体认到对我们的义务。不过,在这一切问题上,观点分歧都是开诚布公。假如根据我们的真实的、神授的优越(superiority),一位基督徒病理学家认为活体解剖没错,并在活体解剖之时,哪怕一丝一毫的不必要的痛苦都小心避免,为他所承担的责任而战战兢兢心存敬畏,并真切感受到人类生命必须具有的高风亮节(high mode)——假如人类想藉此为牺牲动物正名的话,那么,(无论我们是否与他意见一致)我们也能尊重他的观点。

可是,绝大多数活体解剖者并无这种神学背景。他们绝大多数都是自然主义者或达尔文主义者。而在这里,我们的确碰见一个令人瞠目的事实。他们会带着最大鄙夷，把对动物所受折磨的任何考虑扫在一旁，要是它挡住了"研究"去路的话。可正是同一批人，在另一语境中，最激烈地否认人与其他动物有何巨大差异。在自然主义者看来，禽兽究其根本，跟我们自身是同一种（sort）事物。人不过是最聪明的类人猿。基督徒会拿来为活体解剖辩护的全部根据，因而被拦腰斩断。为我们自己这一物种牺牲其他物种，并非因为我们这一物种相对于其他具有任何客观的形而上特权（objective metaphysical privilege），而只是因为这一物种是我们。忠于我们自己物种，或许极为自然而然。可是，我们无需再听自然主义者的陈词滥调，说反活体解剖论者就是"滥情"（sentimentality）。忠于自己物种、偏袒人，只是因为我们是人——假如这不是一种情操（sentiment）①，那

---

①　sentiment 作为伦理学关键词，尤指道德感情，汉语界一般译为"情操"。如亚当·斯密的名著 *The Theory of Moral Sentimens*，汉译《道德情操论》。拙译亦译为"情操"，一则是依通例，二则以与 feeling（拙译感情或感受）与 emotion（拙译情感）相分别。sentiment 成为伦理学关键词，与伦理学中的"情感主义"（sentimentalism）思潮有关。《牛津哲学词典》（上海外语教育出版社，2000）解释作为道德理论的 sentimentalism 说："尤其与夏夫兹博里、哈奇森及休谟联在一起的道德理论立场，将伦理学建基于同情之类情感之上。与它尤其形成对立的是，认为伦理学乃理性或启示之判决的观点。"

什么是情操？它或许是好的情操，或许是坏的情操。可是，它定然是一种情操。努力把它付诸逻辑，看看会发生什么！

现代活体解剖，其最为凶险之处就在这里。要是单单一种情操（a mere sentiment）就能为残忍正名，为什么走到对全人类之情操这里，就裹足不前了呢？还有一种情操爱白人恨黑人，爱统治民族恨非雅利安人，爱"文明"或"进步"人士恨"未开化"或"落后"人士。最后还有爱自己的国家、党、阶级，恨其他。人与禽兽绝不同类这一古老的基督教观念，一旦放弃，我们再就找不到任何论证，为动物实验辩护的同时，却又不为拿低等人做实验辩护。要是我们割弃禽兽只是因为它们不能保护我们，因为我们在生存竞争中背水一战（backing our own side），那么出于同一理由，割弃低能儿、罪犯、仇敌或资本主义者就合乎逻辑。实际上，拿人做实验（experiments on men）已经开始。我们都听说，纳粹科学家已经在做。我们都疑惧，我们自己的科学家或许随时可能开始偷偷去做。①

---

①　钱锟译《神迹》一书（台北：雅歌出版社，1999）之译注："路易斯的预言至少在美国已经证实了。美国政府今年承认在二次大战期间，曾秘密用人们做细菌战及原子辐射的实验。在二次大战期间，日本军阀也曾用中国战俘作实验。"

　　我们当醒觉,活体解剖者已经赢得首轮胜利。在十八
十九世纪,人反对活体解剖,不会被贴上"怪人"(crank)标
签。要是我没记错的话,路易斯·卡罗尔①在他那封伟大
书信里反对活体解剖的根据,就是我方才用的。② 约翰逊
博士——此人心中的铁石(*iron*)不亚于任何人——在读
《辛白林》的一则札记中反对活体解剖,值得全文引用。在
第一幕第五场,王后向医生解释说,她要拿这种毒药做实
验,"在那些不值得用绳子勒死的畜类身上试一试你这种药
品的力量——当然我不会把它用在人身上的"。医生答道:

　　娘娘

　　这种实验不过会使您的心肠变硬。③

---

　　①　路易斯·卡罗尔(Lewis Carroll,1832—1898),《爱丽丝漫游奇
境》之作者,英国数学家、逻辑学家、童话作家、牧师、摄影师。

　　②　【原编者注】'Vivisection as a Sign of the Times',*The Works of
Lewis Carroll*, ed. Roger Lancelyn Green (London, 1965), pp. 1089—
1092. 亦可参 'Some Popular Fallacies about Vivisection',同上书, pp.
1092—1100.

　　③　典出莎士比亚《辛白林》第一幕第五场,见《莎士比亚全集》(译林
出版社,1998)第七卷,第108页。

约翰逊评论说:"如果莎士比亚能活到今天,看见报导现今科学实验的文章,一定会大大震惊。当他眼见这类人施酷刑毫无恻隐之心,口出大言绝不羞愧,生活在人群之中仍然挺胸昂首,不接受任何责难的话,莎士比亚一定会改写这一场,更强烈地发挥它的主旨。"①

这是他的话,不是我的。实际上,在这些日子里,我们不大敢用这种不动声色的严厉文字。为何不敢,原因就在于另一方事实上已经获胜。尽管残忍对待动物就已是大事一桩,但是,他们的胜利则是更重大之事体的表征(symptomatic)。活体解剖的胜利,标志着一个大跃进,标志着无情的、非道德的功利主义战胜了伦理律法的古老世界。在这一胜利之中,我们以及动物,都已经是受害者(victims);关于这一胜利,达豪和广岛标志着其最新进展。② 在为残

---

① 【原编者注】*Johnson on Shakespeare*:*Essays and Notes Selected and Set Forth with an Introduction* by Sir Walter Raleigh (London, 1908), p. 181.【译注】该书暂无中译文。拙译抄录钱锟译《神迹》(台北:雅歌出版社,1999)一书之译文。

② 达濠(Dachau),纳粹德国的第一个集中营,1933 年 3 月 10 建立。德国医生和科学家在这里建立各种实验室,用人做实验。广岛,世界上第一个受原子弹攻击的城市。1945 年 8 月 6 日,美国空军在广岛投下一枚原子弹,城市大都被毁,死亡人数 7—8 万。

忍对待动物正名之时,我们也将我们自己置于动物水平。既然选择了丛林,我们就必须承担其后果。

你会注意到,我并未花费时间讨论,实验室里实际上发生了什么。当然,我们将被告知,那里的残忍出奇地少。目下,这一问题与我毫无关系。我们必须首先决定,什么应得到允许:在此之后,发现已经做了什么,则是警察的事。

16 幕　后①

（1956）

Behind the Scenes

孩提时，大人领我去看戏。那时，我最感兴趣的是戏台布景。这并非审美兴趣。毫无疑问，园林、阳台及宫廷的爱德华时代"布置"，当时看来，要比现在中看。可这与我的兴趣无关。丑陋布景也会合我心意。更谈不上我会把布景错当作现实了。相反，我相信（也希望）舞台上的一切东西，都比其实际更造作（artificial）。

当演员上台，一副现代普通装扮，我那时从未相信，

———————————

① 选自 *God in the Dock* 第二编第 13 章，首刊于《时代与潮流》（*Time and Tide*），1956 年 12 月 1 日。

他身着真正的套装，以普通穿法穿着名副其实的马甲和裤子。那时我想，他穿着——我不知怎地就感到他应该是穿着——某种戏服，浑身披挂一块布，扣子就在背后某个不起眼的地方。戏台上的套装应当不是套装；它应当是某种很不相同的东西，不过（乐趣就来自这里）从观众席上看则像个套装。或许，这就是我那时为什么一直相信，甚至长大之后还相信凉茶论（Cold Tea theory）；直到有一天，还真有位演员向我指出，一个人要是在一家伦敦剧院演主角，就能够而且必定宁愿自掏腰包去喝真正的威士忌（要是剧情需要的话），而不会在每晚饭后不久就喝杯凉茶。

他没说对。我那时深知，布景只是绘了画的帆布；台上的房子和树，从背后去看，看起来根本就不像房子或树。我的兴趣就在这里。我家的玩偶剧场，魅力也在这儿。这里，我们亲手制作布景。你把卡纸剪成塔形，涂上颜料，背后沾上一块普通儿童积木，使之直立。惊喜在于跑前跑后。你走到台前，这里有你的塔楼；你走到幕后，那里——粗糙的褐色卡纸及一块积木。

在真正剧场，你无法走到"幕后"，可那时你知道它应是一样。演员闪入两侧的当儿，他就进入一个不同世界。我知道，那个世界没什么特别美丽或奇妙之处；必定有人告诉过我——无论如何我相信——那世界倒是乱糟糟的一团，地板上没地毯，墙只是用石灰刷了一下。魅力就在于，三大步就能走入或迈出一个世界。

我那时想当演员，不是（在那个年龄）为了出名或掌声，而只是为了有此转换特权（privilege of transition）。从化妆室、光秃秃的墙、没啥意思的走廊出来——而且是突然出来——进入阿拉丁宝洞①或达林的育儿室②或无论其他什么地方——成为你所不是之人并身处你所未处之地——这看上去最让人眼热。

最妙的是，当台上房间后门打开的当儿，露出一个小通道——当然并非真实通道，其墙壁只是帆布，为的是说明（我知道是假的）台上的假房间就是整座房屋的一部分。"你看这就是从镜子里能看到的房间——它跟咱们的屋子

---

① 阿拉丁宝洞（Aladdin's cave），典出《天方夜谭》，阿拉丁是故事《阿拉丁神灯》的主人公。
② 达林（Darling）先生，詹姆斯·巴里（J. M. Barrie，1860—1937）的儿童文学作品《彼得·潘》中三个孩子的父亲。

一模一样——只不过一切都翻了个个儿。"爱丽丝对凯蒂
猫说。① 可是台上通道并不要人去猜。我知道它"外面"大
不相同,根本已不再是通道了。

　　我那时嫉妒那些在台前包厢里的孩子。我要是坐得这
么靠边,那只要伸一下脖子,就能瞥见那假通道,而且实际
看到它不再是通道的那个临界点:实存(the real)与表象
(the appearant)之界点。

　　数年以后,我到了"幕后"。戏台是为一出伊丽莎白时
代的戏搭建的。后面的幕布代表着宫廷前面,上面还带着
一个能用的露台。我站在(从一个视点看)那个宫廷露台
上;实际上(从另一视点看)我站在一块下有支架的木板上,
透过幕布上的一个方洞往外看。那个当儿,真是得意至极。

　　现在我纳闷,凡斯种种背后是什么? 要是有点什么,原
因何在? 我不反对纳入弗洛伊德式解释,只要不纵容它们
排斥其他解释。我想有人会认为,它可能与幼儿对女性身

----

　　① 原文是"You can see just a little peep of the passage in Looking
Glass House… and it's very like our passage as far as you can see, only
you know it may be quite different on beyond." Thus Alice to Kitten. 语出
路易斯·卡罗尔(Lewis Carroll)《爱丽丝镜中奇遇记》第一章。

体的好奇心交织在一起。可感觉根本不像啊。"当然不像了",他们将回答说,"你不要指望相像;只不过——我们看看什么才是个好类比(a good parallel)——这么说吧,戏台上的房间和树林(从台前看),同样也不像那布满灰尘、四处漏风、只刷了白的'后台'前面,搭起来的一堆奇形怪状的条条布布。"

这类比一点不差。情结(complex),在无法想象的无意识中,蠢蠢欲动。后来,情结猛然化身(transforming itself),(只有通过这一化身才能获得允许)跨入我永远能够直接了解的"心灵"。这确实特别像一个演员,带着自己的没有戏份的表情,在光秃秃的四处漏风的"台下"晃荡,却猛然显身为育儿室里的达林先生或山洞中的阿拉丁。

可是怪就怪在,恰如可以让我一开始提到的快乐适合于弗洛伊德理论,我们也可以让弗洛伊德理论适合于它,都一样的容易。我们在深层心理学中所得到的快乐(就连我都得到了一些)本身,难道就不是对比"幕后"和"台前"之快乐的一个实例?我开始琢磨,剧场的对比令我等动心,是否因为它就是某种共相(something universal)的一个现成象征。

种种事物,事实上,都做着演员经由戏台两翼时所做的同样事情。光子或光波(或者不管叫作什么),经由空间,从太阳走向我们。从科学意义上讲,它们是"光"。可是,当它们进入大气,它们成了另一种意义上的"光":普通百姓称之为阳光或白天,我们在其中行走并观看的蓝色、灰色或绿色光辉。因而,白天就是一种戏台布景(stage set)。

其他的波(这次是空气波)抵达我们的耳鼓,沿着一根神经上行,挑动我们的大脑。所有这一切都在幕后,悄无声息;就像白色通道(whitewashed passages)里,并无戏剧一样。接着,不知怎地(我尚未看到有人做过解释),它们走上戏台(没人能告诉我这戏台在哪里),比如说变成了朋友的腔调或《第九交响曲》。当然,邻居的无线电也算——演员或许走上戏台,在一部滥戏中,扮演一个蠢话连篇的角色。可是,这里一直有一种转换(transformation)。

生物需要(biological needs)——无论是它导致了临时的生理状态,还是临时生理状态刺激了它——爬进年青人的大脑,登上一个神秘莫测的戏台,显身为"爱"——(由于一切种类的戏都在这里上演)它或许就是但丁讴歌的爱,或许是圭多（Guido）的爱，①或伽苊（Guppy）先生的爱。②

　　我们可以将这一对比称之为实存（Reality）与表象（Appearance）。不过，"表象"一词总有贬抑之嫌，而首先在剧场碰见该对比这一事实，或许能让我们免受此虞。因为在剧场，要务（the thing）当然是戏，是"表象"。台后的一切"实存"，都是因表象而存在，而且也只有在促成了表象的情况下才有价值。叔本华讲述的两个日本人去一家英国剧院看戏的故事，是个中性的好寓言。一个人一门心思想想弄明白这出戏，尽管他对英语一字不识。另一个人则一门心思想弄明白布景、灯光和其他舞台装置如何运作，尽管他从未去过剧场幕后。"在这里，"叔本华说，"你碰见了哲学家和科学家。"③不过，在"哲学家"的位置，他蛮可以写上"诗人"、"恋人"、"崇拜者"、"公民"、"道德主体"或"平头百姓"。

_____

　　① 　【原编者注】Robert Browning 的《指环与书》（*The Ring and the Book*）的主要人物之一。

　　② 　狄更斯的《荒凉山庄》中的一个人物。

　　③ 　查中译本《叔本华论说文集》（范进 等译，商务印书馆，1999），其中有这样一则寓言故事："两个在欧洲旅行的中国人第一次进入剧场。其中一个专心琢磨戏剧的情节，并猜着了故事的来龙去脉。另一个则尽管语言不通却试图弄懂每一部分的含义。在这里，你可以明白天文学家和哲学家的区别。"（第497—498页）。

然而注意,叔本华的寓言在两个方面面临破产。头一个日本人满可以设法学英语;可是,关于正在上演的这部宇宙大戏的语言,即便有人给过我们语法书或词典,我们能找到老师么?一些人(我是其中之一)会说能找到,另一些人则说不;会争论不休。第二个日本人满可以设法——他可以打电话或拿个介绍信——获准进入幕后,亲自去看台下事物。最次最次,他也能知道有台下这回事。

这两样优势,我们都没有。没人能去"幕后"。在任何正常意义上,没人能够遇见或体验一个光子、一道光波或无意识。(在剧场里"去幕后"为什么激动人心,这就是原因之一;我们在做着绝大多数情况下的不可能之事。)究其根本,我们甚至都拿不准有这回事。它们是构造物(constructs),是假定出来以解释说明我们的体验的事物,它们本身则永远不会得到体验。虽然可以假定它们有极大的可然性(probability),可是,它们终究是假设(hypothetical)。

甚至连台下演员之存在,也是假设。或许,上台之前,他们就不存在。而且,即便他们存在,由于我们没法去幕后,他们的台下生活和性格,或许与我们所设想的大相径庭,而且彼此也很不相像。

17 复兴抑或衰微[①]

(1958)

Revival or Decay?

"可是,当今西方对宗教的兴趣,"校长说,"巨大甚至有增无减,难道你否认?"

这个问题,不属于我发觉可以轻易作答的那一类。"巨大"(great)与"有增无减"(growing)仿佛更像是涉及统计数字,而我并无统计数字。我推测,是有过相当广泛的兴趣。但我拿不准,校长对此事之解读是否正确。在绝大多数人都有一种宗教信仰的日子里,"对宗教的某种

① 选自 *God in the Dock* 第二编第 14 章,首刊于《笨拙周刊》(*Punch*),1958 年 7 月 9 日。

兴趣"所意指的东西,很难存在。因为,虔敬之人(reli-gious people)——也即,变得虔敬的那些人——当然不是"对宗教感兴趣"。那些心怀诸神的人,敬拜诸神;只有旁观者(spectator),才把这形容为"宗教"。酒神女祭司想的是狄奥尼索斯,而不是宗教。略加修改,这也适用于基督信仰。一个人,当真领受某一神灵(a deity)之时,正是其对"宗教"之兴趣的终止之日。[①] 他有了其他事情,念兹在兹。我们如今能轻而易举搞到一个听众去讨论一下宗教,并不证明更多的人变得虔敬。它其实证明了,存在着大量的"流动票"(floating vote)。每一归信,都会将此潜在听众削减一分。

---

① 路易斯严分"宗教"与归信。他在《飞鸿22帖》(黄元林等译,校园书房,2011)中说:"不管怎样,我很明白一个真心愿意爱神及爱人的人到头来会厌恶'宗教'这个词儿。顺带一提,'宗教'这词语从未在新约中出现过。"(第53页)他认为,宗教一词背后至少有两个危险:(1)手段遮蔽甚至取代了目的;(2)仿佛神是生活的一个部门的主管。他说:

以"宗教"代替了神,好像以"航行"代替到达终点,以"争战"代替胜利,以"追求"代替婚姻,或概括地说,以"途径"(means)代替目标(end)。就是对今生而言,"宗教"这观念本身就有它的危险。它使人想到这是生命中的另一个部门——在经济、社交、学术、娱乐等之外的加添部门。但要求所有的那位不可能只有一个"部门"而已。若然生活的全部不都应属神管辖,那"神"就是一个虚幻的假象而已。我们生命中实在没有"非宗教"的活动(non-religious),只有"宗教的"(敬虔的,religious)和"'违反'宗教的"(不敬虔的,irreligious)。(第53—54页)

一旦舆论气候容许形成这等流动票,我就看不出理由,为何它就应迅速消逝。犹豫不决,往往十分诚实,也十分自然。可是,认识不到它无关大碍,则有些糊涂。游移不定(floating)是左右逢源(agreeable operation);而无论选择哪条路,则都有其代价。真正的基督信仰与一以贯之的无神论,都对一个人有其要求。可是偶尔之间,并视为一种可能性,只承认一种抉择之全部舒适之处而不承认其规矩——乐享另一选择之全部自由而不接受其哲学或情感禁戒(abstinence)——好吧,这或许是真诚的,但是,没有必要假装这样并不舒坦。

"难道你会进一步否认,"校长说,"在受教育程度最高的圈子里,跟上个世纪相比,基督信仰得到了更多尊重?知识界正在转向。看看马利坦、看看柏格森,看看……"

可是我不会为此感到高兴。归信的知识人当然是我们时代的代表人物。可是,要是这一现象不是出现在知识界(科学家除外)几乎跟整个人类失去接触、不再对之产生影响的时刻,[1]那么,它会更有帮助。我们最受尊敬的诗歌和

---

① 知识分子之专业化,在路易斯看来,就是知识之死亡。详见本书第一编第 1 章"论时代分期"第 6 段。

评论，只有我们最受尊敬的批评家和诗人阅读（他们通常不大喜欢这些读物），此外则无人留意。① 文化素养高的人群（highly literate people），索性无视"雅士们"（Highbrows）在干什么，其数目越来越大。雅士所说与他们毫无关系。雅士反过来无视或侮辱他们。因而，来自知识界的归信，不大可能有广泛影响。它们甚至会引起某种可怕的疑虑，即基督教本身已经成为整个"雅士唱和"（Highbrow racket）的一部分，就像超现实主义及类人猿的绘画，被纳为"吓唬资产阶级"②的另一种方法。这样说，无疑不大厚道；可是，知识界就他人曾说过无数不厚道话。

"可是再说了，"校长低声说，"即便在那并无或者说至今尚无明确宗教（explicit religion）之处，难道我们就没看见，人们正在重振旗鼓去捍卫一些标准？无论是否得到承认，这些标准都是我们精神遗产的组成部分。西方的——

---

① 路易斯在《文艺评论的实验》第 10 章说，诗歌王国的古今之变就是，诗歌由古代之"帝国"沦落为现代之"行省"，再由"行省"沦落为一个"保护区"。

② "吓唬资产阶级"（shocking the bourgeois），是现代艺术中此起彼伏的"先锋派"常用的口号。可详参巴尔赞《艺术的用途和滥用》（严忠志译，浙江大学出版社，2009）第 64 页前后。

难道我不可以说是基督教的——价值……"

我们都皱起眉头。尤其是我,猛想起在用作皇家空军小教堂的瓦楞铁房,一位年青军队牧师祈祷说:"主啊,教我们去爱你所代表的那些事物吧。"他完全真诚,而且我情愿相信,所说的那些事物无论是什么,都包括某些超出且好过"西方价值"的东西。可是……他的话在我看来所隐含的一个观点,与基督教并不兼容,甚至可以说与任何严肃的有神论都不相容。准此观点,上帝并非标竿(goal)或目的(end)。祂(何其幸运啊!)得到启蒙;祂有了或"代表了"正确理想。祂因此而得到珍视。无可否认,祂被视为一位领袖(a leader)。可是,一位领袖当然领向他自身之外的某种事物。这个其他事物才是标竿。① 这就与"你造我们是为

---

① 海德格尔在《林中路》中,这样解释尼采的"上帝死了"一语:"对上帝和超感性世界的最后一击就在于,上帝,这个存在者之存在者(das Seiende des Seienden),被贬低为最高价值了。对上帝的最猛烈的一击,并不是上帝被认为是不可知的,也不是上帝的存在被证明为不可证明的,而是:被认为是现实的上帝被提升为最高价值了。因为这一击并非来自那些不信上帝的游手好闲之辈,而是来自那些信徒及其神学家们,这些人夸夸其谈,谈论一切存在者的至高存在者(das Seiendsten alles Seienden),而向来不想去思考存在本身,以便从中能够认识到:从信仰方面看,这种思想和那种谈论,如果它们去干涉信仰神学的话,就都不外乎是一种渎神。"(孙周兴译,上海译文出版社,1997,第264页)

了你,我们的心若不安息在你怀中,便不会安宁"①差之千里。酒神女祭司还更虔敬些。

"宗教的替代品既然不足信,"校长接着说,"科学与其说成了神,不如说成了妖。马克思主义者的人间天堂——"

有一天,一位女士告诉我,她曾向一个女孩提及死亡,这女孩说:"哦,等我到了那个年龄,科学就会对它有办法了!"②我也记得,在头脑简单的听众面前争论,我发现这一坚定信念:无论人类出了什么问题,长远看来(而且并不特别久远),"教育"都会使之恢复正常。这就让我想起了,我实际碰到的接近"宗教"之"路径"。一张匿名的明信片给我说,我因宣布信童女生子(the Virgin Birth),就应被当众鞭笞。有人向一位杰出的文人无神论者(literary atheist)引

---

① 原文是"Thou hast made us for Thyself and our heart has no rest till it comes to Thee."语出奥古斯丁《忏悔录》卷一第1章。更长一点的引文是:

一个人,受造物中渺小的一分子,愿意赞颂你;这人遍体带着死亡,遍体带着罪恶的证据,遍体证明"你拒绝骄傲的人"。

但这人,受造物中渺小的一分子,愿意赞颂你。

你鼓动他乐于赞颂你,因为你造我们是为了你,我们的心若不安息在你怀中,便不会安宁。(周士良译,商务印书馆,1963,第3页)

② 在第一编第20章"最后的访谈"中,路易斯说,是他妻子向一位年青女友提及死亡。

见我，他嘴里嘟囔，顾左右而言他，并迅速走到房间的另一端。一位不出名的美国作家写信问我，以利亚的火车火马①是否就是个飞碟。我遇见过神智论者，②英国以色列主义者，③唯灵论者，④泛神论者。校长这类人为何总谈起"宗教"（religion）？为何不谈具体宗教（religions）？⑤ 我们

---

① 以利亚（Elijah），圣经人物，以色列历史上最重要的先知之一。一生致力抗衡巴力的宗教信仰，在迦密山上对抗巴力先知。最后他被神接去升天。升天那段记载，见《列王纪下》二章 11 节："他们正走着说话，忽有火车火马将二人隔开，以利亚就乘着旋风升天去了。"

② Theosophist 一词，派生于 Theosophy（神智学，亦译"通神论"）。关于 theosophy（神智学），参见本书第一编第 16 章〈可怕的东东〉第 4 段之脚注。

③ 卢龙光主编《基督教圣经与神学词典》释 British Israelitism（英国以色列主义）："起源于 19 世纪中叶英国以色列同盟（British Israel World Federation）所发起的运动，以寓意方式诠释与犹太人有关的预言，认为英国皇室的祖先是犹太皇族，故此圣经给以色列的应许，便应验在英国和美国身上。"

④ 尼古拉斯·布宁、余纪元编著《西方哲学英汉对照辞典》释唯灵论（spiritualism）："唯灵论宣称，世界的终极本质是精神或灵魂而不是物质。肉体只是一种现象的存在，作为精神实在的一种表现，它把精神或思想作为它的惟一基础。从这个意义上讲，它是唯心主义的同义语，并且是反对唯物主义的。唯灵论各种形式的不同在于它们是如何刻画精神在世界中的根本性作用的。"

⑤ Religion 与 religions 之别，从语法形态上说，乃单复数之别；而从哲学意涵上讲，religion 则是人们泛泛而论的一个抽象概念，religions 则是大家身体力行的一个个具体宗教。由于汉语没有形态变化，故而，religion 与 religions 之别，汉语很难表述。为突出区别，前者译为"宗教"，后者译为"具体宗教"。

因具体宗教而激动。我欣喜地注意到，基督教就是其中之一。我收到一些圣徒来信，他们对自己是圣徒一无所知，身受惊人磨难，字字行行却显露出光辉的信德（faith），喜乐（joy）及谦卑（humility），甚至幽默。我也收到一些归信者的信件，他们为数年前对我的一点小小的言辞不恭，想向我道歉。

这些点点滴滴，就是我所掌握的关于"西方"的全部一手知识。它们都不在校长评说之列。他凭书本和文章说话。我们四周实实在在的圣洁（sanctities）、仇恨（hatreds）以及疯狂（lunacies），在这里均得不到再现。更不用说，巨大的否定因素（the great negative factor）了。这已不止是无知了，要是他懂得无知一词何意的话。绝大多数人的思考，缺乏他以为理所当然的那个维度。两个例子或许会明确此分际。有一次，通过无线电波讲了一阵"天理"（the Natural Law）之后，①一位老上

---

① 1941 年 8 月 6 日，路易斯应邀赴 BBC 电台，主持宗教节目，面向全国听众"传道"。每期节目 15 分钟，每周播出一次，现场直播。广播稿后来结集出版，就是路易斯的名著《返璞归真》（*Mere Christianity*）。首场直播，路易斯就讲 the Natural Law。汪咏梅译为"自然法"，余也鲁译为"天理"。今从余译。

校(显然是个直性子)给我写信说,这令他大感兴趣,我是否可以告诉他"一本全面谈论此话题的小手册"。这是无知,只是受了点震动。还有个例子。凌晨时分,一个兽医、一位工人和我,拖着倦怠步伐,为民兵团巡逻①。兽医与我谈起战争起因,最后得出结论说,我们必须料到,战争还会重来。"可——可——可是,"工人气喘吁吁说。一阵沉默,接着他突然爆发:"可是,留这血腥世界有什么好?"我明白发生了什么。生平第一次,一个真正的终极问题出现在他面前。我们终生思考的那种事情——存在之意义——刚刚降临在他头上。这是一个全新维度。

是否有个同质的"西方"?我保持怀疑。能够发生的事情,在我们四周发生着。形形色色的宗教,像蜂一般,在我们耳边不停嗡嗡。严肃的性崇拜——很不同于我们这一物种中流行的好色淫逸——就是其中之一。科幻小说也萌发出宗教迹象。同时,一如既往,也有人走基督之道。不过在今天,人不走基督之道时,则用不着弄虚作假了。这个事

①　英国"二战"期间的非正式军事组织。详见本书第 1 编第 4 章之脚注。

实,涵盖了所谓的宗教衰颓的绝大部分。除此之外,现今与其他时代,或者说"西方"与其他地方,差别还能大哪里去呢?

18　首要及次要之事①

（1942）

First and Second Things

　　我在 1942 年 6 月 6 日的《时代与潮流》杂志上读到，德国人将哈根，而不是齐格弗里德树立为他们的民族英雄，我乐得差点笑出声来。因为我是个浪漫人（romantic person）。青春年少之时的一个黄金夏日，我从留声机上首次听闻《女武神的骑行》，②并看到阿瑟·拉克姆给《尼

---

　　①　选自 God in the Dock 第三编第 2 章，首刊于 1942 年 6 月 27 日的《时代与潮流》杂志（Time and Tide）。

　　②　《女武神的骑行》（Ride of the Valkyries），德国作曲家瓦格纳（1813—1883）的著名歌曲，出自瓦格纳的乐剧《尼伯龙根的指环》之第二部〈女武神〉。

伯龙根的指环》所配插图。① 打那时起，我就纵情于我的
尼伯龙根，尤其是此故事的瓦格纳版。甚至在今日，这些
书卷的那股气息仍能令我心驰神往，带着初恋记忆的那丝
痛楚。因此，当纳粹攫取我的珍宝，把它弄成他们意识形
态的一部分时，那是一个苦涩时刻。不过现在，一切都好
了。他们自己已经证明，没有能力消化它。他们保留这一
故事，只能靠将它颠倒本末，把其中一个小坏蛋弄成英雄。
无疑，他们立场里的逻辑马上会令他们走得更远，将宣布
阿尔伯里希为北方精神的真正化身。这时，他们就把所窃
之物还给了我。②

说到北方精神（Nordic spirit），就令我想起，他们企图

① 阿瑟·拉克汉（Arthur Rackham），1867—1939，英国插图画家。
路易斯在《文艺评论的实验》第三章第 1 段说，他小时候接触绘画，全靠书
中插图："童年时期，我之乐事是，比阿特丽克斯·波特（Beatrix Potter）为
其《故事集》所配插图；学生时期，我之乐事则是，阿瑟·拉克姆（Arthur
Rackham）给《尼伯龙根的指环》所配插图。"（见拙译《文艺评论的实验》，华
东师范大学出版社，2015）

② 齐格弗里德（Siegfried），北欧神话中一位从来不知何为畏惧的英
雄。在英语史诗《尼伯龙根之歌》中，他斩巨龙，通鸟语，浴龙血。沐浴时，
一片菩提叶落在肩胛上，使得这片龙血未及之处，成为他身体唯一的致命
处。阿尔伯里希（Alberich），北欧神话中尼伯龙根族侏儒。哈根（Hagen），
阿尔伯里希之子，勃艮第王朝国王贡特尔同母异父的弟弟。（参鲁路译
《尼伯龙根的指环》人物表）

利用《指环》，只是他们整体利用"北方"这个更大企图的一个实例。这一更大企图同样可笑。认强力（might）为正义（right）的人，有何资格去说，他们也是奥丁的崇拜者？奥丁的全部要义在于，他秉有正义，而无强力。① 北方宗教的全部要义在于，所有神话中唯独它告诉人们去侍奉诸神，毫不讳言诸神在负隅顽抗，而且注定最终落败。"我要与奥丁一

---

　　① 美国著名的"古典文学普及家"依迪丝·汉密尔顿（1867—1963）在《神话》一书中曾对比希腊神话和北欧神话：

　　希腊的神祇不可能拥有英雄无畏的气概，因为所有的奥林匹斯天神都长生不死、所向无敌。他们永远感受不到勇气的光辉，也永远不会向危险发起挑战。在打仗的时候，他们有必胜的把握，而且不可能受到任何伤害。而北欧的阿斯加耳德仙境就不同了。住在约顿海姆城的巨人们是埃西尔神族（即北欧诸神）充满活力的、永久性的敌人，他们不仅永远是诸神的心头隐患，而且知道自己最终必然能够大获全胜。（刘一南译，华夏出版社，2014，第346页）

　　神最终落败之日，这就是著名的"诸神的黄昏"（Ragnarok）："诸神在劫难逃，死亡就是他们的结局。"这一日来临，天庭和大地都会毁灭。阿斯加尔德仙境的居民深知这一点，所以心情十分沉重。心情最沉重的，莫过于主神奥丁了。当其他诸神在大吃大喝，他则在思索他肩头上的两只乌鸦（"思想"和"记忆"）所通报的消息。他要尽可能推迟末日之来临：

　　他是万物之父，其地位高于所有的神和人，但他仍然不断寻求更多的智慧。他降临由智者米密尔看守的"智慧之井"，请求饮一口井水，米密尔回答说，他必须用一只眼睛来交换，于是他同意牺牲一只眼睛。……他把自己历尽艰辛而学到的知识传给了人类，使他们也能运用"卢恩符文"来保护自己。他还再度冒着生命危险，从巨人手中获得了"诗仙蜜酒"，尝过的人皆可变成诗人。他把这份贵重的礼物赐给了诸神，也赐给了人类。他在各方面都是人类的恩人。（第347页）

同赴死",史蒂文森寓言故事里的流浪者说。① 这就证明，史蒂文森懂得一些北方精神，而德国压根理解不了。诸神将陨落。奥丁的智慧、托尔的英勇②(托尔有点像约克郡人)及巴尔德耳的美，③终将被愚蠢巨人们及畸形巨怪的权力政治(*real politik*)所粉碎。但这一点也动摇不了自由人的忠诚。因而，如我等所望，真正的德国诗篇都关乎英勇抗争，关乎殊死搏斗。

说到这儿，我猛然想到，我好像撞上了一个引人瞩目的悖论。全欧洲唯一的一批人，力图将他们的前基督神话体系复兴为活的信仰，却怎么显得自己没能力理解这一残余的神话体系？在任何情况下，倒退都可悲——其可悲，一如

---

① 【原编者注】语出 R. L. Stevenson 的寓言，名为〈信、半信与不信〉(Faith，Half-Faith，and No Faith)，首刊于 *The Strange Case of Dr. Jekyll and Mr. Hyde with Other Fables*（London，1896）。【译注】史蒂文森(R. L. Stevenson，1850—1894)，苏格兰随笔作家，诗人，小说家。以《金银岛》(1881)、《绑架》(1886)、《化身博士》(1886)和《巴伦特雷的少爷》(1889)闻名于世。

② 托尔(Thor)，北欧神话中的雷神，北欧诸神中最为强大有力的一位，星期四就是以他的名字命名的。

③ 巴尔德耳(Balder)：北欧神话中主神奥丁与妻子弗丽嘉之子，光明之神："光明之神巴尔德耳是天上和人间最受爱戴的神祇，他的死亡是诸神所遭遇的第一个重大灾难。"(依迪丝·汉密尔顿《神话》，刘一南译，华夏出版社，2014，第 348 页)

某人长大成人，却退回到其预科学校的气质（ethos）。不过，你倒能指望他，至少明白禁止搞小动作的规矩，至少清楚新生不应把手揣到口袋里。为了小善而牺牲大善，最终又连小善都没得到——这是出奇的愚蠢。为了一塌糊涂的神话体系而出卖其名分（birthright），接着又将神话体系全部弄错——他们又是如何做到的？因为非常明显的是，我（宁愿用菘蓝将自己的脸染得靛青，也不愿说真的有个奥丁）从奥丁神话中得到了他所能提供的全部的善和趣（fun），而纳粹的奥丁主义者一点都没得到。

不过在我看来，如我所想，这或许并不像是一个悖论。或者至少说，它是个悖论，却时时发生，人如今差不多已经习惯了。其他实例开始浮现脑际。直至相当晚近的现代——我想直至浪漫主义时期——尚无人提出，文学与艺术之目的在于自身。它们"属于生活的装点"，它们提供"无邪消遣"（innocent diversion）；它们或是"闲情逸致"（refined our manners），或"感发志意"（incited us to virtue），或颂赞诸神。伟大乐曲曾为弥撒而作；伟大绘画曾被用来填补尊贵的庇护人的餐厅墙壁，或用来在教堂点燃敬虔。伟大悲剧要么由宗教诗人编导，来礼拜狄奥尼索斯；要么由商业诗人编导，以取悦休半日假的伦敦佬。

正是在 19 世纪，我们意识到艺术的全部尊严。我们开始对之"大讲特讲"（take it seriously），恰如纳粹大讲特讲神话体系。但其结果看来却是，审美生活之误置。其中没给我们留下什么，除了高雅之作与"流行"之作，前者越来越无人愿意去读、去听或去看，后者则无论创作者还是乐享者都感到羞惭。恰如纳粹，把一个虽真实却从属的善（a real, but subordinate good），抬得太高，我们差点失去了那个善本身。

琢磨此事越久，我越是怀疑我窥见一项定律：无意对谈，越像对谈。把一条宠物狗当作生命中心的那个女人，到头来，失去的不只是她做人的用处和尊严，而且失去了养狗的原本乐趣。把饮酒当作头等大事的那个男人，不仅会丢掉工作，而且会丧失味觉，丧失享受醉酒之乐的全部能力。在人生的那么一两个时刻，感到宇宙的意义就集中在一位女人身上，这是件光荣事——只要其他义务或欢乐还能把你的心思从她身上移开，就是件光荣事。然而，诸事不顾，只是一心想她（这事有时行得通），后果会如何？当然，这一定律早被发现，但它还是经得住一再发现。它可以表述如

下:每一次取小善舍大善、取部分之善而舍全体之善,此等
牺牲的结果就是,小善或部分之善也一同失丧。①

诚然,世界就是这个样子。要是以扫果真以长子名分,
换取了一碗红豆汤的好处,②那么他算是幸运的特例。把
次要之事放在首位,你无法完成它;你只有藉着把首要之事
置于首位,才能完成那次要之事。如此一来,"什么事才是
首要之事"这个问题,就不仅是哲学问题,而是每个人都该
关切的事了。

在此语境下,不可能不去追问,我们自己的文明在过去
三十年间,把什么置于首位。答案很是明白。它将自己置
于首位。维系文明(to preserve civilization)成了伟大目标;
文明之瓦解,成了最大烦恼。和平、生活高水准、卫生、交
通、科学、娱乐——所有这些我们通常所谓的文明,成了我

---

① 路易斯《书简集》(*Letters of C. S. Lewis*)1952 年 11 月 8 日:

当我学会爱神,胜过爱世界上与我最亲密的人,我就会比现在更爱
他。一旦我牺牲对神的爱,拿去爱世上与我最亲密的人,而不是爱神,我
反而会渐渐转入一种状况——根本一点都无法爱我最爱的人。

当首要之务被摆在首要之位,次要之务非但未因此受到压制,反而因
此受到抬举。(见《觉醒的灵魂2:鲁益师看世界》,寇尔毕编,曾珍珍译,台
北:校园书房,2013,第110页)

② 见《创世记》廿七章。

们的目的(ends)。人们会这样答对：当文明危难之时，我们关心文明就极为自然，极为必需。可是，要是完全搞颠倒了呢？——要是文明之所以陷于危急，恰是因为我们所有人都把文明当成至善(*summum bonum*)呢？或许走这条路，无法保卫文明。或许，文明恐怕永无宁日，直到我们除了在意它之外，还在意点别的。

这一假设，蛮有事实根据。就拿追求和平(可以说是文明的要素之一)来说吧，我想，很多人如今都会同意，和平欲求所主导的外交政策，正是一条走向战争之路。① 再说了，在文明成为人类活动一支独大的目标之前，文明可曾万分危急？对过去时代的鲁莽的理想化，比比皆是，我不愿为之煽风点火。祖先跟我们一样残暴，荒淫，贪婪，愚蠢。然而，当他们不只关切文明，而且关切其他事——在不同时代关心形形色色的事，关心神的旨意，荣耀，个人荣誉，正统(doctrinal purity)，公义——难道因此经常陷于文明消失的

---

① 路易斯的《毕林普恐惧症》(*Blimpophobia*)一文中说："我们从过去二十年的经验得知，那种怕这怕那(terrified)而又愤激的(angry)和平主义，是通向战争之路。"(见拙译路易斯《切今之事》，华东师范大学出版社，2015，第 64 页)关于和平主义，详参路易斯的《我缘何不是和平主义者》一文，文见拙译路易斯《荣耀之重》(华东师范大学出版社，2015)。

严重危险之中么？

　　这一提议，至少值得一思。诚然，除非我们把文明置于次要地位，否则文明永无宁日，假如此言不虚，那么立即就会有个问题，对谁次要？谁是首要之事？我在此只能答复说，要是我们并不知道，首要之事及唯一真正切实之事就是，动身去找。①

————————

　　①　现代人往往将基督教之向往天国（continual looking forward to a eternal world）理解为逃避（escapism）、理解为一厢情愿（wishful thinking）。路易斯在《返璞归真》卷三第 10 章指出，只有向往彼岸，才能成就此岸。详见第二编第 8 章"随想"的最后一个脚注。

19　记　宴[①]

（1945）

The Sermon and the Lunch

"因而,"牧师说,"家必定是我们民族生命之命脉。说到头,正是在家里,品格得以养成。正是在家里,我们才以真实面孔出现。正是在家里,我们才甩掉外面世界的烦人伪装,做我们自己。正是在家里,我们才摆脱日常生活的喧闹、压力、诱惑及放荡,找到了焕发活力重拾纯洁的源泉……"在他宣讲的当儿,我留意到,三十岁以下的会众,对他的信任完全烟消云散。此前,他们还认真听。现在,开始坐立不安,

---

　　①　选自 *God in the Dock* 第三编第 3 章,首刊于《国教周报》(*Church of England Newspaper*)第 2692 期,1945 年 9 月 21 日。

咳嗽哈欠。座椅咯咯吱吱，还有筋肉关节的放松声。讲道，就其实际目标而论，已经结束；讲道者还在说个不停的那五分钟，纯是浪费时间——至少对我们绝大多数人来说。

至于我是否浪费了那五分钟，听你裁定。我当然没有再听讲道。我在寻思。寻思以这一问题打头："他怎么可以？大庭广众之下，他怎么可以这样说？"因为牧师的家庭，我了如指掌。事实上，我那天就在他家用过午餐。牧师及夫人，还有他们碰巧都放假的儿子（皇家空军）①和女儿（本地辅助服务团）②，再加上我，共五个人。我本可免掉此餐，可是那女孩给我悄声说："要是他们邀请你，看在上帝份上，就留下来共进午餐。家里有个客人，总不会那么可怕。"

这位牧师家的午餐，几乎总是一个套路。一开始，则是年青人的无望企图。企图轻描淡写，谈些琐屑小事。之所以琐屑，不是因为他们没头没脑（你可以和他们有真正对谈，要是你和他们单独在一起），而是因为对他们中间的任何一位而言，在家中说他们真正在想的事情，这念头从未动过，除非他们被激怒。他们说话，是为了让双亲不开口。他

---

①　原文 R. A. F. 乃 Royal Air Force 之首字母缩略语。
②　原文 A. T. S. 乃 Auxiliary Territorial Service 之首字母缩略语。

们失败了。牧师,不留情面地打断,插进大不相同的话题。他给我们讲,对德国如何进行再教育。他从未去过德国,看上去对德国历史和德语一窍不通。"可是,爸爸,"儿子搭话了,但并未多说。他母亲这时正在说话,尽管没人知道她到底啥时候开的口。她讲的是一些邻居对她如何不好的是是非非,故事已讲到了中段。尽管故事已讲了好长时间,我们却从来不知这故事怎么开始,也不知怎么收尾:故事只讲到中段。"妈妈,这很不公平,"女儿终于说话了。"华克太太从没说过……",她父亲的声音又响了起来。他给儿子谈关于组织皇家空军的事。就这样继续说话,直到有那么一个当儿,牧师或妻子说得太离谱,引起男孩或女孩反感,而且执意要将反感公之于众。年青人的真正心思最终被唤了起来,投入战斗。他们言辞激烈、语速很快,充满鄙夷。他们这边自有一套事实与逻辑。父母那边,怒火也不相上下。父亲是狂风骤雨;母亲则(噢,尊贵的家庭女王的招数!)"受到伤害"——竭尽全力玩起悲怆。女儿变得刻薄。父亲和儿子,故意无视对方,开始跟我说话。午宴,一塌糊涂。

　　牧师讲道的最后几分钟里,这段午餐记忆令我忧心忡忡。令我忧心的,并非牧师之实际行动与其教训(precept)

不符这一事实。这事无疑令人遗憾，但无关宏旨。诚如约翰逊博士所说，某人实际行动即便有所亏欠，其规诫依然会非常诚恳①（我们且再加一句，富有教益）。试想，医生说酗酒伤身，除了糊涂蛋，谁会因医生本人嗜酒而鄙弃医生的告诫呢？我忧心的是这一事实：牧师根本没有告诉我们家庭生活之艰难，未告诉我们它也像每种生活方式一样，有其特有的诱惑与败坏。他大谈特谈，仿佛"家"是一付灵丹妙药，一种魔力，其本身铁定产出幸福与德性。问题不在于他不真诚，而在于他是个糊涂蛋。他根本没有从切身的家庭体验出发去谈，他只是自动复制一个感伤传统（sentimental tradition）——而且碰巧就是个假传统（a false tradition）。会众不再听他，原因就在于此。

基督教之教师，假如期望重唤基督徒众回归天伦之

---

① 鲍斯威尔《约翰逊传》记载：提到约翰逊世俗的一面，我们不要以为他就是一个伪君子，或者由于他的言行有时不能配合一致而以为他不能坚守原则。有一次，我听他说："一个人表现得很真实，虽然对自己不利，但这种行为是高尚的。"有位先生当他的面说："你不懂得那些说起话来很坦诚，而实际行动不能配合的人。"他听了马上反驳说："阁下，你对人性完全无知，难道你不知道，一个人的行为虽有亏欠，但也许能忠实于高尚的原则？"（罗珞珈、莫洛夫译，中国社会科学出版社，2004，第529—530页）

乐——而且我个人相信，必须重唤人们回归——第一必需就是，停止对家庭生活说谎，代之以切实教导（realistic teaching）。根本原则，或许可略陈如下：

1. 因为堕落（the Fall），无论何种组织何种生活方式，都不会自然而然行得正。在中世纪，有些人以为，只要加入某一修会（a religious order），自己就会自动变得圣洁变得幸福：那个时代的乡土文学（native literature），整体上回响着对这一致命错误之揭露。在 19 世纪，一些人以为，一夫一妻的家庭会自动使他们圣洁、幸福。现代以来粗野的反家庭文学——塞缪尔·巴特勒们，①戈斯们，②

---

①　塞缪尔·巴特勒（Samuel Butler，又译"勃特勒"，1835—1902），英国小说家、随笔作家和批评家，维多利亚时代确信无疑的事情在他的笔下遇到了挑战。"勃特勒在一生中总觉得受了欺骗：他的父母亲欺骗他，宗教欺骗他，他的朋友也欺骗他。"抛弃信仰之时，乃达尔文之信徒，但转而又怀疑达尔文是不是也在欺骗他。其成名作是《埃瑞洪》（*Erewhon*），书名乃英文 nowhere（乌有乡）之倒写，预示对永恒进步所抱幻想的破灭，被誉为《格列夫游记》之后最好的旅行幻想小说。其代表作则是去世次年出版的自传体讽刺小说《众生之路》，叙述他从令人精神窒息的家庭气氛中出走的故事。（参《不列颠百科全书》第 3 卷 275 页）

②　戈斯（Edmund Gosse，1849—1928），英国翻译家、文学史家和文学批评家。当世之时，是一位颇有影响的多产作家。其文学代表作即自传《父与子》（1907），叙述他摆脱一位清教徒式的严父约束，投向那充满愉快气氛的文学界的故事。（参《不列颠百科全书》第 7 卷 210 页）

萧伯纳们——揭晓了答案。在这两个地方，"拆穿家们"或许犯了原则错误，或许忘记了"滥用不废善用"①的箴言：可是在事实方面，他们却一点没错。家庭生活与修道生活，都往往令人作呕。而且应当注意，二者的严肃捍卫者都深知其危险，都摆脱了感伤幻象（sentimental illusion）。《效法基督》的作者深知（无人知之更深），修道生活误入歧途是何等容易。夏洛特·杨格②使之昭然若揭的是，天伦之乐并非尘世至天堂的通行证，而是一项艰巨使命——海上遍布暗礁和冰滩，只有藉天国海图（celestial chart）才能远航。这是我们必须弄清的第一点。家，与国一样，可以献给上帝，可被归化（converted）被救赎（redeemed），并因而成为特定福音（blessings）和恩典（graces）之通道。然而，恰如其他

―――――――――

　　①　原文为拉丁文成语："*abusus non tollit usum*"，意为："the abuse does not abolish the use." 坊间有人译为"滥用不排除好用"，亦有人译为"不正当用途不能取代正当用途"。为求精炼，拙译改译为"滥用不废善用"。

　　②　夏洛特·玛丽·杨格（Charlotte Mary Yonge，1823—1901），英国女作家，曾出版约 160 部作品，多为小说。她终身未婚，一生将作家才能献给宗教事业。其作品帮助扩大了牛津运动的影响，该运动谋求使英国国教恢复 17 世纪末的高教会派的理想。代表作有《雷德克里夫的继承人》（*The Heir of Redclyffe*）、《三色堇》（*Heartsease*）和《雏菊花环》（*The Daisy Chain*）。（参《不列颠百科全书》第 18 卷 423 页）

任何物事，它是属人的，它需要救赎。未得救赎，它将只会产生特定引诱、败坏和伤痛。仁爱（Charity），始于家；不仁，亦始于家。

2. 说起家庭生活之归化（conversion）或圣化（sanctification），务须留意，我们所指的并不只是葆有自然亲情（natural affection）意义上的"爱"。爱（自然亲情意义上的），并不够。亲情（affection）①与仁爱（charity）不同，它并非持久幸福之原因。让亲情任其自然，最终会变成贪婪、唠叨、嫉妒、苛求、怯懦。所爱对象不在面前，它会痛苦——可是，所爱对象在面前，也不会有长时间的乐享作为回报。在牧师家的餐桌上，亲情甚至是争吵的部分原因。父亲的糊涂，令儿子恼怒；可换成其他老爷子，他则会耐心而幽默地

---

① C. S. 路易斯在《四种爱》一书中，沿袭古希腊对于爱的传统分类，分别讨论了 affecion，friendship，eros 和 charity。汪咏梅译《四种爱》（华东师范大学出版社，2007）一书，分别译为"情爱"、"友爱"、"爱情"、"仁爱"；王鹏译本（外语教学与研究出版社，2010）则分别译为"慈爱"、"友爱"、"情爱"和"仁爱"。台湾梁永安译本（立绪文化事业有限公司，1999）则译为"亲爱"、"友爱"、"情爱"和"大爱"。

其中译名分歧最大者为 affection。汪译为"情爱"，易与 eros 相混；王译"慈爱"，易于 charity 相混。译名之中，以梁永安为"亲爱"为最佳，因为 affection 在《四种爱》一书中本指亲情，指"依恋、亲爱之情"。在本文之上下文中，affection 一词，似指所有形式的家庭之爱，其中包括《四种爱》一书中的"亲爱"与"情爱"，故而，在此译为"亲情"。

承受。失去耐心，是因为他依然（以某种方式）"关爱"父亲。牧师妻子，若非（某种意义上）"爱"家人，也就不会那样不停地埋怨自怜：她成那样，是因为她不住地一门心思要得到同情、亲情和欣赏，却不断地失望。我并不认为，绝大多数大众道德家（popular moralists）已经充分留意到亲情的这一面。贪求被爱（the greedy to be loved），是件可怕之事。① 那些说他们只为爱而活着的人，有一些最终却活在无休无止的怨恨之中。

　　3. 我们必须认识到，就在被大肆夸耀为家庭生活之主

---

　　① 一般人用"爱"字，都心里想的是"被爱"（be loved）。这似乎是人性使然。董仲舒之所以反复叮咛："以仁安人，以义正我"；"仁之法在爱人，不在爱我。义之法在正我，不在正人。"（《春秋繁露·仁义法第二十九》）正是因为，常人都以"仁"爱我，以"义"正人。亚里士多德《尼各马可伦理学》卷八第8章说："大多数人由于爱荣誉，所以更愿意被爱而不是去爱。所以多数人是爱听奉承的人。……而被爱的感觉十分接近于多数人所追求的被授予荣誉的感觉。"（1159a14—17，廖申白译）弗罗姆《爱的艺术》一书开头就说，在绝大多数人心目中，"爱的问题"（the problem of love），"首先是自己能否被人爱（being loved），而不是自己有没有能力爱（of loving, of one's capacity to love）"。（李健鸣译，商务印书馆，1987，第3页）于是乎，对于他们，问题关键就成了：
　　我会被人爱吗？——我如何才能值得被人爱？为了达到这一目的，他们采取了各种途径。男子通常采取的方法是在其社会地位所允许的范围内，尽可能地去获得名利和权力，而女子则是通过保持身段和服饰打扮使自己富有魅力；而男女都喜欢采用的方式则是使自己具有文雅的举止，有趣的谈吐，乐于助人，谦虚和谨慎。（同前）

要吸引力的那个特征之中,有着巨大陷阱。"正是在家里,我们才以真实面孔出现。正是在家里,我们才甩掉外部世界的烦人伪装,做我们自己。"出于牧师之口的这些话,何其真实。餐桌上的他,显出此话何意。出了自家屋子,他的言行举止,中规中矩。他不会像打断儿子说话那般,打断任何年青人。在其他场合,他不会就全然无知的话题,自信满满地胡说八道;即便他说了,也会以良好性情,接受斧正。事实上,他奉家庭为"做他自己"之地,其意思是说,在家里就可以肆意践踏,文明人为基本社交业已奠定的一切不可或缺的约束。我想,这一点极为普遍。家庭对谈与公共对谈的主要区别,确实往往只在于其彻头彻尾的粗鲁。家庭举止之特异,往往在于其自私、懒散、无礼——甚至残暴。称颂家庭生活调门最高的那些人,就此而言,恰好是糟透了的冒犯者。他们之所以称颂家庭生活——他们之所以总是乐于回家,恨恶外面的世界,不能容忍来客,不愿见人,不愿被搅扰等等——因为,他们在文明社会里不自在,不再享有在家里自我纵容的那种自由。假如他们在其他地方的言行举止,只是他们现在觉得"自然"的那种,他们只会寸步难行(knocked down)。

4. 那么,人们在家中是何言行举止?一个人在自家房子里，如果还不能安逸无忌，不能放松自如，不能"做他自己"，哪个地方又能够呢？我承认，这就是症结所在。其答案令人瞠目结舌。在天堂的这一边，没有地方，能够使人放心地作无缰野马。仅仅"做我们自己"永远不会合法，除非"我们自己"已经成为神的儿女（sons of God）。有圣歌将此一语道尽："信徒切莫贪悠闲。"①这当然不是说，在家庭生活和一般社会之间，没有分别。而是说，家庭生活自有一套礼仪规矩——比起外面世界，其规范更亲切、更微妙、更敏感，因而在某些方面也就更难遵守。

　　5. 最后，难道我们不应告诉人，要想让家成为恩典的一个手段，家就必须成为规矩之地（a place of *rules*）。若无规章（*regula*），就不会有共同生活。规矩的对立面并非自由，而是最自私成员的无法无天（且经常无意为之）的暴政。

---

　　① *Christian, Seek Not Yet Repose*，是夏洛特·爱略特（Charlotte Elliot, 1789—1871）在 1836 年所写的一首圣歌，孟克（William H. Monk, 1823—1889）作曲。中译名为《儆醒祷告》，歌词如下：

　　信徒切莫贪悠闲，休慕安逸勿懒散，免得身陷仇敌间，儆醒祷告。
　　恶魔势力正掌权，集结列阵欲扰乱，乘虚不备突进犯，儆醒祷告。
　　神赐军装当穿上，昼夜坚守勿惊惶，敌人埋伏应提防，儆醒祷告。
　　圣徒奋战胜恶魔，留下榜样激励我，真诚忠告作帮助，儆醒祷告。
　　留心倾听主圣言，爱遵真道多实践，将主教训藏心间，儆醒祷告。（详见 http://www.hymncompanions.org/Jun/06/stream.php）

一言以蔽之,难道我们不应,要么停止宣扬天伦之乐,要么就开始严正地宣扬?难道我们不应抛弃煽情的颂词,从真正造就基督徒家庭的高超、艰巨、可爱及冒险的艺术着手,提些切实的建议?

20　人道主义刑罚理论①

(1949)

The Humanitarian
Theory of Punishment

　　在英国,围绕死刑,最近有场争论。我不知道,一个杀人犯最有可能悔改并结善果,是在审判后数周的绞刑架上,还是在狱中医务室度过三十年后。我也不知道,对震慑(deterrent)而言,怕死心理是否就不可或缺。就本文而言,我也无需裁决,利用怕死心理作震慑,道德上是否容许。这些问题,我不打算触碰。我的论题不是死刑这一殊相,而是

　　①　选自 *God in the Dock* 第三编第 4 章,首刊于《20 世纪:澳大利亚评论季刊》(*20ᵗʰ Century: An Australian Quarterly Review*)第 3 卷第 3 期(1949)。《暨南学报》2013 年第 7 期,曾刊出此文前篇之中译文,译者罗翔。

那个刑罚理论(theory of punishment)这一共相。这场争论表明,此理论几乎遍布国人中间。或可称之为人道主义理论(Humanitarian theory)。其持有者认为,此理论平和又仁慈。在这一点上,我相信,他们大错特错。我相信,这一理论所声称的"人性"(humanity),是一个危险的幻象,把那残酷与不义之可能性永远给掩盖了。我吁请重返传统理论或应报理论(Retributive theory),①并非只是甚至并非主要是为社会着想,而是为罪犯着想。

依人道主义理论,因某人罪有应得而惩罚某人并量罪定刑,不过是报复(mere revenge),因而野蛮且不道德。它坚持,刑罚的唯一合法动机只是以儆效尤(to deter others by example)或治病救人(mending the criminal)。当这一理论,恰如常常所发生的那样,与所有犯罪或多或少都是一种

---

① 关于正义或公义的探讨,大略可分为两途。一为"分配正义"(distributive justice),着重于好东西之正当分配,如财富、权力、报酬、尊敬等等。准此,平等正义就是一种分配正义理论,认为对财富的恰当分配方式应是平等分配。其二为"应报正义"(retributive justice),是对恶行的恰当回应。准此,"同态报复法"就是一种应报正义理论,认为适当的惩罚是等同所受到的不正当损害:"以命还命,以眼还眼,以牙还牙,以手还手,以脚还脚,以烙还烙,以伤还伤,以打还打。"(《出埃及记》廿一章24—25节)

病理这一信念相结合①，于是乎，治病救人的观念就蜕变为治疗（healing）或医治（curing）的观念，刑罚则蜕变为疗法。② 乍看上去，我们仿佛摆脱了恶有恶报这一严酷而又自以为义的观念，转向照料心理疾病这一仁慈而又开明的观念。还能比这更和蔼可亲么？ 然而，这一理论中被视为理所当然的一小点，必须弄清。对罪犯所做之事，即便称之为医治（cures），也将是强制的。这和古时所谓刑罚（punishment），毫无二致。要是心理疗法能治愈偷盗习惯，盗贼无疑将被迫接受医治。否则，社会将难以为继。

———————————

①　路易斯《飞鸿22帖》第6帖："很多现代的心理学家会劝我们，永远不要理会那些模糊的罪咎感，认为这些是病态性的东西。若是他们在此止步，我或会相信他们。但若是他们继续（有些确是如此）把此疗法应用到所有罪咎感，说我们为具体的恶行（具体苛刻或不诚的行为）而有的罪咎感也是同样不可信时，我就不能不以为他们是在胡言乱语了。看看周围的人，便不难明白我所说的。我碰过一些内心自责的人，他们是应该有罪咎感，因为做过禽兽般的事，他们自己知道。我也碰过一些人，他们感到内疚，但我实在看不出他们有什么错（用任何标准看）。我也碰过第三种人，他们的确是犯了错，却毫不感到内疚。……有些人身体健康，却常幻想自己有病；有些人的确有病（特别是肺病患者），却自以为健康；还有第三类的人（最大的一类），是有病，也知道自己有病。"（黄元林等译，台北：校园书房，2011，第57—58页）

②　美国著名史学大师雅克·巴尔赞在《我们应有的文化》一书中，也述及这一转变："尽管西方的司法制度可能是人们有史以来最热切期望的，其设计旨在保护被告的权利，但是，西方的行政制度已经陷入困境，心理的进展已用病态理念和治疗理念取代了邪恶意图和对邪恶的惩罚。"（严忠志译，中信出版社，2014，第222页）

　　我的论点是，这一学说（doctrine）看似仁慈，实则意味着，我们每一个人，从违反法律的那一刻起，就被剥夺了做人权利（the right of a human being）。

　　理由如下。人道主义理论从刑罚中，去除罪有应得（Desert）这一概念。可是，罪有应得这一概念，才是刑罚与正义之间的唯一桥梁。只有当罪有应得或罪非应得之时，一个判决才有义与不义之分。我在此并不争辩说，"是否罪有应得"，就是我们就某一刑罚可问的唯一合理问题。我们完全可以问，此刑罚是否有可能震慑他人或改造罪犯。可是，后两个问题中，没一个关乎正义。谈论"正义的震慑"（just deterrent）或"正义的医治"（just cure），那是胡说。我们向震慑所要求的，并非它是否正义，而是它是否儆戒。我们向医治所要求的，并非它是否正义，而是它是否成功。因而，当我们不再考虑罪犯是否罪有应得，我们已经悄无声息地将他撤出正义领域；不再是一个人，一个权利主体，我们现在拥有的只是一个客体（object），一个病人，一个"病例"。

　　当量刑轻重不再根据罪有应得之时，我们若还追问，谁有定刑资格，这一分别就会更加明显。根据老观点，做出正确判决是个道德问题。与此相应，从事判决的法官，就是受过法学训练的人。也就是说,所受训练,是处理权利与义务的一门科学。这门科学至少从起源上讲,有意识地接受自然法(the Law of Nature)和圣经的指导。虽然我们必须承认,大多数国度的大多数时间的实际刑法法典中,这些高贵渊源(high originals)因地方习俗、阶级利益以及实用妥协而更改(modified),以至于面目模糊。但是,法典从未在原则上,而且并非一直在事实上,不受社会良心的控制。当(比如说,18 世纪的英国)实际刑罚与社群的道德感剧烈冲突之时,陪审团就拒绝判罪,最终带来改革。① 这之所以可能,是因为,只要我们根据罪有应得从事思考,刑事法典之合宜与否就是一个道德问题。作为道德问题,我们任何人都有权发表看法,不是因为他从事这个或那个职业,而是因为他就是一个人,一个享有自然之光的理性动物②。然而,

---

① 路易斯在《文学中的性》一文中说:"当一个国家的主流道德,过分地不同于其法律中所预设的道德,那么,法律必须或迟或早做出修正,以适应道德。他们越早动手修正,越好。因为,在他们做出修正之前,我们难免在欺骗,做伪证及混淆是非。"(拙译路易斯《切今之事》,华东师范大学出版社,2015,第 181—182 页)

② "一个享有自然之光的理性动物",英文原文是 a rational animal enjoying the Natural Light。关于 the Natural Light(自然之光),详见本书第二编第 13 章第 6 段之脚注(第 489 页)。

当我们抛弃掉罪有应得这一概念,所有这一切都变了样。对于惩罚,我们现在只能问两个问题:它能否儆戒,它能否医治。这两个问题,都不是那种任何人,仅仅因为他是一个人,就有名分发表意见的问题。即便他不只是个人,还碰巧是个法学家、一名基督徒、一位道德神学家,①他也无名分发表意见。因为这两个问题非关原则,而是关乎事实;对于这类问题,"我们必须信行内专家"。② 只有专业"典狱学家"③(野蛮物事得有个野蛮名称),根据先前的实验,能够告诉我们什么最能儆戒;只有心理医治师能够告诉我们,什么最有疗效。我们其余的人,仅仅作为人,这样说等于白说:"可是这一惩罚出奇地不义,出奇地不合罪犯之所应得。"这些专家将以完美逻辑答复说:"可是没人在说罪有应得。没人谈论惩罚时,还像你一样,在古老的应报义上运用此词。这些统计数据证明,这样对待足以儆戒。还有些统

---

① 卢龙光主编《基督教圣经与神学词典》(宗教文化出版社,2007)释 moral theologian(道德神学):"基督教神学的一支,探讨基督徒的道德伦理观,也称为基督教伦理学(Christian ethics)。"

② 原文是拉丁文:*cuiquam in sua arte credendum*. 意为:"We must believe the expert in his own field."

③ 典狱学(penology,亦称刑法学或监狱管理学),研究刑罚及监狱管理的一门学科。

计数据证明,那些处置有疗效。你操哪门子心?"

于是乎,人道主义理论,将判决从法官手中拿走,交到技术专家手中。法官,公众良心有权加以批评;而技术专家的专门科学,甚至不用权利或正义这些范畴。或许有人会争辩说,由于这一移交是抛弃关于刑罚的老观念以及一切报复冲动的结果,所以,把罪犯交到这些人手上,安全无虞。我不会停下来去评论,这类信念所隐含的关于堕落人性(fallen human nature)的头脑简单的观点。我们最好谨记,"医治"罪犯必定是强制性的。我们接下来看看,这一理论在人道主义者心中,实际如何运作。本文的导火索是,我在一家左派周刊上读到的一封信。那位作者在恳请,一些过犯(sin),我们的法律如今以罪行(crime)对待,日后当以疾病(disease)对待。他抱怨说,在现存体系中,犯人(offender)蹲过一段监狱,出狱,重返原环境,很可能故态复萌。他抱怨的不是收监,而是出狱。根据他的治病救人的刑罚观,犯人当然应留在狱中,直至痊愈。而且,矫正官(official straightener)就是能够说何时痊愈的唯一人选。因而,人道主义理论的第一结果就是,用不定期刑代替定期刑(某种程度上反映了社群对牵涉到的罪不可赦的道德判断)。这一不定期刑由专家强加(inflict),只有他们发话才能到期。这些专家,并非道德神学领域的专家,甚至也非自然法(the Law of Nature)领域的专家。我们要是处于被告席,谁人不会倾向于在老体系下受审?

有人可能会说,我连续用惩罚(punishment)一词,还用"强加"(inflict)这一动词,我是在歪曲人道主义者。他们并不惩罚,也并不施加,只是治疗(healing)。我们可别上名称的当。未经同意,就把我从家中和朋友中间揪出;失去自由;经历现代心理医师知道如何实施的全部人格打击;我从未宣布效忠于维也纳实验室,①却根据其中孕育出来的某些"正常"模式(pattern of "normality"),对我加以重造;我知道除非捉拿我的人大获成功,或我变得足够聪明伶俐,拿成功假象骗过他们,否则,这一过程将无休无止——凡斯种种,谁还会在意是否名曰"惩罚"? 显而易见,其中包含着人之所以惧怕惩罚的绝大多数因素:蒙羞,放逐,奴役,日侵月

---

① 维也纳实验室(Viennese laboratory),疑暗指弗洛伊德及现代心理疗法。弗洛伊德的心理学研究团队,即名为"维也纳精神分析学协会"。至于他的一生,基本是在维也纳度过。自3岁时举家迁往维也纳,至82岁时因纳粹入侵被迫流亡,除短期旅行外,弗洛伊德就没离开过维也纳。

蚀（years eaten by the locust）。① 只有十恶不赦（enormous ill-desert）才能证其正当；可是，正是罪不可赦（ill-desert）这一概念，人道主义理论弃若敝屣。

关于惩罚的正当性，假如我们从疗效证明，转向其儆戒证明（deterrent justification），我们将会发现，新理论更令人瞠目。当你为"使民战栗"②而惩罚某人，使得他成为儆猴之"鸡"，你是公然把他当作达成某目的之手段；其他人之目的。此事本身，甚为邪恶。依照古典惩罚理论，惩罚的正当性之根据在于他罪有应得。这一点，根据假定，在"以儆效尤"的问题提出之前，已得确立。于是，正如俗话所说，你一石二鸟：在令他罪有应得之时，亦以儆效尤。然而，拿走罪有应得之后，惩罚的道德性（morality）消失殆尽。老天哪，为了社会利益，要付出如此牺牲的为什么偏偏是我？——当然，除非我罪有应得。③

---

　　① 典出《约珥书》二章 25 节："我打发到你们中间的大军队，就是蝗虫、蝻子、蚂蚱、剪虫。"

　　② 原文为拉丁文 *in terrorem*，意为："to cause terror." 译为"使民战栗"，取典《论语·八佾第三》。

　　③ 路易斯在《痛苦的奥秘》第六章中说："一些开明的人愿意忘却一切有关应报的观念，或放弃惩罚的理论：他们宁愿把其中的价值完全放在阻吓他人或改造罪犯身上。他们看不出他们这样做，是要陷（转下页注）

这还不是最差情况。要是以儆效尤式的刑罚，其正当性证明不是基于罪有应得，而只是基于其震慑效果，那么，我们所惩罚的那个人至少应犯过罪这一点，就不再是绝对必需。震慑效果要求的是，公众应汲取教训："要是我们也这样做，就是这个下场。"某人真正有罪，公众认为无辜，惩罚此人就不会有预期效果。某人实际无辜，可是只要公众以为有罪，则会有预期效果。而每一个现代国家，都有那种强权（powers），使得在审判中作假就是小菜一碟。为了杀鸡儆猴，亟需一个牺牲品，又苦于找不到罪犯，当此之时，惩罚（要是你乐意，称之为"医治"亦可）一位无辜的替罪羊，同样会服务于全部儆戒目标，只要能够骗得公众认为他有罪即可。追问我为何把我们的统治者想得如此邪恶，无济于事。只有在我们承认传统观点，承认正义的惩罚意味着罪有应得的惩罚之时，才能说惩罚无辜之人，也即惩罚罪非应

（接上页注）一切刑罚于不义。如果我不是罪有应得，却为了阻吓他人的缘故把痛苦加在我身上，有什么要比这样做更不道德？但如果我是罪有应得，你就是承认'报应'了。除非（再说一遍）我罪有应得，不然的话，有什么要比将我捉拿，未经我同意，就叫我忍受改过自新那种令人讨厌的过程更横蛮无理呢？"（邓肇明译，香港：基督教文艺出版社，2001，第88页）

得之人,是邪恶。一旦我们抛弃了这条标准,一切惩罚,如果还要正当证明的话,都会找到跟罪有应得毫无干系的其他根据。既然惩罚无辜者,这些根据就可证其正当(在一些案例中,可作为一种震慑证其正当),那么,与任何其他惩罚相比,也就并非更不道德了。人道主义者的任何反感,只能是应报理论之残余。

到目前为止,我的论证都假定,人道主义者这方全无恶意,都只考虑他的立场所牵涉到的逻辑问题。留意这一点,确实重要。我的论点是,好人(而不是坏人)始终一贯照此立场行事,会像大暴君那般不义,残忍。在某些方面,他们甚至更等而下之。在一切暴政之中,一个真诚为受害者好而实施的暴政,或许最压迫。① 在权大无边的好事者治下,或许还不如在大强盗治下。大强盗的残忍,偶尔会歇息;他的贪心,在一些点上,会餍足。可是,为我们好而折磨我们的那些人,折磨就没个尽头,因为他们这样做,得到他们自

---

① 卡尔·波普尔(Karl R. Popper)曾指出,人类之大灾祸,尤其是20世纪的人道劫难,不是出自"聪明和邪恶的混合",而是出自"善良和愚蠢的混合"。参卡尔·波普尔《猜想与反驳》(傅季重 等译,上海译文出版社,1986)第 19 章,尤其是第 521 页前后。

己良心的认可。他们或许会上天堂，却与此同时，把人间弄成地狱。他们的好心，用不可忍受的侮辱蜇人。"医治"我们的意志，"医治"我们自以为没病的状态，就是把我们置于尚未达到理性年龄或尚无意志的那些人的层次；将我们与婴儿、低能儿和家畜归为一类。而惩罚，不管多么残酷，则是给我们以照上帝形象所造的一个人的待遇，①因为，我们"理应明白事理"。

可在现实中，我们还必须直面人道主义刑法理论会武装坏统治者的可能性。许许多多流行的基督教社会蓝图，只是伊丽莎白时代人所谓的"画饼充饥"②，因为它们假定，全社会都是基督徒，或基督徒在掌权（in control）。在

①　《创世记》一章 27 节："神就照着自己的形象造人，乃是照着他的形象造男造女。"

②　原文是 eggs in moonshine，出处不可考。路易斯在《纳尼亚传奇》之《凯斯宾王子》(Prince Caspian)第 7 章，写矮人杜鲁普金表示不信魔法时，用了此词。诸多中译本，译法不一。吴力新、徐海燕译为"海市蜃楼"（译林出版社，2005，第 72 页）、向和平译为"一派胡言"（天津人民出版社，2014，第 98 页）、吴培译为"子虚乌有的东西"（浙江少年儿童出版社，2014，第 78 页）。查路易斯此书之英文原版，eggs in moonshine 有中国古人所谓望梅止渴、画饼充饥之意。故而，拙译译为"画饼充饥"。伊丽莎白时代，即伊丽莎白一世（Elizabeth I，1533—1603）的统治时期，公元 1558—1603 年。此间，英格兰成为欧洲最强大的国家之一。莎士比亚的大部分戏剧，即出现于此时期。

绝大多数当代国家里,并非如此。即便如此,我们的统治者仍是堕落了的人(fallen men),因而,既非特别聪慧,亦非特别良善。实际上,他们经常是不信者(unbelievers)。再加上就一份政府职位而言,智慧和美德并非唯一资质或最常见的资质,因而,他们甚至常常连最好的不信者都不是。①

基督教政治的实际问题,并不在于如何为基督教社会勾画蓝图,而在于跟不信主的臣民们一起处于不信主的统治者之治下,这些统治者从不会至慧至善反倒有时极恶极蠢,我们如何还能尽可能保持天真。当统治者邪恶时,人道主义刑法理论就等于给了他们一件精良的暴政装备,其精良程度,邪恶从未拥有过。因为,假如罪和病被当作同一回事,那么顺理成章的是,我们的主子决定称之为"病"的任何心态,就会被当作"罪"来对待了。申诉说,政府不喜欢的心态不一定总是牵涉到道德卑下,因而不一定总应受剥夺自由之处罚,这是徒劳。因为我们的主子不会用"罪有应得"

---

① 对"我们的统治者仍是堕落了的人(fallen men)"的这一警觉,张灏先生称之为"幽暗意识"。其名文《幽暗意识与民主传统》,对此做过很为出色的阐发。

或"惩罚"之类概念,只会用疾病和医治等等。我们知道,有个心理学派已经视宗教为神经症了。① 当此神经症给政府带来不便,还有什么东西能阻止政府,前去"医治"它。② 这类医治,当然是强迫的;可根据人道主义理论,这谈不上迫害,这罪名太吓人。我们身为基督徒,没人谴责,没人恨恶,也没人谩骂。新的尼禄,③会以医生之温文尔雅,接近我们,尽管事实上,其强制程度不亚于火刑袍、④史密斯菲尔德或泰伯尔尼刑场;⑤一切都在非关感情的治疗学领域推

---

① 指弗洛伊德的精神分析学派。

② 路易斯在刊于《教会时代》的书信(1961 年 11 月 1 日)中说:"惩罚的原理若纯粹是警告的,或感化的,或者两者兼具,其不道德的程度足以令人咋舌。只有制止罪行的概念,才能把惩罚和道德并联在一起。如果惩罚的目的,是为了制止罪行的发生,处死一个无辜的人——假如大众认为他有罪的话——会被认为是正常的。如果只是为了施行感化,那么,我们将用什么来反对为了除去我们的某些缺点而设的严酷、强制的感化措施?而且,一个政府若认为基督教是神经病,它便有足够的权利,明天统统将我们送交政府的医治师,让他们好好把我们医治一番。"(见《觉醒的灵魂 1:鲁益师谈信仰》,曾珍珍译,台北:校园书房,2013,第 98 页)

③ 罗马帝国皇帝,54—68 年在位。他是罗马帝国朱里亚·克劳狄王朝的最后一任皇帝。尼禄是第一个压迫基督教的暴君。尼禄诬指 64 年罗马大火的元凶为基督徒,对教徒施以公开的迫害与残杀,使徒保罗和西门彼得也是在他手中遇害。

④ 火刑袍(*tunica molesta*),古罗马的一种死刑,让死囚穿上涂了焦油的衣衫,然后用火点着。

⑤ Smithfield 及 Tyburn,旧时伦敦的两大刑场。相当于古时北京的菜市口。

行,永远听不到"是与非"、"自由与奴役"之类词汇。于是乎,政令一出,这块土地上的一切杰出基督徒,就会一夜之间全部消失。他们被送进不法分子改造所①,老老实实呆着,等专家狱吏说他们什么时候可以重新露面(假如有那么个时候的话)。但这将算不上是迫害。即便治疗令人痛苦,即便治疗终其一生,即便治疗会导致死亡,那也是令人遗憾的意外;其意图则纯是医疗学的。在普通医疗中,手术令人痛苦,也会让人下不了手术台;这里亦然。只因为它们是"治疗",而非惩罚,就只能由同行专家根据技术进行批评,而不是由普普通通的人根据正义进行批评。

无论何处碰到人道主义刑罚理论,均须坚决抵制。我之所以认为此事非同小可,原因就在于此。它披着仁慈的外衣,却一点都不仁慈。它就是这样蒙骗了善意之人(men of good will)。或许,其错误始于雪莱的这句话。他说,将仁慈与正义分为两橛,是暴君的发明。② 这话听起来高贵,

---

①　"不法分子改造所"之原文是"Institutions for the Treatment of the Ideological Unsound"。

②　这一断言,见雪莱(Bysshe Shelley,1792—1822)的〈论基督教〉(Essay on Christianity),文见 http://terpconnect. umd. edu/～djb/shelley/christianity1880. html

却着实是一颗高贵心灵所犯错误。不过这一区分,倒是举足轻重。老的看法是,仁慈"调和"正义,或(在最高境界)仁慈与正义会彼此相遇,彼此相亲。① 仁慈之要义在于宽恕(pardon);宽恕,究其本质,则牵涉到对受宽恕者之罪及罪不可赦(ill-desert)之认定。假如犯罪只是需医疗之疾病,而不是应受惩处的罪,那就无法宽恕了。有人齿龈脓肿或腿脚畸形,你如何宽恕? 而人道主义理论,就是想废除"正义",以"仁慈"取而代之。这就意味着,你在虑及他们的权利之前,就开始"好心"了,并接着将此假想的好心——除了你,没人认作好心,至于接受者则感到是可怕的折磨——强加给他们。你越界了。仁慈,离开正义,会变得不慈。这是个重要悖论。有些植物,只有在山区土壤才能茁壮成长,同理,仁慈,只有长在正义之岩缝中,才会花繁叶茂。把它移植到人道主义之湿地,它就会蜕变为食人草。这再危险不过,因为它依然顶着山间绿植的名字。老早以前,我们就应接受教训了。我们年纪也不算小,理应不上假人道之名的这些当。因为在我们所生活的这个革命年代里,以人道为

---

① 典出《诗篇》八十五篇 10 节:"慈爱和诚实彼此相遇,公义和平安彼此相亲。诚实从地而生,公义从天而现。"

名,为一切残忍保驾护航。这些都是会"破碎我们的额头"的"珍贵香膏"。①

　　班扬有个很好的裁断:"我心中猛然醒悟,随他说得多好听,一旦我到了他家,他准会把我当作奴隶卖掉。"②约翰·鲍尔笔下,也有个好联句:"糊涂则祸及自身,明辨方知敌知友。"③

论刑罚:对批评意见的一个答复④

(1954)

On Punishment: A Reply to Criticism

C. S. 路易斯

　　感谢编辑为我提供这一机会,就针对我的〈人道主义刑

---

　　① 【原编者注】《诗篇》一四一篇 6 节。【译注】原文是:These are the "precious balms" which will "break our heads."查英文"新标准修订版"《圣经》,未找到 precious balms 与 break our heads。故而,拙译系望文生义之直译。

　　② 见约翰·本仁:《天路历程》,郑锡荣译,中国基督教协会,2004,第 56 页。路易斯曾引此语,作为《人之废》第 3 章之题辞。

　　③ 【原编者注】"John Ball's Letter to the Peasant of Essex, 1381",第 11—12 行,见 *Fourteenth Century Verse and Prose*,Kenneth Sisam 编(牛津,1921),第 161 页。【译注】原文为:"Be war or ye be wo;/ Knoweth your frend from your foo."未找到该书中译本,诗句系译者妄译。

　　④ 原刊于《法言》(*Res Judicatae*)第 6 卷(1954 年 8 月),第 519—523 页。

罚理论〉一文的两篇最有意思的批评文字，做个答复。一篇
出自斯马特教授①，一篇来自莫里斯和巴克尔二博士。②

　　斯马特教授区分了问题的两个层阶。第一层阶的问
题，是"我是否应还此书"之类；第二层阶的问题，则是"承诺
制是不是个好制度"之类。他声称，两个层阶的问题，需区
别对待。第一层阶可藉制度（取道德哲学家有时赋予此词
的意思）作答。我们之所以立刻"明白"什么是"对的"，因为
该行为上边有个规定（rule）。至于第二层阶的问题，则只
能依"功利"原则（'utilitarian' principle）作答。鉴于"对"意
味着"合规定"，那么，再追问规定本身是不是"对"，就毫无
意义；我们只能问它是否有用。可以打这样一个比方：已知
某既定拼写，我们可以问某词拼写是否正确，却不可以问拼
写体系是否正确，只能问它是否一贯或方便。还有，某词形

---

　　① 【原编者注】'Comment：The Humanitarian Theory of Punish-
ment'，《法言》（*Res Judicatae*）第 6 卷（1954 年 2 月），第 368—371 页。
【译注】斯马特（J. J. C. Smart，1920—2012），生于英国，1948 年获牛津大
学哲学学士学位，1950 年移居澳大利亚，执掌阿德莱德大学（University of
Adelaide）哲学教席，直至 1972 年。（参英文维基百科）
　　② 【原编者注】'Reply to C. S. Lewis'，《法言》（*Res Judicatae*）第 6
卷（1953 年 6 月），第 231—237 页。【译注】莫里斯（N. Morris）和巴克尔
（D. Buckle）二博士，未知何许人。

虽在语法上或对或错，可是，整部语言之语法则无对错可言。

当然，斯马特教授在此是换了个法，谈一个很是古老的区分。过去，所有思想家都认识到，你可以思考：(甲)在合乎法律或习俗的意义上，一个举措是否"正义"；(乙)某法律或习俗本身是否"正义"。而对于上古和中古学者而言，这意味着区分：(甲)法律正义或习俗正义，也即 *nomo*；(乙)"绝对"正义或"自然"正义，也即 *haplos* 或 *physei*；①或者说

---

① 恰如中国先秦时期曾有天人之争，争论性善性恶，争论善是"天性"还是"人为"，道德礼法属于"天"还是属于"人"。在公元前 4—5 世纪的古希腊，哲学家争论人类道德到底属于 *haplos*（单纯，亦译为"无条件"、"绝对"）或 *physei*（自然，亦译"本性"），还是属于 *nomo*（规范，亦译作"约定"、"惯例"）。

关于此争论，由尼古拉斯·布宁、余纪元编著《西方哲学英汉对照辞典》（人民出版社，2001）的"*nomo*（规范）"辞条，可见一斑："指法律或惯例，也用来表示成文法或不成文法，以及习俗、习惯与惯例等。因为所有这些东西都是人为的，而且是由人来改变或修正的，因此在古希腊哲学中规范（*nomos*）有别于自然（*phusis*）。德谟克利特认为，诸如色彩和趣味之类的东西就属惯例，而只有原子和真空属于实在（自然）。公元前 4 至 5 世纪，哲学家对人性或人类道德属于规范还是属于自然的问题争论不休。规范的辩护者有普罗泰戈拉等人，他们坚持认为人性或人类道德是受不同社会信仰的影响。而苏格拉底、柏拉图和亚里士多德都批评这种相对主义，并且试图把人类道德建立在客观的基础之上。"

正因有此争论，亚里士多德《尼各马可伦理学》才说："政治学考察高尚[高贵]与公正的行为。这些行为包含着许多差异与不确定性。所以人们就认为它们是出于约定而不是出于本性的。"(1094b15—16，（转下页注）

意味着区分：（甲）实在法（Positive Law）与（乙）自然法。两个追问都关乎正义，但二者之分际，人所共知。斯马特教授的体系，其新异则在于，将正义概念限在第一层阶问题的范围。

据称，新体系首先避免了每次诉诸自然法或"绝对"正义之时的循环论证，因为"说这就是自然法，就等于说这就是我们应该遵守的规定"；其次，排除了顽固的主观主义，因为我文章里的罪有应得这一观念，或许只是"路易斯的个人好尚"。

只不过，说斯马特教授的体系避免了这些不便，我未被说服。

这些规定之被接受，是因它们对社群有用，而有用的意思（我想）就是让那个社群更"幸福"。① 可是，这到底是说要不惜一切代价追求社群之幸福呢？ 还是说，只有当这一

（接上页注）廖申白译，商务印书馆，2003）

　　正因有此争论，亚里士多德才区分了"从原理出发的论证"和"朝向原理的论证"，才区分了两种知识：其一是"无条件地知道的东西"（*gnorimon haplos*）或"依据自然知道的东西"（*gnorimon physei*），其二是"对我们来说知道的东西"（*gnorimon hemin*）。参刘玮《亚里士多德伦理学的两个起点：*Endoxa* 与良好的教养》一文，文见《世界哲学》2011 年第 2 期。

　　① 【原注】参见斯马特教授的文章倒数第二段。

幸福与仁慈、人类尊严或诚实有某些兼容之处时，才能追求？（我切莫加上"正义"一项，因为依照斯马特教授的看法，规定本身无所谓正义与否）。假如我们选第二选项，假如我们承认，总有些事，哪怕是一件，一个社群不应去做，不管它会多么大地促进社群之幸福，那么，我们其实已经放弃了这一立场。我们这时是在依据其他标尺（不管我们称之为良心、实践理性、自然法，还是称之为个人好尚）评判有用与否。假定我们于是选第一选项：不惜一切代价追求社群之幸福。在某些情况下，这代价或许极大。在战争中，在并非不可能的未来食品短缺期间，在面临革命之威胁时，为了社群幸福或为了救亡图存，就往往会做出一些耸人听闻的事。我们无法保证，捏造罪状、猎杀女巫以至同类相食，永远不会在此意义上"有用"。姑且假定（我十拿九稳不是这样），斯马特教授准备一不做二不休。接下来仍还可以问他，他为什么要这样，或者为什么他认为我们应该同意他。众目睽睽之下，他不能回答说，"民族安全是最高法律"①就是自然法。因为我们其他人都知道，"应保护人民"并非自

---

①　语出西塞罗《法律篇》卷三第三部分第8节。拙译参沈叔平、苏力译《国家篇 法律篇》（商务印书馆，1999）。

然法,而只是自然法的一个条款。这样说来,不惜一切代价追求社群幸福,其根据假如不是斯马特教授的个人好尚,又会是什么? 他跟我的差异,其实只是,我们具有不同的渴欲(desires)。或者毋宁说,我的渴欲比他多了一个。因为,跟他一样,我也渴欲祖国(以及人类)①的安康与幸福,只不过,我还渴欲着,他们应当是以某特定方式行事的特定种类的人。后一渴欲,更强。假如两者不可兼得,我宁愿人类,哪怕只存活几个世纪,其生活也要有特定品质,而不愿他们以失去自由、友爱、尊严和仁慈为代价,学会心安理得地活着,以存活数百万年。假如这只是关乎愿望,其实,也就没有进一步的问题可供讨论了。大批人跟我有同感,大批人也跟他有同感。我相信,决定哪种人将会胜出,正在我们时代。

这就是斯马特教授和我,与莫里斯和巴克尔二位博士相比,无足轻重的原因。假如这样说没有无礼之嫌的话。我们只是老师(dons);他们是犯罪学家,一个是律师,一个是心理医生。引我远离自己的节拍来写"典狱学"的唯一东

---

① 【原注】我拿不准,斯马特教授用"社群"(community)是指国家还是指人类。假如是前者,那么,在国际道德方面就出现难题。论及国际道德,我想,斯马特教授迟早会不得不想起人类。

西,就是我的焦灼,焦灼于在这场无比重要的冲突中,法律将站在哪一方。这就把我引向,我自己跟两位批评者之间的唯一严重分歧。

也有些别的分歧,只不过那都主要围绕着一些曲解。那些曲解,就算怪我吧。因而:

(1) 关于社群稳定,我的文章里即便是有,也说得太少。恐怕我是想当然了。不过我心中的区分,并不像两位批评者设想的那样(莫里斯与巴克尔,232 页),是刑罚中"次要"因素与至要因素之分。有人从柜台上拿走一包烟揣进自己口袋的行为,我将此称作"购买"还是"偷窃",根据的是他是否付款。这并不意味着,我把购物行为中拿走商品,当作是"从属的"。这意味着,使得此举合法,并使得此举成为"购物"的,是付款。我称性行为贞洁还是不洁,其根据是双方是婚内还是婚外。这并不意味着,我认为性行为对于婚姻是"次要的";而是意味着,使它合法、使它成为敦伦之举的,是婚姻。同理,你想让社会稳定及"医治"罪犯在刑罚中有多重要,悉听尊便,我随时附议,只是有个条件,即,动议这样去干涉一个人的自由,基于罪有应得,才算正当。恰如购物中的付款,恰如关乎性行为的婚姻,正是罪有应得,而且(我相信)只有罪有应得,才使得我们的诉讼合法,才使得诉讼根本上成为刑罚之一例,而不是暴政之一例——或战争之一例。

(2) 关于少年犯(参莫里斯与巴克尔,页234),我同意在这事上,有个进步。极原始的社会,在一桩误杀案中,会"审讯"或"惩罚"一柄斧头或一杆长矛。在中世纪晚期的一些地方(我想在罗马帝国),也会以谋杀罪审讯一头猪。直至晚近,我们或许还曾(我不知道)审讯少年,仿佛他们也担负着成人的责任。废止这些事,正确。可是,总的问题在于你是否还想再进一步:你是否还想让我们所有人一道失去防护,摆脱成年公民之责任,降至少年、猪和斧子的层次。我不想这样,因为我并不认为,有人相对于我们其他人,事实上就相当于成人对儿童、人对畜、有生之物对无生之物。① 我想,贯彻"罪无应得"(desertless)刑罚理论的那些法

---

① 【原注】其实,我也会拿这反对亚里士多德的奴隶说(《政治学》1254A 以下)。我们都能认出"自然"奴隶(我自己或许就算一个),不过,"自然"主人在哪里?【译注】路易斯《论平等》一文,一开头就说:"我之所以是民主派(democrat),因为我相信人之堕落(the Fall of Man)。我认为,绝大多数人之所以是民主派,乃出于相反理由。绝大部分民(转下页注)

律条文，其制定者及执行者，跟我们其他人没啥分别。

真正分歧就在这儿。莫里斯和巴克尔两博士，虽充分意识到我所担心的危险，其深恶痛绝也不亚于我，但二位却相信，我们有个安全阀（safeguard）。安全阀就是法庭，就是他们的腐败不了的法官，他们的出色技术，以及"法律所确立的自然正义之控制"（页233）。没错；假如法律一直兼顾着的自然正义的整个传统，当我们正在讨论的刑罚态度转变完成之时，尚未中断的话。可是对我来说，这正是问题所在。我们的法庭，我同意，"传统上代表着平民百姓及其道德观"（页233）。诚然，我们必须拓展"平民百姓"一词，以涵盖洛克①、

─────────────

（接上页注）主热情来自卢梭之辈的看法。他们相信民主，是因为他们认为人类如此明智如此良善（wise and good），故而统御（the government）应有他们的份额。以此为根据捍卫民主，其危险在于，这些理论基础并不对。一旦其弱点暴露，就有喜好专制的人坐收渔翁之利。只反观自身，我就可以发现它们不对。统御鸡舍，我并无份额，遑论国家。同理，绝大多数人──所有听信广告、用标语思考以及传布流言的人──也无份额。民主之真正理由恰好相反。人类是如此堕落，以至于不能将凌驾于同胞之上的不受约制的权力托付（trusted with）给任何人。亚里士多德说，一些人更适合于做奴隶。我和他并不矛盾。只是我拒斥奴隶制，因为我看到，没有人适合于做主子。"（见拙译路易斯《切今之事》，华东师范大学出版社，2015，第11—12页）

　　① 洛克（John Locke，1632—1704），英国哲学家，自由主义奠基人，自然法学思想之集大成者，其自然法学思想主要见《政府论》（*Two Treatises on Government*）。

格劳秀斯①、胡克②、波内特③，阿奎那、查士丁尼④、斯多葛派和亚里士多德，我不会反对；在最最重要的意义上，对我来说最光荣的意义上，他们都是平民百姓（common men）。⑤不过，整个这个传统都与自由意志、责任、权利及自然法的观念，密不可分。在日常刑罚实践从属于精神疗法（therapy）和社会稳定的法庭上，它还能存活下来么？法律在实践中尊奉一套哲学，还能继续享受另一套哲学之安全阀么？

我身为一名律师之子、另一律师之友⑥，写东西给两位犯罪学家，其中一名是律师。我相信，他们的观点和我

---

① 胡果·格劳秀斯（Hugo Grotius 1583—1645），荷兰法学家和政治家，自然法学派的创始人之一，近代国际法理论的奠基人。其名著《战争与和平法》（*De jure belli ac pacis*，1625）之中译本，由上海人民出版社2005年出版。

② 理查德德·胡克（Richard Hooker，1554—1600），文艺复兴时期英国神学家。其多卷本著作《教会政治法规》（*The Laws of Ecclesiastical Polity*）乃英国圣公会之基石，他亦因此成为16世纪最重要的英格兰神学家之一。

③ 原文为 Poynet，未知何许人。疑为《政治权力简论》（*A Short Treatise on Political Power*）之作者约翰·波内特（John Ponet，约1514—1556）。

④ 查士丁尼（Justinian，483—565），东罗马帝国拜占庭皇帝。在位期间（527—565）下令编写一部法学教科书，即《法学总论：法学阶梯》。该书中译本1989年由商务印书馆出版，译者张企泰。

⑤ 【原注】亦参路易斯《人之废》（*The Abolition of Man*，London，1943），尤其是附录。

⑥ 指路易斯的好友欧文·巴菲尔德。

的观点,其近似之处不是指望不着,因为心怀同一目的。
我也期望社会稳定,而且,要是一切刑罚还真是治疗的话,
我会额手相庆。我所恳请的一切,是罪无可赦的前提条件
(*prior* condition);应报已证明剥夺自由之正当,先于我们
虑及其他因素。此后,悉听尊便。此前,则并无"刑罚"的
问题。我们不是胆小鬼,想要无条件得到保护;尽管当一
个人得到应有惩罚,我们在执行之时,也会为我们的稳定
着想。我们也不是那种无事忙,想要强迫改造我们的邻
人;可是,当一个邻人的不受干涉之权利被正当剥夺时,我
们也会出于仁慈,使得他所受刑罚能够改造他。但是,除
非到了我们应该"教训教训他"之时,否则,我们不会自以
为是地去教导他。(可是,我们究竟是谁?)莫里斯博士和
巴克尔博士会跑这么老远,跟我会合吗? 我相信,律法,那
个伟大的原则(that great discipline the Law),取决于他们
的决定,以及同样重要机构的其他人员的决定。而且还不
止此。因为,假如我没弄错,当此之时,我们都在帮着做决
定:决定人类到底是仍会保留着使人类值得保全的那一切
呢,还是我们必定滑入阿道斯·赫胥黎先生及乔治·奥威
尔先生所想象的、在希特勒之德国得到部分实现的亚人类

(subhumanity)?① 因为，要是种族主义理论是对的，那么，犹太人之灭绝其实就会"有用"；没有什么预言，会说什么将看似"有用"以至就是"有用"，而且"必然性"一直是"暴君的托辞"(the tyrant's plea)。②

附路易斯书信二则：死刑与极刑③

（甲）C. S. 路易斯，《极刑》(Capital Punishment)，《教会时报》(*Church Times*)，第 144 卷（1961 年 12 月 1 日），第 7 页：

阁下：

我不知道，极刑是否应当废除，因为自然之光④、经文以及教会权威，仿佛都未告诉我。而我关注的是，废除极刑的根据。

---

① 参看乔治·奥威尔的《一九八四》和阿道斯·赫胥黎的《美妙的新世界》。这两部著名的反乌托邦小说，均有中译本。

② 参 *God in the Dock* 第四编第 12 封书信。

③ 选自 *God in the Dock* 第四编"书信选"第 12 组书信。

④ 自然之光(the natural light)，哲学术语，亦称"理性之光"。详参本书第二编第 13 章第 6 段之脚注。

说绞死一个人，我们就是专横判定他不可救药，窃以为，一点都不对。《公祷书》收录一段训诫，讲给那些被判死刑的人，其中的含义恰恰相反。① 真正的问题是，是在三周以后的刑场上，还是在比如三十年后的监狱医院里，杀人犯最有可能悔改并得善终？可朽之身，无人能知。不过，最有权发表看法的，就是那些凭经验深知延长监狱生活之果效的人。我希望，有些监狱牧师、管理人员以及看守，会进入讨论。

死刑会给遇害者亲属以心理补偿，这说法本身有些道理。可是，它不应与支持或反对极刑这桩公案联系在一起，哪怕是最遥远的联系。假如联系在一起，我们就是在支持这一古老而且确实错误的观点，即谋杀首先是对个体之冒犯，而不是对社会之冒犯。

---

① 路易斯在此或许指的是《公祷书》里的"刻责文"："全能的天主，最慈悲的父，常施怜悯与万人，不厌弃凡所造的，不愿罪人死，但愿他悔改得救。现在求主发慈悲，赦免我们的过犯，收留安慰我们这背负重罪，心里困惫的人。广施怜悯，常在乎主；赦免人罪，也独在乎主。求仁慈的主，怜惜我们，怜惜主所赎的子民。我们是灰尘，是犯重罪的，求主不要追究我们。我们真实懊悔，俯伏认罪。求主息怒，趁着我们活在今世的时候，速速拯救我们，使我们到来世，能在主那里得着永生。这是因着我主耶稣基督。阿门。"见主教鄂方智核准、在华北教区试用的《公祷书》(1937)，第 389 页。

绞刑并不比其他任何刑罚更无可挽回。你不能让一个无辜之人死而复生：可是，你同样也无法返还错误关押所侵蚀的数年光阴。

另一些通讯者已经指出，纯以儆效尤的刑罚理论，或纯治病救人的刑罚理论，或二者兼有的刑罚理论，其不道德（immoral），令人瞠目。只有罪有应得这一概念，才会将刑罚与道德联系起来。假如震慑（deterrence）成为重中之重，那么，一个无辜者，只要公众认为他有罪，处死他就成了全然正当之事。假如改造（reformation）成了唯一问题，那么，就没有什么东西可以阻止，对我们的一切缺点的令人痛苦的强制改造。一个相信基督信仰就是一种神经症的政府，会有十足的权利，为了明天的"医治"，把我们所有人都移交给矫正师。

（乙）Claude Davis，同上（1961年12月8日），第14页。

（丙）C. S. 路易斯，《死刑》（Death Penalty），同上（1961年12月15日），第12页：

阁下：

　　戴维斯(Davis)博士指责我那样用"社会"一词。他说得对,这个被视为实体的抽象(hypostatised abstraction),已经为害不浅了。可是,我只是用社会一词来指"我们所有人"。将谋杀视为对单个家庭之侵犯,这一观点的荒谬之处,狄摩西尼①私下讲过一个案例,将其展露无遗(我一下子找不到出处了,不过,比我博学的读者,无疑能找得到)。

　　有某人甲,自由释放女奴乙,即他的奶妈。乙嫁了人。其丈夫死了,未生子嗣。有人这时杀了乙。可是在雅典,无人能够起诉,因为并无受害一方。甲不能起诉,因为乙被害之时,不再是他的财产。没有鳏夫,没有孤儿。

　　在当前的争论中,我不处于任何一方。不过,我仍旧认为,取消论者立论甚不高明。不给反对者扣上恶毒动机,他们仿佛就无法表述。要是不信者经常看贵刊的通信专栏,我担心,他们恐怕会对我们的逻辑、处事及为人,心生坏印象。

---

　　①　狄摩西尼(Demosthenes,前384—前322),雅典政治家,公认的古希腊最伟大的演说家。与柏拉图和亚里士多德同时代。

21　甚诞节与圣诞节：

希罗多德佚书一卷[①]

（1954）

Xmas and Christmas：

A Lost Chapter from Herodotus

在西北方向，有座岛屿隔海相望。此岛名曰颠列不
（Niatirb）。[②]　海卡泰欧斯[③]断定它与西西里岛同样大小同

---

①　选自 *God in the Dock* 第三编第 5 章，首刊于《时代与潮流》(*Time and Tide*)杂志，1954 年 12 月 4 日。希罗多德(Herodotus，约公元前485—前 425)，古希腊历史学家。其名著《历史》，记述公元前六至五世纪波斯帝国与希腊诸城邦之战争史。该书在西方，向来被看作是最早的一部历史著作，希罗多德因此被罗马著名政治活动家西塞罗誉为"历史之父"。与路易斯之虚拟相应的是，《历史》第四卷第 32—36 段谈极北地区居民的那部分。（参王以铸译《希罗多德历史：希腊波斯战争史》，商务印书馆，1959）

②　路易斯虚拟的这个地名 Niatirb，乃 Britain 之倒写。为传其影射之意，拙译用"不列颠"之倒写译之。

③　海卡泰欧斯(Hecataeus，约公元前 550—前 475)，即　（转下页注）

一形状,但它还是更大一些。至于称其外形为三角形,则不算失准。岛上人口密集,其穿着与欧洲西北部的其他蛮族,没多大差异,只是语言不通。这些岛民,论耐性与韧劲,据我们所知,无与伦比。他们有如下风俗。

隆冬季节,雨雾天气最为频繁。他们有个盛大节日,名曰甚诞节(Exmas)。① 整整五十天,他们都在准备过节。我这就说说其过法。首先,每位公民都有义务给其亲朋赠送印着图画的一方块硬纸,在他们的话里,叫作甚诞卡(Exmas-card)。那些图画,或是鹊踏枝;或是翠绿的针叶树;或是颠列不人 200 年前的祖先,穿着据信就是那时的衣

(接上页注)米利都的海卡泰欧斯(Hekataois of Milete),希罗多德的历史学先驱,其著作只有断片流传于世。希罗多德多处提及他,常常是去纠正他的说法。

　① 　X 是数学中的未知数。路易斯杜撰 Exmas 或 Xmas 一词,意思是说,人们早已忘记 Christmas 是谁的生日。为兼顾字面及寓意,拙译将Xmas 译作"甚诞节",一则取汉语"作甚干甚说甚"的"甚"字义,二则取与"圣诞节"之谐音。有位名叫姜武城的教友,有段小文字解释路易斯所造Xmas 一词之意涵,殊有意思,可备一说:

　　将近 40 年前,C. S. Lewis 曾写了一篇想象文章。谈论 X'mas 与Christmas 之间的分别。X 是数学中的未知数,因一般世人不知圣诞节是谁的生日,而 MAS 可以这样解释:M 代表 Money(金钱),圣诞节变成商人发财的节日,也成了人们花上大把金钱的日子。A 代表 Amusement(娱乐),圣诞节成为世人邪淫恶欲、醉酒荒宴的日子。S 代表 Self(自我),圣诞节成了世人满足自我、放荡无度的日子。(文见 http://ye-su. cn/meiril-ingxiu/2011/3746. htm[2014—12—4])

裳,驾着那时的马车;或是积雪盖顶的房子。颠列不人不大
愿意说,这些图画与节日有何关系,护卫着(我想)些许奥秘
(sacred mystery)。由于所有人必须送这些卡片,市场上就
挤满了买卡片的人,疲劳厌倦也就随之而来。

　　买够他们以为足够多的贺卡之后,转回家来,却发现家
里是同样的贺卡,是别人送来的。当他们发现,一些是他们
已经送过贺卡的人送来的,他们就将其丢在一边,谢天谢
地,这件差事今年总算办完了。可是,当发现他们没送过的
人送来贺卡,他们就捶胸顿足,怨天怨地,甚至对送贺卡的
人骂骂咧咧;发泄够了,又重新穿上靴子,顶着雨雾天气,去
给那人也买一张贺卡。关于甚诞卡,就说这些吧。

　　他们也彼此赠送礼物。互送礼物所受折磨,与互送贺
卡一模一样,甚至更惨。因为每位公民,都不得不揣测每位
朋友会送给他的礼物值多少钱,以便回馈等价礼物,无论他
是否支付得起。彼此购买的当作礼物的东西,没人会为自
己购买。因为这些卖家,了解这个风俗,就推出形形色色中
看不中用的东西;至于那些无用又滑稽的东西,整年卖不
动,这时则当作甚诞礼物拿出来卖。尽管颠列不人自称缺
乏足够的必需品,诸如金属、皮毛、木材和纸张,可是每年因

制造礼物,浪费的这类东西,数量不可思议。

在这五十天里,那些年龄最大的、最穷的、日子最苦的公民,戴上假胡子,穿上红袍子,行走在市场上;假扮克洛诺斯神（Cronos）。[1] 礼物之卖家,也像买主一样,因人群和浓雾而面色苍白,疲惫不堪,因而,任何人在这个季节来到一个颠列不城,会以为有什么巨大公共灾难侵袭了颠列不。这五十天的准备,在他们的蛮语里,叫做甚诞“抢购”（Exmas Rush）。

可是,在节日到来的那天,绝大多数公民,因“抢购”而筋疲力竭,会一觉睡到正午。而在晚上,他们会吃上平日五倍的夜宵,给自己用纸糊的王冠加冕,醉意十足。甚诞节后那天,他们非常阴郁,因夜宵、醉酒以及盘算在礼物和酒上花了多少钱而心烦意乱。因为在颠列不人中间,酒价昂贵,一个人要喝醉,花的钱差不多够买一塔伦[2]酒了。

---

[1]　克洛诺斯（Cronos）,希腊古代宗教中的男性神,后被等同于罗马农神萨图恩。在希腊神话中,克洛诺斯是乌拉诺斯（天神）和该亚（地神）的儿子,十二巨人中年龄最小的一个。他在母亲怂恿下,阉割了父亲,从而使天地分离。于是成为巨人之王,后被儿子宙斯推翻。（参《不列颠百科全书》第 5 卷 28 页）

[2]　塔伦（talent）,古希伯来人、埃及人、希腊人、罗马人使用的重量单位。具体等于多少千克,似因时因地而异。最小的是雅典塔伦,约合 25.8 千克。（参《不列颠百科全书》第 16 卷 418 页）

这就是他们过甚诞节的习俗。然而，在颠列不人中间，还有少数人，他们也有个节日，跟甚诞节同一天，但别是一家，独属自己，叫做耶诞节（Crissmas）。① 这些过耶诞节的人们，跟大多数颠列不人做法相反。他们那天早早起床，精神焕发。在日出之前，他们赶赴某个寺庙，在那里参加缛宴。绝大多数寺庙都陈列图画，画着一位妙龄女子，膝上坐着新生婴儿，一些动物和牧羊人都在敬拜孩子。（我知道，一个神圣故事提供了这些画的因由，这里就不必重复了。）

我曾与某寺庙的祭司亲谈，问为什么在甚诞节那天过耶诞节；因为在我看来，这多有不便。可祭司回答说，客官哪，我们改换耶诞节日期乃越律之事，但是希望宙斯能启示颠列不人，让他们另择日子过甚诞节，或者索性别过。因为甚诞节和"抢购"甚至让这些少数人的心灵，亦离圣事（sacred things）而去。我们着实也乐意在耶诞节期间让人们欢乐（merriment）；可是，在甚诞节，人们无欢乐可言。当我问起，为什么他们能忍受"抢购"，他回答说，客官哪，那是个

---

① 路易斯杜撰 Crissmos 一词，谐 Christmas 一词之因，拙译为"耶诞节"，借用香港人对圣诞节的另一称呼。

"网拍"（racket）。① 他用词，像是偈语，我莫名其妙（因为"网拍"是蛮族玩一种所谓"网球"游戏时，用的一种器材）。

海卡泰欧斯说甚诞节与耶诞节是一个东西，并不可信。首先因为，甚诞卡上的图画，与祭司们讲说的耶诞节神圣故事，毫不相干。其二，绝大部分颠列不人，尽管不信少数人的宗教，却赠送礼物和贺卡，参与"抢购"和饮酒，戴纸糊帽子。可是，即便是蛮族，为向他们不再相信的一个神灵致敬，也不太可能受如此众多如此巨大的折磨。关于颠列不，就谈到这。

---

①　路易斯在此用 racket 一词，取网球拍之比喻义，似指人在礼尚往来之游戏中，像网球一般，被拍来拍去，深感头痛但却身不由己。拙译译为"网拍"，兼取"拍"字的"球拍"与"拍卖"二义。至于"网"字，则期望兼"网球"、"网罗"二义。至于读者诸君联想到如今盛行的网上购物之"网拍"，离路易斯之题旨，也不算太远。

22　圣诞节对我意味着什么①

（1957）

What Christmas Means to Me

假圣诞节之名，行三样事。其一是个宗教节期。对于基督徒，这既重要，又必须守（obligatory）；可是，由于它可能引不起其他人的任何兴致，故而我这里就不再多说。其二则是个大众节日（虽与第一样有复杂的历史关联，但我们无需赘述），是玩乐和款待（hospitality）的场合。要是对此发表"看法"，是我分内之事，那我会说我很赞同玩乐（merry-making）。可我最赞同的则是，每个人都管好自己的事。

---

① 选自 God in the Dock 第三编第 6 章，首刊于《20 世纪》（Twenti-eth Century），第 162 卷（1957 年 12 月）。

我实在看不出我有什么理由，就该对他人闲暇无事呼朋唤友时应怎样花自己的钱，指指点点。极有可能是，在这种事情上，他们不大想要我的建议，恰如我不大想要他们的。可是，名曰圣诞节的第三样事，则是任何人的分内事。

我当然是指商业网拍（commercial racket）。在过去的英国，节日期间交换礼物，只是很小的一个成分。匹克威克先生带了一条鳕鱼去拜访丁格利·戴尔；①洗心革面的吝啬先生为他的职员订了一只火鸡；②恋人赠送信物；玩偶和水果则送给小孩。可是，不仅所有朋友，甚至熟人也应互赠礼物或至少互赠贺卡，这一观念则相当现代，而且由商家强加给我们。虽如此，赠送礼物本身，无可厚非。我谴责此事，根据如下：

---

　　①　丁格利·戴尔（Dingley Dell），狄更斯小说《匹克威克外传》中的一个地方。据载，狄更斯一次滑冰掉入水中，便向附近一所庄园求助。庄园名叫 Cobtree Manor。没想到庄园主是一位英俊好客的人，叫威廉·斯邦先生；两人结为好友。后来狄更斯就以这位和蔼可亲的斯邦先生为原型，塑造了《匹克威克外传》中的沃德勒先生（Mr Wardle）。而 Cobtree Manor 庄园，也就在故事中变成了丁格利·戴尔庄园，成为匹克威克一伙人围着炉火享受美食、尽情欢乐的场所。（参"爱思英语网"佳作欣赏栏目）

　　②　Scrooge，狄更斯的小说《圣诞颂歌》中的老吝啬鬼。scrooge 一词，本就是吝啬鬼之意。

1. 它给人的痛苦,总体上大于快乐。你只需跟一个试图一丝不苟地"严守"圣诞(其第三层面或商业层面)的家庭,共度圣诞,就能看到此事如何成为梦魇。远在 12 月 25 日以前,每个人都身心交瘁——好几周来,天天在店铺挤来挤去,已将体力耗尽;搜肠刮肚记起那些应给送个礼物的人,并挖空心思琢磨合适礼物,又将心力耗尽。他们哪有心思玩乐;更不用说参与宗教活动了(即便他们理应愿意)。看上去,他们更像是大病一场。

2. 大多数人身不由己。现代礼节是,有人给你送个无厘头的礼物,就迫使你给他送礼物。这几乎是一种要挟。最后关头,正当你以为今年的这桩苦差终于有个了断时,无事忙女士(Mrs Busy)的一份讨厌礼物,不请自来,塞进你信箱,你又不得不重返那可恶商铺。当此之时,谁没有听到过无奈以至愤恨的叹息声?

3. 所送礼物,凡夫俗子从来不会买给自己——华而不实毫无用处的劳什子。称其为"别出心裁",那是因为此前还没有人蠢到这份上,会去造这类玩意。难道我们真的除了把原料、手艺及时间花费在这些垃圾上之外,就给它们派不上更好用场了么?

4. 苦差。毕竟, 网拍 (racket) 期间, 我们所有人仍要做日常必需的采购, 可网拍所费劳力三倍于此。

有人告诉我们, 这些乏味事 (the whole dreary business) 还不可废除, 因为它有益于商业。而事实上, 它就是我们国家以至这个世界的疯狂状态的症侯, 只不过一年发作一次而已。在此疯狂状态下, 每个人都藉着说服他人购物为生。我不知道出路何在。可是, 我的义务难道真的就是, 为了帮助商家, 每年冬天就要购买并收到一大堆垃圾么? 即便糟糕透顶, 我也宁愿白给他们钱不要东西, 并一笔勾销, 权当行善了。白给钱? 为啥呀? 因为白给钱总比买个苦差好。

23　雪中少年犯[①]

(1957)

Delinquents in the Snow

　　"开拔。"门外的人声提醒我们(通常还在最不顺心的时候),一年一度的圣歌季(season of carols)又来了。我家门前,本地唱诗班的歌声,一年响起一次;至于其他的四十五次,则是一些男孩或儿童的声音,他们甚至不去学唱歌,或记住他们正在糟蹋的那首圣歌的歌词。他们真正持之以恒加以摆弄的乐器,是门铃和门环;他们追逐的,则是钱财。

　　我敢保,他们中间的一些人,就是翻进我家花园、劫掠

---

　　① 选自 God in the Dock 第三编第 7 章,首刊于《时代与潮流》(Time and Tide)杂志,1957 年 12 月 7 日。

果子、砍倒果树还在我家窗外胡喊乱叫的那些流氓阿飞。尽管左邻右舍都知道,我家有人重病在身。① 我担心对于他们,我的"姑息迁就",是处置失当。我既不像个基督徒,赦免他们;也不像个怒气冲冲的主人,放狗去咬他们。人家敲诈,我给钱;给钱,又给得并不得体。我做得两头都不靠。

倘若我并不认为,当前遵纪守法的民众都怒火中烧,那我将此事公之于众就是蠢举一桩(这事更适合说给告解神父听)。针对这怒火,我赢得了无数战斗,却从未赢过一场战争。而且天知道,许多人家比我更有原因感到怒火中烧。毕竟,我还没像朝圣先生(Mr Pilgrim)那样,被迫自尽。② 我为之哀痛的也并不是,女儿遭奸杀,可凶手则将被关进精神病院(用的是纳税人的钱),终有一天出院又去逮其他孩子。相比起来,我最大的伤痛也不足挂齿。不过,鉴于它勾起了所有这些问题,还是说说那件事吧。

不久前,几位小邻居撬开我家花园的一间小平房,偷了几件东西——几样不常见的武器和一架光学仪器。这一

---

① 路易斯的妻子乔伊,当时卧病在床。
② 朝圣先生(Mr Pilgrim),艾米丽·希尔达·杨(Emily Hilda Young,1880—1949)的小说《摩尔小姐》(*Miss Mole*,1930)里的一个人物。

次,警察找出他们是谁了。由于确信,他们之中有好几个此前就犯过同样的罪,我寄予厚望,会给他们某种足以杀鸡儆猴的判罚。可是有人敬告我:"要是那个老女人当法官,那就全完了。"我当然不得不列席少年法庭。结果与敬告所言,毫发不爽。那位老太太(姑且这样称呼她吧)是庭长。大量证据表明,犯罪有预谋,意在钱财:有些赃物已经卖掉。老太太判罚了一小笔钱。也就是说,她没惩罚犯人,而是惩罚他们的父母。可更让我惊讶不置的是,她给犯人的总结陈词。她告诫他们,务必,确确实实务必放弃这种"愚蠢的恶作剧"。①

---

①　这则轶事,路易斯在《诗篇撷思》(*Reflections on the Psalms*,1958)第3章,再次述及:

即使是最恶毒的咒诅,都能让我们从中看出世人与神多么亲近。虽受表达方式的扭曲,一种属神的声音仍从这些咒诅诗篇中透漏出来。当然,神看待世人的仇敌,眼光与世人不同,因为祂"不愿罪人沉沦":但是,无疑的,祂对这些人所犯的罪确实深恶痛绝,像诗人所表达的那样。只是神的厌恶不是对罪人而发,乃是对罪而发。罪不被容忍或宽宥,这点容不得商量。如果人想保全性命,蛀牙必须拔掉,溃烂的手必须切除。从这角度看,与许多现代人的态度——美其名曰:"基督徒的仁慈"——相比,诗人的严肃实在更近乎真理;譬如它显然比上述年轻士兵的道德冷漠更近乎真理;比假科学之名,行纵容之实,将一切罪行归诸心理问题。它甚至反映出诗人明辨是非、头脑清楚,不像某位少年法庭的女法官。我亲耳听见这位祖母级的法官,苦口婆心劝告一群被判蓄意抢劫的青少放弃"愚蠢的恶作剧",好像他们只是偶犯,抢劫纯粹为了好玩,并非意在钱财。其实,抢来的赃物早就卖掉了,有些还是累犯。相较之下,诗篇中出言残酷的部分正提醒我们,世界上的确有邪恶存在,是神所痛恨的,虽然他并不恨人。(曾珍珍译,台北:雅歌出版社,1995,第31页)

当然,我万不可指控老太太不公正(injustice)。正义(justice)之定义,林林总总。如果正义的意思,如忒拉绪马霍斯(Trasymachus)所想的那样,是"强者的利益",①那她就很正义了。因为她推行的是自己的和罪犯的意志,他们合起来比我不知强大多少。

可是,假如她的意图是——我并不怀疑,这种正义引领我们所有人走上的那条大道就是用好意铺成的——防止这些男孩长成惯犯,我就要质疑,她的方法是否周全(well judged)。即便他们听她的(他们不会听在意料之中),他们带走的是一个信念:图谋钱财的蓄意抢劫会被归为"恶作剧"一类——归为一种孩子气,长大了就没了。怂恿他们从率意践踏劫掠果园,毫不迟疑地走向入室行窃、纵火、强奸、谋杀,似乎再难想出比这更好的途径了。

这件小事,在我看来,正是我们时代的特征。刑法日渐保护罪犯,不再保护受害者。有人可能担心,我们正在走向犯人专制或(可能是一丘之貉的)纯粹无政府。不过,这并

---

① 柏拉图《理想国》卷一专门讨论何谓"正义"。智者(a Sophist)忒拉绪马霍斯(Trasymachus)说:"正义不是别的什么东西,无非就是强者的利益。"(《理想国》338c,王扬译,华夏出版社,2012)

不是我的担忧，我担心的恰好相反。

依照这一国度的古典政治理论，我们把自卫权（our right of self-protection）让渡给国家，其前提条件是国家会保护我们。① 粗略说来，你答应不亲自手刃谋害你女儿的那个人，是因为你知道，国家会逮捕并绞死他。当然，作为

---

　　① 指的是现代以来的社会契约理论（social contract theory）。尼古拉斯·布宁、余纪元编著《西方哲学英汉对照辞典》（人民出版社，2001）释 social contract（社会契约）：

　　为主权和市民社会，以及构成公民角色的权利和义务提供合法依据的契约。根据兴盛于17—18世纪的社会契约理论，以个人同意为基础的社会契约，允许人们从自然状态，无论是从霍布斯的残忍的世界还是从洛克的相对自我满足的世界，进入市民社会。走向市民社会是通过放弃某些自然权利以换取国家提供的保护、权利和好处而完成的。在霍布斯看来，这种契约是由人民和一推选出的获得绝对权力的主权者之间商定的，而洛克和卢梭则认为，赋予政府权力是由人民自己商定的。在洛克看来，自然状态中的人非常类似我们自己，但在卢梭看来，他们由于进入市民社会才成为人的。卢梭认为，社会契约是一种条件，通过它众意、即个人意志的集合，变成了为了共同利益的公意。对社会契约的古典说明是否就是要提出一个实际的或假设的契约，这一直是个有争议的问题。一些批评家认为，在运用这一理论论证政治权力的合法性和政治义务的根据之前，我们必须对这一理论本身提供独立的辩护。社会契约理论被当代政治哲学家 J.罗尔斯运用于他的正义理论。在罗尔斯看来，对自己社会地位一无所知的、合理自利的行为者之间的契约，决定了正义原则，但这一假设的契约提供的只是罗尔斯为其理论辩护的一个方面。

　　"人类由于社会契约所丧失的，乃是他的天然的自由以及对于他所企图得到和所能得到的一切东西的那种绝对的权利；而他通过社会契约所获得的，则是市民的自由以及对他所拥有的财产的合法权利。"——卢梭：《社会契约论》，第一卷第8章。

对国家起源的历史追溯,这一理论与实不符。群体对个体的权力,就其本性而言,是无限的。个体交出权力,是因为他不得不交。国家在最佳状态(这些状态已不再有),藉着明确这一权力,给它设限,并给了个体一丁点自由。

可是古典理论为公民之服从职责(obligation to civil obedience)提供了道德根据;解释了交税为何正确(以及不可避免),手刃谋害你女儿的凶手为何错误。目前,这一令人很不舒服的处境(uncomfortable position)是这样:国家很少保护我们,因为它不愿在国内保护我们免受罪犯侵害,而且明显日益没了能力保护我们免受外敌侵害。我们的权利与自由之少,负担之多,是绝无仅有:作为回报,我们所得保护少得可怜。就在我们的职责增多之时,其道德根据则被撤除。

折磨我的问题是,血肉之躯还会继续忍耐多久。不久之前,甚至还曾有个他们是否应该忍耐的问题。我希望,没有人会以为约翰逊博士是个野蛮人(barbarian)。可是他坚持认为,根据苏格兰的一条古怪法律,某年青人的杀父仇人总逍遥法外,那么此青年蛮有理由这样说:"我在这些野蛮人中,他们拒绝做公正事……因此我处在一种自然的状态……我会把杀死我父亲的罪犯刺死。"(见鲍斯威尔《赫布

里底群岛旅行日记》1773 年 8 月 22 日之日记）①

　　更显而易见的是，基于这些原则，当国家不再保护我免受流氓侵害，要是我能够，我就有理由亲手抓住他们，修理他们。当国家不能够或不愿意提供保护，"自然"（nature）就卷土重来，自卫权原物奉还给个体。当然，要是我能够且确实这样做了，我会被起诉。对盗贼很是仁慈的老太太及其同党，将对我毫不心慈手软；我会被那些既不知道也不在意萨德现象（sadist）②

---

　　①　1773 年，64 岁的约翰逊（Samuel Johnson，1709—1784）与 33 岁的鲍斯威尔（James Boswell，1740—1795），二人结伴在苏格兰高地徒步旅行，历时 3 月，以"了解当地人的风土人情和生活方式"。日后，二人分别写了《苏格兰西部群岛旅行记》（约翰逊，1775）与《赫布里底群岛旅行日记》（鲍斯威尔，1785）。这两部著作成为经典游记，为后人留下关于苏格兰高地的历史记录。二人之足迹，则成了后世学者热衷追踪的高地之行。二游记之中译本，2011 年由国际文化出版公司以《惊世之旅：苏格兰高地旅行记》为题合订出版，译者蔡田明。约翰逊博士的这段话，见鲍斯威尔《赫布里底群岛旅行日记》（*Journal of their tour to the Hebrides*），路易斯在此省略引用，全文则是："我在这些野蛮人中，他们拒绝做公正事，而且鼓励各种最大的犯罪。因此我处在一种自然的状态，现在有法律，也是自然的状态。其后果是，根据永恒和不变的公正法律，这个法律要求血债要用血来还，我会把杀死我父亲的罪犯刺死。"（中译本第 153—154 页）约翰逊博士认为，尽管这年青人，政治上有罪，但道德上无罪。

　　②　在路易斯看来，将 sadism 一词等同于残忍，其实就意味着此词已死，意味着人们不懂此词已死。他在《词之死》（The Death of Words）一文中说："一旦让 *sadism*（萨德现象）萎缩成 *cruelty*（残忍）之同义词，毫无用处的同义词，当你不得不指涉萨德侯爵受尽折磨的那些极度变态时，你怎么办？"（见 C. S. Lewis，*On Stories：And Other Essays on Literature*，p. 107.）

或任何词汇什么意思的记者,当作"虐待狂"丑闻在小报上示众。

　　然而,我所担心的不是,或主要不是零星爆发的个人复仇。我更担心的是,我们的境况既然与美国内战之后的南部如此相像,以至于会出现某种类似三 K 党①的东西,这种东西最终可能会演变成某种右翼革命或中间派革命(a Right or Central revolution)。因为那些受害者,主要是深谋远虑之人,是不屈不挠之人,是那些想去劳动的人,是那些在无法抚慰的挫折面前仍树立起值得一保的性命(some sort of life)并期望保全性命的人。说他们绝大多数(并非全部)是"中产阶级",没说到点子上。他们的品质,并非来自阶级:他们之所以属于这一阶级,是因为他们有这些品质。因为在我们这样的社会里,那些勤勉、有远见或天分,并愿意克己自律的人,不大可能在一个世代之后,还仍是无产阶级。事实上,那点仅存的道德、智识或经济活力,残存在他们身上。他们不是非实体(nonentities)。他们的耐心,在某个点会崩断。

---

　　①　三 K 党(Ku Klux Klans),美国两个不同的恐怖主义秘密组织,其一成立于南北战争后不久,到 19 世纪 70 年代消亡;另一个始于 1915 年,延续至今。(参《不列颠百科全书》第 9 卷 365 页)

那个老太太要是读了这篇文章，会说我在"威胁"（threat）——语言准确常常与她无缘。要是你用"威胁"一词来指（可这时你就不太懂英语），推测预言某个极不可欲的事件，那么我就是在威胁。假如你用"威胁"一词，言下之意是我期望此等结局或情愿促成它，那么你就搞错了。革命很少治愈它们所针对的那种恶；它们总会生养上百个其他的恶。至于那个旧恶，革命经常给它弄个新名，使之继续大行于世。可以肯定，假如有个三K党兴起，很快就会充斥其行列的流氓阿飞，主要是那类激发了三K党的流氓阿飞。右翼革命或中间派革命，会和其他革命一样伪善、肮脏、凶恶。我担心的是，我们恐怕会使革命的可然性更高。

拙文或许被判为不合时宜，不合乎和平与友好之大局。不过，还是与大局有点联系。并非一切种类的和平，都与一切种类的友好（goodwill）相容。应许给使人和睦的人（peacemaker）的福祉（blessing）①，也不是所有那些口称"和平、和平"的人所能得到的。一个真正的"使人和睦

---

① 《马太福音》五章9节："使人和睦的人有福了，因为他们必称为神的儿子。"

的人"，①促进和平，而不是鼓吹和平。和平、和平……我们不会对你严厉……那只是个小孩的恶作剧……你有点神经失常……答应我，不要再那样了……说到头，我并不认为从中会出来友好或和平。在布满报春花的小路上，栽种报春花，说到头，算不得仁举。

你瞧！他们又开始忙活了。"Ark, the errol hygel sings."②敲门声越来越大。好了，他们来了，一年只不过来 50 回。只过两周半，就是节礼日（Boxing Day）。③ 那时，我们或许会有一点宁静，纪念耶稣之诞生。

---

① 原文是拉丁文 *Pacificus*，是拉丁文圣经中的"使人和睦的人"（peacemaker）。

② 这是一句黑话，恕译者无能，不知此语当如何翻译。暂列于此，以待来哲。

③ 圣诞节后的第一个工作日。

24　进步是否可能：

论福利国家之情愿为奴[①]

（1958）

Is Progress Possible?
Willing Slaves of the Welfare State

【原编者按】从法国大革命到 1914 年第一次世界大战爆发，人们一般假定，人类事务方面的进步不仅可能，而且不可避免。接着，两次恐怖的战争及氢弹之发明，使得人们质疑这一自信假定。《观察家报》（The Observer）特邀五位知名作家，就下列问题作答："人类如今是否仍在进步？""进步是否可能？"本文是系列文章之第二篇，是对斯诺（C. P. Snow）的开篇文章〈社会中的人〉（"Man in Society"，《观察

---

① 选自 God in the Dock 第三编第 8 章，首刊于 1958 年 7 月 20 日之《观察家报》（The Observer）。

家报》1958 年 7 月 13 日）的一个回应。

进步意味着在某一可欲方向前进。对我们人类这一物种来说，所有人的欲求并不一致。在〈可能世界〉一文中，①霍尔丹教授勾画了一个未来，其中人类预见到地球不久就变得无法居住。为移居火星，人改造自己的体质，并且抛弃了正义、怜悯及幸福。这里的欲求，只是图存。而我更关心的则是人类如何存活，而不是人类存活多久。对我来说，进步意味着个体生命的良善和幸福之加增（increasing goodness and happiness of individual lives）。对于人类，恰如对于每一个人，只求延年在我看来是个可鄙的理想。

因而我甚至比 C. P. 斯诺②走得更远，不让氢弹处于未来图景的中心。跟他一样，我也拿不准，要是氢弹杀掉

---

① 指英国著名遗传学家、科普作家霍尔丹（J. B. S. Haldane，1895—1964）。其论文集《可能世界》（*Possible Worlds*）1927 年面世，其中大多数论文都在描述 4000 万年后的地球末日。

② C. P. 斯诺（C. P. Snow，1905—1980），英国物理学家、小说家。"二战"期间，曾任英国政府之科学顾问（scientific adviser）；1945—1960 年间，则任公务专员（Civil Service Commissioner）。核时代技术进步之危险与挑战，是其许多小说之主题。

了我们的三分之一（我属于此三分之一），这对于幸存者是否就是一件坏事；跟他一样，我并不认为，氢弹会杀掉我们全部。然而，何不假定全部杀掉？身为基督徒，我理所当然认为，人类历史某一日会终结；至于圆寂的最佳时辰，我向全知者没有任何建议。我更忧心的是，氢弹已经带来的东西。

常常碰到这样的青年，他们常以氢弹威胁为理由，来药杀当前的每一种快乐，逃避每一种义务。他们可否知道，有无氢弹，人人都会死（好些死法还挺可怕）？为氢弹哭丧着脸闷闷不乐，无益。[1]

---

[1] 路易斯在《生活在核弹时代》一文敬告，切莫让核弹主宰了我们的心灵："我们不要从一开始就夸大了我们处境的新异（novelty）。相信我，亲爱的先生女士，你和你所爱的人，在核弹发明之前，就被判处死刑；而且，我们中间相当大的一部分人，将来之死并不安乐。相对于祖先，我们的确有个巨大优势——麻醉剂；但死亡仍一如既往。这世界本来就充满了苦痛之夭亡，在这个世界上，死亡本身并非机缘（chance）而是定命（certainty）。这时，因为科学家在给这个世界又添了一个苦痛之夭亡，就拉着长脸四处抱怨，这看起来颇为滑稽。……我们要采取的第一个行动就是，打起精神。假如我们所有人都将被核弹炸死，就让那核弹飞来之时，发现我们正在做明智且人性之事（sensible and human things）——祈祷，劳作，教学，读书，赏乐，给孩子洗澡，打网球，把酒对酌或投壶射覆之时与朋友相谈甚欢——而不是像受惊羊群一般挤作一团，只想着炸弹。它们可能会摧毁我们的身体（一个细菌也能做到），但不必主宰我们的心灵。"（拙译《切今之事》，华东师范大学出版社，2014，第120—121页）。

去除掉我所认为的一个熏鲱①之后，我转向真正问题。人们是否正在变得，或趋于变得更良善更幸福？显然，其答案只能是臆测。绝大多数个人体验（而且并无别种体验）永远不会见诸报端（never get into the news），更不用说见诸史籍了；即便是对亲身体验，人之把握也并不完善。我们被压缩成诸多概况（generalities）。即便在这些概况之中，我们也难以权衡利弊。查尔斯爵士②枚举了许多真正的改良；针对这些改良，我们必须拿广岛、爱尔兰王室警吏团、③盖世太保、④格伯乌、⑤洗脑以及俄国奴隶营来权衡核算。

---

① 熏鲱（red herring）是一种典型的逻辑谬误，是蓄意偷换论题转移视线之别称。亦译作"红鲱鱼"。帕特里克·赫尔利《简明逻辑学导论》（第10版）对之解释如下："当论证者以转换议论主题的方式来转移读者或听者的注意力时，就会产生熏鲱（red herring）的谬误。……这种谬误的名称来自训练猎犬的一个步骤，当猎犬寻着猎物的气味进行追踪时，将熏烤过的鲱鱼装在袋子中，拖拽袋子交叉穿过追踪猎物的臭迹，以此来引诱猎犬迷失它所追寻的目标。"（陈波 等译，世界图书出版公司，2010，第99页）

② 查尔斯爵士（Sir Charles），即 C. P. 斯诺。他于 1957 年被赐封爵士。

③ 原文是 Black and Tans，通译"爱尔兰王室警吏团"，是指 1920 年6 月英国政府派往爱尔兰的由 6000 人组成的武警部队，镇压新芬党武装起义。

④ 原文为 Gestapo，汉译"盖世太保"音义俱佳，指纳粹德国的秘密警察。

⑤ 原文为 Ogpu，为俄文缩略词，意为"国家政治保安总局"，通译为"格伯乌"，是前苏俄秘密警察组织，1918 年由列宁创立。

或许，我们对孩子变得更和蔼，可我们对老人变得不太和蔼了。随便一位家庭医生都会告诉你，甚至那些富庶之人，也都拒绝照顾双亲。"他们就不能到别家去么"，戈纳瑞说。①

我想，跟企图权衡利弊相比，更为有用的是提醒自己，这些好现象坏现象，都因两桩事成为可能。这两桩事将可能决定，终有一日会发生在我们身上的绝大多数事情。

其一是科学的进步，以及其日益广泛的应用。就我所关心的目的（ends）而言，这作为一种手段（means），是中性的。我们将变得越来越有能力医治并制造更多疾病——最终拉下大幕的是细菌战而非核弹——越来越有能力减轻并施加更多痛苦，越来越有能力更大规模地主宰或浪费地球资源。我们会变得或更仁慈，或更有害。我猜，我们会二者

---

① 戈纳瑞（Goneril），莎士比亚戏剧中李尔王之长女，心术不正。在《李尔王》第一幕第三场，戈纳瑞这样说父王李尔："你跟你手下的人尽管对他摆出一副不理不睬的态度；我要看看他有些什么话说。要是他恼了，那么让他到我妹妹那里去吧，我知道我妹妹的心思在这点上跟我一样：不能受人压制的。这老废物已经放弃了权威，却还想管这管那！凭我的生命发誓，年老的傻瓜回复成了婴孩，如果姑息哄骗纵容坏了他的脾气，就得用阻止对付他。"（《莎士比亚全集》第六卷，译林出版社，1998，第19—20页）

兼有。成此毁彼，①消除了老苦痛却又制造了新苦痛，使自己这方面安全无虞却使自己那方面危险四伏。

其二是政府与臣民关系之变化。查尔斯（Charles）爵士提起我们对犯罪的新态度。我要提起的则是，整车整车运载到德国毒气室的犹太人。说这二者之间有个共通因素，乍听上去令人咋舌，但我认为有一个。依照人道主义观点，所有犯罪都是病态；犯罪要的不是惩戒（retributive punishment），而是医治（cure）。这就将处置罪犯，与正义及罪有应得的概念分为两截；"正义的医治"（just cure）一词失去意义。

依照老观点，公众舆论可能会抗拒某一惩罚（它曾抗拒我们的老刑法），是因其量刑过重，超过那人之所"应得"；这是一个伦理问题，每个人都可置喙其间。可是治疗，只能藉其成功几率来评判；一个技术问题，只有专家可置喙其间。这样一来，罪犯就不再是个人（person），不再是权利与义务之主体（subject），而只成为社会可对之加工的一个客体（object）。希特勒如何对待犹太人，大体如此。他们是客

---

①　原文为 mending one thing and marring another，借《庄子・齐物论》"其成者，毁也"之语意译。

体;杀死他们不是因为其罪无可赦(ill desert),而是因为,根据他的理论,他们是社会病灶。要是社会可以随意修理(mend)、重铸(remake)或销炼(demake)人,那么它所随之意,当然既可能是人道,也可能是杀机。其间虽有重要不同,但是,无论哪条路,统治者(ruler)都成了业主(owners)。

注意看,对待"犯罪"的人道态度如何实施。要是犯罪只是患病,为什么要对犯罪和患病区别对待? 除了专家,又有谁能诊断病症? 有个心理学派,认为我的宗教信仰是神经症。要是这一神经症给政府带来不便,我被迫接受强制"治疗",什么又能阻止? 治疗可能令我痛苦;医疗往往如此。可是,去问"我做了什么让我受这个罪",一点用都没有。矫正师(the Straighter)将会回答:"可是,亲爱的同胞,没人谴责你。我们不再相信应报正义(retributive justice)。① 我们在给你治病。"

这简直与现代社群中隐含的政治哲学之某种极端运用,一般无二。它悄无声息地侵入我们。两次大战使得缩

---

① 关于正义或公义的探讨,大略可分为两途:一为"分配正义"(distributive justice),一为"应报正义"(retributive justice)。详见第二编第 20 章"人道主义刑罚理论"第 1 段之脚注。

减自由成为必需。而且我们逐渐习惯于我们的锁链,尽管很不情愿。我们的经济生活日益增长的复杂性及动荡,迫使政府占领了一度留给选择或机缘的许多活动领域。我们的理智首先向黑格尔的奴隶哲学缴械投降,接着向马克思,最后向语言分析哲学家。

其结果是,古典政治理论,连同其斯多葛的、基督教的、法理学的关键概念(自然法、个人价值、人权),都已死去。现代国家之存在,不是为了保护我们的权利,而是为了给我们谋好处(do us good)或使我们变好(make us good)——总之,为我们谋求某种东西(do something to us)或让我们成为某种东西(make us something)。因而,曾经的"统治者"(rulers),有了"领袖"(leaders)这一新称呼。我们与其说是其臣民,不如说是受监护人(wards)、小学生(pupils)或家畜。没留下任何东西,让我们能对他们说,"管好你们自己的事"。我们的全部生活都是他们的事。

我之所以写"他们",是因为只有小孩才认识不到,实际的政府(actual government)是且通常必定是寡头政府(oligarchical)。我们的实际主人,必定多于一个,少于全部。只不过,寡头们开始对我们有了新看法。

我想，我们的真正两难就在于此。或许无法走回头路，而且我们确实不会去走回头路。我们是驯良的禽兽（有的主人仁慈，有的主人残酷），要是走出牢笼，可能会饿死。这是两难处境之一端。而在一个愈来愈整齐划一的社会中，我所珍视的东西中，有多少能够幸存？这是另一端。

我相信，一个人要是有"天生自由的心灵"（the free-born mind），那他就会更幸福，多姿多彩的幸福。但我怀疑，要是他没了新社会正在取缔的经济独立，是否还会有这颗自由心灵。因为经济独立容得下一种不受政府控制的教育；而在成人生活中，正是那些无求于政府的人，才能够批评政府行为，对其意识形态不屑一顾。读读蒙田吧；这是双脚放在自家书桌下、吃着自家地里出产的羊肉和萝卜的一个人，发出的声音。当国家成为每个人的校长或老板时，谁还会像他那样说话？诚然，当人未被驯化之时，这种自由也只属于少数人。这我知道。因此才心中惊恐，怀疑我们的选项只剩下两个：有少数自由人的社会和全无自由人的社会。

再者，新寡头政治既以规划吾等自任，必定越来越以立足知识自命。① 如果我们打算得到政府母亲般的呵护,这母亲就必须最最了解我们。这就意味着,他们必然越来越仰赖科学家的意见,直至最后,政客只成为科学家的玩偶。整齐划一的社会(planned society)必然倾向于技术统治(technocracy)。我之所以担心专家掌权,是因为他们站在其专门对象之外说话。就让科学家给我们谈科学。至于统治(government)所牵涉到的问题,则关乎与人为善(the good for man)、正义以及以什么为代价值得做什么;关于这些问题,科学训练不会使得一个人的意见高明多少。就让医生告诉我,除非我们如何如何否则我就得死;至于生命就此而言是否值得一过,他和其他人一样,无权回答。

其三,我们并不喜欢政府之旗号(pretensions)——要求我们服从的根据——调门过高。我不喜欢巫医的自命不凡(magical pretensions),也不喜欢波旁王朝的君权神授。这不只是因为我不信谶术(magic)和波舒哀的《政治学》②。

---

① 原文是:the new oligarchy must more and more base its claim to plan us on its claim to knowledge. 此段话殊难翻译,拙译蹩脚,诸君见谅。

② 波舒哀(Bossuet,亦译博絮埃),法国主教、神学家,以君权神授论闻名于世。代表作《由圣经文本谈政治》(*Politique tirée de l'Écriture Sainte*)写于1679年,出版于1709年。该书本为教导王太子而写,以圣经言语为王权绝对主义提供理论张本。路易斯此处即指称该书。

我信上帝，但我反感神权政治（theocracy）。因为任何政府所包含的仅仅是人，而且严格说来，任何政府都是权宜之计（makeshift）；如果它给自己的号令加上"奉天承运"（Thus the Lord Saith），它就在撒谎，而且撒危险的谎。

基于同一理由，我担怕假科学之名的政府。僭主就是这样来的。在每一时代，那些想把我们攥在手心的人，要是他们还有些许聪明，他们就会打出某种旗号，那个时代的望与怕使之最为有力的旗号。他们"渔利"。这一旗号曾是谶术（magic），曾是基督教。如今定会是科学。真正的科学对僭主之"科学"不以为然——他们对希特勒的种族理论或斯大林的生物学不以为然。但是，他们会被封口。

我们必须足够重视查尔斯爵士的提醒，东方千百万人依然处于半饥饿状态。与此相比，我的担心仿佛无足轻重。饿肚子的人想的是食物，而非自由。我们必须足够重视这一声称：只有科学，只有得到全面运用的科学，因而只有史无前例的政府控制，才能让人类填饱肚子得到医疗。简言之，只有一个世俗福利国家（a world Welfare State）才能办到。正是满心承认这些真理（truth），才使得我认为人类当前极度危险。

我们一方面有燃眉之急(desperate need),诸如饥饿、疾病及战祸。另一方面,我们又心想着有某种东西可解燃眉之急:全能的全球技术统治(omnicompetent global tech-nocracy)。这难道不是奴役的最佳时机?以前,奴役就是这样进来的:一边是燃眉之急(真正的或表面的),一边是缓解燃眉之急的某种权力(真正的或表面的)。在古代世界,个人卖身为奴,为了糊口。社会也是如此。有个巫医可救我们摆脱术士(sorcerers)——有个军阀可救我们摆脱蛮族——有个教会可救我们脱离地狱。他们要什么就给什么,要是他们愿意,我们自己就捆起手脚蒙上双眼,交给他们。这种可怕交易或许会重来。我们无法谴责人们做此交易。我们几乎不能寄希望于他们不做。但是,我们实难忍受,他们应这样做。

关于进步的问题,已经成了是否能够找到某种途径,在屈服于世界范围的技术统治家长制(the world-wide pater-nalism of a technocracy)的同时,不失去所有个人隐私和独立性。采超级福利国家之蜜,是否有可能避免被蜇?

毫无疑问,有这么一蜇。瑞典的悲哀(Swedish sad-ness)只是个预示。过自己的生活、称自己家为堡垒、乐享自己的劳动果实、遵照良知之指示教育自家孩子、为身后儿孙之安康而省吃俭用——这是白人及文明人的根深蒂固的愿望。实现这些愿望，对成就我们的德性和幸福而言，几乎不可或缺。这些愿望全部受挫，就会有道德和心理灾难。

所有这些都威胁着我们，即便我们的燃眉之急所指向的社会形式，无与伦比地成功。难道这就是宿命？我们有何保证，让我们的主子们将会或能够遵守诱使我们出卖自己的承诺？切莫上了"命运在自己手中"这些话的当。真正发生的不过是，一些人的命运在另一些人的手中。他们仅仅是人；没有一个完美；很多贪婪、残酷、不诚。我们越被彻底规划，他们越有权力。我们是否找到了一些新的理由，保证权力不像此前那般，这次不会产生腐败？

25 我们并无"幸福权"[①]

(1963)

We Have no "Right to Happiness"

"话说回来,"克莱尔说,"他们总有个幸福权吧。"

我们那时正讨论发生在邻里乡党间的一件事。A先生休了A夫人。休妻之目的,是为了娶B夫人。B夫人为嫁给A先生,同样离了婚。确实,A先生与B夫人彼此深爱。要是他们继续相爱,要是他们的健康与收入都不出问题,可

---

① 选自 *God in the Dock* 第三编第9章,首刊于美国的《周末晚报》(*The Saturday Evening Post*),1963年12月21—28日。本文是路易斯为公开刊物撰写的最后一篇文章,路易斯去世后一个月刊出。该份周报在1959年,曾刊出《魔鬼家书》(*The Screwtape Letters*)之续篇"Screwtape Proposes a Toast"。

以推想,他们会很幸福。

同样非常清楚,他们与原配并不幸福。起初,B夫人崇慕丈夫。后来,他在战争中受了伤。人们以为,他丧失生育能力。可众所周知,他丢了工作。和他一起生活,不再合B夫人所望。可怜的A夫人也是如此。她失去风韵——以及全部活力。也许真如一些人所说,长期以来,她拖着病体,为他生养孩子,令自己灯枯油尽。这给他们的早期婚姻蒙上阴影。

顺便说一句,你万不可这样想:A是那种始乱终弃的男人,抛弃妻子,就像咂干橘子把皮一扔。她的自杀,对他是个可怕打击。我们都知道这一点,因为是他亲口说的。"可是我又能做什么?"他说,"一个男人总有幸福权吧。机会来了,我只能抓住机会。"

我起身离去。心想着"幸福权"(right to happiness)这个概念。

首先,这在我听来,就跟好运权(a right to good luck)一样奇怪。因为我相信——不管某道德学派会怎么说——我们是幸福还是悲惨,在很大程度上,取决于人力控制之外的遭际。依我看,比起有权长六英尺高、有权认百万富翁作父、或何时想去野餐都有权得到好天气,幸福权可不是更有道理。

我可以将权利理解为一份自由（a freedom），我生活于其中的社会，其法律予以保障的一份自由。于是，我就有权沿公路去旅行，因为社会给我这份自由；称路为"公"，也就这个意思。我也可以将权利理解为一种要求（a claim），法律予以保障的一种要求，与之相关的是另一些人的义务。如果我有权收你100磅，这是说你有义务付我100磅的另一种说法。如果法律容许A先生休妻并勾引邻家之妻，那么，根据定义，A先生有这样做的法律权利，我们无需引入关于"幸福"的讨论。

当然，这不是克莱尔的意思。她的意思是，A先生不仅有法律权利这样做，而且有道德权利（moral right）。换句话说，克莱尔是——或者说如果她想透了，就会是——秉承托马斯·阿奎那、格劳秀斯（Grotius）、胡克（Hooker）及洛克之风的古典道德家（classical moralist）。她相信，在国家法律之后，有个自然法（a Natural Law）。①

---

①　Natural Law 作为现代政治学的一个核心术语，意指可由理性发现的支配人类行为的自然法则。路易斯所用 Natural Law 一词，强调重点在于人间总有亘古不变之道，有"天不变道亦不变"之意，详参《人之废》第二章"道"。此词也是《返璞归真》起始几章的核心概念，余也鲁先生中译《返璞归真》（海天书楼，2000），译为"天理"或"天道"。

这我同意。我视自然法为一切文明之基石。舍却它,国家的现存法律就成了一种绝对(an absolute),就像在黑格尔那里一样。无法批评它们,因为没了藉以评判它们的规范(norm)。

克莱尔的格言"他们有幸福权"(They have a right to happiness),其先祖令人起敬。在一切文明人尤其是美国人所珍视的那些文字里,"追求幸福"的权利(a right to "the pursuit of happiness")①已被确定为人权之一。这时,我们才触到真正关节。

那一可敬宣言的作者们,是什么意思?

他们的意思不是什么,很容易确定。他们的意思不是,人有权为求幸福不择手段——如谋杀、通奸、抢劫、通敌及欺骗等手段。没有社会能够建造在此类根基之上。

他们的意思是,"通过一切合法手段追求幸福";也就是

---

① 美国《独立宣言》(*Declaration of Independence*,1776)一开头,就说"追求幸福的权利"是人不可让渡的三项权利之一:

我们认为这些真理是不言而喻的:人人生而平等,他们都从他们的"造物主"那边被赋予了某些不可转让的权利,其中包括生命权、自由权和追求幸福的权利。(We hold these truths to be self-evident, that all men are created equal, that they are endowed by their Creator with certain unalienable Rights that among these are Life, Liberty and the pursuit of Happiness.)

说,藉助自然法永远批准、国家法律会批准的一切手段。

必须承认,乍一看,这就把他们的格言化简成了一种同语反复(tautology):人(在追求幸福之时)有权去做他们有权去做之事。可是同语反复,放在原本的历史语境中看,却并非一直都是废话(barren tautologies)。宣言首先是对长期统治欧洲的政治原则之否定,是落在奥匈及俄罗斯帝国、改革法案前之英格兰、波旁王朝之法兰西头上的挑战。它要求,无论何种追求幸福的手段,只要对一些人合法,就应对一切人合法;"人",而不是某特定种姓、阶级、阶层或宗教的人,应有自由用这些手段。百年来,一个国家接一个国家,一个政党接一个政党,相继收回此一成命。当此之时,我们最好不要称之为废话。

可是,"合法"是什么意思——什么样的追求幸福的方法,要么会得到自然法的道德许可,要么会得到某特定国家的立法机构的法律许可——这个问题仍原封未动。在这问题上,我不同意克莱尔。我并不认为,人显然拥有她所提出的无限"幸福权"。

原因之一就是,我相信,当克莱尔说"幸福"之时,她仅仅是指"性福"(sexual happiness)。这部分是因为,克莱尔这样的女人从未在其他意义上用"幸福"一词。更是因为,我从未听她谈论过其他种类的"权利"。在政治上,她极"左",要是有人为某位刻薄寡恩、毫无人性的大亨的某些举措辩护,辩护根据是他的幸福在于赚钱,他正在追求他的幸福,她就会感到受了侮辱。她也是一个狂热的禁酒主义者;我从未听说过,她因酒鬼在酒醉之时感到幸福而原谅过哪个酒鬼。

克莱尔的众多朋友,尤其是女性朋友,时常感到——我听她们这样说——扇她耳光,她们自己的幸福会明显提高。我很怀疑,这儿会不会用上她的幸福权理论。

克莱尔正在做的,在我看来,其实只是过去四十多年来整个西方世界所做的事。当我还是个年青小伙的时候,所有进步人士都在说:"咋这么一本正经?让我们像对待其他一切冲动那般,对待性。"①那时我头脑简单得可以,竟相信他们说的是心里话。后来才发现,他们的心里话恰好相反。

---

① 本文作于 1963 年。显然,路易斯将 1920 年代视为性道德之转折点。在本书第一编第 15 章《布佛氏论证》(1941)一文中,路易斯论及同一时期,说"在过去的十五年间"。在这一时期,弗洛伊德主义大行其道。路易斯的早期著作《天路归程》(*The Pilgrim's Regress*,1933)卷三,所描画的就是这个时代。

他们的意思是,对待性,不要像文明人曾经对待我们天性中的其他冲动那般。所有其他冲动,我们承认,不得不拴上缰绳。绝对服从你的自我保护冲动,我们称之为怯懦;绝对服从你的攫取冲动,我们称之为贪婪。甚至睡眠也必须加以抵抗,要是你是个哨兵的话。可是,只要目标是"床上的四条光腿",①任何冷酷无情及背信弃义仿佛都可以原谅了。

这就好比你有一种道德观(morality),其中偷水果犯错——除非你偷蜜桃。

要是你驳斥这一观点,通常会有人喋喋不休,说"性"之合法(legitimacy)、美(beauty)及神圣(sanctity),谴责你对它怀有某种清教偏见,令它丢脸或蒙羞云云。我否认这一指责。生于浪花的维纳斯……得金苹果的阿佛洛狄忒……塞浦路斯的女神啊……②我对您可从无一语不恭。倘若我

---

① 网上流传着一句英国谚语:Marriage is more than four bare legs in a bed.(婚姻可不只是床上的四条光腿)

② "生于浪花的维纳斯(Foam-born Venus)……得金苹果的阿佛洛狄忒(golden Aphrodite)……塞浦路斯的女神(Our Lady of Cyprus)",均是希腊罗马神话中爱神和美神的不同尊称。

她在罗马神话中叫做维纳斯(Venus),在希腊神话中叫作阿佛洛狄忒。相传,她诞生于浪花之中,阿佛洛狄忒这个名字,在希腊语里,就是"从海水的泡沫里诞生"的意思。故有 Foam-born Venus 之称。诞生(转下页注)

反感那个偷我家蜜桃的孩子,难道就必须假定,我总是不喜欢蜜桃?或者总是不喜欢孩子?我不以为然的,你知道,或许是盗窃行径。

说 A 先生有"权"(right)休妻是个"性道德"(sexual morality)问题,便巧妙地掩盖了真实情境。劫掠果园,并非违背了某种名为"水果道德"的特殊道德。它违背的是诚实(honesty)。A 先生的行径,违背信义(good faith),对庄严承诺之信义;违背了知恩图报(gratitude),对大恩大德之人当知恩图报;违背了基本人性(common humanity)。

我们的性冲动,就这样被置于一个本末倒置的特权席位。性冲动被用来为种种无情、无信、无义行径开脱。这些

(接上页注)后,轻柔的海风将她送到塞浦路斯岛的帕福斯,这儿就是她首次踏上陆地的地方。在帕福斯有着名的阿佛洛狄忒神庙。故称 Our Lady of Cyprus。

至于 golden Aphrodite 这一尊称,指"帕里斯的裁判"的故事。相传,海洋女神的婚宴上,众神喜气洋洋,唯独未邀请纷争女神厄里斯。纠纷女神出于报复,在筵席上扔下了一只金苹果,上面写着:"送给最美丽的女神。"天后赫拉、智慧女神阿西娜和阿佛洛狄忒以最美者自居,相争不下。婚礼不欢而散。宙斯遂派特洛伊王子帕里斯裁决。赫拉答应给他整个亚细亚的统治权,阿西娜许他战斗胜利和荣誉,而阿佛洛狄忒则保证把最美丽的凡间女子海伦许配给他。帕里斯遂将金苹果判与阿佛洛狄忒。阿佛洛狄忒则帮助他诱走斯巴达王的妻子海伦。特洛伊战争,因此爆发。(参〔俄〕库恩编著《希腊神话》,朱志顺译,上海译文出版社,2006,第 28 页及第 201 页前后)

行径,即便尚有其他目的,也理应遭受谴责。

尽管我看不出有什么正当理由(a good reason),赋予性这一特权,但是我想,我倒看到了一个强大动因(a strong cause)。原因如下。

强烈爱情——与无名欲火确然有别——之部分本性在于,相比于其他情感,其愿景(promises)压倒一切。虽然我们的一切欲望都有愿景,但都没有如此撩人心弦。热恋牵涉到这一几乎不可抗拒的信念:爱至死不渝,拥有爱人带来的不仅仅销魂,而且是固若金汤、硕果累累、根深叶茂、一生一世之幸福。因此,一切仿佛都成了赌注。假如错过这一良缘,我们就白活了。正因为想到这一厄运,我们于是沉入无底洞般的自怜自惜当中。

很不幸,这些愿景常被发现缥缈不实。每一位恋过爱的成人都知道,所有爱情(erotic passion)都这样(除了他本人此时此刻正在亲历的那个而外)。朋友自称他的爱地久天长,我们轻而易举知道不是那回事。我们知道,爱情这东西有时长久——有时不长久。长久之时,也不是因为双方一开始就有地老天荒之愿景。当两人确实不离不弃幸福终生,可不只因为他们是伟大恋人(great lover),而且也因为他们是——我必须直话直说——好人,节制的(controlled)、忠诚的(loyal)、公正的(fair-minded)、互谅互让的人。①

假如我们废弃所有行为规范,以一个"(性)幸福权"作为替代,那么,我们这样做,并非因为我们的激情在实际经验中的样貌,而是因为我们被它攫取之时,它自称会有的样貌。因而,当不良行为(bad behavior)确确实实并带来悲惨与堕落之时,作为行为之目标的幸福,就接连败露其虚幻面孔。每个人(除了A先生和B夫人)都知道,A先生一年或几年之后,可能会找到同样理由,像休旧妻那样休掉新妻。他又会感到,一切又成了赌注。他又会自视为伟大恋人,他之自怜自惜将排除对此女人的一切怜惜。

不止于此,还有两点。

其一,一个社会纵容夫妻不忠,究其极,必然总是不利于女人。比起男人,不管少数男人的情歌或讽刺诗如何唱

---

① 路易斯《书简集》(*Letters of C. S. Lewis*)1952年11月8日:

当我学会爱神,胜过爱世界上与我最亲密的人,我就会比现在更爱他。一旦我牺牲对神的爱,拿去爱世上与我最亲密的人,而不是爱神,我反而会渐渐转入一种状况——根本一点都无法爱我最爱的人。

当首要之务被摆在首要之位,次要之务非但未因此受到压制,反而因此受到抬举。(见《觉醒的灵魂2:鲁益师看世界》,寇尔毕编,曾珍珍译,台北:校园书房,2013,第110页)

反调,女人天生更赞成一夫一妻;这是一种生理必然(bio-logical necessity)。盛行滥交之地,她们常常是受害者,而非元凶。再加上,相对于我们,人伦之乐对于她们更为必要。她们最容易吸引男人的品质,她们的美,成熟之后,逐年衰退。我们赢取女人芳心的那些人格品质(qualities of personality)——女人一点不在乎我们的姿色——却并无此虞。因而,无情的滥交争战中,女人处于双重不利。赌注更高,也更有可能输。女性越穿越露,道德家为之皱眉,我并无同感。对此殊死争斗之迹象,我心中充满的只是怜惜。

其二,尽管主要为性冲动谋求"幸福权",但在我看来,此事不可能就此罢休。这一致命原则,一旦在这个部门获准,必定或迟或早渗透到我们的整个生活。我们因而向这样一种社会状态推进,其中不仅仅是每一个人,而且是每个人身上的每一冲动,都在索要自由行动权(*carte blanche*)。① 到

———————

① 法语 *carte blanche*,本意是"空白的纸"。17世纪第一次出现在英语中时,作为军事术语来使用。战败方无条件投降后,会递交一个协议给战胜方。协议是一张白纸,上面只有战败方司令官的签名。这意味着战胜方可以随便填写条件,也就是"署名空白纸"的意思。到了18世纪,"Carte Blanche"一词的含义已不在局限于只是"署名空白纸",而慢慢演绎为"全权委托"的词义。一般汉译为"全权委托状"或"自由行动权"。

那时,尽管技术或许有助于我们活得略长一些,可是我们的文明,却从根子上死掉了,而且将被——甚至不敢加上"不幸地"一词——一扫而光。

26　神话成真①

（1944）

Myth Became Fact

　　友人康林纽斯（Corineus）曾发难说，事实上我们没有一个是基督徒。照他的意思，基督信仰很不开化（barbarous），因而没有哪个现代人真的会信。那些自称信基督的现代人，事实上信的是某种现代思想体系。此现代思想体系保留了基督信仰的语汇，利用了从基

---

　　①　选自 God in the Dock 第一编第 5 章，首刊于 World Dominion 第22 卷（1944 年 9—10 月号）。World Dominion 是同名团体所办的一部辑刊。我们总以为，神话是远古蒙昧之产物。路易斯则说，神话比我们所看重的抽象真理也许更根本。路易斯在空间三部曲之二《皮尔兰德拉星》（祝平译，译林出版社，2011）中说："在一个世界上是神话的东西在另一个世界可能总是事实。"（第 132 页）此语即本文之主旨。

督信仰那里秉承的情感，同时偷偷丢弃了其核心教义。康林纽斯把现代基督信仰比作现代英国君主制：保留了君权之形式（the forms），其实质（the reality）却遭抛弃。

所有这一切，我相信都是错的。少数"现代主义"神学家①不这么认为。上帝垂怜我们，他们的数量越来越少。不过现在，姑且假定康林纽斯是对的吧。为论证方便，我们姑且认为，如今一切自称是基督徒的人都放弃了往古教义（historic doctrines）。我们姑且假定，现代"基督信仰"展现的只是存留下来的成系统的名称、仪文、惯例及隐喻，其背后的思想已发生变化。康林纽斯应当能够解释这一存留（persistence）。

照他的看法，为什么这些受过教育的开明的（en-

---

① 卢龙光主编《基督教圣经与神学词典》（宗教文化出版社，2007）"modernism"（现代主义）或"Catholic modernism"（天主教现代主义）辞条：
在近代神学历史中，"现代主义"主要是指罗马天主教会自 19 世纪末开始的学术运动，企图使天主教的传统信仰更接近现代哲学、历史、科学及社会思潮，并接受圣经批判的理论，重整传统教义。天主教教会的现代主义主要在法国发展，神学家包括罗阿西（A Loisy）等。1907 年，教宗庇护十世（Pius X）颁发教谕，判定现代主义为异端。现代主义在英国非天主教的神学圈子中，也可以指与 1898 年成立的"现代信徒联盟"（Modern Churchmen's Union）有关的自由神学思想。

lightened)伪基督徒(pseudo-Christians)表达他们最深刻的思考时,还坚持用那些必定处处使他们举步维艰、捉襟见肘的古老神话? 他们为何拒绝剪断垂死的母亲与灼灼其华的婴孩之间的脐带。① 因为,假如康林纽斯是对的,那么剪断脐带之于他们,就是个大解脱。可是,怪就怪在被"不开化的"基督教遗存弄得最最捉襟见肘的那些人,当你请他们一了百了之时,其思想顿时变得顽固。脐带几乎快被拉断,但他们拒绝剪断。他们时常愿意跨出任何一步,但最后一步除外。

要是一切决志信基督的人都是神职人员,那么回答起来就很方便(尽管不太厚道):他们的生计端赖于不走这最后一步。然而,即便这是他们的行为的真正原因,即便所有神职人员都是鬻智之妓(intellectual postitutes),他们为了

---

① 路易斯在此指的是名为"非神话化方法"(demythologization)的新约圣经研究理论。在 19 世纪,《耶稣传》之作者斯特劳斯(D. F. Straus)指出,要完成新教改革,就必须甄别新约圣经中的历史主干和神话成分,把神迹从宗教中驱除出去。到了 20 世纪,布特曼(R. Bultmann)倡导此说,提出将新约的神话化除,例如天使、魔鬼、三重宇宙观、童女生子、复活等,而以现代生活之存在处境表达圣经的信息,实存地诠释神话性用语。参卢龙光主编《基督教圣经与神学词典》(宗教文化出版社,2007)"demythologization"(非神话化方法)辞条。亦可参斯特劳斯《耶稣传》(吴永泉译,商务印书馆,1981)之"著者序言"。

钱——常常是只够活命的钱——而去传布他们私底下并不相信的东西，那么，成百上千人这样昧着良心却并未构成犯罪，这事本身难道不需要一个解释？发愿信基督的，当然并不限于神职人员。千百万女人与平信徒都发愿信了，他们因此而得到的是自己家庭的轻蔑、不招待见、疑虑目光以及敌意。这又是怎么回事？

这种顽固值得玩味。"为何不剪断脐带？"康林纽斯问，"要是你让自己的思想摆脱这一神话学残余（vestigial mythology），凡事都变得尤其轻松。"是啊，太轻松了。一位母亲，生了个残疾孩子，要是她能把孩子送进一家机构，再收养个别人家的健康孩子作为替代，生命将无比轻松。对于许多男人，要是他能够抛弃那个他曾爱过的女人，去娶另一个更适合他的女人，生命亦将无比轻松。① 那个健康孩子和那个更合适的女人，其唯一缺陷就是，从根本上排除了当事人（patient）为孩子或妻子忧心的唯一理由。"用谈话来代替跳舞，那一定更理性。"奥斯汀笔下的彬格莱小姐说。"是更理性了，"彬格莱先生回答，"可是那还像

---

① 详参本书第二编第 25 章《我们并无"幸福权"》一文。

什么舞会呢。"①

　　同理,废弃英国君主制可能更为理性。可是,假如这么做会排除掉我们国家最关紧要的因素之一,怎么办? 假如君主制恰好是个渠道,经由它,公民身份(citizenship)的一切生死攸关的因素——忠信之道、世俗生活之圣化、尊卑有序、郁郁乎文、仪礼典章、世代相传——潺潺流下,去灌溉现代经济管理(Statecraft)这块风沙区,这时又当何说?

　　即便是最为"现代主义"的基督信仰,对康林纽斯的真正答复,也是同样的。即便假定(我始终予以否认),往古之基督信仰只是神话,那神话也是整件事中(in the whole concern)生死攸关而又富于营养的因素。② 康林纽斯想让我们与时俱进。而今,我们知道时间进到哪里。

――――――――――

　　① 简·奥斯汀《傲慢与偏见》第11章:

　　彬格莱小姐说:"要是舞会能换些新花样,那我就更高兴了,通常舞会上的那老一套,实在讨厌透顶。你如果能把那一天的日程改一改,用谈话来代替跳舞,那一定有意思得多。"

　　"也许有意思得多,珈罗琳,可是那还像什么舞会呢。"(王科一译,上海译文出版社,1990第40页)

　　其中"有意思"所对应的英文是rational。为保持拙译上下文畅通,拙译改译为"理性的"。

　　② 关于路易斯论神话,详参其《天路归程》(*The Pilgrim's Regress*)修订版序言(1943),及所编《乔治·麦克唐纳选粹》(*George MacDonald: An Anthology*,1946)一书之序言。

它们流逝了。① 而在宗教中，我们发现某种并不流逝的东西。正是康林纽斯所谓的神话，留下来了；而他所谓的现代思想或活的思想，却流逝了。不仅神学家的思想流逝了，而且反神学的思想也流逝了。康林纽斯的先行者，现在何处？卢克莱修②的伊壁鸠鲁主义、③叛道者尤利安之异教复兴运动、④现

---

① 原文是：Corineus wants us to move with times. Now，we know where they move. They move away. 同样的话，重现于《论古书阅读》一文中。路易斯在《时代的批评》(Period Criticism)一文中说："人可能被时间淘汰……原因就是他太担心自己赶不上潮流，太急于'现代化'。随着时间的潮流而行，当然也会随着时间的潮流而逝。"（见《觉醒的灵魂2：鲁益师看世界》，寇尔毕森，曾珍珍译，台北：校园书房，2013，第282页）

② 卢克莱修(Titus Lucretius Carus，约公元前98—前53)，罗马诗人，哲学家，以长诗《物性论》闻名于世。

③ 尼古拉斯·布宁、余纪元编著《西方哲学英汉对照辞典》释"伊壁鸠鲁主义"(epicureanism)：

为伊壁鸠鲁所创立的哲学。他于公元前306年在雅典建立他的花园学派。在形而上学方面，伊壁鸠鲁信奉德谟克利特的原子论，并依据亚里士多德的批评而对其有所修正。在认识论上，他提出所有感性的东西都是真实的。在伦理学上，他提倡内心的平静和痛苦的缺失是主要的善，他反对世俗社会的竞争，追求绝对的平等，相信真正的幸福在于一个平和的心灵和一个健康的身体。他关于指导生活的基本学说，在于其提出的四重疗法，包括：在神面前不惧怕，在死亡面前不忧虑，善是易于获得的，恶要情愿去忍受。……他的作品绝大多数都散佚了，但他的学说为卢克莱修所保存。……

④ 卢龙光主编《基督教圣经与神学词典》"叛道者尤利安"(Julian the Apostate)辞条：

（约331—363)，罗马皇帝，名字拼写可作Flavius Claudius Julianus。他是君士坦丁大帝(Constantine the Great)的侄儿，自幼受基督教思想的熏陶，但登位后却极力逼迫基督教，建筑大量异教寺庙，并取消了君士坦丁大帝给教会的特权，因此被称为"叛道者"。

在哪里？诺斯替教（Gnostics）、①亚伟若斯（Averroes）②的

一元论（monism）、③伏尔泰的自然神论（desim），④大维多

---

① 尼古拉斯·布宁、余纪元编著《西方哲学英汉对照辞典》释"诺斯
替教"（Gnosticism）：

[源自希腊语 gnosis，意为知识] 在早期基督教的几个世纪中兴起的
一个宗教和哲学运动，导源于柏拉图《蒂迈欧篇》的学说和基督教的《创世
记》神话。它着重于启示的知识在拯救中的作用。按照它的观点，有两个
世界，即善的精神世界和恶的物质世界，后者是由低级神祇或造物主创造
并统治的。上帝是超验的、不可知的。人就其本性而言，实质上与神类
似，带有一丝天光的灵气，只不过被物质的肉体所缚而已。一位精神的救
星（普通的叫法是耶稣）降临，赐予 gnosis，即启示出灵魂的神圣起源和脱
离尘世的救赎方式的知识。gnosis 是对作为精神之人的那种罪人的救赎。
拥有这种知识的人类（叫做 gnostics）将得救，因为凭借这种知识，他们唤
醒了对于自己真正由来和本性的知识，并因此而能从物质世界的奴役中
获得解放。信仰次于 gnosis。诺斯替教的二元宇宙论学说及其获救靠知
识而不是信仰的信条，是与正统基督教相冲突的，因此，它被基督教的皇
帝们作为异端禁止。……

② 卢龙光主编《基督教圣经与神学词典》"亚伟若斯"（Averroes，
1126—1198）辞条："阿拉伯伊斯兰教哲学家，……诠释亚里斯多德哲学，
影响中世纪的西方世界。他的思想成为'亚伟若思主义'（Averroism），影
响 13 至 14 世纪初的巴黎大学，以及西方世界。"

③ 尼古拉斯·布宁、余纪元编著《西方哲学英汉对照辞典》释"一元
论"（monism）："C. 沃尔夫发明的术语，指任何主张实际上只存在一类实体
的形而上学理论。实际存在的可以是物（如唯物主义所主张的），或是心
（如唯心主义所主张的）。中立一元论认为，心和物二者都得自某种中立
的基本实在。……一元论应用得较广，指任何用单一原理来说明现象的
企图。"

④ 尼古拉斯·布宁、余纪元编著《西方哲学英汉对照辞典》释"自然
神论"（deism）：

[源自拉丁语 dens（神）] 一种区别于启示宗教的自然宗教 （转下页注）

利亚人的教条唯物论，又在哪里？它们都随时光流逝。而它们群起而攻之的那个东西却还在：康林纽斯发现它还在那里，有待攻击。神话（借用他的话来说）活过了其全部捍卫者的思想，也活过了其所有颠覆者的思想。正是神话，给了它生命。在现代主义基督信仰中，康林纽斯认为是残余的那些成分，恰好是实体（substance）：而他当作"真正现代信念"的东西，只是影子（shadow）。

要解释这一点，我们必须略略细看一下一般意义上的神话（myth in general），以及此特定神话（this myth in particular）。人类心智（intellect）不可救药地抽象。纯粹意义上的数学，就是成功思考之范例。然而，我们所经历的现

（接上页注）学说，认为理智使我们确信，上帝存在，但存在的方式却是绝对的、超验的。这种解释否定了上帝与世界及其人类事务的一切神秘关系。天启、教义和宗教迷信也应作为虚构而被排除。上帝单使宇宙运动起来，就离开了，不干预它自己的规律，犹如一位钟表制造者在拨动钟表后就离开一样。虽然一神论和自然神论在对上帝存在的信仰上是一致的，但自然神论和一神论相比，较少正统色彩。自然神论的观念可以追溯到亚里士多德的第一推动者说法，但在基督教中，这个术语却是16世纪下半叶由加尔文主义者首先使用的，在随后的两个世纪中，这种观点又得以发展。自然神论是对哲学附属于神学的中世纪神学企图的反动，表现了把宗教纳入理性框架之内的企图。伏尔泰、洛克和康德都持一种自然神论立场。在近代时期，自然神论导致了反独裁主义的政治和社会立场，培育了宽容精神的增长。

实,却是具体的——此苦、此乐、此狗、此人。① 当我们爱着
此人(the man)、受此伤痛(the pain)、享此快乐(the pleas-
ure)的时候,我们不是以理智去领会快乐(Pleasure)、伤痛
(Pain)或人格(Personality)。另一方面,一旦我们开始去领
会,具体现实就会沦为实例:我们处理的不再是它们,而是
它们所例示之物。② 这就是我们的二难:要么味而不知,要
么知而不味。③ 说得更准确一些,缺乏此知识,是因为我们

---

① 路易斯在《个人邪说》(*The Personal Heresy:A Controversy*)之
第五章中说:

在时空中,从来没有一种单单称为"生物"的东西,只有"动物"和"植
物";也没有任何单单称为"植物"的东西,有的是树木、花朵、芫菁等;也没
有任何单单称为"树木"的东西,有的是山毛榉、榆树、桦树等;甚至没有所
谓的"一棵榆树",有的是"这棵榆树",它存在于某时代的某年、某天的某
小时,如此承受着阳光,如此成长,如此受着过去和现在的影响,提供给
我、我的狗、树干上的虫、远在千里外怀念着它的人,这样或那样的体验。

的确,一棵真正的榆树,只有用诗才能形容透彻。(见《觉醒的灵魂2:
鲁益师看世界》,寇尔毕编,曾珍珍译,台北:校园书房,2013,第238页)

② 路易斯《飞鸿22帖》第七帖:

每一样"使那事件变得独特",每一样"使那事件成为一个具体历史事
件"的因素,在科学里都刻意地被排除。那些因素被排除在探讨之外,不
仅是因为科学不能涵盖它们(至少目前还不能),而也是因为科学,就着它
的本质,对探讨"使事件独特的元素"没有兴趣。没有两次日出是完全一
样的,若我们将这些日出之间的不同之处除去,所余下的便是它们之间相
同的地方。(黄元林 等译,台北:校园书房,2011,第67页)

③ 原文是:This is our dilemma-either to taste and not to know or to
know and not to taste.

"身在此山";缺乏彼知识,则因为我们置身事外。作为思考者,我们与所思之物割离;而在品味、触摸、想望、爱慕、仇恨之时,我们却不能清楚理解。思索愈是顺畅,我们越是割离;潜入实存(reality)越深,思索越是艰难。在洞房花烛夜,你不能研究欢愉;悔恨之时,你研究不了悔恨;哈哈大笑之时,不可能分析幽默之本质。什么时候,你才会真正知道这些事情?"只要我牙不疼,我会就痛苦另写一章。"可是,牙不疼了,关于疼痛你又知道什么?①

对此悲剧二难,神话是一种部分解决。乐享伟大神话之时,那平素只能抽象理解的东西,几乎身临其境般具体。比如,我此时试图理解某种着实抽象的东西——当我们用推论理性(the discursive reason)来把捉"体味到"的实存(tasted reality),它就会"即之愈希"、"握手已违"。② 或许我已经是越说越糊涂。可是,如果我向你提起俄耳甫斯

---

① 详参拙译路易斯《惊喜之旅》第 14 章,尤其是第 337—340 页。

② 原文为 the fading, vanishing of tasted reality as we try to grasp it with the discursive reason。藉司空图《二十四诗品・冲淡》中"遇之匪深,即之愈希。脱有形似,握手已违"之语意译。路易斯《惊喜之旅》第 7 章亦说:"美好的感受一旦意识到自己的存在,一部分的美好就消逝了。"(见《觉醒的灵魂 1:鲁益师谈信仰》,曾珍珍译,台北:校园书房,2013,第 138 页)

(Orpheus)与欧律狄刻(Eurydice),提起他如何拉着她的手却不能回头看,回头一看她就会消失①,此时,那仅仅是一个原理的东西,就变得可以想象了。你或许会回答说,在此之前,你从未将此"意义"附加给这一神话。当然从未。你此前根本不是在寻找一种抽象意义。要是你此前这样做,这一神话对你来说就不是真正的神话,而只是寓言。② 你此前并非在"知",而是在"味";但是你此前所"味",最终会成为一个道理(a universal principle)。但我们陈述这道理时,我们显然返回抽象之世界。只有在你把神话当故事来接受的时候,你在具体地体验这一道理(the principle)。

当我们诠释(translate),我们得到抽象(abstraction)——或者毋宁说,一大堆抽象。从这一神话流向你的,并非真理(truth)而是实存(reality)(真理总是关乎某事,实存则关乎真

---

① 《文艺评论的实验》第5章这样讲述这一故事:

有一个人,擅长歌唱和演奏竖琴,野兽和树木都聚拢来听他弹唱。其妻死后,他下到冥界,在冥王面前弹唱。甚至冥王也心生同情,答应还他妻子。但条件是,他走在前面,领她离开冥界,在进入光明世界之前,不得回头看她。然而,当他们即将走出冥界时,男人迫不及待,回头一看,妻子便从眼前消失,永不复见。(邓军海译,华东师范大学出版社,2015)

② 路易斯在《给孩子们的信》(余冲译,华东师范大学出版社,2009)中说:"一个严格的寓言就像是一个有答案的谜语;而一个伟大的浪漫故事,则像是芬芳的花朵:它的香味让你想起一些无法形容的事情。"(第102页)

理之为真理)①，因而，每一神话就成为抽象层次上无数真理之父。神话是山脉，所有在山谷里成为真理的不同河流，都发源于此；山谷，是抽象之谷。② 或者要是你乐意，神话恰如地峡，连接思想这一半岛与我们真正从属的广阔大陆。它不像真理那般抽象；也不像直接经验那般，局限于殊相（the particular）。

恰如神话超越思想，道成肉身超越神话。基督信仰之核心，是一个同时也是事实的神话。殇逝之神（Dying God）的古老神话，虽仍不失为神话，却从传说与想象之天堂下凡到历史之地面。此事发生在特定日期、特定地点，其历史后果有稽可考。无人知其死于何时何地的巴尔德耳（Balder）③

————————

① 原文是："truth is always *about* something, but reality is that *a-bout which* truth is."

② 原文是拉丁文：*in hac valle abstractionist*，意为"In this valley of separation"。

③ 巴尔德耳（Balder）：北欧神话中的光明之神，主神奥丁与妻子弗丽嘉之子。他长相俊美，为人正直，深受诸神宠爱。关于他的大多数传说，讲的是他的死。冰岛故事则谈到诸神如何向他投掷东西取乐，因为他们知道他不会受伤。巴尔德耳的孪生兄弟黑暗之神霍德耳，受邪恶的火神洛基之欺骗，把唯一能伤害巴尔德耳的槲寄生投向他，把他杀死。某些学者认为巴尔德耳消极忍受苦难的形象，是受了基督形象的影响。（参《不列颠百科全书》第2卷161页）美国著名的"古典文学普及家"依迪丝·汉密尔顿（1867—1963）在《神话》一书中写道："光明之神巴尔德耳是天上和人间最受爱戴的神祇，他的死亡是诸神所遭遇的第一个重大灾难。"（刘一南译，华夏出版社，2014，第348页）

或俄西里斯(Osiris),①变成了本丢·彼拉多手下(心甘情愿)受难的历史人物。它成为事实,却不失为神话:这是神迹(the miracle)。我怀疑有些时候,人们从他们并不信的神话当中所汲取的属灵养料,要比从他们发愿去信的宗教中所汲取的要多。要做真正的基督徒,我们必须认可此历史事实,又必须接受此神话(尽管它已经成为事实),以我们针对所有神话的那种想象力拥抱它。② 两者之中,没有哪一个比另一个更必需。③

---

① 俄西里斯(Osiris,亦译俄赛里斯),埃及神话中的自然界死而复生之神,冥界之王。参鲁刚主编《世界神话词典》(辽宁人民出版社,1989),亦可参《不列颠百科全书》第 12 卷 453 页。

② 拙译路易斯《惊喜之旅》第 15 章:

若曾有个神话成为事实,道曾成为肉身,那一定就是福音书所说的这样。一切文学当中,这是绝无仅有的。神话,在此方面跟它相仿;历史在彼方面跟它相像。(华东师范大学出版社,2018,第 364 页)

③ 美国文学家艾伦·雅各布斯在《纳尼亚人:C. S. 路易斯的生活与想象》一书中,这样讲述路易斯之归信:

路易斯在某些时刻会记起他本人是如何成为基督徒的。争论的确起到一定作用,但在很大程度上说,那只是一种预备性的作用。争论清除了他自己从哲学角度对基督教的许多反对意见,但即使那些反对意见消失了,他仍然不能走进真实的信仰——先是让自己变成有神论者,之后明确信仰基督教——直到他对自己能够信服的故事获得一种积极的看法。必须记住,彻底改变路易斯的是与托尔金和戴森的数次彻夜长谈,那些谈话让他明白了神话的真实性质,明白了福音故事在所有神话故事中所处的地位。他并不是通过一套特定的争论,而是通过学会以正确的方法阅读故事,才成为基督徒的。(郑须弥译,华东师范大学出版社,2014,第 262—263 页)

　　要是有人不信基督的故事就是事实,却持续不懈地汲取其神话营养,此人与认可此事实却很少再去想它的人相比,或许更多属灵生命。① 不必称现代主义者(modernist)——极端现代主义者是个只差名分的不信教者——愚蠢或虚伪,因为,即便他理智上秉持无神论,他还是固守基督教的语言、仪文、圣事及故事。② 这个可怜人,或许会像对待自己的身家性命那般抱住不放(尽管他理解不了其中的智慧)。要是罗阿西③依然是个基督徒,那敢情好:可是,要是他从自己的思想中剔除了残存的基督信仰,并不必然更好。

---

　　① 路易斯《飞鸿22帖》第22章:"你可曾听过一个人是从'怀疑论'而归向一个自由派'去除神话'的基督徒吗? 未信的人,不信则已;若信,就信得更多、更彻底。"(黄元林等译,台北:校园书房,2011,第202页)

　　② 路易斯《飞鸿22帖》第14章:"在这世界定一些圣日、圣地、圣物是挺不错的。若没有那些东西提醒、吸引我们的注意,则众物'皆神圣'、'皆显神'的信仰,不久就会沦为情感的滥觞。但如果特别的圣日、圣地不再能提醒我们,反而使我们忘记所有的地方都是'圣地',忘记每一棵荆棘(只要我们看得见的)都可以是'火烧的荆棘',那么这些'圣化'的事物反而带来危害。故此,'宗教'一方面是必要的,一方面有其无时不具的危险。"(黄元林等译,台北:校园书房,2011,第126页)

　　③ 卢龙光主编《基督教圣经与神学词典》(宗教文化出版社,2007)"Loisy"辞条:"罗阿西(1857—1940),法国天主教现代主义圣经学者,将历史批判的方法应用在圣经研究上。罗马教廷无法接受他的思想,因此把他的著作列为禁书,1908年革除他的教籍。"

当童贞女感孕之时,这一伟大神话就成了事实(Fact)。对此一无所知的那些人,的确可怜。不过,基督徒也需谨记——或许该感谢康林纽斯之提醒——那成为事实的,是个神话(Myth),它给事实世界(the world of Fact)带来了一部神话的全部品性。上帝大过一个神祇(a god),而非小于;基督大过巴尔德耳,而非小于。不必为我等神学的神话色彩而害羞。不必为"似基督"(Parallels)或"异教救主"(Pagan Christs)而不安:它们是应当有的——要是没了它们,那才叫绊脚石呢。切莫出于虚假灵性,连想象上的欢迎都不给。假如上帝选择了成为诗性神话(mythopoetic)——天本身(the sky itself)难道不是一个神话——我们还会拒绝得神话病(*mythopathic*)?因为这是天与地之联姻(the marriage of heaven and earth):完美神话与完美事实:不仅要我们爱,顺从,而且要我们好奇,要我们喜悦。给我们每人身上的野蛮人、孩子和诗人发话,也给道德家、学者和哲学家发话。①

---

① 路易斯《应稿成篇集》(*They Asked for a Paper*)第九章:

神的光,据说"照耀每一个人"。因此,在伟大的外邦教师和神话作者的想象世界里,我们应可发现一些有关某些主题的端倪,亦即(转下页注)

（接上页注）有关道成肉身和死而重生的端倪，我们认为这端倪实则也是整个宇宙故事的情节。

外邦人传说中的救主，如巴尔德、奥西瑞斯等和耶稣基督之间有区别，也在我们的预料之中。外邦人的故事所叙述的，总是某个人死后又复活了，这种事每年都会发生一次，至于发生的时间和地点，没有人知道。基督教的故事则涉及一个曾经出现在历史中的人物，他哪一天在哪一个罗马的官长手中受死，都有稽可考，而神与他一同创立的团体延续到今天，仍与许多人有关联。

基督教与异教有关死而复活的故事，其间的差别不是真理与伪说的差别，而在于一个是真实的事件，另一个则是与这事件有关的梦和预感。（见《觉醒的灵魂2：鲁益师谈世界》，曾珍珍译，台北：校园书房，2013，第266页）

27 教育与承传[①]

(1946)

On the Transmission of Christianity

战争期间,我们的兴趣很快由报纸的战争报道,转向刚刚退下战场的随便哪个亲历者的报告。这本小书,书稿一交到我手,就给我同等兴奋。讨论教育、讨论宗教教育,固然值得钦羡;可是这里,我们拥有一些不同的东西———手

---

① 选自 *God in the Dock* 第一编第 13 章,【原编者注】本文原是 B. G. Sandhurst 的《不列颠人心不古》(*How Heathen is Britain*,伦敦,1946)一书之序言。在此书中,Sandhurst 先生记录了,他跟一群年青人打交道,试图探索他们对于人对于耶稣基督之神性什么看法。Walter Hooper 牧师为本文所拟标题为 "On the Transmission of Christianity",中文直译应为"基督信仰之承传",然鉴于本文所论主要为教育问题,而非基督教,故而将此标题再订为"教育与承传"。

资料。我们只是讨论,它却记录了现存体系所导致的实际结果。加之作者并非教育官员、并非校长、并非圣工人员,甚至都不是个职业教师,此书之价值就更显其大。他所记录的这些事实,是他做某项战时工作时,不期而遇的一些事实(你也可以说是他瞎碰的)。

当然,除此之外,书中还有其他东西。而我之所以只是强调其史料价值,因为在我看来,这是其中最最重要的东西——公众应集中注意的东西。作者讲稿之梗概——或者说讨论的开场白——的确充满兴味,而且很多人都期望对此评点一二。它们是书中最容易加以讨论的部分。然而我坚持认为,集中注意于这部分之上,就跑偏了。

即便容许假定说,作者可能(他对此乐信不疑)具有当教师的非凡天分,在他的记录里面,仍有两个雷打不动的事实。其一,现行体制下,基督信仰的内容及其辩护并未摆在绝大多数学童面前;其二,即便摆在面前,大多数学童发觉它们难以接受。这两个事实的重要之处在于,它们刮走了迷雾,刮走了经常被提出的且经常得到相信的"宗教式微之理由"的迷雾。要是我们注意到,当前的年青人发现正确解答算术题越来越难,我们应当推想,当我们发现学校已经数年不教算术,此事就会得到充分解释。有此发现之后,对那些提出大而无当之解释的人,我们应当充耳不闻——有人说,爱因斯坦的影响,使得祖祖辈辈对固定的数字关系的信念,元气大伤;有人说,警匪片已经解消了得到正确答案的欲望;有人说,意识之进化,业已进入后算术阶段。若明晰又简洁的解释,涵盖了全部事实,就不用考虑其他解释了。要是从未有人告诉年青一代基督徒说过什么,他们从未听到任何对基督信仰之辩护,那么,他们的不可知论或无动于衷就得到充分解释。没必要扯得更远:没必要谈论这个时代的整体知识气候,谈论技术文明对城市生活品格之影响。一经发现他们之无知是因为缺乏教导,我们也就找到了补救之方。年青一代的天性里,没有什么东西使得他们没能力接受基督信仰。要是有人准备告诉他们,他们显然情愿去听。

我当然承认,作者找到的这一解释,只不过把问题向后推了一代。今日年青人之非基督(un-Christian),是因为老师给他们传授基督信仰,要么不愿,要么无能。至于老师之无能或不信,则要寻找更大且无疑更模糊的解释。可是注意,这是个历史问题。今日之校长,绝大部分都是二十年前的大学生——是"后战争"时代的产品。正是二十年代的精神气候主宰着今日之班级课堂。换言之,年青人之无信仰,其根源不在这些年青人身上。他们所具有的外表——直至他们得到更好教育——是早前时代之回潮。并无什么内在的东西,制止他们接受信仰。

这一显而易见的事实——每代人都由上代人教育——必须牢记在心。刚毕业的学童如今抱持的信念,大致就是二十年代的信念。六十年代在校生将抱持的信念,大致就是今日大学生抱持的信念。一旦忘记了这一点,我们谈教育,就开始胡说八道。我们说起当代青少年的观点,仿佛当代青少年有点怪异(peculiarity),自行制造出这些观点。实际上,它们通常是曾经的青少年的延迟结果——因为精神世界也有其定时炸弹——这些曾经的青少年,如今人到中年,主宰其教室。因而,许多教育方案,徒劳无功。自己并不拥有的东西,没人能给予他人。自己尚未获得之物,没有哪代人能传接给下一代。你大可以拟定教学大纲,随你的便。然而,正当你已经做好规划并絮絮叨叨解说规划之时,假如我们是怀疑论者,我们将只会教给学生怀疑;是蠢材则只教愚蠢;是俗物只教庸俗;是圣人只教圣洁;是英雄只教英雄主义。教育,只是对每一代影响下一代之渠道的最充分的意识。① 它并非一个封闭的系统。教师之所无,不可能从他们流传到学生。我们都承认,一个人自己不懂希腊文,就不可能把希腊文教给他的班级:不过同样确定的是,一个人的心灵成型于愤世嫉俗及幻灭时代,就不可能教授盼望(hope)和弘毅(fortitude)。

一个基督徒占主流的社会,会通过学校传承(propagate)②基督信仰;而在基督徒不占主流的社会,则不会。全世界的教育官员都更改不了这一法则。长远看来,我们无需对政府寄予厚望,亦无需惧怕政府。

国家或许会越来越紧地把教育置于自己的卵翼之下。我并不怀疑,这样做,某种程度上会培养千人一面,甚至会培养奴颜婢膝;取消某一职业之自由的国家权力,无疑十分强

---

① 原文是:"Education is only the most fully conscious of the channels whereby each generation influences the next."

② propagate 与 propaganda 迥异。路易斯《人之废》里讨论教育的古今之别的这段文字,足以为证:"老教育是启发(initiate),新教育只是配制(conditions);老教育对待学生,像老鸟教小鸟习飞;新教育对待学生,则像养禽者对待幼禽——使得它们如此这般,对其目的幼禽一无所知。概言之,老教育是一种传承(propagation)——人之为人(manhood)代代相传;新教育则只是宣传(propaganda)。"(拙译《人之废》,华东师范大学出版社,2015,第 31 页)

大。虽如此,所有教育都必须由一个个具体个人来从事。国家不得不用现有人员。再说了,只要我们还是民主制,还就是人们赋予国家以权力。在一切自由都遭灭绝之前,舆论自由尚还风行于这些人之上。政府无法控制的这些影响,塑造了他们的心灵。他们成为什么人,他们就会教什么。抽象的教育方案想怎样就怎样呗:其实际操作,则是人们弄出来的那个样子。毫无疑问,每代教师之中,总有一定比率的政府工具,甚至还占多数。但我并不认为,正是他们决定了教育的实际品格。小孩——或许尤其是英国小孩——具有一种可靠的本能(a sound instinct)。与成打的白卡之教导相比,一个真正的人的教导,可能会走得更远,入人更深。一位教育官员(要是我没搞错,其先祖可以追溯到叛道者尤利安①)或许会将基督教圣工人员清出学校。不过,假如舆论之风朝着基督教方向吹,那就不会有太大差别。甚至对我们有利,教育官员会不知不觉地"坏心做好事"。②

---

　　①　关于"叛教者尤瑞安"(Julian the Apostate),参本书第二编第 26 章"神话成真"第 7 段之脚注(第 629 页)。

　　②　【原编者注】乔叟:《声誉之堂》(*The House of Fame*)卷二第 592 行。

　　人恒言，教育为本。此语在某种意义上荒诞不经，在另一意义上则真实不虚。要是其意思是，你可以藉助干预现有学校、更改课程表等等之类，成就任何大业，那就荒诞不经。因为教师是什么人，就会怎么教。你的"改革"或许会妨碍他们，或给他们增添工作量，但他们教学的总体效果不会有大的改变。教育规划并无魔力，让蓟草结出无花果或让葡萄藤结出涩梨。茂盛、生机勃勃、果实累累的树，会生育甘美、活力及属灵健康；而干枯、多刺、萎败的树，则会教仇恨、嫉妒及自卑情结——无论你告诉它教什么。他们这样做，是不知不觉，从早到晚。要是我们的意思是说，现在就让成人成为基督徒，甚至不限于成人范围，广布准基督教的识见（perceptions）和德性（virtues），广布丰饶的柏拉图式或维吉尔式信仰光影（*penumbra* of the Faith），①从而更

---

　　①　路易斯《诗篇撷思》第10章："柏拉图在《理想国》中提到公义之所以被称扬，往往乃因它所带来的奖赏：荣誉、声望等等；其实，若要认清公义的本质，必须剥除这一切，赤裸裸看它。他于是要求我们想象一个完全公义的人，被他周围的人当作恶人、怪物对待着；当他被绑、被鞭挞、最后被刺死时（相当于波斯人采行的十字架刑罚），仍然纯全毫无瑕疵。……柏拉图谈论着的，并且深知自己所谈论的，正是良善在邪恶和昏昧的环境中可能有的遭遇，这与基督的受难并非毫无关连。基督的受难正是同类事件的最高典范。"（曾珍珍译，台北：雅歌出版社，1995，第87页）

化未来教师之类型——要是我们的意思是，这样去做就是服务于子孙后代的重中之重，那么，这真实不虚。

所以，至少在我看来，我不知道该书作者在多大程度上会同意我，他已经揭露了现代教育的实际运作。为此而谴责过去十年的校长们，有些可笑。多数校长未能传承基督信仰，是因为他们并无基督信仰。你会因无儿无女而谴责阉人么？会因不能供血而谴责石头么？那些少数校长，被孤立于敌对环境之中，可能已竭尽全力，甚至还成就惊人，可是他们权力极为有限。我们的作者也表明，学生之无知与愚顽，往往能够去除——远非我们所担恐的那样根深蒂固。我并非从此得出道德教训说，现在我们的任务就是"全身心投入学校"。原因之一就是，我并不认为，会允许我们这样做。在接下来的四十年里，英国不大可能有这样一个政府，在其国家教育系统中，会鼓励或退而求其次容忍任何激进的基督教元素。哪里的风潮趋于增加国家控制，哪里的基督信仰事实上就会被当成敌人（尽管很长时间口头上并非如此）。因为基督教之主张，一方面是切己的（personal），一方面又是普世的（ecumenical）。这两方面，都与全能政府（omnicompetent government）相对立。恰如学问，恰如家庭,恰如任一古老而自由的职业,恰如习惯法(the common law),基督教给了个体反抗国家的一席之地。因而卢梭,极权国家的教父,管窥蠡测,对基督教所发议论足够睿智:"据我所知,再没有比这更背离社会精神的了。"①其二,即便容许我们给现有学校现有教师强加一个基督教课程,我们也只会使教师变成伪君子,并因而使得学生成为铁石心肠。

当然,我所谈的只是已经盖上世俗烙印的大部分学校。要是有人在全权政府鞭长莫及的某些角落,能够创办或保存一个真正的基督教学校,那就是另一码事了。他的义务是明摆着的。

因而我并不认为,使英国重受洗礼的希望,就在于力图"占领"(get at)学校。在这个意义上,教育并不为本。让成年邻人及青少年邻人(刚从学校毕业)归信,乃实践之事(a

---

①   原文为法文,语出《社会契约论》卷四第 8 章。卢梭这样说基督教:"这类宗教与政治实体之间缺乏特殊的联系,是无助于法律的,法律的力量并不会因为它而增加,因此,使社会联结在一起的链条便缺失了重要的一环。其短处还不止于此,它远不是令公民心系祖国,而是让他们不关心祖国以及尘世间的任何事情。据我所知,再没有比这更背离社会精神的了。"(陈红玉译,2011,译林出版社,第 114 页)

practical thing)。实习生、大学生、通讯业工会的年青工人，都是显见目标：可是，任何人及每个人都是目标（a target）。假如你使今日之成人成为基督徒，明日之儿童就会受到基督教教育。一个社会传接给其年青人的，就是它所拥有的，而且定非其他。这工作甚是紧迫，因为在我们四周，人在消亡（men perish around us）。然而，无需为此大事变（the ultimate event）寝食难安。只要基督徒后继有人而非基督徒则无，一个人就无需为下个世纪而焦虑。那些崇拜生命力（Life-Force）的人，对承传基督信仰并无多大贡献；那些把希望全部寄托在尘世未来的人，则不大信任基督信仰。要是这些进程还在继续，最终结果几乎就确定无疑了。

译后记
路易斯与古今之争

邓军海

编选翻译《古今之争》，理由大致有二：一则吁请汉语学界留意古今之争；二则期待留意古今之争的学者，对路易斯深加措意。

1　古今之争不等于中西之争

拙译路易斯《人之废》的中译导言《道与意识形态》曾坦言："现代中国知识人喜言中西之分，却罕言甚至忘却古今之别。"换言之，在现代中国思想里，中西之争简直是热闹非

凡,古今之争基本就没听说。为表明译者不是乱说,兹引夏
志清先生为证:

　　现代的中国作家,不像陀思妥耶夫斯基、康拉德、
托尔斯泰,和托马斯·曼一样,热切地去探索现代文明
的病源,但他们非常关怀中国的问题,无情地刻画国内
的黑暗和腐败。表面看来,他们同样注视人的精神病
貌。但英、美、法、德和部分苏联作家,把国家的病态,
拟为现代世界的病态;而中国的作家,则视中国的困境
为独特的现象,不能和他国相提并论。他们与现代西
方作家当然也有同一的感慨,不是失望的叹息,便是厌
恶的流露;但中国作家的展望,从不逾越中国的范畴,
故此,他们对祖国存着一线希望,以为西方国家或苏联
的思想、制度,也许能挽救日渐式微的中国。假使他们
能独具慧眼,以无比的勇气,把中国的困塞,喻为现代
人的病态,则他们的作品,或许能在现代文学的主流
中,占一席位。但他们不敢这样做,因为这样做会把他
们心头中国民生、重建人的尊严的希望完全打破了。
这种"姑息"的心理,慢慢变质,流为一种狭窄的爱国主

义。而另一方面,他们目睹其他国家的富裕,养成了
"月亮是外国的圆"的天真想法。①

　　在夏先生看来,现代中国作家,之所以不探讨"现代文
明的病源",只关心"中国问题",从未将"把国家的病态,拟
为现代世界的病态",以至于不知道还有"现代病"之类东
西,其原因就是,中国现代作家都有一种"obsessed with
China"的精神。"obsessed with China"一语,中译本译为
"感时忧国",殊为传神,但还是不如译为"魂系中国"。

　　先贤们"魂系中国",当然有其时代原因。若不嫌简单,
我们可以说,一旦"救亡图存"成为思想的最终动力,那么,
不管知识人立场如何歧异,有两个基本关怀就成了现代中
国思想的共同基底。一个是如何尽快现代化,一个是如何
维系并发扬"国性"。② 知识界的分裂,从某种意义上讲,也

---

　　① 夏志清:《中国现代小说史》,刘绍铭等译,香港:中文大学出版
社,2001,第461—462页。
　　② 钱穆先生上世纪四十年代曾说,在现代,中国遇到两个问题:
　　第一:如何赶快学到欧、美西方文化的富强力量,好把自己国家和民
族的地位支撑住。
　　第二:是如何学到了欧、美西方文化的富强力量,而不把自己传统文
化以安足为终极理想的农业文化之精神斲丧或戕伐了。换言（转下页注）

肇因于对这两个问题及其关系的立场或态度。

正因为心里总有这样两个疙瘩，所以也就失去了"把中国的困蹇，喻为现代人的病态"的慧眼及勇气。这种对"现代"的"姑息心理"，其实就孕育了现代中国学人的两个极端。一个极端就是津津乐道"中国文化精神"，夏先生称之为"狭窄的爱国主义"；另一个极端则是痴迷于"改造国民性"，夏先生称之为"'月亮是外国的圆'的天真想法"。

如此一来，中西文化比较的嘴仗，一打就是一百年，至今仍风头不减甚至愈加信口雌黄。[①] 殊不知，绝大多数中西文化比较，其实根本不是中西比较，而是古典与现代之比较，是中国古典与西方现代之比较；[②]更不知，相对于古今

（接上页注）之，即是如何再吸收融和西方文化而使中国传统文化更光大更充实。（钱穆：《中国文化史导论》修订版，商务印书馆，1994，第204—205页）

　　同样的描述也见于刘小枫先生笔下："晚清以降，汉语思想界的基本关怀是：如何使中国富强、如何使中国传统精神不被西方思想吞噬。中西方精神的相遇，有如一场危及民族生存的争战，思想比较就是生存冲突，无法避免。"（刘小枫：《拯救与逍遥》，上海三联书店，2001，第9页）

　　①　关于中西文化比较之悖谬，拙文《中西文化比较的若干理论陷阱》曾有详细论析。文见《海南师范大学学报》2013年第10期，人大复印报刊资料《文化研究》2014年第3期。

　　②　至今犹记2004年在北京参加"中国哲学大会"，有位学者大谈"朱熹和笛卡尔"，从中得出中国如此西方如彼的结论。

之变,中国古代与西方古代之别,基本可以忽略不计。① 换言之,现代中国学人往往没有领会到李鸿章所谓"三千年未有之大变局"一语的分量。

2　古今之争不等于"传统与现代"的讨论

也许又有论者会问,五四新文化运动发其端的"激进派"文化革命,难道未曾留意"古今之变"? 汉语思想热闹百年的"传统与现代"的讨论,"保守派"的"返本开新"与"现代转换"之类探讨,难道未曾留意古今之争?

然而,恕笔者直言,两者基本没有摸到古今之变或古今之争的痒处。因为,两派虽然对所谓中国文化的立场不同,但却有着一个共同预设:进步论。两派都认定,人类社会由古代步入现代,不仅是大势所归,而且就是个进步。因为在现代知识界,差不多有这样几条"共识":

1. 进化论是科学真理,宗教和神话即便不是蒙昧之产物,也是古人的诗性智慧或诗性想象;

---

① 详参本书第 1 章《论时代分期》一文。

2. 人类社会总是沿着由低级向高级、由简单到复杂、由原始到文明的道路,向前发展;

3. 西方社会迈出中世纪,从文艺复兴到宗教改革到启蒙运动,是一系列的"解放"和"觉醒"。

这样的"共识"就决定了,现代中国知识人在述说历史时,无论对史籍如何陌生,却总会高屋建瓴,大谈"历史哲学"。孔德的历史三段论在五四时期风靡中国,"社会发展简史"几乎成为国朝学者的思想底色,差不多就是明证。①

换言之,现代中国述说历史,似乎总是一副腔调且只有一副腔调:"解放"叙事。这套叙事话语,拿来讲说中国思

---

① 沃格林指出:"现代性的本质就是灵知主义。"灵知主义(Gnosticism)的一个表征就是,历史三段论:"第一个、也是最重要的一个灵知观念应当是人文主义的历史分期,它把世界史分成古代、中世纪和现代。这个划分法源于 Biondo 的原始版本,它把从西哥特人征服罗马到公元 1410 年之间的历史称为中世纪。接着,在十八世纪,图尔哥(Turgot)和孔德使得这个历史三段论变得十分有名:世界历史被划分为神学、形而上学、实证主义科学三个阶段。在黑格尔那里,我们遇到了按自由程度来划分的世界历史三段论:只有一人自由的古代东方的专制主义、只有少数人自由的贵族时代、所有人都自由的现代。马克思和恩格斯把这个三段论的框架运用于回答无产阶级的问题,称第一阶段为原始共产主义,第二阶段为资产阶级社会,第三阶段为无阶级社会。共产主义的自由王国最终在这第三个阶段得到实现。再后来,谢林在他的历史思辨中把基督教划分为三大阶段:先是圣彼得的基督教,其后是圣保罗的基督教,最后以圣约翰的完美的基督教告终。"(沃格林《没有约束的现代性》,张新樟、刘景联译,华东师范大学出版社,2007,第75页)

想,就有了中国先秦时代"人的自觉"(仿佛早就完成了西方所谓的文艺复兴)、魏晋南北朝"文学自觉"(仿佛文学早就进入现代似的)之类论调,也有了中国古代为什么没有产生"科学"或"民主"之类的百年追问。

然而,"解放"叙事与古今之争无关,或者说取消了古今之争。因为在"解放"叙事下,古代对现代的反抗,即便不是"反革命",也是顽固不化,螳臂当车不识时务。

古今之争之所以成其为"争",乃是因为关于人类社会变迁,哲人本有三种观点:进步论、退步论和循环论。三种理论之中,当数退步论最古。因为几乎每个民族,都有一个"失乐园"的故事。《礼记·礼运篇》所谓"大道之行也,天下为公……今大道既隐,天下为家"是如此,《老子·第三十八章》所谓"失道而后德,失德而后仁,失仁而后义,失义而后礼"是如此,古希腊神话故事中的黄金时代、白银时代、青铜时代、英雄时代和黑铁时代也是如此。至于进步论,那是相当晚近的事情,甚至可以说是一个现代发明。①

古今之争成为可能的先决条件就在于,古今之变,或许

---

① 关于进步论的来龙去脉,无疑是个颇有意思的研究课题。

还就是个退步。即便是算作进步，也应是有条件的进步，而
不是无条件的进步；也是有待论证的进步，而不是不言自明
的进步。① 数年前曾看到有人打过一个比方（可惜忘了出

---

① 对于现代人津津乐道的知识进步，马克斯·韦伯在《学术作为一
种志业》（亦译《以学术为业》）中，至少献上两点怀疑。

其一，人类整体上知识进步了，但作为个体，我们对"自身的生存状
况"，不比一个美洲印第安人或所谓原始人清楚多少，甚至更差："我们搭
乘电车，对车子为什么会前进一无所知，除非你是专业机械师；而且我们
没有必要知道。我们只要知道电车行驶有一定规则可循，据此调整我们
的行为，那就够了。至于这样一个会走的机器是怎样制造的，我们并不知
道。相形之下，未开化的野人对他的工具的了解，是我们比不上的。今天
我们在花钱的时候，为什么用钱可以买到东西——并且买的东西有时多、
有时少？这个问题，我敢打赌，如果听众中有学政治经济学的同事，大概
每一位都会提出不同的答案。可是野人知道，为了得到每天的食物，他必
须做些什么事，什么制度会帮助他达到这个目的。因此，理知化与合理化
的增加，并不意味人对他的生存状况有更多一般性的了解。"对个体而言，
由学术及技术所孕育的理知化并非意味着知识的增加，甚至意味着知识
的减少。它只意味着知识增加的可能性，而不是知识增加的现实性："它
只表示，我们知道或者说相信，任何时候，只要我们想了解，我们就能够了
解；我们知道或者说相信，在原则上，并没有任何神秘、不可测知的力量在
发挥作用；我们知道或者说相信，在原则上，通过计算（Berechnen），我们可
以支配（beherrschen）万物。"（见韦伯作品集《学术与政治》，钱永祥等译，
广西师范大学出版社，第170—171页）

其二，假如进步论为真，死亡就失去意义。死亡失去意义，生命旋即
失去意义。韦伯援引晚年托尔斯泰说明这一点。他说，晚年托尔斯泰思
考的中心问题是"死亡是不是一件有意义的事？"他的回答是：对于文明
人，死亡无意义。因为文明人的个体生命被置于无限进步当中，永无尽
头，以至于永远失去"朝闻道夕死足矣"的可能。古人的生命，则处于有机
循环之中，对于他们来说，黄昏也意味着黎明。所以古人有"享尽天年"之
感，文明人没有。韦伯说："既然死亡没有意义，文明生命本身也就不再带
有任何意义；因为死亡之所以缺乏意义，正是肇因于生命之不具意义的
'进步性'。"（同前，第172页）

处),说现代化就像一个潘多拉的匣子,人类打开了它,魔鬼放出来了;但关上吧,希望又没了。正是这样的"疑问"和"尴尬",才使得"现代性"(Modernity)成为一个严肃的哲学议题,才使得古今之争成为可能。

由此反观新儒家言说古典传统,差不多都是在向"五四闯将"及"五四之子"套近乎,说儒家其实挺"现代",完全可以完成"现代转换"。受此影响,坊间热议"传统与现代",不知有多少学者皓首穷经要证明《易经》或中医或气功就是"科学",也不知写了多少名为中国古代思想的"现代意义"之类的文章或著作。① 这种流行理路背后,供奉的是"现代"这位尊神。这种解释模式,充其量属于"传统与现代"论域,而不属于古今之争。

译者尝言:"现代人'杀'古人有两种手段:一曰棒杀,二曰捧杀。中国古典美学研究中,似乎不再有打倒、批判之类的棒杀;但捧杀的可能性依然时时而有,万一捧错了,就是捧杀。"②

---

① 译者十年前曾写过一篇文章,原名《且说"述而不作"》,《武汉理工大学学报》看上了,但编辑说,这个题目不能吸引眼球,要改成《"述而不作"的现代意义》。这桩小事,也许就能说明这种思路一下子有多么流行。

② 邓军海:《中国古典美学研究中的浪漫主义》,《美育学刊》2015年第1期,第47页。

汲汲于中国古典的现代意义和现代转化的探讨,有可能就是"捧杀"。①

3　不该忘却古今之争

前文啰里啰嗦这么多,只是想说明,中西比较、"传统与现代"跟古今之争,是三个不同层面的问题。

由于现代汉语思想经常将三者混为一谈,或者说由于斤斤于中西比较及"传统和现代",故而对欧洲文艺复兴和启蒙运动之间的"古今之争",要么索性遗漏或懵然无知,要么索性将之视为一场文艺争论,视为守旧派在进步大潮中的无谓反抗。

---

①　刘小枫先生在近日的一次访谈中,亦有与笔者相通之论:"以符合现代观念的方式解释古典,并非晚近才流行起来的做法,而是大半个世纪以来的习惯做法。今年是'新文化运动'百年,这个'运动'就是否弃古典。但'新文化运动'兴起后,很快就出现反弹,出现了论争。颇有影响的反弹之一就是:以符合现代观念的方式重新解释古典。熊十力先天性地认定现代民主制是好的……他以及他的学生如牟宗三、徐复观、唐君毅等现代新儒家代表人物在重新解释中国古典时,都力求符合西方现代民主政制的理念。在九十年代以后出现的'新—新儒家'那里,乃至当前的'新—新—新儒家'那里,我们仍然可以看到这种解释模式。"(刘小枫《古典学与古今之争》,华夏出版社,2016,第211页)

现代汉语思想的这个基调,颇为"现代"。因为在西方现代学术里,古今之争虽然总会写进史书,但也是关注不足。关注不足,是因为认定不值得关注,因为在秉承进步论的"解放"叙事里,这只是发生在法国巴黎的一件陈年旧事,早已硝烟散尽,现代派大获全胜。要说它有什么历史意义,只不过证明现代派不但大获全胜,而且理当大获全胜。①

然而事实恐怕没这么简单。假如我们对进步论稍有疑虑,不再以略显单调的"解放"叙事言说历史,我们至少会有如下发现:

1. 古今之争是以现代派(the Moderns,亦译"崇今派")大获全胜而告终,这是历史事实。否则,我们的世界是否会如此"现代",尚未可知。但是,大获全胜并不意味着理当获胜。否则,我们在思想领域,也秉承的是成王败寇的逻辑。

2. 恰如史学界所谓"五四运动"不限于 1919 年 5 月 4

---

①　比如朱光潜先生的《西方美学史》第六章第三节曾论及,"在十七世纪法国曾轰动一时的'古今之争'在十六世纪就已在意大利开端了"。我们从朱先生的用辞,如"保守派批评家"和"较进步的",如"拒绝盲从古典权威",如"当时保守派是拜倒于古典权威膝下的",似乎不难看出其中的"解放"叙事。(《朱光潜美学文集》第四卷,上海文艺出版社,1984,第161—163 页)

日,古今之争也不起于、不限于、不止于 17 和 18 世纪之交,
发生在巴黎关于荷马的那场大讨论。① 美国著名文化史家
雅克·巴尔赞(Jacques Barzun,亦译"巴赞"或"巴尊")将其
源头追溯至彼特拉克:"自从彼特拉克开始,人们在就艺术
和文学的表现方式进行辩论时就一直使用'古代'和'现代'
的称号。但是,直到 17 世纪末,这些字眼才造成了文学界
的分裂,出现了两大派别,它们之间的辩论被公开称为争
吵。"②刘小枫先生则追溯至培根:"培根才是古今之争的真
正发动者。在近代以来西方文史中我们很容易看到,用来
废黜古代权威的核心观念是所谓'进步论',这在后来的启
蒙运动时代蔚然成为学界显论。培根正是首先明确提出这
一概念的要人。"③

　　3. 这场古今之争,不仅其来有自,而且影响深远。其

---

　　①　关于古今之争之历史,刘小枫的长文《古今之争的历史僵局》,有
详细勾陈。文见刘小枫《古典学与古今之争》(华夏出版社,2016)一书,该
文亦作为斯威夫特《图书馆里的古今之战》(华夏出版社,2016)一书之"中
译本导言"刊发。另可详参美国学者列维尼《维柯与古今之争》一文,文章
收入同名集刊(华夏出版社,2008)。

　　②　〔美〕雅克·巴尔赞:《从黎明到衰落:西方文化生活五百年,1500
年至今》,林华译,中信出版社,2013,第 368 页。

　　③　刘小枫:《古典学与古今之争》,华夏出版社,2016,第 87 页。

最大影响就是,进步论成了现代学术的"政治正确":

　　一旦现代派宣布了他们的优胜,反应敏捷的人马上指出:所有领域之中都出现了比过去更优越的作品、更大的智能——一言以蔽之,进步。

　　这个结论意义深远。一旦承认了进步,它就意味着任何社会是可以完善的;如果有可能达到完善,就应当制定改变世界的计划。到了18世纪,改革的方案源源出台。西方思想从借鉴历史转为着眼于缔造未来。……勇敢前进的一派和小心谨慎的一派之间的争斗也永无停息。他们后来形成了不同名称的政党,最终简化为左派和右派。这两个派别内部又进一步分成各种小派别,各自鼓吹不同的计划。不过,长存于我们当中的古代派和现代派现在似乎都同意,基督教关于世界的罪恶无可救药的观点不是绝对的,进步是可能达到的。对这一点的承认标志着现世主义日益普及。①

---

　　①　〔美〕雅克·巴尔赞:《从黎明到衰落:西方文化生活五百年,1500年至今》,林华译,中信出版社,2013,第369页。

试想，如果进步论未入主思想，似乎也就不会有后来对人类社会未来的形形色色的"启蒙规划"，不会有"文化革命"、"美育代宗教"、"改造国民性"、"新民"、"移风易俗"之类名目繁多的文化工程。

4. 这场古今之争，作为具体历史事件，早已结束；作为思想事件，则远未结束。现代派所取得的胜利，也并非一劳永逸。美国学者列维尼（Joseph M. Levine）说，学界之所以轻视乃至遗忘古今之争，其原因就在于，"人们只是将这场论争当成一个纯粹的大事件，认为其结果理所当然是支持今人"。然而考诸历史，"我们可以清楚看到，该论争更像一场伴随有许许多多小冲突的持久战，而非只是大战一场；它铺天盖地地展开战斗，涉及了无数问题，但论战双方最终都没有（尽管不是完全没有）分出胜负，而是陷入了某种僵局"。① 换言之，作为一个思想文化事件的古今之争，不该被遗忘，还尚需重新端详。再说得过分一点，不了解古今之变引起的思想震动，我们非但不会"像陀思妥耶夫斯基、康拉德、托尔斯泰，和托马斯·曼

① 列维尼：《维柯与古今之争》，刘小枫主编《维柯与古今之争》，华夏出版社，2008，第107—108页。

一样,热切地去探索现代文明的病源",而且是否能真读得懂他们,也是难说。

4 "述而不作"的路易斯

夫子曾自道:"述而不作,信而好古,窃比与我老彭。"(《论语·述而第七》)以"述而不作,信而好古",来形容路易斯,也庶几不差。

路易斯研究者 Bruce L. Edwards 说,路易斯最不应当被人忘记的一点就是,"他对过去的尊重"(his respect for the past)。① 路易斯的学生 Kenneth Tynan 这样描述路易斯的文学课堂:

> 作为教师,路易斯的卓异之处在于,他能够领你步入中古心灵,进入古典作家的心灵。他能使你领悟,古

---

① Bruce L. Edwards, "The Christian Intellectual in the Public Square: C. S. Lewis's Enduring American Reception," in *C. S. Lewis: Life, Works, Legacy*, 4 vols., ed. Bruce L. Edwards (London: Praeger, 2007), 4:3.

典和中古依然活泼泼地。这意味着，问题不是文学要
与我们有关，而是我们要与它有关。①

这也就意味着，在路易斯眼中，我们现代人面对古典，重
要的不是让古典高攀现代，而是放下"现代"架子，亲近古典。

有人曾问路易斯，"由海明威、萨缪尔·贝克特及让-保
罗·萨特之类作家所垂范的现代文学趋势，您会如何评
价？"路易斯回答说：

> 在这一领域，我所读甚少。我并非一个当代学者。
> 我甚至不是一个研究往古的学者，我是一个爱往古的
> 人。（本书第 313 页）

这样的回答，岂止是尊重过去，简直就是以"活在现代
的古代人"自居了。1954 年 11 月 29 日，也即他 56 岁生日
那天，路易斯在剑桥大学的就职演说《论时代分期》中，说
自己就是"旧西方文化的代言人"。路易斯似乎也知道自

---

① 同前。

己不合时宜,所以顺便将自己所处的尴尬地位,比作人类学课堂上的旧石器时代人,比作实验室猛然闯进来的一只"恐龙":

　　你不会想望着一个尼安得特人来给来讲尼安得特人;更不想望一头恐龙来讲恐龙。可是,这就是全部故事么?要是一头活恐龙蹒跚着硕大身躯,进入实验室,我们四散而逃之时,难道不会掉过头来看一下?终于知道它其实是如何移动,长什么样,什么气味,发出怎样的声音,这可是天赐良机!要是那个尼安得特人还能讲,那么,尽管他的演说术很不高明,但是,难道我们不是差不多能够保准,从他这里了解到的关于他的某些东西,现代最优秀的人类学家永远告诉不了我们?……我坚信,为了正确读解西方旧文学,你必须悬搁你从阅读现代文学而获得的绝大部分反应,必须抛开阅读现代文学养成的绝大多数习惯。由于这是一位本土人的判断,我因而断言,即便为我的信念所作辩护软弱无力,我的信念这一事实则是一条史料(historical datum),你应给予足够重视。就在令我做不了一个批评家的那个方面,作为一个标本,我或许还有些用处。我甚至还想斗胆再进一步。既然不只为自己而且为所有其他旧西方人代言,我会说,还能用到标本的时候就用你的标本吧。不会再有更多的恐龙了。(第35—36页)

这样"顽固"的路易斯,要是我仍跟数年前一样热切拥抱现代,那么,用"遗老遗少"、"抱残守缺"、"食古不化"之类词汇来形容,似乎都难解心头之恨。

然而憾恨之余,我或许会顺便想一想,对现代思潮了如指掌的路易斯,①为什么会这么"顽固"? 为什么不与时俱进,对"现代"毫不让步?

5 现代与"时代势利病"

也许又有论者会问,我这样口口声声现代现代,我所说

---

① 只要读过路易斯的两部属灵自传《天路归程》(*The Pilgrim's Regress*)和《惊喜之旅》(*Surprised by Joy*),就不难洞悉,路易斯对现代思潮之熟悉程度,简直让人惊讶。而且,他的熟悉,不是专家式的熟悉,而是曾经身体力行过的熟悉。拙译二书,2018 年由华东师范大学出版社出版。

的"现代"到底什么意思？难道我要回到古代去？或者说我这样仇恨现代，为啥不回到古代去？

这又得回到古今之争。自从"现代派"完胜之后，本义为"今"的这个小写的 modern，陡然变成了大写的 Modern，即便没被奉上神坛，也俨然成了法官或标尺。关于这一语义变迁，雅克·巴尔赞有精到之论：

> 文艺复兴晚期，人的期望开始发生变化，也因之改变了文艺复兴原来的信条，即：汝当模仿并崇拜古人。造成这种世界观变化的一套思想被称为反文艺复兴（Counter-Renaissance）。古人过时了，而现代（modern）这个词，除了"当今（present-day）"的意思之外，还获得了大为褒扬的含义。"进步（Progress）"、"最新科学（the latest science）"、"先进思想（advanced ideas）"、"最新（up to date）"，这些成了这种文化变化的永久标志。对这一文化变化并非人人赞成。整整有一个半世纪，大约一直到伏尔泰时代，欧洲到处都有"古今之争"，影响到了文学，造成了宗教和哲学上的争执，并常常能决定一部作品或一个作家的命运。只有在自然科

学领域,到了 17 世纪便有了定论,即最新的是最真
实的。①

　　这一语义变迁导致的结果就是,"最新的是最真实的"
泛滥出自然科学领域,席卷了现代思想。从此,一部著作有
无现代意义,仿佛就成了有无阅读价值的标杆。②

　　在路易斯的《魔鬼家书》第一章,大鬼教导小鬼说,即便
现代知识人还爱"真理",那也无妨。要引诱他,秘诀就是不
要跟他"论辩"(argument),而是要让他用"套话"(Jargon)
思考,这样最容易得手。大鬼说,要是在几个世纪以前,"论
辩"可能会管用。这是因为:"那时,人类还能清楚地辨别出
一件事情是已经证实,还是有待查考。一经证实,他们就会

---

　　①　〔美〕雅克·巴尔赞:《从黎明到衰落:西方文化生活五百年,1500
年至今》,林华译,中信出版社,2013,第 137 页。
　　②　施米特(A. Schmitt)说:"很少有概念像'现代'概念一样,无论是
在日常的还是科学的用语中,都具有如此积极的意义。反之,无需赘言,
'不现代'本身通常就是消极的。谁在但丁的著作中发现了现代的特征,
他也就声称证实了这部著作在精神史上的意义和艺术等级;反之,指出笛
卡尔的现代思想的转向在某种意义上进行得'还不够'彻底,还保留了旧
思想的残余,这就够了,在这些方面讨论他的思想看起来就不会再有意义
了。"(施米特《现代与柏拉图》,郑辟瑞、朱清华译,上海书店,2009,第 7
页)

真信。他们的知与行之间仍旧有联系,仍然会因为一系列思辨所得出的结论去改变自己的生活方式。"而现在的情形则是,由于报纸传媒,论辩已经不足以改变人们的生活方式;由于主义满天飞,人们已习惯于一大堆互不相容的哲学在脑子里乱窜,因而:

> 他不会把各种主义按照是"真"是"伪"去审度,相反,只会去考虑它们是"学术"还是"实际",是"过时"还是"现代",是"保守"还是"前卫"。①

大鬼说,当此之时,因材施教,最好的引诱策略就不再是"论辩"(argument),而是"套话"(Jargon)。要让他相信唯物论(materialism)之真(true),那就让他相信唯物论是"强而有力,或旗帜鲜明,或勇敢无畏——让他把它看成是未来的哲学"。② 因为这正是他所在意的。因为,他怕落伍。他之所以怕落伍,是因为他心中有个大写的 Modern。

---

① C. S. 路易斯:《魔鬼家书》,况志琼、李安琴译,华东师范大学出版社,2010,第7—8页。

② 《魔鬼家书》第8页。

现代人的这种怕落伍急于与时俱进的心理，路易斯称之为"时代势利病"（chronological snobbery）："不加批评地全盘接受自己时代通行的知识风气，并且假定一切过时事物就只因为过时而一无可取。"①路易斯说，他曾经常年患有此病，是友人欧文·巴菲尔德让他戒除了这个毛病。从此以后，他才反过来想：

　　一样东西过时了，你必须探讨它为什么过时。它已遭到驳斥吗？（如果有，是谁驳斥了它？在哪里？有多肯定？）还是说，它只是像各种流行事物一样，随着时间渐渐消逝？若是后者，这样的消逝方式并不足以说明它是真是假。认清了这点，我们便开始认识到，原来自己的时代也只是"一个时期"而已，当然也就像所有的时期一样，有它自己独具的幻觉。这些幻觉极可能隐藏在广泛流传的假设里，这些假设深深镌刻在这个时代当中，以致没人胆敢攻击它们，也没人觉得还有辩护的必要。②

---

① 　拙译路易斯《惊喜之旅》（华东师范大学出版社，2018）第319页。
② 　拙译路易斯《惊喜之旅》第319—320页。

路易斯的传记作者艾伦·雅各布斯(Alan Jacobs)说："路易斯当然无论如何是反现代的。"[1]注意，这个现代，是大写的 Modern，是驾着"解放"、"进步"或"历史趋势"之类名号的大写的 Modern。在这个大写的 Modern 的阴影下，我们总以为自己站在历史的最高点上，可以"一览众山小"了。路易斯之"反现代"，就是要破除我们的这一幻觉。所以，这个"反"，不是对着干，不是"反对"之反，而是"反思"之反。

6　古今之争与路易斯

著名基督教神学家、加拿大维真学院教授巴刻(James I. Packer)在《惊袭不绝的路易斯》(Still Surprised by Lewis)一文中，曾这样描述一读再读路易斯的感受：

在他所有的作品中，都有这样的场景出现：现代人已不再思考生命和真相到了一个严重的地步，并且安

---

① 〔美〕艾伦·雅各布斯：《纳尼亚人：C. S. 路易斯的生活与想象》，郑须弥译，华东师范大学出版社，2014，第 228 页。

于没头没脑地随波逐流,或对科技的盲目信从,或是像古希腊人那样毛躁地求新求异,或是以不假思索地否定一切历史为代表的极端怀疑论者。在路易斯看来,基督徒发言人的首要任务,就是要把上述一切都扭转过来,并激励大众重新进行深入地思考。①

吾友杨伯终生只感谢我一件事,就是我推荐他读路易斯。读罢路易斯,他曾说路易斯是"现代思想的牛虻",是路易斯让他"重新审视那个钟情于'启蒙'和'现代'的我"。在接触路易斯之前,"启蒙和现代化,是最高级的词汇。无论在客厅还是讲台,提到它们,我总能燃起布道者的热情。我的世界里,它们才是问题的核心"。是路易斯让他看到:

现代哲学家,包括他们的前辈,共同把"现代"推上神坛,让这个平凡的时态成为举世膜拜的偶像。现代

① James I. Packer,'Still Surprised by Lewis,'文见 http://www.lewissociety. org/packer. php [2013—10—24]。中译文见"译言网":http://article. yeeyan. org/view/celerylike/13768? from_com。

的报纸读者,正是膜拜现代的主力。不仅如此,他们还把现代人的成就当成唯一真实的成就,把现代人的苦恼当成唯一重要的苦恼。正是这样的现代人,把偶然生活于此的角落当成整个世界,又把自己当成整个世界的主人。继而,彼此平等的主人们,又不得不为自己造出新的神。①

概言之,是路易斯让他摆脱了"时代势利病"。

这里引述神学大家和我的名不见经传的朋友的阅读体验,只是为了说明,路易斯对于重提乃至研究"古今之争"的意义。

众所周知,汉语学界引进重提古今之争的 20 世纪理论大家,多之又多。如政治哲学领域的斯特劳斯学派,沃格林(Eric Voegelin),施米特(Carl Schmitt),如伦理学领域的麦金太尔(Alasdair MacIntyre)。也许,路易斯跟这些哲人的最大不同就在于,这些哲人都是学院内跟现代哲学家作战,而路易斯则是两边开战,既挑战现代哲学,又挑战现代人。

---

① 杨伯:"代译序:那些读路易斯的日子",见拙译路易斯《切今之事》(华东师范大学出版社,2015)。

接受译者荐书,读了路易斯的大学生朋友,总会激动地告诉译者,路易斯怎么这么懂现代大学生的心理？用他们习惯用的话来说,都有"中枪"的感觉,是躺着也中枪,躲也躲不及。有的小朋友,感觉更强烈,感到就是当头一闷棍。中枪感最强的几本书,分别是《魔鬼家书》、《四种爱》、《文艺评论的实验》和《人之废》。

吾友杨伯,本行是中国古代思想史。在遭遇路易斯之前,曾痴迷于政治哲学,对汉译斯特劳斯学派的著作,他如数家珍。然而,让他对老本行又顿生亲切之感又重获当初古书给他的兴发感动的,是路易斯。也正是路易斯,使得他不再觉得斯特劳斯学派只是个"学派"。

这些普通现代人的阅读体验,也许能约略说明,路易斯让古今之争跟我们每个人有关,而不是只跟现代哲学家有关;阅读古书,不只是专家学者的事,而是我们每个人的切身之事。

7 "卫道之士"路易斯

译者曾在《道与意识形态》与《二战中的卫道士 C. S. 路

易斯》二文中，①径直将路易斯称之为"卫道士"，不用"护教大师"（apologist）一名。笔者深知，在现代汉语里，"卫道士"或"道学家"之类称谓，早已沦为贬义词。之所以不避风险，坚持以"卫道"来称谓路易斯，是为了规避"护教"一语会引起的另一"条件反射式"的联想。译者曾交待说，"护教大师"这一称谓虽大致不差，但也不乏危险：

> 危险之一就是，尤其在 20 世纪的汉语思想界，总有人会习惯性地说，甚至条件反射似的说，你路易斯自可以护你的基督教，我也可以护我的教。我虽辩不过你，但你有你的价值观，我有我的价值观。既然一切价值观，只不过是一定经济基础或历史阶段上的意识形态，那么，你走你的阳关道我走我的独木桥，你我车走车路马走马路，井水不犯河水，自然就是颇为宽容颇为开放的选择。

要是此词确会引发此等联想，那么，"护教大师"一名，恰好成了路易斯志业之反面。因为路易斯会问，如

---

① 《道与意识形态》一文，系拙译路易斯《人之废》的"中译导言"，《新京报书评周刊》及豆瓣网之类读书网站，均有转载；《二战中的卫道士 C. S. 路易斯》一文，见《新京报书评周刊》，2015 年 5 月 9 日，B08/B09 版。

果是非善恶仅仅是意识形态,不同时代不同民族不同文化不同国家自有其不同道德,那么,我们有何资格谴责希特勒?要知道,纳粹德国也可以有自己的意识形态!如果你认定,世间并无普遍永恒之道德,那么,我们如今谴责纳粹谴责法西斯,是否只因为我们是胜利者?我们在思想及道德领域,是否遵从的也是成王败寇的逻辑?我们不是常听人说历史都是胜利者书写的么?①

反过来,假如我们撇开现代偏见或褊狭,将"卫道士"视为中性词,视为表示描述的中性词汇,那么"卫道"所引发的联想,恰好就是路易斯的终身志业:

整个"二战"期间,路易斯在反复申述,即便希特勒取得胜利,即便同盟国最终落败,希特勒仍然是恶,反法西斯战争依然是正义战争。古人云:"天行有常,不为尧存,不为桀亡。"即便这个世界统统落入夏桀之手,天道还在;即便这个世界上百分之九十九点九九的人都变成

---

① 邓军海:《二战中的卫道士 C. S. 路易斯》,《新京报书评周刊》,2015 年 5 月 9 日,B08/B09 版。

混蛋,善恶抉择还在;即便善在这个世界上早已绝迹,善还是善。路易斯之护教,捍卫的正是"天行有常",正是中国古人念兹在兹的"天道"。故而,假如非得要给路易斯贴个标签的话,也许称之为"卫道士"更为合适。①

更何况,路易斯在《魔鬼家书》(亦译《地狱来鸿》)中曾说,魔鬼引诱现代人的一大策略就是,将"清教徒"弄成贬义词。准此,现代汉语知识人耳闻"卫道",总会义正辞严地嗤之以鼻,是不是也上了魔鬼的大当?

鉴于现代汉语已经成为现代知识人的工作语言,译者再怎么辩说,"卫道士"一词总是脱不去那丝贬义。既然积习总是难改,也不必强辩,姑且再加上个"之"字,改称"卫道之士",但愿能避开一些"积习"。"士",取"士不可以不弘毅"之意;"道",取"天不变道亦不变"、"铁肩担道义"之意。

反观路易斯之著作,每每拿中国古人念兹在兹的"道"来立论,说现代教育"无道",而古教育"有道"。在路易斯笔下,尤其是在《人之废》一书中,中国古人所说的"道",不

① 邓军海:《二战中的卫道士 C. S. 路易斯》,《新京报书评周刊》,2015 年 5 月 9 日,B08/B09 版。

是一个哲学概念,而是跟我们每个人都相关的"临在"(presence),不管我们是什么文化背景。

汉语读者常引用韩愈的"师者传道授业解惑"一语,然而,假如"道"只是一个古代哲学概念,这句话就只是一句口头禅。正是路易斯告诉我们这些现代人,世上只有道德,从来没有新道德;凡是翻新花样,树立新道德的,那都不是"道",而是意识形态。① 神学家巴刻在〈惊袭不绝的路易斯〉(Still Surprised by Lewis)一文中说,路易斯的教育理念,从否定方面来讲,就是"反对一切把价值观做简化地主观处理";从肯定方面来讲就是,"对于道的持守"。②

啰啰嗦嗦说这么多,也只是为了敬告读者诸君,千万别对路易斯的基督徒身份太过神经过敏。神经过敏,只能说明自己不知"道"。张文江先生曾说过一段不乏心酸的调皮话:

---

① 详参集《主观论之毒害》一文,亦可参见拙译路易斯《人之废》及其中译导言《道与意识形态》一文。

② James I. Packer,'Still Surprised by Lewis,'文见 http://www.lewissociety.org/packer.php [2013—10—24]。中译文见"译言网":http://article.yeeyan.org/view/celerylike/13768? from_com。

在现代汉语中,"知道"是明白眼前事物。在古代汉语中,"知道"是明白眼前事物和整体的关系,明白眼前事物背后的道理。单单探讨道理也许会脱空,跟你眼前事物有关系,那才是"知道"。……中国古代以唐为界限,唐以前主要思想往往讲的是道,宋以后主要思想往往讲的是理。清末以后引进西方的思想,道也不讲理也不讲,如果允许开个玩笑,那就是"不讲道理"了。[①]

假如真让张先生不幸而言中,这时,我们要质问的就不是路易斯,而是我们自己了。

恕译者直言,路易斯"护教",对中国古人的捍卫和尊重,远胜于数目庞大的搞古典的专家,远胜于热衷中西之争的国学派。因为这些专家,即便自称没被任何主义席卷,专事考证学问,也被现代教育和实证主义挟裹而不自知;而闹闹攘攘的国学派,看似学术爱国,实在学术害国,因为他们将古人念兹在兹的"天道"看成了民族意识形态。

---

① 张文江:《古典学术讲要》,上海古籍出版社,2010,第5页。

借用沃格林的话来说，这些古典专家和国学家，都是"意识形态分子"，用"意识形态的行话"来解剖古道。①

8　汉语学界正需路易斯式的"卫道之士"

这样说古典专家和国学家，似乎听起来太"狠"。兹举现代汉语学界一两个流行论调，说明这话不"狠"。

论家读刘勰《文心雕龙·原道》篇，总会自然而然或条件反射式带着这样一个问题阅读，问刘勰所说的"道"到底是儒家之道，道家之道，佛家之道，还是自然之道？这一问背后有个预设（pre-proposition），即"道"是一个哲学观念，是人造物。没有这个预设，就不会有这样一种先入为主的问题。换言之，这样问，意味着自己不知"道"。因为在中国古人的信仰中，是"道生一，一生二，二生三，三生万物"（老子），"道之大原出于天，天不变，道亦不变"（董仲舒）。路易斯说，古今之一大变局就是，古代是神审判人，而在现

---

① 关于"意识形态的行话"对学术和思想的戕害，详参沃格林的《自传性反思》（徐志跃译，华夏出版社，2009）一书。

代是人审判神。这是因为,古人坚信人是"被造"(crea-ture),上帝是"造物主"(Creator);现代知识的底色则是,神是人的造物,是原始蒙昧阶段恐惧和愿望的投射(projection)。① 若陷于此等现代知识而不自知,就会将"道"当成一个哲学范畴来讨论,仿佛刘勰跟自己一样,是现代大学里的一名专家教授,终生惦记着提出自己的一套理论"体系"。②

又有许多汉语学人,因听说过尼采宣布"上帝死了",总会借题发挥,会津津乐道中国古代思想的高明,会将中国的"人文"传统一直追溯到周代,说中国远在周代,就完成了文艺复兴式的"人文自觉"或"人的解放"。甚至还有论者,摆脱不了一副幸灾乐祸的腔调,在论说中国的高明之后,还意犹未尽,会说些"西方不亮东方亮"、"三十年河东三十年河西"、"世界的未来在东方"之类爱国的话。这类论调背后,又有一个预设,即认为文艺复兴就是将"人"

---

① 详参本书《古今之变》(1948)一文。

② 沃格林说,执迷于"体系构建"本身就是不轻的现代病,是对"爱智慧"意义上的哲学的背叛。(参沃格林《没有约束的现代性》,张新樟、刘景联译,华东师范大学出版社,2007,第 42—43 页)假如沃格林言之成理,孜孜于梳理中国古代哲学体系的现代学人,以"体系"来推崇《文心雕龙》的汉语学者,是否也在"捧杀"古人?

从"神"的阴影下解放了出来。这些热衷于中西家数的学者忘记了，这样一种进步叙事，恰好是一项现代发明；忘记了中国古人所说的"神道设教"①，离自己所说的"人文主义"有多远；他们更忘记了，"上帝之死"之后，会紧接着是"人之死"。

说"上帝之死"的结果就是"人之死"，不只是因为继尼采宣布"上帝死了"之后，又有福柯宣布"人死了"；也不只是因为弗洛姆说"19 世纪的问题是，上帝死了，而 20 世纪的问题是，人死了"；②而是因为，给人"去神性"（dedivinizing）的结果，必然就是"去人性"（dehumanizing）：③

> 一个事物的本质是不能改变的，无论谁想要"改变"这个事物的性质，那他其实是摧毁了这个事物。人不能把自己改造成为一个超人，试图创造超人就是试图谋杀人。历史地说，随着谋杀上帝之后产生的不是

---

①　《易·观》："观天之神道，而四时不忒，圣人以神道设教，而天下服矣。"

②　〔美〕埃里希·弗洛姆：《健全的社会》，蒋重跃 等译，国际文化出版公司，2007，第 290 页。

③　更可详参拙译路易斯《人之废》（华东师范大学出版社，2015）。

超人,而是谋杀人;在灵知理论家谋杀了神之后,接着就是革命实践者开始杀人。①

　　沃格林有个著名论断:"现代性的本质是灵知主义。"这个现代灵知主义(Gnosticism)的主要特征就是:"(1)改造世界的内在论的计划;(2)无神论和随着上帝之死而来的人的神化为超人、自然的主宰、历史的创造者。"它与古代灵知主义的最大区别就在于:"它放弃了垂直向度的或者说彼岸向度的超验,而宣称'水平向度的'超验或者说世界之内的拯救教义为终极真理。"②换言之,现代思想将古人的三维立体的世界,压缩或削减成了平面的世界。古人相信,"人在做,天在看,头顶三尺有神明,不畏人知畏己知",正因为相信有个超越尘世的神明,所以才"慎独",才会说"道心惟微,人心惟危";现代人则认定,只有这一个世界。当我们说,历史是人民创造的,人创造了自身,我们所操持的就是一套现代话语。以这样一套话语去解释古典,杀古典;以这

---

　　①　〔美〕沃格林:《没有约束的现代性》,张新樟、刘景联译,华东师范大学出版社,2007,第56页。
　　②　桑多兹:"英文版编者导言",〔美〕沃格林:《没有约束的现代性》,第9页。

样一套话语解释人,杀人:

> 由于对神性的分有,人具有神的形状,构成了人的
> 本质,因而伴随着人的失去神性而来的,一定是人失去
> 人性。①

切莫以为"对神性的分有,人具有神的形状,构成了人
的本质"这类论断只是所谓西方价值观,假如我们撇开自己
的民族主义意识形态,假如我们意识到古今之变,以一颗
"人"心来读古书,我们似乎不难发现人之"神性":

> 仰观吐曜,俯察含章,高卑定位,故两仪既生矣。
> 惟人参之,性灵所钟,是谓三才。为五行之秀,实天地
> 之心。(《文心雕龙·原道篇》)
>
> "乾道成男,坤道成女"。二气交感,化生万物。万
> 物生生,而变化无穷焉。唯人也,得其秀而最灵。形既
> 生矣,神发知矣,五性感动,而善恶分,万事出矣。(《近

---

① 〔美〕沃格林:《希特勒与德国人》,张新樟译,上海三联书店,
2015,第108—109页。

思录》卷一首章濂溪先生语）

　　假如我们体会不到这些言说里的神性之维，那么，我们还真会将"惟天地万物父母，惟人万物之灵"（《尚书·泰誓上》)里的"天地"，理解为唯物论所说的物质；将"万物之灵"，理解为进化论里所说的高级动物了。

　　美国汉学家列文森曾不无沉痛地说："视儒教为中国的'国性'这一浪漫思想剥夺了儒教自身精髓：一个理性的假定，即无论何时何地，路就是路，而不仅仅是特殊的中国人的生活之路。"①陷于中西家数、对西文 God 一词太容易神经过敏的汉语学界，往往是陷于民族主义"意识形态的行话"而不自知。

9　关于本书

　　记得两三年前，华东师范大学出版社六点分社社长倪为国先生，数次建议我以"古今之争"为题，编一个路易斯文

---

　　①　〔美〕列文森：《儒教中国及其现代命运》，中国社会科学出版社，2000，第 160 页。

集。他一再对我说,路易斯对中国很重要,古今之争对中国很重要,路易斯是古今之争的重镇。先生不厌其烦,足见语重心长。

倪先生之识见与厚意,我是知道的。但先生嘱托之事,我却总是半途而废,以至于一拖再拖。原因,熟读路易斯的读者大概也知道。因为路易斯这个文化"恐龙",似乎处处都发出让我这个"现代人"吃惊的声音。就古今之争这个主题而论,《魔鬼家书》和《人之废》里几乎随处可见,就连被我们称作"儿童文学"的《纳尼亚传奇》里,也回荡着这一声音。编一个路易斯论古今之争的集子,跟编全集或路易斯隽语录差不了多少。我差不多知难而退了。

虽半途而废,虽一拖再拖,虽知难而退,但越是给自己寻找理由,心中越是忐忑。仿佛既欠倪先生一个交代,又欠路易斯一个交代。伴随着阅读和翻译路易斯,一日忽然脑袋一转,算是开了窍——拙译路易斯文集《被告席上的上帝》(*God in the Dock*),其实就是上佳的编选底本。我何不以"古今之争"和"伦理学"为主题,删略其中一些文章,再增补十余篇相关文字,以向倪先生交差? 脑袋的这一转,当然是因为猛然意识到,《被告席上的上帝》里的那些神学文章

和伦理学文章,正是直接向这些"现代"知识人发话,直接挑战我们的"现代"思维习惯:

比如其第一编第 1 章"恶与上帝"(1941),申明善恶并不辩证。善是本源,恶是善之扭曲,此乃古典学之通见。视善恶同样终极的二元论,是一种半吊子形而上学,亦使得道德谴责失去根基。

其第一编第 3 章"教条与宇宙"(1943),针对的则是进步论。随着进步论成为现代信仰,与时俱进似乎成为一种政治正确,过时或落后则成了大罪。路易斯则要问,何谓进步? 假如并无不变者,那么,就没有进步,只有变化。进步之为进步,端赖不与时迁移者在。现代人也总拿宇宙之浩渺,反对基督教。路易斯则要问,古人早知宇宙之浩渺,为何独独到了现代,倒似乎成了推翻基督教之铁证?

其第二编第 4 章"论古书阅读"(1943),在反驳现代人的一件"常识",即阅读古书是专家学者的事,跟普通现代人无关。路易斯则说,正因为我们是现代人,才应该阅读古书。因为,每个时代都各有其识见,各有其盲点。读古书,有助于现代人看到自身之盲点。我们或许会担心阅读古书太难,路易斯说,书有两种难法:一种是随着你学养提高,慢慢也就不难了；一种是，你把一辈子搭进去，还是个难。今人一些标新立异的哲学书，属于后一种。路易斯劝告我们，假如古书新书二择一，选择古书；假如必须读新书，路易斯建议读一本新书之后，必须要读一本古书；假如还做不到，至少应当是三比一。

其第二编第 6 章"工具房里的一则默想"（1945），区分了两种"看"：盯着看（look at）与顺着看（look along）。现代思想，独重前者，打压后者。路易斯认为，客观与主观、外部研究与内部研究，本无分轩轾，或高或低，视问题而定。现代思想独重前者，会使自身成为无稽之谈。

其第二编第 12 章"被告席上的上帝"（1948）说，古今之一大变局就是，古代是神审判人，而在现代是人审判神。

其第三编第 1 章"布佛氏论证：20 世纪思想之根基"（1941），揭示了现代许多流行思潮的一个秘密：就是先假定你的论点错误，然后就径直找你论点为何错误。路易斯给这种论证取了个专名，叫布佛氏论证。布佛氏论证的蛊惑人心之处在于，拿为何错误的问题替换是否错误的问题，使人产生错觉，以为回答了后者就等于回答了前者。前者关乎理性（reason），后者关乎因果（cause）。布佛氏论证以因果取代理性，其结果就是，它在拆穿其他思想的同时，也拆穿了自身。

第三编第 2 章"首要及次要之事"（1942），则是现代版本的本末之辨，乃君子务本之义。本末倒置，非但失本，而且失末。这个"本"，即路易斯所说的首要之事；"末"，即次要之事。在路易斯眼中，文明乃次要之事。保存文明，需谨记本末之辨。全力以赴保存文明，保不住。

其第三编第 3 章"记宴"（1945），以家庭亲情为例，说明爱一旦膨胀为神，也就堕落为魔。当属人之爱以上帝口吻说话，以爱为名，人会有种种不堪。

最后，说点很不成熟的题外话。

中国学界反思现代性，大都借助后现代思潮。这一反思，究其实，只不过是以"最"新反思"次"新，用新时髦反思老时髦。因为 modern 之为 modern，原本就是"新"、"今"之意。如此反思，与其说是反思，不如说是强化。因为此等反思所遵循者，乃现代思潮之内在理路（inner logic），重复并强化的恰好是现代以来的"时代势利病"（chronological snobbery）。

于是就有这样一幕奇特景观，本因反抗"时代精神"之类宏大叙事（grand narrative）而成事的后现代哲学，在国朝学界却以后现代大潮的面目出现，又成为宏大叙事。经常听到有学者立论，现在已经进入"后现代"，现代主义业已过时，我们应"与时俱进"，于是就有了"后现代话语狂欢"之类表述，就有了《"浅阅读"时代，你准备好了吗?》之类文章，甚至连中国画和书法，也有书画家竞相拿"后现代"作卖点。

不知古今之争，却想反思现代性，往往导致的就是这类令人啼笑皆非的结果。

质言之，反思现代性，必须重提古今之争，重新盘点在现代化过程中，我们到底失去了什么。换言之，反思现代思潮之内在理路，最可靠的途径应是以古视今，用沃格林的话来说就是："一种政治理论，尤其是它要应用于分析意识形态时，就必须以古典哲学和基督教哲学为基础。"①欲以古视今，先须以古视古。

阅读路易斯这位"西方旧文化的代言人"，至少会帮助汉语学界如其本然地看待古人。假如"以今视古"一直是五

---

① 〔美〕沃格林:《自传性反思》，徐志跃译，华夏出版社，2009，第38页。

四以来汉语学界的通行理路的话,那么,路易斯对汉语思想的意义,就不止是有助于反思现代盘点古今之争了。

10 誌 谢

本书之编选翻译,很是辛苦,甚至可以说是我翻译得最为辛苦的一本路易斯。

"六点"的倪为国先生,一如既往,对我这样一个资质平平的译者,给予了百分之二百的信任和放心。本书特约编辑伍绍东,既是挚友,又是路易斯迷,不但主动请缨来作路易斯的御用编辑,而且每次审稿完毕,都要带着礼物来我家跟我一起交换意见——真真是个"可人"。拙荆郑雅莉,近年承担了一切的家务,只为我翻译路易斯。我的学生普亦欣和李海青,欣然担起了枯燥乏味的校对工作。友人陈鹏然先生,帮我考订了诸多译名,提供了许多典故的出处。发心翻译路易斯,故交胡根法帮我在北大图书馆复印了十几本路易斯著作,至于《论时代分期》一文,他又帮我请教北大的高手,校订了几处烦难字句。

道谢,虽总有空乏之虞,但还是要坚持说声谢谢。

　　最后，似乎还得感谢学人刘小枫。这么些年，我的每次视野开拓，似乎都直接间接跟阅读刘先生所著所编有关。就本书而论，要不是刘小枫先生组织翻译斯特劳斯和沃格林，我仍跟学界的大多数知识分子一样，只会将古今之争看成一个西方文艺史上陈年旧事，只供去讲一堂课或答一道论述题。

　　当然，更得感谢路易斯，正当"在人生的中途，我发现我已经迷失了正路，走进了一座幽暗的森林"，我邂逅了路易斯。正是路易斯，彻底摧毁了我的"现代"自大，鞭策我学着仰望古圣昔贤；也正是路易斯警示我，现代社会虽有种种意识形态，但道还是道。学疏才浅如我，感受古今之争跟我息息相关，端赖阅读及翻译路易斯。因为虽然也读过斯特劳斯和沃格林，但二位哲人的"隐含读者"都是政治哲学学者，而路易斯则是对我这样的非专业的现代普通知识人说话——他太了解我曾经的心思，太熟悉我曾经的套路。

图书在版编目(CIP)数据

古今之争/(英)C. S. 路易斯著;邓军海译.
—上海:华东师范大学出版社,2019
ISBN 978-7-5675-9761-7

Ⅰ.①古… Ⅱ.①C… ②邓… Ⅲ.①现代主义—研究
Ⅳ.①B089

中国版本图书馆 CIP 数据核字(2019)第 234893 号

华东师范大学出版社六点分社
企划人 倪为国

本书著作权、版式和装帧设计受世界版权公约和中华人民共和国著作权法保护

路易斯著作系列
古今之争

著　　者	(英)C. S. 路易斯	
译　　者	邓军海	
责任编辑	倪为国	
特约编辑	伍绍东	
责任校对	王　旭	
封面设计	姚　荣	

出版发行　**华东师范大学出版社**
社　　址　上海市中山北路 3663 号　邮编　200062
网　　址　www. ecnupress. com. cn
电　　话　021－60821666　行政传真　021－62572105
客服电话　021－62865537
门市(邮购)电话　021－62869887
地　　址　上海市中山北路 3663 号华东师范大学校内先锋路口
网　　店　http://hdsdcbs. tmall. com

印　刷　者　上海景条印刷有限公司
开　　本　787×1092　1/32
印　　张　22
字　　数　322 千字
版　　次　2021 年 10 月第 1 版
印　　次　2025 年 3 月第 4 次
书　　号　ISBN 978-7-5675-9761-7
定　　价　88.00 元

出　版　人　王　焰

(如发现本版图书有印订质量问题,请寄回本社客服中心调换或电话 021－62865537 联系)